厦门大学哲学社会科学繁荣计划项目"中国发展道路的理论与实践研究"资助

厦门大学马克思主义论丛

第5辑

21世纪中国马克思主义理论的创新与发展

21SHIJI ZHONGGUO MAKESIZHUYI LILUN DE CHUANGXIN YU FAZHAN

张彦 陈占安 白锡能 主编

中国社会科学出版社

图书在版编目（CIP）数据

21 世纪中国马克思主义理论的创新与发展/张彦，陈占安，白锡能主编 .—北京：中国社会科学出版社，2017.6

（厦门大学马克思主义论丛）

ISBN 978 – 7 – 5203 – 0372 – 9

Ⅰ.①2… Ⅱ.①张…②陈…③白… Ⅲ.①马克思主义理论—理论研究—文集 Ⅳ.①A81 – 53

中国版本图书馆 CIP 数据核字（2017）第 096887 号

出版人	赵剑英
责任编辑	田　文
特约编辑	丁　云
责任校对	张爱华
责任印制	王　超

出　版	中国社会科学出版社
社　址	北京鼓楼西大街甲 158 号
邮　编	100720
网　址	http://www.csspw.cn
发 行 部	010 – 84083685
门 市 部	010 – 84029450
经　销	新华书店及其他书店

印　刷	北京君升印刷有限公司
装　订	廊坊市广阳区广增装订厂
版　次	2017 年 6 月第 1 版
印　次	2017 年 6 月第 1 次印刷

开　本	710 × 1000　1/16
印　张	23
插　页	2
字　数	330 千字
定　价	79.00 元

凡购买中国社会科学出版社图书，如有质量问题请与本社营销中心联系调换
电话：010 – 84083683
版权所有　侵权必究

《厦门大学马克思主义论丛》编委会

主　任　张　彦

副主任　白锡能

编委会成员（按姓氏笔画排序）

　　　　　　孔明安　石红梅　白锡能　冯颜利　纪亚光

　　　　　　严书翰　吴　倬　吴潜涛　余　斌　张文喜

　　　　　　张有奎　张艳涛　张　彦　陈武元　陈振明

　　　　　　林东伟　林炎志　金民卿　周　凡　郑永廷

　　　　　　贺东航　徐进功

马克思主义是光荣和梦想的事业(总序)

马克思主义是"我们时代的真理和良心",昭示着人类的命运和未来,因而是光荣和梦想的事业。

马克思主义是这个时代不可超越的理论视野。伴随工业革命、法国大革命和启蒙运动而兴起并取得对整个世界的支配和统治地位的资本主义及其根本原则,一方面显示出神奇的力量,带来难以想象的物质财富,另一方面又造成衰颓和物化的景象。浪漫主义和实证主义不能辩证地对待资本主义的症候和矛盾性,走向彻底否定或者彻底肯定的极端。马克思主义深刻洞察了资本主义的历史必然性和局限性,力求通过实践的变革实现人类的解放。二十世纪的人类历史是马克思主义的理论发展与实践探索的历史。完全可以说,不理解马克思主义,就不能理解人类的二十世纪。今天,随着全球化、信息技术的普及、航空航天技术、生态环境保护、文化冲突等诸多问题的凸显导致我们时代的面貌和主题与马克思的时代有很大不同,但从物质生产方式角度来讲,我们并没有根本性地超出马克思的视域,没有摆脱马克思批判对象的束缚,马克思主义依然具有不竭的生命力,依然是我们的旗帜和指南。

马克思主义具有与时俱进的理论品质。它不是书斋里的学问,而是革命斗争的学说,不是一经形成就凝固了的理论化石,不是冷冰冰的教条,不是封闭的体系,而是活生生的开放性理论。实践性是马克思主义的灵魂。从实践的观点出发,理论不是抽象存在的独立王国,不是自足的存在,而是深深扎根于现实生活之中,随着生活实践的变迁,理论的内容和形式必然也要或快或慢地发生相应的变化。马克思主义发展史,就是马克思主义理论依据革命实践的新变化新要求不断创新的历史。在新的世纪和新的时代条件下,真正坚持马克思主义就要不断发展马克思主义。这里要警惕和防范教条主义和实用主义的两种错误态度。教条主义者不顾马克思主义产生的具体条件，把马克思主义看作普遍适用的药方和公式；实用主义者不顾马克思主义的基本立场和原则，常以发展和创新的名义随意地修改不合自己主观需要的马克思主义科学论断，导致马克思主义的理论硬核软化了，马克思主义和非马克思主义的原则界限模糊了。这两种态度都违背了马克思主义的根本精神和实践原则。

马克思主义对中国具有特殊的重要意义。它是中国近代以来历经种种艰难的探索和苦难的洗礼才寻找到的救亡图存的真理。在马克思主义的指引下，中华儿女经过 28 年的浴血奋战，有了一个全新的中国，又经过近 30 年的对社会主义建设的摸索，终于走上改革开放的康庄大道。中国特色社会主义道路的开创和取得的伟大成就，离不开马克思主义的引领。目前，国际形势复杂多变，国内各种矛盾凸显，中国如何在马克思主义真理光芒的照耀下依然高举中国特色社会主义伟大旗帜，顺利实现社会主义现代化和中华民族伟大复兴的壮丽事业，这是摆在富有社会责任感和历史使命感的知识分子面前的一道难题。破解难题的关键在于，从中国国情出发，努力实现马克思主义和中国实际相结合，不断推进马克思主义中国化。

厦门大学与中国共产党同年诞生，具有马克思主义研究的光辉历史和优良传统，是我国早期研究和传播马克思主义的重要阵地之一，曾经涌现出以王亚南（最早的《资本论》中文全译本的翻译者之一）为代表的一大批马克思主义理论家。秉承厦大马克思主义理论研究的历史传统和精神追求，我们拟定《马克思主义论丛》的出版计划。根据计划的安排，马克思主义学院、马克思主义与中国发展研究所每年主办或承办一次马克思主义理论方面的全国性或国际性学术研讨会，会后把会议论文集纳入《论丛》出版。

《论丛》的目的在于搭建交流的平台，推进马克思主义在新的历史时期的理论创新，彰显马克思主义的当代意义，进而助益于改革开放和中国特色社会主义伟大事业的顺利前行。

编者
2013 年 4 月

目 录

致辞一 ………………………………………………… 张 彦（1）
致辞二 ………………………………………………… 戴志望（4）
致辞三 ………………………………………………… 陈占安（6）

议题一　发展 21 世纪中国马克思主义研究

习近平对毛泽东的中国传统文化观的继承和创新性
　　发展 ……………………………………………… 张 新（11）
反思历史　立足实践　着眼问题
　　——21 世纪中国马克思主义的创新
　　　　发展路径 ……………………… 袁银传　秦 红（21）
马克思主义与自由主义
　　——马克思主义理论学科奠基性质的研究课题 … 贾中海（33）
发展 21 世纪中国的马克思主义方法论原则探析 ……… 李晓光（43）
"互联网+"时代马克思主义基础理论研究面临的问题
　　与挑战 …………………………………………… 张艳涛（50）
我国社会主要矛盾理论的最新成果
　　——学习习近平对当前我国社会主要矛盾新概括的
　　　　体会 ………………………… 贺祥林　王启妍（61）
论习近平同志对外传播理论和实践创新中的战略
　　思维 ……………………………………………… 李新芝（71）

党的领导人对发展理论的探索与创新
　　——一个发展政治学的视角 ············· 韩太平（83）
马克思社会发展规律思想的当代价值 ············ 肖燕飞（98）
跨越"中等收入陷阱"　全面建成小康社会 ········· 袁文艺（107）
论为历史服务的哲学 ······················ 陈宣明（117）

议题二　"四个全面"与"五大发展理念"研究

构建党内和谐的理论思考 ··················· 龚先庆（133）
试论全面从严治党的制度保障
　　——以《准则》和《条例》为视角 ·········· 徐雅芬（144）
"四个全面"战略布局：深化了对"三大规律"的
　　认识 ···························· 王　欢　张传泉（154）
人民幸福：五大发展理念的价值追求 ········ 张荣华　陶　磊（163）
"共享"理念的马克思主义政治经济学论纲 ········· 胡立法（175）
五大发展理念的实践路径探析 ················ 何龙群（190）
在五大发展理念引领下加强大学生环境道德教育方式
　　探析 ···························· 郝卫全（198）
"四个全面"战略布局的深刻意蕴 ·············· 杜奋根（207）
坚持党的领导是社会主义法治的根本保证 ······ 郭　鹏　潘建湘（214）
论共享发展理念与中国特色社会主义 ············ 董朝霞（220）
共享发展理念的内涵及其价值探讨 ············· 梁伟锋（234）
绿色发展理念下高校思想政治教育
　　创新研究 ························ 李　洁　贾风珍（247）

议题三　中国道路与马克思主义中国化研究
真学、真懂、真信、真用研究

传统与民族：马克思主义中国化的
　　时代蕴含 ························ 武永亮　杨　玢（257）
中国传统文化之于中国道路的浸润与滋养 ······ 马朝琦　王元琪（266）

中国启蒙与社会主义核心价值观 ………………… 吴春梅 张贻龙（274）
思想政治教育文化生态优化培育的当代意义
　　与维度 …………………………………………… 胡菊华（287）
马克思主义与中国传统文化
　　——马克思与老子不期而遇 …………………… 张玉清（302）
以趣促智，内化于意，外显于行
　　——《思想道德修养与法律基础》课如何提升有效性
　　避免仪式化的思虑 ……………………………… 赖雄麟（309）
中国特色社会主义城乡关系变迁：历史、理论与现实 … 赵　洋（320）
思想政治教育交往的实现：对话、理解、生成与共享 … 邱俊燕（331）
大众文化视域下当代中国马克思主义大众化实现路径
　　研究 ……………………………………………… 樊瑞科（339）
新时期推进新疆民族地区马克思主义大众化的思考 …… 梁红营（350）

后记 …………………………………………………………（358）

致 辞 一

(厦门大学党委书记 张彦)

尊敬的陈占安老师、尊敬的吴宣恭老书记,各位领导、各位专家、各位嘉宾,老师们、同学们:

大家上午好!

今天,全国高校马克思主义理论学科研究会第 24 次学科论坛暨"21 世纪中国马克思主义理论的创新与发展"学术研讨会在厦门大学隆重开幕。我谨代表厦门大学对研讨会的顺利召开表示衷心的祝贺!向远道而来的各位领导、专家和来宾朋友们表示热烈的欢迎和诚挚的问候!

坚定的理论自信与高度的理论自觉是中国共产党的鲜明特征和根本优势,在实践基础上持续推进理论创新是我们党不断走向胜利的思想动力和精神支撑。在长期的革命和建设过程中,我们党始终坚持把马克思主义基本原理与中国具体实践相结合,不断在实践中发展马克思主义,用创新的理论成果指导实践工作,不断为党的建设和发展指引前进的方向。当前中国共产党正在领导全国人民建设中国特色社会主义的伟大实践。伟大的实践呼唤重大的理论创新,同时也为理论创新提供坚实的基础和广阔的空间。前不久,习近平总书记在哲学社会科学工作座谈会上发表重要讲话时指出,这是一个需要理论,而且一定能够产生理论的时代;这是一个需要思想,而且一定能够产生思想的时代。我国哲学社会科学的一项重要任务就是继续推进马克思主义中国化、时代化、大众化,继续发展 21 世纪马克思主义、当代中国马克思主义。习近平总书记的重要讲话给了全体马克思主义理论工作者以巨大的鼓舞，为马克思主义理论的发展指明了方向。此次研讨会以"21世纪中国马克思主义理论的创新与发展"为主题，围绕21世纪马克思主义的理论创新与实践创新、发展21世纪马克思主义的方法论、"四个全面"战略布局、"五大发展理念"等议题展开学术研讨，可谓既切时又切题。

作为中国近代教育史上第一所由华侨创办的综合性大学，厦门大学有着研究马克思主义的光荣历史和优良传统。从1921年建校伊始，厦门大学师生就研习传播马克思主义，这是福建省研习与传播马克思主义的开端。解放前，厦门大学的一批进步学者、教授就深入开展马克思主义理论研究和教育，涌现出以王亚南先生为代表的一批理论家和研究者，形成了一批有全国影响的学术成果，成为我国早期传播和研究马克思主义的重要阵地之一。秉承马克思主义研究的优良传统，学校高度重视思想政治理论课的建设，将思想政治理论课作为学校重点课程建设；将"马克思主义理论"和"中国特色社会主义理论与实践"分别列为"985"工程和"211"工程三期重点学科建设项目；将"中国发展道路的理论与实践研究"列入厦门大学哲学社会科学繁荣计划予以重点支持，并在马克思主义学院设立了马克思主义哲学、政治经济学、科学社会主义与国际共产主义运动三个二级学科博士点，为马克思主义理论学科建设提供学术平台和学科支撑。与此同时，学校大力支持马克思主义学院在学科建设、科学研究、社会服务等方面的改革创新。近年来，厦门大学马克思主义学院积极推进教学、科研和社会服务"三位一体"的改革创新工程，在学科建设上坚持马克思主义基础理论研究，特别是以21世纪的马克思主义理论研究为主导方向，在学科研究方向上坚持以中国发展道路的理论与实践研究为主线，不断加强团队之间的协同创新，注重整合科研方向和研究力量，取得了一批具有影响的学术成果。

创新是一个民族进步的灵魂，是一个国家兴旺发达的不竭源泉，也是高水平大学建设的灵魂。参加这次研讨会的都是国内兄弟高校知名的马克思主义研究领域的专家。此次研讨会的举办，必将对深化发展21世纪中国马克思主义的理论创新与实践研究，推动马克思主义学科建设产生积极的影响。在此，衷心感谢在座诸位对厦门大学和厦门大学马克思主义学院的关心与支持,厦门大学将与各位同人共同努力,为推进马克思主义理论学科建设和落实习近平总书记提出的发展21世纪中国的马克思主义这一重大历史任务作出新的更大的贡献。

最后,预祝研讨会取得圆满成功,祝各位领导、专家和朋友身体健康,万事如意,欢迎大家来到厦门大学!

谢谢!

致 辞 二

（厦门市委宣传部副部长　戴志望）

尊敬的张彦书记、各位专家、各位朋友：

大家上午好！

今天，全国高校马克思主义理论学科研究会第24次学科论坛暨"21世纪中国马克思主义理论的创新与发展"学术研讨会在美丽的厦门大学开幕，我代表厦门市委宣传部向论坛的召开表示衷心的祝贺！向来自全国马克思主义研究领域的专家学者们的到来，表示热烈的欢迎！

党的十八大以来，习近平总书记提出治国理政的一系列新思想、新观点、新论断，深刻回答了党和国家发展的重大理论问题，形成了中国特色社会主义理论体系的最新成果，这是指导中华民族伟大复兴事业的最鲜活的马克思主义，是马克思主义中国化、时代化的最新成果。前不久，习近平总书记在哲学社会科学工作座谈会上发表重要讲话，强调要坚持马克思主义在我国哲学社会科学领域的指导地位，继续发展21世纪马克思主义、当代中国马克思主义。要按照立足中国、借鉴外国、挖掘历史、把握当代、关怀人类、面向未来，着力构建中国特色哲学社会科学，在指导思想、学科体系、学术体系、话语体系等方面充分体现中国特色、中国风格、中国气派。今天全国马克思主义学院的各位专家、学者齐聚一堂，共同研究和探讨马克思主义理论学科发展和"21世纪中国马克思主义理论的创新与发展"，这对深入学习和贯彻党中央精神和习近平总书记系列重要讲话精神，进一步推动马克思主义中国化、时代化、大众化以及马克思主义理论的学科发展建设，具有重要的意义。

近年来，厦门深入学习贯彻习近平总书记系列重要讲话以及对福建厦门工作的重要指示精神，围绕"美丽厦门，共同缔造"，加快推进产业转型、城市转型和社会转型，努力建设美丽中国的典范城市。建设美丽中国，实现中国梦的厦门实践，迫切需要哲学社会科学提供思想支持、学理支撑和科学方法支撑，需要进行深入透彻的理论反思，不断破解厦门改革发展的新课题。我们十分期待有更多的哲学社会科学领域的专家学者，为美丽厦门的建设提供更多的理论指导和智力支持。

最后，预祝全国高校马克思主义理论学科研究会第24次学科论坛暨"21世纪中国马克思主义理论的创新与发展"学术研讨会取得圆满成功！祝各位在厦期间愉快顺利！

谢谢大家！

致 辞 三

（全国高校马克思主义理论学科研究会副会长、
北京大学马克思主义学院教授　陈占安）

尊敬的张书记、戴部长，各位老师、各位同行、各位朋友：

大家好！我十分高兴代表全国高校马克思主义理论学科研究会热烈祝贺我们本次学科论坛成功举办，向为本次论坛作出重要贡献的厦门大学的领导，特别是厦门大学马克思主义学院的老师和同学，向福建省社会科学研究基地厦门大学中国特色社会主义研究中心、厦门大学马克思主义与中国发展研究所，还有《马克思主义理论学科研究》杂志编辑部等单位的同志们表示衷心的感谢，向参加本次论坛的各位老师、各位同行、各位朋友们表示热烈的欢迎！我们这次学科论坛的主题是"21世纪中国马克思主义理论的创新与发展"，这是马克思主义理论学科建设当中既有理论性又有实践性，既有历史性又有现实性的一个重大课题。我们这次论坛将围绕这个主题来展开，包括"21世纪中国马克思主义的科学内涵和最新成果研究""21世纪中国马克思主义理论创新与实践创新的关系研究""发展21世纪中国马克思主义的方法论研究""'四个全面'战略布局的理论创新研究"和"'五大发展理念'研究""中国道路与马克思主义中国化研究""真学、真懂、真信、真用马克思主义研究"等多个议题。我相信这种研讨将有助于进一步深刻领会习近平总书记系列重要讲话精神，特别是深刻领会总书记关于发展21世纪中国的马克思主义重要思想的科学内涵和指导意义，从而进一步推进马克思主义理论学科的建设和发展。为了能够充分展示大家的研究成果,这次的论坛在开会的方式上也力求有所创新,在安排大会发言的基础上,还特别设置了三个分论坛,希望大家能够畅所欲言,开发学术。

马克思主义是我们立党立国的根本指导思想,是全国各族人民团结奋斗的共同思想理论基础。马克思主义理论学科是马克思主义学科体系当中的重要组成部分,是注重对马克思主义进行整体性研究的学科。马克思主义理论学科在高校主要担负着马克思主义理论研究、思想政治理论课教育教学以及学科人才培养的任务。思想政治理论课教师是高校马克思主义理论学科队伍的主体,独立设置的直属学校领导的思想政治理论课教学科研二级机构是高校马克思主义理论学科的依托单位,马克思主义学院是这个二级机构当中的领头羊、排头兵和顶梁柱。马克思主义理论学科设置十多年来,取得了重要的成绩:学科的规模逐渐扩展,形成了区域分布基本合理、覆盖面比较广泛的学科建设布局;科学研究进步显著,产生了众多有分量、有影响的研究成果;人才培养质量的提升,输送了一大批学有专长,并且志在马克思主义理论学科的高层次人才,队伍的素质明显提高,增强了思想政治理论课教师的学科归属感和责任心;学理的功底不断增强,为思想政治理论课教育教学提供了有力的学科支撑。同时也要看到,由于马克思主义理论学科设置的时间不长,各个学科点的规范化建设还需要进一步地加强,学科研究的方向还需要进一步的凝练,科研成果的影响力还需要进一步的提高,人才培养方案还需要进一步的优化,学科队伍的素质还需要进一步的提高,管理机构设置还需要进一步的完善,等等。特别是在新形势下,面对着国际国内各种复杂多变的社会思潮和社会现象,面对着加强思想理论建设和人才培养的艰巨工作,面对着加强和改进高校思想政治理论课的神圣任务,我们必须切实地加强自身的建设,促进学科的健康发展,充分发挥马克思主义理论学科在哲学社会科学体系当中的主导作用,努力把马克思主义理论学科真正地建设成为高校中的重点学科、优势学科、一流学科。

国务院学位委员会在 2012 年 6 月颁发了《关于进一步加强高校马克思主义理论学科建设的意见》,之后又在 2014 年 9 月颁发了《马克思主义理论一级学科简介》和《马克思主义理论学科博士、硕士学位基本要求》。这些文件为马克思主义理论学科建设提供了基本的遵循。

目前，教育部社科司正在研究制定《高校马克思主义理论学科发展规划（2016—2020年）》和《高校马克思主义理论学科评价体系》，旨在规范和推进高校的马克思主义理论学科建设，并努力构建以马克思主义理论学科为核心，以哲学社会科学相关学科为支撑的马克思主义学科体系。另外，《高校马克思主义学院建设标准》也将正式作为文件颁发，这个文件将有助于规范和推动高校思想政治理论课教学科研二级机构的建设。我们应该以此为契机，在认真总结以往经验的基础上，明确以思想政治理论课教育教学作为日常的中心工作，以马克思主义理论学科建设作为科研的基础，以马克思主义学院的建设作为组织保障和工作抓手，实现三大建设统一设计、协调推进、全面发展的新思路，以争取更大的成绩。

全国高校马克思主义理论学科研究会是我们大家共同的学术平台和精神家园，研究会从2008年6月在复旦大学成立以来，在同行们大力的支持下开展了很有成效的工作，已经先后举办了八次博导论坛和19次学科论坛。希望通过这些论坛的举办能够对学科建设、学术成果的交流发挥更好的作用，也非常感谢大家多年来一直支持研究会的工作，承担研究会博导论坛和学科论坛的主办。我们这次学科论坛是今年的第三次，总的排序是第24次学科论坛。这次学科论坛特别选择在厦门大学举办，一个重要原因是厦门大学具有光荣的革命历史和深厚的马克思主义理论传统。厦门大学马克思主义学院成立以来，无论是在科研教学还是学科建设，无论是在师资队伍建设还是二级机构建设等方面，都进行了积极的探索，取得了很好的经验，他们的经验值得我们大家很好地学习。在这里，我代表研究会，代表与会的全体同志感谢厦门大学，感谢厦门大学马克思主义学院，衷心地祝愿厦门大学、厦门大学马克思主义学院在今后的奋斗中取得更辉煌的成绩！最后祝愿本次学科论坛取得圆满成功。谢谢各位！

议题一

发展21世纪中国马克思主义研究

习近平对毛泽东的中国传统文化观的
继承和创新性发展

张　新

党的十八大以来，习近平总书记就中国传统文化发表了一系列重要讲话，系统深入地阐述了我们党在新的历史时期对传统文化的基本看法。习近平的中国传统文化观是在继承毛泽东的传统文化观的基础上的创新和发展。

一　创新地发展了毛泽东对中国传统文化的科学评价和历史定位的思想

首先，强调不能割断历史，必须承继中国优秀传统文化这一珍贵遗产。

毛泽东认为，中国传统文化历史悠久而长远，内容丰富而多彩，是一份珍贵的文化遗产。他指出，中华民族有数千年的历史，具有其独有的特点，创造了许多珍贵的精神品。当代的中国是历史的中国的延续和发展。作为马克思主义的历史主义者，我们决不能割断历史。"从孔夫子到孙中山，我们应当给以总结，承继这一份珍贵的遗产。"① 毛泽东从历史唯物主义的根本立场出发，肯定了中国优秀传统文化对当代中国的价值，强调只有在批判继承优秀传统文化的基础上，才能实现马克思主义中国化，使马克思主义具有中国风格和中国气派，当代中国的新文

---

① 《毛泽东选集》第2卷，人民出版社1991年版，第533页。

化才能得到繁荣和发展。这是毛泽东对中国优秀传统文化当代价值的基本评价和根本立场。

在新时期，习近平也充分肯定了继承中国优秀传统文化的重要性和必要性。他与毛泽东一样强调了马克思主义的历史主义观点，指出决不能割断历史，否认中国历史和文化的延续性。他指出，当代中国社会主义思想文化是中国优秀传统思想文化的继承和升华，因此，要准确认识和把握今天的中国、今天的中国人，就必须深入了解中国延续几千年的文化血脉，准确理解和把握滋养中国人的丰厚的文化土壤。发展中国特色社会主义新文化离不开对中国优秀传统文化的继承和弘扬。他指出，中国共产党人始终是中国优秀传统文化的忠实继承者和弘扬者，始终是从孔夫子到孙中山这一中国优秀文化传统的承继者。他充分肯定了以毛泽东为代表的中国共产党人把马克思主义与中国优秀传统文化相结合，实现马克思主义中国化的历史功绩，还进一步提出了进一步促进这种结合，不断深化马克思主义中国化历史进程的任务。他指出：源远流长的中华文化积淀着中华民族最深层的精神追求，是中华民族最独特的精神标识和基本特征。优秀的中国传统文化为中华民族生生不息、发展壮大提供了丰厚的精神滋养。"优秀传统文化可以说是中华民族永远不能离别的精神家园。"① 因此，作为马克思主义中国化最新成果，中国特色社会主义同样也是马克思主义与中国优秀传统文化结合的成果。

习近平不仅继承了毛泽东关于必须继承中国传统文化优秀遗产的思想，更进一步拓展了其科学内涵。他深刻地揭示出，中国优秀传统文化不仅是我们必须继承的珍贵遗产，包含着十分丰富的思想道德资源，而且是中华民族独特的精神标识，是中华民族的本质特征之一，是中华民族永远不能分离的精神家园。必须反对历史虚无主义和文化虚无主义，只有善于继承中国优秀传统文化，发扬中国优秀文化传统，才能创新和发展中国特色社会主义新文化，才能不断推进马克思主义中国化的历史进程。

其次，深刻揭示中国传统文化的实质，指出必须进行具体分析。

---

① 习近平：《把培育和弘扬社会主义核心价值观作为凝魂聚气强基固本的基础工程》，《人民日报》2014年2月26日。

深刻认识中国传统文化的实质,才能对中国传统文化给予科学的评价和准确的定位。但在这个基本问题上,当前仍然存在着很多模糊甚至是错误的认识。重温毛泽东对这个问题的基本看法具有十分重大的现实意义。毛泽东明确指出,中国传统文化的实质虽然是封建时代的文化,但需要做具体分析。他说:"中国几千年的文化,主要是封建时代的文化,但并不全是封建主义的东西,有人民的东西,有反封建的东西。要把封建主义的东西和非封建主义的东西区别开来。封建主义的东西也不全是坏的。我们要注意区别封建主义发生、发展和灭亡不同时期的东西。当封建主义还处在发生和发展的时候,它有很多东西还是不错的。"[①] 在毛泽东看来,中国传统文化本质是封建时代的文化,占统治地位的是封建主义文化。这个观点是他运用历史唯物主义对中国传统文化进行深入和科学分析后得出的十分慎重的结论。正如马克思指出的那样,在思想文化占统治地位的是经济上占统治地位的那个阶级的思想文化。中国传统文化的主流是儒家文化,儒家文化的本质就是封建主义文化,这是毛泽东中国传统文化一个基本的和科学的判断。但他进一步对封建社会的文化进行了具体的区分,指出封建时代的文化,也并不全部都是封建主义文化,除了主流的封建文化还有人民的文化,有反封建的文化;即便是封建主义文化,也不全是坏的东西,也有它积极的和好的方面,因为在它发展的不同历史时期,产生的历史作用也各不相同。特别是封建主义在它的上升时期,它所创造的文化是积极的,是符合历史发展趋势的,在历史上发挥了十分进步的作用。因此,中国传统文化中精华与糟粕,人民性与封建性并存,必须做具体的分析。绝不可以采取形而上学的独断态度,不做具体的分析,要么全盘肯定,要么全面否定。

习近平继承了毛泽东的相关思想,对中国传统文化的性质有着十分清醒的认识和了解,指出必须对中国传统文化做具体的分析。他与毛泽东一样,一方面指出中国传统文化具有不可避免的历史局限性;另一方面也充分肯定了其积极性因素。"传统文化在其形成和发展过程中,不可避免会受到当时人们的认识水平、时代条件、社会制度的局限性的制

---

① 《毛泽东文集》第8卷,人民出版社1999年版,第225页。

约和影响，因而也不可避免会存在陈旧过时或已成为糟粕性的东西。"①但同时"从历史的角度看，包括儒家思想在内的中国传统思想文化中的优秀成分，对中华文明形成并延续发展几千年而从未中断，对形成和维护中国团结统一的政治局面，对形成和巩固中国多民族和合一体的大家庭，对形成和丰富中华民族精神，对激励中华儿女维护民族独立、反抗外来侵略，对推动中国社会发展进步、促进中国社会利益和社会关系平衡，都发挥了十分重要的作用"。② 中国传统文化中的优秀成分对中国历史发展发挥了十分重要的积极作用，这是无可置疑的事实。

二 继承和发展了毛泽东对待中国传统文化的科学态度

毛泽东依据历史唯物主义的根本立场和观点，深刻地揭示出对待中国传统文化的科学态度是"弃其糟粕，取其精华"，是有批判地继承。

毛泽东一再强调："清理古代文化的发展过程，剔除其封建性的糟粕，吸收其民主性的精华，是发展民族新文化提高民族自信心的必要条件；但是决不能无批判地兼收并蓄。必须将古代封建统治阶级的一切腐朽的东西和古代优秀的人民文化即多少带有民主性和革命性的东西区别开来。"③

科学评价中国传统文化的方法是历史唯物主义。毛泽东认为，判别中国传统文化中精华和糟粕的标准是否符合历史发展规律和是否有利于社会主义建设和发展。必须运用历史唯物主义的根本立场、观点和方法对中国传统文化进行批判地继承，批判继承中国传统文化的根本目的在于发展中华民族的社会主义新文化。

必须批判全盘肯定传统文化的复古主义和全盘否定传统文化的虚无主义。毛泽东指出："文学艺术中对于古人和外国人的毫无批判的硬搬

---

① 习近平：《在纪念孔子诞辰2565周年国际学术研讨会暨国际儒学联合会第五届会员大会开幕会上的讲话》，《人民日报》2014年9月25日。
② 同上。
③ 《毛泽东选集》第2卷，人民出版社1991年版，第707页。

和模仿,乃是最没有出息的最害人的文学教条主义和艺术教条主义。"①他还批评了那种"对于现状,对于历史,对于外国事物,没有历史唯物主义的批判精神,所谓坏就是绝对的坏,一切皆坏;所谓好就是绝对的好,一切皆好"②的形而上学态度,既坚决反对"食古不化"、颂古非今的复古主义;也坚决反对全盘否定传统文化,主张全面"西化"的历史虚无主义。

习近平在毛泽东上述思想的基础进一步指出,对中国传统文化必须坚持做到有鉴别的对待和有扬弃的继承。他强调:"对历史文化特别是先人传承下来的道德规范,要坚持古为今用、推陈出新,有鉴别地加以对待,有扬弃地予以继承。"③ 他基于对中国传统文化深刻的研究和科学理解,进一步指出,中国传统文化博大精深十分丰富,其中既有精华,也存在糟粕,所以并不全都适应当今中国社会的发展,我们应遵循毛泽东提出的对待中国传统文化的基本方针,采取取其精华,弃其糟粕,批判继承的科学态度。"对我国传统文化,对国外的东西,要坚持古为今用、洋为中用、去粗取精、去伪存真,经过科学的扬弃后使之为我所用。"④ 同时,习近平还十分深刻和明确地说明了我们研究和发掘中国传统文化的根本目的,即"为我所用",也就是说,我们批判继承中国传统文化的目的就是为了建设和发展中国特色社会主义文化。要弘扬中国优秀传统文化,真正发挥好优秀传统文化积极作用,决不能离开建设中国特色社会主义文化这个根本目的。不忘本才能开辟未来,善于继承才能更好创新。

与毛泽东一样,习近平十分明确地指出,研究和正确对待中国传统文化必须坚持历史唯物主义的根本立场。"研究孔子和儒家思想要坚持历史唯物主义立场,坚持古为今用,去粗取精,去伪存真,因势利导,

---

① 《毛泽东选集》第3卷,人民出版社1991年版,第860页。
② 同上书,第832页。
③ 习近平:《认真贯彻党的十八届三中全会精神 汇聚起全面深化改革的强大正能量》,《人民日报》2013年11月29日。
④ 习近平:《胸怀大局把握大势着眼大事 努力把宣传思想工作做得更好》,《人民日报》2013年8月21日。

深化研究，使其在新的时代条件下发挥积极作用。"① 这就告诉我们，历史唯物主义是我们在如何对待传统文化问题上必须坚持的根本立场，是须臾不能动摇的。强调运用历史唯物主义对中国传统文化进行分析鉴别，坚决剔除其过时落后的糟粕，积极继承吸收其合理优秀的成分。"对存在合理内核、又具有旧时代要素的内容，要取其精华、去其糟粕。对明显不符合当今时代要求的内容，要加以扬弃。"②

他旗帜鲜明地反对在对待中国传统文化问题上存在的全盘肯定的文化保守主义的态度和全盘否定历史虚无主义的态度。"中国共产党人是马克思主义者，坚持马克思主义的科学学说，坚持和发展中国特色社会主义，但中国共产党人不是历史虚无主义者，也不是文化虚无主义者。我们从来认为，马克思主义基本原理必须同中国具体实际紧密结合起来，应该科学对待民族传统文化，科学对待世界各国文化，用人类创造的一切优秀思想文化成果武装自己。"③"优秀传统文化是一个国家、一个民族传承和发展的根本，如果丢掉了，就割断了精神命脉。"④ 只有坚持从历史走向未来，从延续民族文化血脉中开拓前进，我们才能建设和发展好中国特色社会主义的伟大事业。相反，抱残守缺、厚古薄今，处处以传统文化为本位的文化保守主义也是绝对不可取的。需要采取毛泽东所倡导的"古为今用、推陈出新"的正确方针。

三 深入阐述和揭示了中国传统文化的当代价值及其实现途径

毛泽东在揭示继承优秀传统文化必要性的过程中，指出批判继承传统文化是发展民族新文化的条件和基础，这从原则上肯定了优秀传统文化的当代价值，并初步揭示出要实现优秀传统文化当代价值的基本途

---

① 许民彤、小章：《总书记要"仔细看"的儒学书籍》，《人民日报》（海外版）2013年12月20日。

② 孙守刚：《弘扬优秀传统文化 振奋中华民族精神——深入学习习近平同志关于继承和弘扬中华优秀传统文化的重要论述》，《人民日报》2014年5月21日。

③ 习近平：《在纪念孔子诞辰2565周年国际学术研讨会暨国际儒学联合会第五届会员大会开幕会上的讲话》，《人民日报》2014年9月25日。

④ 同上。

径,即运用唯物史观对其进行批判性的改造。毛泽东在这方面具体进行了示范,最典型的就是他对实事求是这一范畴的改造。但他并没有从理论上具体地给予分析和阐述。习近平则着重分析和阐述了优秀传统文化的当代价值,并具体指出,实现优秀传统文化当代价值的根本途径是创造性转化。这也是他对毛泽东传统文化观最主要的丰富和发展。

首先,中国传统文化作为中国历史的重要内容,是中国国情的有机组成部分,是我们选择和坚持中国特色社会主义道路的依据之一。

习近平认为,今天的中国是历史的中国的延续和发展。只有很好地认识和把握中国的历史文化,才能很好地认识当代中国的发展特色并选择符合国情的发展道路。他指出:"宣传阐释中国特色,要讲清楚每个国家和民族的历史传统、文化积淀、基本国情不同,其发展道路必然有着自己的特色;讲清楚中华文化积淀着中华民族最深沉的精神追求,是中华民族生生不息、发展壮大的丰厚滋养;讲清楚中华优秀传统文化是中华民族的突出优势,是我们最深厚的文化软实力;讲清楚中国特色社会主义植根于中华文化沃土、反映中国人民意愿、适应中国和时代发展进步要求,有着深厚历史渊源和广泛现实基础。"[①] 这"四个讲清楚"深刻揭示出中国特色社会主义的特色最本质的内涵。要真正理解和认识中国特色社会主义,最根本的就是要理解和认识中国独特的历史和文化传统。中国优秀传统文化是中国特色社会主义得以确立并蓬勃发展的深厚文化根基和基本条件。

其次,中国优秀传统文化是中华民族的共有精神家园,是中华各民族团结统一的强大凝聚力,仍然是改革开放的强大精神力量。

习近平指出:"中华民族具有5000多年连绵不断的文明历史,创造了博大精深的中华文化,为人类文明进步作出了不可磨灭的贡献。经过几千年的沧桑岁月,把我国56个民族、13亿多人紧紧凝聚在一起的,是我们共同经历的非凡奋斗,是我们共同创造的美好家园,是我们共同培育的民族精神,而贯穿其中的、更重要的是我们共同坚守的理想信

[①] 习近平:《胸怀大局把握大势着眼大事 努力把宣传思想工作做得更好》,《人民日报》2013年8月21日。

念。"① "中华文明源远流长，蕴育了中华民族的宝贵精神品格，培育了中国人民的崇高价值追求。自强不息、厚德载物的思想，支撑着中华民族生生不息、薪火相传，今天依然是我们推进改革开放和社会主义现代化建设的强大精神力量。"② 博大精深的中华文化不仅对人类文明的发展作出了巨大贡献，更孕育和造就了中华民族的精神品格和独特的价值观，是中华民族团结奋斗自强不息强大精神力量，也是今天推动我国改革开放的强大精神推动力。

最后，中华优秀传统文化是培育和弘扬社会主义核心价值观的重要源泉，是实现中国梦的精神力量。

习近平指出："培育和弘扬社会主义核心价值观必须立足中华优秀传统文化。牢固的核心价值观，都有其固有的根本。抛弃传统、丢掉根本，就等于割断了自己的精神命脉。博大精深的中华优秀传统文化是我们在世界文化激荡中站稳脚跟的根基。"③ 在当今世界，西方资本主义价值观占据着主导地位，对我国的影响也在不断增强，对社会主义的价值观产生了很大的冲击和挑战。为此我们党提出了社会主义核心价值观。但是要使社会主义核心价值观得以培育和弘扬，就必须从优秀传统文化中吸取思想资源。"要认真汲取中华优秀传统文化的思想精华和道德精髓，大力弘扬以爱国主义为核心的民族精神和以改革创新为核心的时代精神，深入挖掘和阐发中华优秀传统文化讲仁爱、重民本、守诚信、崇正义、尚和合、求大同的时代价值，使中华优秀传统文化成为涵养社会主义核心价值观的重要源泉。"要使社会主义核心价值观成为中华民族自己特有的价值观，就离不开本民族文化和历史传统的基础。

习近平进一步指出，实现中国梦必须弘扬中国精神，而中华优秀传统文化中包含着几千年来中国人民生生不息、绵绵不已的民族精神和发展动力，是蕴涵实现中国梦的中国精神和中国力量的源泉。"一个国家、一个民族的强盛，总是以文化兴盛为支撑的，中华民族伟大复兴需

---

① 《习近平谈治国理政》，外文出版社 2014 年版，第 39 页。
② 同上书，第 158 页。
③ 习近平：《把培育和弘扬社会主义核心价值观作为凝魂聚气强基固本的基础工程》，《人民日报》2014 年 2 月 26 日。

要以中华文化发展繁荣为条件。"① "没有文明的继承和发展，没有文化的弘扬和繁荣，就没有中国梦的实现。"② "要始终把弘扬中华民族传统美德……作为极为重要的战略任务来抓，为实现中华民族伟大复兴的中国梦提供强大精神力量和有力道德支撑。"③

习近平深刻地揭示出，要实现中国优秀传统文化的上述当代价值，就必须坚持做到创造性转化和创新性发展。

习近平提出继承传统文化，必须要结合时代的实践，有机融合到时代的文化中，融合到时代精神和民族精神的塑造中。"要继承和弘扬我国人民在长期实践中培育和形成的传统美德，坚持马克思主义道德观、坚持社会主义道德观，在去粗取精、去伪存真的基础上，坚持古为今用、推陈出新，努力实现中华传统美德的创造性转化、创新性发展，引导人们向往和追求讲道德、尊道德、守道德的生活，让13亿人的每一分子都成为传播中华美德、中华文化的主体。"④ "要使中华民族最基本的文化基因与当代文化相适应、与现代社会相协调"⑤。

从习近平的论述中我们可以体会到，创造性转化和创新性发展的实质并不是像有些人理解的那样是所谓实现传统文化的时代化或现代化，而是在批判继承中华优秀传统文化的基础上，根据时代和人民的需要将其精华的部分创造性地转化为中国特色社会主义文化的有机组成部分，创新和发展中国特色社会主义文化，绝不是简单地在保持传统文化内核的基础上在形式上赋予其时代的特点，这里要做到的是对传统文化根本性质改造，是真正意义上的根本性质的转化和本质性的创造性发展。必须要清楚地认识到这样一个基本的客观事实：当代中国的主流文化就是中国特色社会主义文化，我们批判继承中国传统文化是为了发展中国特色社会主义文化，而不是取代和否定中国特色社会主义文化。因此鼓吹

---

① 《民族伟大复兴要以中华文化发展繁荣为条件——学习领会习近平总书记在山东考察时重要讲话精神》，《光明日报》2013年12月4日。

② 习近平：《在联合国教科文组织总部的演讲》，《人民日报》2014年3月28日。

③ 习近平：《深入开展学习宣传道德模范活动　为实现中国梦凝聚有力道德支撑》，《人民日报》2013年9月27日。

④ 习近平：《建设社会主义文化强国　着力提高国家文化软实力》，《人民日报》2014年1月1日。

⑤ 同上。

复兴"儒家",用"国学"代替中国特色社会主义文化是错误的,也是不可能做到的。

四 深入研究毛泽东和习近平传统文化观的重大现实意义

首先,当前我国的"传统文化热""国学热"需要用毛泽东和习近平的传统文化观加以正确引导。近年来,随着我国经济社会的迅猛发展,国际地位的不断提高,中国人民对自己民族文化,特别是传统文化的自信心不断增强,因而兴起了"传统文化热"和"国学热",这种现象从总体上看是积极的,但这中间也出现了一些值得关注的片面性甚至是错误的倾向,为正确对待传统文化,引导"传统文化热"和"国学热"沿着正确的方向发展,需要我们用毛泽东和习近平中国传统文化观作为根本的指导思想。

其次,当前国内存在着打着"弘扬传统文化"旗号鼓吹"全面儒化"、用儒学否定马克思主义和中国特色社会主义文化的复古主义,也存在着全盘否定传统文化的历史虚无主义。要彻底清除这些错误的文化思潮的影响,就必须坚持毛泽东和习近平所阐述的科学传统文化观。

最后,建设中国特色社会主义文化,实现社会主义文化的大繁荣、大发展,建设社会主义文化强国必须正确解决社会主义文化与中国传统文化的关系。毛泽东和习近平的传统文化观为正确解决这一关系提供了根本的指导思想和科学的方法论基础。

(作者单位:中国人民大学马克思主义学院)

反思历史　立足实践　着眼问题
——21世纪中国马克思主义的创新发展路径

袁银传　秦　红

习近平总书记在中共中央政治局第二十次集体学习时指出:"要根据时代变化和实践发展,不断深化认识,不断总结经验,不断实现理论创新和实践创新良性互动,在这种统一和互动中发展21世纪中国的马克思主义。"① 在2016年5月17日主持召开的哲学社会科学工作座谈会上的讲话强调指出:"我国哲学社会科学的一项重要任务就是继续推进马克思主义中国化、时代化、大众化,继续发展21世纪马克思主义、当代中国马克思主义。"② 在庆祝中国共产党成立95周年大会上的讲话,强调八个坚持"不忘初心、继续前进"中放在第一位的,是强调要坚持马克思主义的指导地位,坚持把马克思主义基本原理同当代中国实际和时代特点紧密结合起来,推进理论创新、实践创新,不断把马克思主义中国化推向前进,不断开辟21世纪马克思主义发展新境界。习近平总书记的这一系列重要论述为当代中国哲学社会科学繁荣发展指明了前进方向,也为当前党和国家意识形态建设提供了基本遵循,彰显在新的历史条件下坚持和发展马克思主义的极端重要性和现实紧迫性。21世纪中国马克思主义的创新发展需要反思20世纪马克思主义发展史和社会主义发展史,深入总结马克思主义和社会主义发展的历史经验;

---

① 习近平在中共中央政治局第二十次集体学习时强调坚持运用辩证唯物主义世界观方法论　提高解决我国改革发展基本问题本领,新华网2015年1月24日。
② 习近平:《在哲学社会科学工作座谈会上的讲话》,人民出版社2016年版,第9—10页。

需要立足实践,揭示当今时代、实践、科学发展的基本规律,反映当今人类实践发展的潮流和趋势;需要聆听时代的声音,回应时代的呼唤,认真研究和解决当今历史时代提出的重大而紧迫的问题。

一 反思历史:21世纪中国马克思主义创新发展的前提

马克思恩格斯曾经指出:"一切划时代的体系的真正的内容都是由于产生这些体系的那个时期的需要而形成起来的。所有这些体系都是以本国过去的整个发展为基础的。"[1] 要推进21世纪中国马克思主义的创新发展,首先需要对20世纪马克思主义和社会主义的历史发展进行整体性反思,深入总结20世纪马克思主义和社会主义发展的历史经验教训。

回顾马克思主义在20世纪的传播和发展,我们可以发现,20世纪马克思主义发展有三种基本路径:西方马克思主义的批判路径、苏联马克思主义的摇摆路径和中国马克思主义的建设路径。只批判而不建设、只解构而不建构是西方马克思主义发展的缺憾和历史教训。列宁主义之后的苏联马克思主义始终在教条主义与修正主义之间摇摆,从列宁建设性地发展马克思主义到戈尔巴乔夫彻底放弃和解构马克思主义,是苏联马克思主义演进的基本路径,放弃和解构马克思主义基本原理和科学社会主义基本原则是导致苏共亡党、苏联解体的重要原因之一。把马克思主义的基本原理同中国具体实践和时代特征相结合,在实践的基础上和过程中始终坚持和发展马克思主义,推动理论和实践的双向互动与双重创新,不断推进马克思主义的中国化、时代化和大众化,是中国马克思主义开辟的创新发展马克思主义的科学路径。

自马克思主义诞生近170年来,马克思主义发展史上始终存在一个马克思主义科学发展的难题问题,即如何科学对待马克思主义、如何真正坚持和发展马克思主义的问题,围绕这一问题,历史上形成了"教条主义""修正主义""正统的马克思主义""真正的马克思主义"等

---

[1] 《马克思恩格斯全集》第3卷,人民出版社1960年版,第544页。

理论上的纷争。伯恩施坦是第二国际时期修正主义的典型代表,从1896年到1899年,他就不断借口"时代的变化"和资本主义的新发展,公开宣称马克思主义理论已经"过时",主张必须对马克思主义学说进行全面"修正"。伯恩施坦之后考茨基的社会主义和俄国的孟什维克主义等,也都借口历史时代的变化和资本主义的新发展,打着"正统马克思主义者"旗号,要求工人阶级政党检查自己的"精神武器",即要求对作为工人阶级政党指导思想的理论基础——马克思列宁主义进行"修正"。"教条主义"在马克思主义发展史上同样很有市场,在20世纪20年代,共产国际在苏联共产党的支配下开展"布尔什维克化运动",随后又逐渐把"苏联社会主义模式"(斯大林模式)即高度集中的社会主义计划经济体制尊奉为真正的社会主义的"普遍模式"和"典型样板",对于其他社会主义国家独立探索本国社会主义革命和建设道路横加干涉和指责。这种把马克思主义理论"教条化"、把苏联社会主义革命和建设经验"模式化"的方式和做法,否定了马克思主义发展的民族性、时代性和开放性,窒息了马克思主义和社会主义发展的生机和活力,导致马克思主义与各国具体实际的脱离,这种做法与马克思主义的科学开放精神和与时俱进的理论品质是完全背道而驰的。

"修正主义"和"教条主义"二者各持一端,都不是真正地坚持和发展马克思主义。"修正主义"往往借口历史环境和历史条件发生了新变化,打着"发展"马克思主义的旗号,否定马克思主义基本原理和贯穿其中的基本立场、基本观点和基本方法,提出对马克思主义基本原理加以全面"修正"。他们没有认识到马克思主义的基本原理、基本精神、基本方法是马克思主义的理论"硬核"而非"保护带",不坚持马克思主义的基本原理和贯穿其中的基本立场、基本观点和基本方法,就根本谈不上坚持和发展马克思主义,而只能是否定和解构马克思主义。教条主义者往往以"正统马克思主义者""真正的马克思主义者"自居,只固守马克思主义经典作家基于当时具体历史情况提出的个别观点、具体结论和行动纲领,不能与时俱进地发展马克思主义。他们没有认识到马克思主义从来都不是封闭僵化、自说自话的教条体系,而是随着时代、实践、科学发展而不断发展的开放的理论体系。马克思主义并没有结束真理,而是开辟了通向真理的道路。马克思主义始终是随着历史时代、人类实践、科学技术的发展而不断发展,也只有在发展过程中,马克思主义才能得到真正的坚持。正如习近平总书记在哲学社会科学工作座谈会上强调指出:"对待马克思主义,不能采取教条主义的态度,也不能采取实用主义的态度。如果不顾历史条件和现实情况变化,拘泥于马克思主义经典作家在特定历史条件下、针对具体情况作出的某些个别论断和具体行动纲领,我们就会因为思想脱离实际而不能顺利前进,甚至发生失误。"①

改革开放近40年来,当代中国马克思主义的理论创新发展进程与改革开放的历史进程和中国特色社会主义建设的实践进程是同一历史进程。在中国特色社会主义道路艰辛探索和波澜壮阔、凯歌行进的改革实践进程中,我们经历了从破除传统的计划经济体制(苏联社会主义模式在中国的翻版)到建立社会主义市场经济体制的过程。在理论上,当代中国马克思主义创新发展也经历了从"讲坛马克思主义"到"论坛马克思主义",从反思批判苏联哲学、政治经济学教科书体系到引进西方马克思主义"以西马解马"再到建构自己的马克思主义理论体系(发展21世纪马克思主义、当代中国马克思主义)的历史过程。改革开放近40年来,中国取得了举世瞩目的历史成绩,积累了丰富的发展经验,彰显出社会主义制度的优越性和巨大发展优势,如何将中国经验提升为中国理论,用中国理论解读中国故事,将中国的经济发展优势转化为话语优势,深刻揭示中国特色社会主义建设的科学规律,建构以马克思主义为指导的具有中国特色的哲学社会科学体系,是当代中国哲学社会科学繁荣发展的重要任务,也是发展21世纪中国马克思主义的题中应有之义。

二 立足实践:21世纪中国马克思主义创新发展的根据

实践范畴是马克思主义哲学最核心、最基础的范畴。只有在实践基础上,马克思主义哲学才超越了以往唯心主义和旧唯物主义哲学,实现

---

① 习近平:《在哲学社会科学工作座谈会上的讲话》,人民出版社2016年版,第13页。

了唯物论与辩证法、唯物辩证的自然观与历史观、本体论与认识论的高度统一。马克思正是从物质资料生产实践即生产劳动出发，找到了理解全部人类社会历史发展的"钥匙"。实践性是马克思主义的本质特征，是马克思主义区别于其他社会历史理论、学说、思潮最显著的标志。马克思主义的科学实践观告诉我们：全部社会生活在本质上是实践的，人类社会存在的基础和发展的动力是以物质生活资料的生产为根本的实践活动，人类社会历史的真正发源地和"秘密"只能到实践中去探求，而不是在"天上"或者抽象"思辨的云雾"中寻找；人类社会的一切矛盾和"问题"都是在实践中发生的，解决这些矛盾和问题也只能通过革命的、批判的"变革的实践"，而不能仅仅停留于合理地"解释世界"；人的认识是否具有客观的真理性，这不是一个理论问题，而是一个实践问题，检验真理的标准只能是社会实践，离开实践的思维的现实性或非现实性的争论是一个"纯粹经院哲学的问题"。马克思以其在《关于费尔巴哈的提纲》一书中的名言"哲学家们只是用不同的方式解释世界，而问题在于改变世界"①作为自己在英国伦敦北郊墓碑上的墓志铭。

马克思毕生致力于实现人的自由全面发展与全人类的彻底解放事业，他的艰辛探索不只是为了从理论上解答人的自由全面发展与全人类的解放问题，更重要的是为了实际地改变现存的世界，使现存的世界革命化，彻底解放全人类，同时也最终解放无产阶级自己。早在《〈黑格尔法哲学批判〉导言》中，马克思就指出："批判的武器当然不能代替武器的批判，物质力量只能用物质力量来摧毁。"②此外，他还深刻地认识到，无产阶级的解放和全人类的解放是同一历史进程，无产阶级只有解放全人类才能最终解放自己，人类解放的实践主体是无产阶级，而无产阶级需要马克思主义的理论武装。"德国人的解放就是人的解放。这个解放的头脑是哲学，它的心脏是无产阶级。"③在《关于费尔巴哈的提纲》中，马克思强调指出："旧唯物主义的立脚点是'市民社会'；

---

① 《马克思恩格斯文集》第1卷，人民出版社2009年版，第506页。
② 同上书，第11页。
③ 同上书，第18页。

新唯物主义的立脚点则是人类社会或社会化的人类","哲学家们只是用不同的方式解释世界,而问题在于改变世界。"① 马克思主义的实践性不仅体现在指导实践、改变世界的历史使命上,而且在于它整个理论学说都是奠基于实践基础之上。在实践中产生并接受实践检验,又随着实践的发展而不断丰富和发展,并在与各国具体实践相结合中彰显自身强大的生命力,是马克思主义的本质特征和根本精神。

恩格斯指出:"马克思的整个世界观不是教义,而是方法。它提供的不是现成的教条,而是进一步研究的出发点和供这种研究使用的方法。"② 把坚持与发展马克思主义有机统一起来,不断反映时代精神、总结时代规律、解决时代矛盾、回答时代问题,在总结新的实践经验基础上不断推进马克思主义的理论创新,是马克思主义具有高度科学性和彻底革命性的鲜明体现,也是马克思主义永葆旺盛生机和活力的根本奥秘之所在。

马克思主义具有与时俱进的理论品质,一部马克思主义发展史就是马克思主义不断民族化、时代化、大众化的"与时俱进"的历史。经典作家马克思恩格斯在19世纪40年代基于当时自由资本主义的发展现状以及资产阶级异常强大的历史事实,提出了共产主义革命"同时胜利"的理论,到晚年马克思通过与俄国民粹派思想家的通信以及对于东方社会(主要是俄国、印度、中国)历史文化的潜心研究,形成了自己关于东方社会的发展理论,并且基于俄国农村公社等特殊的国情和历史文化传统,提出了俄国可能"跨越资本主义的卡夫丁峡谷"的伟大设想。列宁把马克思主义的普遍真理与俄国具体实践相结合,基于欧洲自由资本主义进入帝国主义的实际以及俄国经济和工人阶级运动发展的实际,抓住第一次世界大战帝国主义国家忙于战争的实际在其链条出现薄弱环节的难得机遇,通过十月革命取得了社会主义革命的伟大胜利,开辟了人类历史的新纪元。中国共产党人没有拘泥于马克思主义经典作家基于当时具体历史情况提出的个别观点、具体结论和行动纲领,而是坚持把马克思主义基本原理同中国革命、建设和改革的具体实际和

---

① 《马克思恩格斯文集》第1卷,人民出版社2009年版,第506页。
② 《马克思恩格斯文集》第10卷,人民出版社2009年版,第691页。

时代特点相结合，从"走俄国的路"到"走自己的路"，成功开辟了"农村包围城市"的新民主主义革命道路、中国特色社会主义改造道路和中国特色社会主义建设道路，形成了毛泽东思想和中国特色社会主义理论体系。

要继续推进马克思主义中国化、时代化、大众化，发展21世纪中国的马克思主义，必须始终坚持和弘扬马克思主义科学创新的革命精神和与时俱进的理论品质，推进马克思主义随着当今时代、实践、科学发展而不断发展。

首先，马克思主义要站在当代人类实践发展的最前沿，与实践俱进。也就是马克思主义要反映当今时代精神的精华，揭示当今人类实践发展的新规律，解答当今人类实践提出的重大而紧迫的理论和现实问题。当今人类社会总体上还是处于马克思恩格斯科学揭示的由资本主义社会向共产主义社会过渡的历史时代，和平与发展依然是当今时代的主题。但是，当今人类实践发展又有许多新变化和新的阶段性特征，这就是经济全球化、政治多极化、文化多元化、信息网络化。当今中国社会发展也有许多新特点，当今中国社会总体上处于社会主义初级阶段，处于由传统向现代、传统计划经济向社会主义市场经济、从全面建设小康社会到全面建成小康社会的过渡和发展时期，当今中国前现代、现代、后现代的矛盾和问题同时聚焦和凸显。用马克思主义的立场、观点和方法分析和研究当今人类实践发展的新特点和新趋势，科学揭示共产党执政规律、社会主义建设规律（特别是中国特色社会主义建设的新规律）、人类社会发展规律，是发展21世纪马克思主义、当代中国马克思主义的重大历史任务。

其次，马克思主义要站在当代人类科学发展的最前沿，与科学俱进。也就是要运用马克思主义科学的世界观和方法论，科学观察和解释当今自然界、人类社会、人类思维的新变化，科学总结当今自然科学、社会科学、思维科学发展的新成果，科学揭示当今自然界、人类社会和人类思维发展的新规律。在马克思恩格斯看来，科学是一种在历史上起推动作用的、革命的力量。经典作家马克思和恩格斯都是百科全书式的学者，他们眼界开阔、知识丰富，创立的马克思主义理论体系和科学知识体系博大精深，涉及自然界、人类社会、人类思维的各个领域。众所周知，马克思恩格斯不仅对社会科学、思维科学有精深的研究，而且对自然科学也有精深的研究，马克思的数学手稿和恩格斯的《反杜林论》《自然辩证法》等都是富有极高自然科学价值和科学哲学价值的学术成果。当今世界，科学技术的进步日新月异，以信息网络科学技术、航天科学技术、原子能科学技术、生命科学技术为代表的新科技革命的发展，深刻改变着人类的生产方式和生活方式，极大地推动着生产力的发展和社会历史的进步，同时，新科学技术革命的发展也给当今人类社会带来了一系列新的矛盾和问题，特别是由于人类对于当代科学技术的不合理使用给当今人类带来了全球问题和人性异化问题。对此，马克思主义理论不能失语，而必须加以科学分析、深入研究并且给以令人信服的解答，从而丰富和发展21世纪马克思主义理论宝库。

最后，马克思主义要与当代各种哲学文化思潮进行交流、交融和交锋，发挥马克思主义对哲学社会科学的引领和指导作用。长期以来，由于学科偏见和自我封闭，从事"马学""中学""西学"等教学和研究的工作者往往画地坐牢、各说各话，甚至用"火药味"很浓的挖苦和指责代替"心平气和"的学术交流和对话。以哲学领域为例，有的从事中国哲学和西方哲学的理论工作者对于马克思主义哲学工作者以至马克思主义理论存在一些模糊甚至错误的认识，挖苦马克思主义哲学工作者既不懂古文又不懂洋文，只是为某种现存政治思想和政治行为的合法性做论证和辩护的工具；甚至错误认为马克思主义理论没有学术上的学理性和系统性，只是一种意识形态的说教和政治上的附庸。而有的从事马克思主义理论的工作者又对其他哲学文化简单"贴标签"，认为中国传统文化是封建主义文化、现代西方哲学文化是资本主义文化、西方马克思主义文化是修正主义文化，因此，对于他们只有批判的责任和义务，而根本没有与它们进行学术交流对话的必要和价值。门户之见制约了马克思主义和哲学社会科学的繁荣发展。事实上，马克思主义从来就不是自说自话、封闭僵化的理论体系，而是科学的、开放的、与时俱进的理论体系，马克思主义理论只有在与中国传统哲学文化、西方哲学文化以及西方马克思主义进行交流和对话中，才能彰显其高度科学性和彻底革命性。也只有在其他社会思潮和流派的交流、交融和交锋中，马克思主义理论才不会在一些学科中"失语"、教材中"失踪"、论坛上

"失声"，才能从其他思想文化中汲取营养和资源，"取其精华，去其糟粕"，从而才能丰富和发展马克思主义理论自身，更好地发挥马克思主义对于哲学社会科学的引领和指导作用。

三 着眼问题：21世纪中国马克思主义创新发展的动力

理论创新只能从问题开始。从某种意义上说，理论创新的过程就是发现问题、筛选问题、研究问题、解决问题的过程。所谓"问题"就是理论与现实之间的矛盾、理论与理论之间的矛盾以及理论内部的矛盾。实践是理论创新的源头活水，是理论创新的动力源。理论创新与实践创新是一个双向互动的辩证关系，理论创新的特点就是把实践中的矛盾上升为理论上的矛盾，把实践中的问题变成理论问题、学术问题，通过实践问题倒逼理论创新，通过理论创新使得问题得以解决。马克思曾深刻指出："主要的困难不是答案，而是问题。""问题就是公开的、无畏的、左右一切个人的时代声音。问题就是时代的口号，是它表现自己精神状态的最实际的呼声。"[①] 习近平总书记在哲学社会科学工作座谈会上的讲话中也强调指出："坚持问题导向是马克思主义的鲜明特点。问题是创新的起点，也是创新的动力源。只有聆听时代的声音，回应时代的呼唤，认真研究解决重大而紧迫的问题，才能真正把握历史脉络、找到发展规律，推动理论创新。"[②]

对于在实践基础上推动马克思主义理论创新，马克思主义经典作家都有许多深刻的论述。马克思在《莱茵报》的文章"第179号'科伦日报'社论"中，就曾经指出："任何真正的哲学都是自己时代精神的精华"，"是文明的活的灵魂"。哲学家们"是自己的时代，自己的人民的产物，人民最精致、最珍贵和看不见的精髓都集中在哲学思想里"[③]。1887年《恩格斯致弗洛伦斯·凯利—威士涅威茨基》的信中也强调指

---

① 《马克思恩格斯全集》第40卷，人民出版社1982年版，第289—290页。
② 习近平：《在哲学社会科学工作座谈会上的讲话》，人民出版社2016年版，第14页。
③ 《马克思恩格斯全集》第1卷，人民出版社1960年版，第120—121页。

出:"我们的理论是发展着的理论,而不是必须背得烂熟并机械地加以重复的教条。"① 列宁指出:马克思主义理论,"它所提供的只是总的指导原理,而这些原理的应用具体地说,在英国不同于法国,在法国不同于德国,在德国又不同于俄国。"② 他还指出:"在每个国家通过具体的途径来完成统一的国际任务……的时候,都必须查明、弄清、找到、揣摩出和把握住民族的特点和特征。"③

中国共产党人十分重视把马克思主义基本原理与中国实际和时代特征相结合,用马克思主义的立场、观点、方法分析和解决中国革命、建设、改革开放过程中的实际问题,破除对各种教条主义的迷信,用发展着的马克思主义指导新的实践。毛泽东同志就曾经指出:"我们党里有人说,学哲学只要读《反杜林论》、《唯物主义和经验批判主义》就够了,其他的书可以不必读。这种观点是错的。马克思的这些老祖宗的书,必须读,他们的基本原理必须遵守,这是第一。但是,任何国家的共产党,任何国家的思想界,都要创造新的理论,写出新的著作,产生自己的理论家,来为当前的政治服务,单靠老祖宗是不行的。只有马克思和恩格斯,没有列宁,不写出《两个策略》等著作,就不能解决一九○五年和以后出现的新问题。单有一九○八年的《唯物主义和经验批判主义》,还不足以对付十月革命前后发生的新问题。适应这个时期革命的需要,列宁就写了《帝国主义论》、《国家与革命》等著作。列宁死了,又需要斯大林写出《论列宁主义基础》和《论列宁主义的几个问题》这样的著作,来对付反对派,保卫列宁主义。我们在第二次国内战争末期和抗战初期写了《实践论》、《矛盾论》,这些都是适应于当时的需要而不能不写的。现在,我们已经进入社会主义时代,出现了一系列新问题,如果单有《实践论》、《矛盾论》,不适应新的需要,写出新的著作,形成新的理论,也是不行的。"④ 邓小平同志强调指出:"绝不能要求马克思为解决他去世之后上百年、几百年所产生的问题提供现成答案。列宁同样也不能承担为他去世以后五十年、一百年所产生

---

① 《马克思恩格斯文集》第 10 卷,人民出版社 2009 年版,第 562 页。
② 《列宁专题文集·论马克思主义》,人民出版社 2009 年版,第 96 页。
③ 《列宁专题文集·论无产阶级政党》,人民出版社 2009 年版,第 256 页。
④ 《毛泽东文集》第 8 卷,人民出版社 1999 年版,第 109 页。

的问题提供现成答案的任务。真正的马克思列宁主义者必须根据现在的情况，认识、继承和发展马克思列宁主义。"① "不以新的思想、观点去继承、发展马克思主义，不是真正的马克思主义者。"② 江泽民同志在2001年中国共产党建党80周年讲话中第一次明确提出"马克思主义具有与时俱进的理论品质"，并且在党的十六大报告中强调"与时俱进"就是党的全部理论和工作要"体现时代性，把握规律性，富于创造性"。胡锦涛同志在党的十七大报告中也指出："马克思主义只有与本国国情相结合、与时代发展同进步、与人民群众共命运，才能焕发出强大的生命力、创造力、感召力。"习近平总书记在哲学社会科学工作座谈会上的讲话也强调指出："马克思主义是随着时代、实践、科学发展而不断发展的开放的理论体系，它并没有结束真理，而是开辟了通向真理的道路。"③

时代是思想之母，实践是动力之源。着力解决当今时代提出的重大而紧迫的问题，通过实践问题倒逼理论创新，是21世纪中国马克思主义创新发展的基本路径。党的十八大以来，以习近平同志为总书记的党中央将"中国梦"与"世界梦"紧密联系在一起，对于当今时代发展潮流和世界发展大势作了新的科学分析和理论概括。习近平同志指出："一个国家要发展繁荣，必须把握和顺应世界发展大势，反之必然会被历史抛弃。什么是当今世界的潮流？答案只有一个，那就是和平、发展、合作、共赢。"④ 将"共赢"与"和平、发展、合作"并列并且作为落脚点，体现了以习近平为总书记的党中央团结带领中国人民积极顺应时代发展潮流和世界发展大势，科学把握时代主题，坚持走和平发展、合作共赢道路的坚定信念和高度自觉。为了解决当今时代提出的和平和发展两个重大而紧迫的问题，以习近平同志为总书记的党中央先后提出了"中国梦"、培育和弘扬社会主义核心价值观、协调推进"四个全面"发展战略以及牢固树立创新、协调、绿色、开放、共享"五大"发展理念等重大战略思想，不断开辟当代中国马克思主义发展的新境

---

① 《邓小平文选》第3卷，人民出版社1993年版，第291页。
② 同上书，第292页。
③ 习近平：《在哲学社会科学工作座谈会上的讲话》，人民出版社2016年版，第13页。
④ 《习近平谈治国理政》，外文出版社2014年版，第266页。

界。可以说，马克思主义及其在当代中国的新发展，为世界社会主义在 21 世纪的伟大复兴以及中华民族的伟大复兴提供了既一脉相承又与时俱进的科学理论指导，为增强全党全国各族人民团结奋斗提供了坚实的共同思想基础。我们要以更加宽阔的眼界和深邃的世界历史眼光审视马克思主义在 21 世纪发展的现实基础和实践需要，坚持问题导向，坚持以我们正在做的事情为中心，聆听时代声音，回应时代呼唤，更加深入地推进马克思主义基本原理同当代中国实际和时代特点的紧密结合，不断谱写当代中国马克思主义创新发展的历史新篇章，让 21 世纪中国马克思主义放射出更加灿烂的真理光芒。

(作者单位：武汉大学马克思主义学院)

马克思主义与自由主义
——马克思主义理论学科奠基性质的研究课题

贾中海

2005年12月23日国务院学位委员会和教育部发布了文号为学位〔2005〕64号文件，决定在《授予博士、硕士学位和培养研究生的学科、专业目录》中增设马克思主义理论一级学科及所属二级学科，马克思主义理论一级学科下设五个二级学科，即马克思主义基本原理、马克思主义发展史、马克思主义中国化研究、国外马克思主义研究、思想政治教育。马克思主义理论学科被国务院学位委员会确定为一级学科后，国务院学位委员会于2006年6月设立了"马克思主义理论一级学科建设和人才培养方案研究"项目，委托顾海良为负责人，武汉大学及有关单位共同承担此项目的研究，研究的成果就是制订了《马克思主义理论学科各二级学科研究生培养方案》，这个方案对于马克思主义理论学科的课程建设、科学研究和研究生培养发挥重要的指导作用，具有里程碑性质的意义。

然而，马克思主义理论的学科建设和理论研究存在两个问题没有很好地解决，需要深入探讨和研究。一个问题是马克思主义理论作为一级学科的学理和学术基础是什么？换言之，马克思主义作为一个整体性理论，作为一个思想体系其本身的理论思维逻辑是什么？另一个问题是在确定学科的理论研究范围、课程设置中，对于同马克思主义恰好相对立的思想体系即西方自由主义思想体系的研究没有明确提及，不占突出地位，至多可以放置于马克思主义与当代社会思潮研究范围内，仅仅把它看作是当代社会思潮中的一种思潮而已，重视程度不够，因而缺失了从自由主义思想体系与马克思主义理论体系的相互关系中来研究马克思主义的思想维度。本文围绕着上述两个问题展开分析和初步探讨，不当之处敬请大家指正。

一 马克思主义：何种性质的理论？体系建构的理论逻辑是什么？

作为一种（总体性）整体性的思想体系的马克思主义是其能够成为一级学科的学理和学术基础。以往我们把马克思主义分为三个组成部分即马克思主义哲学、政治经济学和科学社会主义，对这三者的关系上的基本观念是马克思主义哲学是基础、是世界观和方法论，政治经济学是马克思运用其哲学方法论来研究和批判资本主义的结果，揭示了资本主义必然灭亡社会主义必然胜利的规律，科学社会主义是马克思主义哲学和政治经济学的必然结论，这意味着科学社会主义本身不具有学科独立的性质，这三部分在学科的划分与归属上曾经分别是哲学一级学科的二级学科、经济学一级学科的二级学科、政治学一级学科的二级学科。现在我们把马克思主义作为一级学科来建设，就应该有别于哲学一级学科的二级学科马克思主义哲学，有别于经济学一级学科下的二级学科马克思主义政治经济学或者理论经济学的一个研究方向，有别于政治学一级学科下的二级学科科学社会主义。就需要在学术上、学理上把这三部分有机地统一起来，揭示它们的内在联系，最终构建起整体性的马克思主义基本理论体系。很可惜，我们现在所写成并且出版的作为教材的《马克思主义基本原理》的结构基本上还是这三个部分的相加，在学术上、学理上把这三部分有机地统一起来的工作还没有完成。问题的难点在于，中国从事马克思主义理论研究和研究生培养的专家学者们很少有人同时精通马克思主义哲学、政治经济学和科学社会主义，并且能够理解和把握在马克思那里这三者的真实的内在的理论上的逻辑联系，专家学者们的知识结构存在先天不足，缺陷严重。懂得马克思哲学的不同时精通马克思的政治经济学，当然就不懂得列宁所说的马克思的《资本论》就是马克思的大写的逻辑学。相反，懂得马克思的政治经济学的不精通马克思哲学，当然搞不懂在政治经济学中马克思的经济学方法论，搞不懂马克思是如何运用辩证法的思维方式和历史唯物主义的世界观方法论去分析和批判资本主义制度和生产方式的。在这种学术背景下把马克思主义三个组成部分有机地统一起来，揭示并且阐释清楚它们的内在联系，最终构建起整体性的马克思主义基本理论体系几乎是相当难的。现在所写成并且出版的作为教材的《马克思主义基本原理》的结构基本上还是这三个部分的相加，而且讲马克思哲学部分多，政治经济学部分少。我们应该按照什么样的理论逻辑、什么样的问题主线、以什么样的核心性的价值范畴来阐发作为一种思想体系的马克思主义基本理论。这涉及对马克思主义是一种何种性质的思想体系的理解问题？本人的想法是通过马克思主义与自由主义思想体系的比较来获得一些启示。

马克思主义就是起源于对资产阶级自由主义思想体系的批判，马克思对资本主义的批判在思想形式上就是对自由主义思想体系的批判，而且不是一般的简单的进行单纯的道德批判，可以说马克思对自由主义思想体系进行了颠覆性批判。

马克思主义是与自由主义相对立的两种思想体系，但是，自由主义与马克思主义却有一个共同的规范性承诺，这个规范性承诺是什么呢？那就是人的个性解放、人的自由而又全面的发展。当然，马克思主义与自由主义不论是从世界观、阶级立场，还是从方法论到实质的规范性的价值理论方面都存在原则差别。

马克思主义是关于无产阶级解放斗争的学说，是关于人类解放和人的自由而又全面发展的学说，因而也是寻求历史进步和光明未来的学说，当西方多数学者在论证资本主义的永恒性与合理性时，马克思则公开地旗帜鲜明地宣告了资本主义必然灭亡。

但是，在马克思看来，历史的发展并不是"无人身的理性"的发展和实现，而是有理性的主体人的发展和解放。马克思运用唯物辩证法这一伟大思想武器批判资本主义，认为自由主义思想体系不过是以普遍的抽象的形式，从根本上反映了资产阶级这一资本的人格化的利益，是为资产阶级特权辩护的思想形式和思想体系。在马克思看来，在资本的统治下，在雇佣劳动与资本对抗的社会结构中，自由只是资本主义商品经济、市场经济的自由竞争、自由交换、自由经营的理论表达，自由只是形式上的不真实的自由，是资本控制和奴役雇佣劳动的自由，是资本逻辑发挥作用的自由。在资本的统治下，在雇佣劳动与资本对抗的社会结构中，平等也只不过是通行于商品经济中的等价交换的基本要求，平等也只是形式上的表面上的平等。自由和平等在存在雇佣劳动与资本对抗的社会运动中只能是形式上的、不真实的幻象。因此，马克思对自由主义的批判是最为全面、深刻和彻底的。马克思要实现从形式上的自由达到实质上的真实的自由的飞跃；要实现从形式上的虚幻的平等走向更为实质的平等；它要克服人的异化和阶级对抗的社会形式；要克服雇佣劳动与资本的对抗；要消除利用物化力量去奴役人的权力，最后实现每个人的自由发展，实现每个人的自由发展是其他一切人自由发展的前提条件的社会理想，最终建立自由人的联合体。这就是未来的共产主义阶段，这一形态的人是全面发展了自己的自由个性、资质才能的人，而不是片面的人，社会也不在对抗中运动。实现人和自然之间，人和人之间真正和解的社会理想即共产主义，"这种共产主义，作为完成了的自然主义，等于人道主义。而作为完成了的人道主义，等于自然主义，它是人和自然之间、人和人之间的矛盾的真正解决，是存在和本质、对象化和自我确证、自由和平等、个体和类之间的矛盾的真正解决"。因此，马克思主义思想体系的核心范畴或者价值规范就是自由、平等和人的全面发展，这与自由主义思想体系有着共同的规范性承诺。本质区别在于马克思主义思想体系的自由、平等和人的解放和全面发展是在批判和超越资本主义制度基础上实现的，而自由主义主张在资本主义制度范围内加以实现。我们应该以自由、平等、人的解放和人的全面发展为核心范畴来阐述作为一种思想体系的马克思主义，作为社会主义思想体系的马克思主义。把马克思主义三个组成部分有机地统一起来，揭示并且阐释清楚它们的内在联系，最终构建起整体性的马克思主义基本理论体系，克服目前的三部分相加的理论体系。本文只是思考一种可能的思路，真正做好则是极其艰巨的工程。

二　加强对自由主义的马克思主义研究：
　　研究的重点和问题

　　研究自由主义是马克思主义理论发展和马克思主义学科建设的需要。马克思主义与自由主义是相对立的两种思想体系，马克思主义就是起源于对资产阶级自由主义的批判，马克思对资本主义的批判在思想形式上就是对自由主义思想体系的批判，当西方多数学者在论证资本主义的永恒性与合理性时，马克思则公开地旗帜鲜明地宣告了资本主义必然灭亡。马克思运用唯物辩证法这一伟大思想武器批判资本主义，认为自由主义思想体系不过是以普遍的抽象的形式，从根本上反映了资产阶级这一资本的人格化的利益，是为资产阶级特权辩护的思想形式。马克思主义就是在对资产阶级自由主义的批判中不断丰富和发展的，这是一条不破的规律，同样适合当下的情境。我们如何运用马克思主义的理论、观点和方法去分析和研究当代自由主义的新发展，是马克思主义学科建设、课程建设、理论研究的一个重点领域，是马克思主义学科的一个最为本己的任务。

　　自由主义是西方现代性的系统化理论，长期以来一直占主导地位，社会主义曾一度对它造成了冲击，但是，在 20 世纪 90 年代初的东欧剧变和苏联解体以后自由主义，强化了它在西方的价值主导地位，甚至福山曾经狂妄地提出了意识形态终结论。

　　自由主义是西方流传最广、影响最深的思想体系，自由主义是西方以私有制为基础的市场经济基础上的意识形态理论，分立的所有制，利益主体的独立性、激烈的市场竞争所要求的理论形式就是自由主义。自由主义以个人主义、个人自由为基础，基于抽象权利基础上的自由、平等则是自由主义思想体系的核心理论范畴。从十七八世纪产生以来自由主义思想体系经历了不同的发展阶段。古典自由主义关注和要解决的是经济自由问题，第二次世界大战以后自由主义逐步开始在坚持传统的自由主义的平等自由基础上关注和解决社会经济中的不平等问题。公平正义即对社会与经济平等问题的解决成为当代自由主义思想体系关注的焦点，也是西方社会关注解决的重点和难点问题，标志自由主义进入了新的发展阶段。

1. 对当代西方自由主义的研究重点。对于当代西方自由主义的研究重点是以平等为取向的自由主义与以权利（经济自由）为取向的自由主义。前者以罗尔斯为代表，后者以诺奇克为代表。罗尔斯的公平正义的自由主义政治哲学在当今西方自由主义体系中占有重要地位。甚至有人称他的正义理论是目前自由主义政治哲学中最好的理论。如果说自由主义就是对现代性的合法性的证明，则罗尔斯的公平的正义理论必是对西方现代性的合法性的最好证明。美国学者古特曼认为是到目前为止自由主义政治哲学所提供的最好理论。马克思主义批判自由主义，理所当然要瞄准当代西方最好的自由主义理论形式，在新的历史条件下丰富和发展马克思主义。

罗尔斯在总结自由主义的发展基础上，尤其是通过批判功利主义及其变种，建立了他的作为公平的正义的自由主义思想体系，在政治和法律社会结构中坚持平等自由基础上，开始关注和解决社会经济中的不平等问题。

那么，我们从马克思主义的角度，如何深入研究罗尔斯的公平正义两个原则的精神价值是十分必要的。对他的理论的意识形态批判是必须的，但不能简单否定，要挖掘其有意义的方法论价值。按照罗尔斯的本意，他的公平的正义原则对资本主义国家和社会主义国家是同样适用的，他的正义论并不偏爱两种制度中的哪一种。而是确立适用于一般的社会经济政治结构，即社会主要制度分配社会价值的正义原则。而不能由伦理说教或权威性随意来解决社会价值的分配正义，这是极具价值的思想，需要深入研究。

罗尔斯的分配正义理论坚持的是一种抽象的平等理论，他一方面坚持程序正义的观念，即机会平等的观念，他坚持收入和财富分配方面的不平等必须是坚持机会的公平平等的基础上职务和地位向所有人开放的结果，要限制社会的偶然因素对人生、对分配的任意影响。另一方面他从资质才能的分配是集体的财产的观念出发，来安排他的差别原则，不允许自然的偶然因素任意发挥作用，要求对那些处于先天不利地位的人们给予某种补偿，强调社会正义，强调社会和经济的不平等的安排要适合最少受惠者的最大利益。要求社会更多地关注那些天赋低和出身较不利地位的人们，要按平等的方向补偿由自然的和社会的偶然因素造成的倾斜。要求那些先天有利的人，无论是谁，只能在改善那些不利者的境况下从他们的幸运中获利。但是，罗尔斯并不是要消灭差别，或者实行平均主义，他要求保留合理的差别，他注重效率，强调分配正义原则与效率的一致。这样，罗尔斯的分配平等观一方面考虑到了程序正义与机会的公平平等；另一方面他又强调分配结果的公平与正义，是一种兼顾效率的公平，是一种较为全面的平等观。他的分配正义原则是对待命运中偶然因素的公平方式。表达了一种互惠的社会观念，具有一种人道的平等的精神价值。但是，他的分配正义理论存在致命弱点，他的平等的分配理论是一种抽象的权利理论，他把分配的原则和规范看作是由一般的伦理价值观决定的，是由自由、平等而又具有理性的人一致同意的结果，而不是由经济关系决定的。不是由生产条件本身的分配决定的。因此，他的分配理论没有现实的权利观念做基础，是一种抽象的权利理论，必然具有乌托邦性质。他虽然假定分配正义原则对于社会主义和资本主义制度同样适用。但是，在资本主义现有条件下，实现机会的公平平等需要达到完全免费的教育资源的平等共享，这必触及垄断资本的利益。最大限度地实现最少受惠者的利益不仅受效率的约束，同时从根本上也受制于垄断资本的制约，垄断资本掌握着对分配的主导权，资本主义国家从本质上也是维护垄断资本根本利益的阶级的国家，垄断资本所做的让步与妥协是有限度的。若真正彻底实现他的分配理想，不仅需要高度发达的生产力，极大丰富的物质财富的涌流，而且也需要有所有制、财产权关系的社会主义深刻变革。总之，罗尔斯的分配理论缺乏一种现实的权利理论作为基础。

诺齐克的持有正义理论是以权利优先、经济自由的自由主义理论，其中最大可取之处在于，他把分配与生产联系起来，把分配与权利联系起来。如何分配本身直接决定着创造财富的总量，分配方式直接决定生产的状况，这一点无疑是正确的。另外，他认为分配与权利密切相关，分配不是一个单纯的道德问题，而主要是一个权利问题。人的资质才能是个人的财产，至少不侵犯别人的权利；此外，任何现有的财物都是有主的，都有所有权的归属。在市场经济条件下，公平的自由竞争，公平的自由交换导致具有所有权的持有对象从一个人手里，不断地转移到他人手里,形成现有的持有结果和持有状况。只要不侵犯别人的权利,任何人对他的持有就都拥有权利。他的最大缺陷在于,他过分地强调了个人权利,把个人权利看成是个人孤立自足的,不是把它看作是由社会经济结构以及社会文化决定的,他把个人权利看作是对国家行为的边际约束,这就完全割裂了个人与社会的权利关系,把政治国家与市民社会对立起来。没有把个人的权利看作是具体的历史的,而是看作是抽象的永恒的,神圣不可侵犯的。他最终也陷入了抽象的权利论。此外,他完全否认道德因素、伦理观念对调节经济关系的辅助作用,把理性的经济人与道德人相对立,这是错误的。虽然,分配不是由外在的一般性的公平、正义观等道德因素决定的,但分配关系毕竟受某种道德观念和原则的调整,对分配中的极端的有害的非人道的倾向必须进行约束和限制。

在分配上,马克思、恩格斯反对搬用抽象的公平、正义、平等的原则,而强调现实的经济结构、生产方式和生产条件对分配的决定性影响。但是,这并不意味着马克思、恩格斯完全否定道德因素对分配的约束性影响,以及对分配关系的调节作用。他们坚决反对雇用童工劳动,在领导工人运动和斗争中,要求缩短劳动时间,争取劳动条件和生活条件的改善等,都是对资产阶级残酷剥削和压榨无产阶级的非人道行为强有力的抗议和斗争。他们不停留在经济斗争上,而是适应历史发展规律的要求追求一种更为深刻的社会变革,即所有制的变革。

马克思与罗尔斯都把社会基本制度的正义性看作是最重要的"善"。但马克思与罗尔斯又是根本不同的,关键的区分不仅在善的分配,可能还在于善的获得是否正义。从根本上说,二者的区分是对资本主义制度的不同判断和取向上。按照吉林大学姚大志教授的看法,马克思对资本主义制度采取的是一种"外在超越"的态度,即必须从根本上改变资本主义制度,唯此正义才是可能的。而罗尔斯则是"内在超越"的态度,即在资本主义制度内的改革和完善。

2. 当代西方自由主义的几个基本问题的研究。当代西方自由主义需要研究的元哲学问题有三个,第一,自由与平等、公平与效率的关系;第二,在理性的作用限度与范围问题上,进化论理性主义与建构论理性主义的关系问题研究,其实质是理性与社会发展秩序的关系问题;第三,事实与价值、真理与正义的关系问题。

第一，自由与平等、公平与效率的关系。自由与平等、公平与效率存在着逻辑上的悖论。彻底贯彻自由的原则就会带来不平等，公平优先就会影响效率，要平等就要限制和约束自由。研究自由主义思想体系中的自由与平等、公平与效率的关系问题是适应中国在多元社会结构的条件下价值体系和价值观重建的需要。中国当前的社会政治经济状况恰是罗尔斯所说的正义适用的背景制度与条件，这意味着我们已然处于与罗尔斯所说的正义适用的相同的语境之中了。只有在相同的语境中，对语义的理解才有可通约之处。各种或所有的社会价值或社会的基本的善是如何在人与人之间公平地分配，已成为现实的焦点问题。如何在多元价值观中达到"重叠共识"，如何对社会价值进行优先性排序，需要我们结合国情和文化传统进行研究。同时也需要批判吸收自由主义思想体系中相关的思想成果。对自由与平等、公平与效率的关系的理论研究，在一定程度上也是我们从理论上、价值观的层面上，重新建构我们自己的正义理想，为建构适应于中国多元经济结构、多元利益条件下的公平正义理论体系的需要。

第二，在理性的作用限度与范围问题上的进化论理性主义与建构论理性主义的关系问题研究，即关于理性与社会发展秩序的关系问题研究。西方存在着进化论理性主义与建构论理性主义的知识论之争，以及基于此的社会秩序化文明成果即制度、组织、规则形成的理性基础问题。需要我们从马克思主义哲学的实践观出发，从经验与理性的辩证关系出发，对进化论理性主义与建构论理性主义的片面性及其危害进行揭露和批判，对理性与社会秩序的关系问题进行了探讨，对理性在社会发展中，在秩序的形成中的积极作用进行分析。既要发挥理性的设计作用，又要尊重经验，在尊重经验的基础上超越经验的有限性、片面性，同时也要限制理性作用的范围，避免教条主义。在健康有序的市场经济机制运行中发挥公共理性与个体理性的作用，通过相互制约，克服各自的极端化倾向，达到合理平衡，充分发挥理性的作用。既不能默认经验的自发盲目性，也不允许建构论理性独行其道。

第三，事实与价值、真理与正义的关系。这是罗尔斯与哈贝马斯争论的一个焦点问题。罗尔斯将正义与真理分离体现了他在理智上的狡猾和政治上的明智，而哈贝马斯关于正义与真理不可分的观点则表达了他重建被后现代主义摧毁和拆解了的理性信念，以及追求一种共同的价值理解的愿望，其思想是深刻的。两人的争论表明西方在价值多元与追求价值共识的内在矛盾与冲突。在事实与价值的关系上的争论是这种内在冲突在哲学上的反映而已。哈贝马斯与罗尔斯的分歧不在于价值观上，而在于达到一致价值观的哲学思想方法和理性基础问题，两人都在寻求在价值和思想多元条件下如何达成对立宪民主政治的共识问题。罗尔斯坚持把正义与真理分离，以事实与价值相分离达成的共识就不具有专制和压迫性的力量。哈贝马斯认为，共识必然包含真理，他要为共识确定更为坚实的基础，通过理想辩谈与交往达成一致。对政治价值的合理性及对立宪民主政体的认同的论证方法和逻辑证明方式并不影响价值观的一致。哈贝马斯与罗尔斯的分歧不在于价值观上，而在于达到一致价值观的哲学思想方法和理性基础问题。马克思主义如何看待事实与价值、真理与正义的关系？需要我们在分析批判自由主义的相关理论基础上加以认真回答。

（作者单位：吉林大学马克思主义学院）

发展 21 世纪中国的马克思主义方法论原则探析

李晓光

恩格斯早就说过:"我们的理论是发展着的理论,而不是必须背得烂熟并机械地加以重复的教条。"① 马克思主义从其诞生至今已有上百年的历史。作为一种重要的社会理论形态,尤其对于中国来说,作为主导意识形态,如何能够在当代获得长足的发展,从而仍然具有蓬勃的生命力和当代价值,是每一个从事马克思主义研究的理论工作者应该思考并承担起的历史使命。

在中共中央政治局进行的第二十次集体学习时习近平总书记指出:"要学习掌握认识和实践辩证关系的原理,坚持实践第一的观点,不断推进实践基础上的理论创新。""理论必须同实践相统一。必须高度重视理论的作用,增强理论自信和战略定力,对经过反复实践和比较得出的正确理论,要坚定不移坚持。要根据时代变化和实践发展,不断深化认识,不断总结经验,不断实现理论创新和实践创新良性互动,在这种统一和互动中发展 21 世纪中国的马克思主义。"②

为什么习近平总书记提出了发展 21 世纪中国的马克思主义这个命题?21 世纪中国的马克思主义的内涵是什么?如何推动理论创新和实践创新,从而发展 21 世纪中国的马克思主义?为推进学术界对这些问

---

① 《马克思恩格斯选集》第 4 卷,人民出版社 2012 年版,第 588 页。
② 《习近平在中共中央政治局第二十次集体学习时强调坚持运用辩证唯物主义世界观方法论 提高解决我国改革发展基本问题本领》,新华网 2015 – 01 – 24。

题的研究,2015年5月11日,由中国社会科学出版社主办的"21世纪中国的马克思主义——学习习近平总书记系列重要讲话精神座谈会"在北京召开,来自多所高校科研机构的多位专家学者围绕这些问题进行了深入研讨。与会专家认为,在21世纪,马克思主义依然是指导中国特色社会主义事业的伟大旗帜,"发展21世纪中国的马克思主义"这一命题的提出,标志着我们党在新的历史条件下坚持和发展马克思主义的高度理论自觉。任何理论都源于现实,是思想中所表达的时代,21世纪中国的马克思主义必然是在时代的变迁和历史的发展中不断形成的。①

因此,发展21世纪中国的马克思主义不仅要坚持立足于当代中国社会实践,还要把理论研究与社会现实问题相结合,并汲取中国传统文化的精髓,进一步推动理论创新和实践创新,从而获得马克思主义在当代中国的发展,进而获得国际舞台上的话语权。总之,发展21世纪中国的马克思主义需要坚持必要的方法论原则。

一 理论研究与中国社会现实问题相结合的原则

马克思说过:"哲学家们只是用不同的方式解释世界,问题在于改变世界。"② 马克思主义重要的理论特征就是鲜明的实践性。马克思主义从来就不仅仅是关在书斋里苦心构造的知识性体系,而始终是面对现实状况、思考现实问题,进而力图变革现实的理论。马克思主义能够在中国生根、发芽、开花、结果,就是中国共产党人面对中国实际,把马克思主义不断与面临的中国社会现实任务相结合,不断探索中国社会发展道路,从而实现中国的历史性变革,形成中国化的马克思主义,进而发展了马克思主义。正如毛泽东同志所说:"中国共产党的二十年,就是马克思列宁主义的普遍真理和中国革命的具体实践日益结合的二十年。"③ "马克思列宁主义的普遍真理一经和中国革命的具体实践相结合,

---

① 《站在新的历史起点发展"21世纪中国的马克思主义"——学习习近平总书记系列重要讲话精神座谈会发言摘要》,人民网—理论频道,2015年5月13日。
② 《马克思恩格斯选集》第1卷,人民出版社2012年版,第136页。
③ 《毛泽东选集》第3卷,人民出版社1991年版,第795页。

就使中国革命的面目为之一新。"① 发展21世纪中国的马克思主义，同样要把对马克思主义的理论研究与当代中国社会现实问题相结合。

毛泽东同志在《整顿党的作风》中曾鲜明指出："我们读了许多马克思列宁主义的书籍，能不能就算是有了理论家呢？不能这样说。因为马克思列宁主义是马克思、恩格斯、列宁、斯大林他们根据实际创造出来的理论，从历史实际和革命实际中抽出来的总结论。我们如果仅仅读了他们的著作，但是没有进一步地根据他们的理论来研究中国的历史实际和革命实际，没有企图在理论上来思考中国的革命实践，我们就不能妄称为马克思主义的理论家。"② 实际上，如果一套理论只是停留在书本和教科书中，人们更多通过死记硬背的方式掌握它，结果却是根本无法用其分析现实社会问题，那么，不仅理论自身的生命力极大地被弱化，现实的社会问题也将被其他的错误理论或是思潮曲解，从而引发负面的效果。正如列宁所说："正因为马克思主义不是死的教条，不是什么一成不变的学说，而是活的行动指南，所以它就不能不反映社会生活条件的异常剧烈的变化。"③ 毛泽东同志也曾指出："我们是马克思主义者，马克思主义叫我们看问题不要从抽象的定义出发，而要从客观存在的事实出发，从分析这些事实中找出方针、政策、办法来。"④

因此，发展21世纪中国的马克思主义，首要的是坚持马克思主义实践第一的观点，深刻把握实践和认识的辩证关系原理，进而坚持在实践基础上的理论创新。一方面根据实践发展和时代变化，不断总结经验材料，不断深化理论认识。不仅重视人民群众的实践创造，还要不断总结中国特色社会主义的实践经验、反思实践教训。另一方面高度重视理论的作用，在反复的实践中发展理论，实现实践创新和理论创新的良性互动。理论创新的重要表现就是能够基于实践经验和教训的总结，用科学的新表述概括、提升、升华为中国的理论话语体系，从而实现理论创新和实践创新的统一和互动，在统一和互动中发展21世纪中国的马克思主义。

---

① 《毛泽东选集》第3卷，人民出版社1991年版，第796页。
② 同上书，第814页。
③ 《列宁全集》第20卷，人民出版社1989年版，第87页。
④ 《毛泽东选集》第3卷，人民出版社1991年版，第853页。

二 汲取中国传统文化精髓的原则

马克思主义能够在中国生根、发芽、开花、结果，不仅是马克思主义不断与中国实际相结合，从而实现中国的历史性变革，也是与中国传统文化不断耦合，使得马克思主义这一形成于西方文化背景下的科学理论，在不断探索中国社会发展道路的过程中，发展成为具有中国特色的、中国化的马克思主义的结果。正如有学者指出的："马克思主义如果不能实现与中国传统文化的耦合，就会被中国人的意识框架所排斥，也就难以在中国历史推进中发挥作用。马克思主义与中国传统文化的耦合，是马克思主义中国化的首要前提。"[①]

然而，马克思主义在中国的发展历程、马克思主义中国化的过程还表明，马克思主义与中国传统文化的耦合不是简单地"复兴"或"回归"中国传统文化，而是汲取中国传统文化中对于当今中国社会发展有价值的养分，发展的是富有时代气息的现代中华文化。今天发展21世纪中国的马克思主义亦应如此。正如党的十七大报告中所指出的："要全面认识祖国传统文化，取其精华，去其糟粕，使之与当代社会相适应、与现代文明相协调，保持民族性，体现时代性。"[②] 因为，一方面，对于中国传统文化的科学内涵应该是什么有不同的理解与认识。中国传统文化是形成于封建社会、并存在于封建社会制度中的所有中国文化传统？还是主要指经过历史上多次文化运动、社会革命运动洗礼之后发展起来的文化传统？或是基于现代人的价值观判断，把各种文化传统在一定意义和某种程度上结合起来的传统文化？另一方面，中国传统文化产生的社会基础是小农社会的自然经济形态，根据马克思主义唯物史观的基本原理：社会存在决定社会意识，产生于自然经济、小农社会基础上的中国传统文化一定有着不利于现代社会发展的糟粕因素。[③]

---

① 苗运周、魏中海：《马克思主义中国化：理论诠释、历史条件、基本经验》，《山东社会科学》2007年第1期。

② 《中国共产党第十七次全国代表大会文件汇编》，人民出版社2007年版。

③ 秦宣：《关于增强中华文化认同的几点思考》，《中国特色社会主义研究》2010年第6期。

习近平总书记曾在多种场合强调过博大精深的中国优秀传统文化对于中国社会发展的重要意义与价值。"中华文化源远流长，积淀着中华民族最深层的精神追求，代表着中华民族独特的精神标识，为中华民族生生不息、发展壮大提供了丰厚滋养。"① "一个国家、一个民族的强盛，总是以文化兴盛为支撑的，中华民族伟大复兴需要以中华文化发展繁荣为条件。对历史文化特别是先人传承下来的道德规范，要坚持古为今用、推陈出新，有鉴别地加以对待，有扬弃地予以继承。"② "宣传阐释中国特色，要讲清楚每个国家和民族的历史传统、文化积淀、基本国情不同，其发展道路必然有着自己的特色；讲清楚中华文化积淀着中华民族最深沉的精神追求，是中华民族生生不息、发展壮大的丰厚滋养；讲清楚中华优秀传统文化是中华民族的突出优势，是我们最深厚的文化软实力；讲清楚中国特色社会主义植根于中华文化沃土、反映中国人民意愿、适应中国和时代发展进步要求，有着深厚历史渊源和广泛现实基础。"③ 等等。

总之，对待中国传统文化，不仅要对其中优秀的要素予以肯定并加以传承，而且还要从整体上全面辨析、选择，进一步创新，坚持汲取中国传统文化精髓的原则，从而实现 21 世纪中国的马克思主义的发展。"马克思主义与中国文化相结合具有关键性和基础性，只有实现马克思主义与中国文化的结合、融合、磨合、整合，马克思主义的中国化才能成为现实。" "发展 21 世纪中国的马克思主义，必须坚守中华文化立场，以客观、科学、礼敬的态度来对待中华优秀传统文化，推动中华文化现代化。激活其生命力，增强其影响力和感召力。五千年博大精深的中华文化，是发展 21 世纪中国马克思主义的丰厚滋养。"④

---

① 习近平：《使社会主义核心价值观的影响像空气一样无所不在》，新华网 2014 年 2 月 26 日。

② 《习近平在山东考察：汇聚全面深化改革的强大正能量》，中央政府门户网站 www. gov. cn. 2013 - 11 - 28。

③ 习近平：《胸怀大局把握大势着眼大事　努力把宣传思想工作做得更好》，《人民日报》2013 年 8 月 21 日。

④ 郭建宁：《发展 21 世纪中国的马克思主义》，《光明日报》2015 年 10 月 11 日。

三 创新话语体系、增强话语主导权的原则

发展 21 世纪中国的马克思主义不仅要坚持理论研究与中国社会现实问题相结合、从中国传统文化中不断汲取精髓的原则，还应该不断创新话语体系，进而增强马克思主义在中国以至于在国际社会的话语主导权。话语体系的不断创新、话语主导权的掌握是一个国家、一个民族增强其影响力的重要基础。只有充分掌握话语主导权，才能保持其长久的影响力，从而维护中华民族文化安全，在国际舞台上巩固国家与民族的政治与文化地位。

正如有学者指出的，话语体系作为国家文化软实力的重要组成部分，是特定思想价值观念的承载体，是一个国家在国际舞台上确立话语权的前提和基础。[①] 要发展 21 世纪中国的马克思主义，就要形成具有中国特色的话语体系，而不是徜徉在西方话语体系当中，甚至是盲目崇拜西方话语体系。只有形成自己独特的话语体系，才能改变我们在国际舞台上的话语弱势状态，掌握话语主导权。

而在当今全球化的境遇中，发展 21 世纪中国的马克思主义、增强 21 世纪中国马克思主义的世界影响力，不仅要形成自己独特的话语体系，掌握话语主导权，还意味着要采取让更多的接受者易于接受的表现形式，通过更为世界化、国际化的表现形式扩大 21 世纪中国的马克思主义在世界范围内的影响力，让更多的人从中了解中华民族文化，从而更大程度地提升中华民族文化的影响力与渗透力。

尤其是面对互联网时代，面对越来越年轻的、伴随着互联网成长起来的社会群体，21 世纪中国的马克思主义的发展与传播若能够运用更加易于被接受的形式与风格表述，看起来较为抽象的理论、传递正确的思想观念尤为必要。正如有学者在谈到加强社会主义核心价值观的宣传教育方式时所言：加强社会主义核心价值观的宣传教育，一定要改变话语体系，不能一味依赖纯灌输的方法。社会主义核心价值观应该像调味品一样，或者像盐一样，调在我们做出的各种佳肴里，让大家吃下去有

[①] 阎志民：《形成中国风格中国气派的话语体系》，《求是》2015 年 4 月 21 日。

利于健康，如果直接吃盐效果就不好了。习总书记也指出过，让社会主义核心价值观像空气一样无所不在，无时不有，绝不是人人都天天说24个字就万事大吉了，而是体现在高校的所有工作环节中、渗透在师生员工所有的言行之中，决定我们思考的方向、行为的方向。价值观需要在体验中内化，在实践中升华。① 发展21世纪中国的马克思主义亦是如此，若运用更加潜移默化、更加喜闻乐见的渗透方式，其传播力度和接受程度才会更加广泛而持久。

同时，中国社会已经经历了几十年中国特色社会主义的探索，积累了非常宝贵的社会主义建设经验，如何立足于这些宝贵的经验进行马克思主义理论层面的深入总结，不仅是做出抽象的理论概括，更是着力转变已形成惯性的话语体系，而进一步塑造中国特色、中国风格、中国气派的新话语体系，用人们喜闻乐见的方法，让自己的解释力更加强大而更易于被接受，从而更易于21世纪中国的马克思主义的发展与传播，正所谓中国故事，世界表述。

总之，当今时代，我们不仅要打造具有中国风格、中国气派的理论话语体系，即话语体系不仅要有中国特色，同时还要增强话语体系的世界表达力。只有采取更加国际化的表现表达方式体现21世纪中国的马克思主义的内涵，才能加强21世纪中国的马克思主义的持续传播力，扩大21世纪中国的马克思主义的影响力，增强马克思主义的话语主导权，中华民族在日益激烈的国际竞争中才能赢得优势，从而确立其在世界格局中的应有地位。

综上所述，在当今世界范围内各种思想文化交流、交融更加频繁，国际思想文化领域交锋、斗争更加复杂的今天，要在不断地实现理论创新和实践创新的良性互动发展21世纪中国的马克思主义，需要坚持理论研究与中国社会现实问题相结合的原则，坚持汲取中国传统文化精髓的原则，坚持创新话语体系、增强话语主导权的原则。

(作者单位：北京科技大学马克思主义学院)

---

① 多位高校党委书记院长撰文：《筑牢高校意识形态阵地》，人民网—理论频道，2015年2月2日。

"互联网+"时代马克思主义基础理论研究面临的问题与挑战[*]

张艳涛

近年来,"互联网+"成为一个时髦用语,仿佛一切都能与此勾连起来。互联网精神就是互联互通。马克思主义基本理论研究如何借助于"互联网+"更好地发展和创新,则是我们关心的问题。"互联网+"是互联网精神和互联网思维的进一步实践成果,这一实践成果有助于人们思维方式的革新。概括起来"互联网+"有六大特征:一是视域融合。"+"就是跨界与开放,就是重塑融合,这启发我们要以"超学科"的理论视野发展马克思主义基础理论;二是创新驱动,这启发我们"老祖宗不能忘,但要讲新话",关键是创新"21 世纪中国的马克思主义";三是重塑结构,互联网打破了原有的社会结构、经济结构、地缘结构和文化结构,权力结构、话语权均发生了深刻变化,这启发我们要推进马克思主义的范式转换,建构中国马克思主义的话语体系,提升中国马克思主义的话语权;四是尊重人性,互联网的巨大力量归根结底来源于对人性的最大限度的尊重和对人的创新能力充分正确发挥的重视,这启发我们发展和创新马克思主义要顺应和引导人性;五是开放生态,这启发我们要保持马克思主义的开放性,兼收并蓄、综合创新;六是连接一切,这启发我们要在与各种理论和思潮的交流、交锋与交融中

---

[*] 本文为教育部 2015 年全国高校优秀中青年思想政治理论课教师择优资助计划"马克思主义基本原理概论课教学话语体系创新研究"(15JDSZK023)和 2015 年度福建省社会科学规划一般项目"全球视野下中国话语体系建构研究"(FJ2015B058)的阶段性成果。

推进马克思主义基础理论研究。

一 "互联网+"时代尤须深化马克思主义基础理论研究:厚积亦薄发

马克思主义是我们立党立国的根本指导思想,也是社会主义意识形态的旗帜和灵魂。然而随着互联网尤其是新媒体的发展,一些人对马克思主义基础理论研究不那么重视了,甚至认为马克思主义基础理论过时了,这显然是错误的认识。此时尤须深化马克思主义基础理论研究,关键是要以基础理论研究带动重大理论与重大现实问题的研究。马克思主义发展史表明,基础理论研究前进"一小步",马克思主义研究往往就向前迈进"一大步"。

世界因互联网而精彩,生活因互联网而丰富,思想因互联网而强大。在互联网时代如何扎实推进马克思主义基础理论研究?这是一篇大文章。问题是:世界精神太忙碌于现实,太驰骛于外界,这种风气已影响到马克思主义学界。黑格尔的话或许对我们有启发:"愈彻底愈深邃地从事哲学研究,自身就愈孤寂,对外愈沉默。哲学界浅薄无聊的风气快要完结,而且很快就会迫使它自己进到深入钻研。但以谨严认真的态度从事于一个本身伟大的而且自身满足的事业(Sache),只有经过长时间完成其发展的艰苦工作,并长期埋头沉浸于其中的任务,方可望有所成就。"[①] 在当前马克思主义哲学基础理论研究受到冷落、马克思主义基础理论研究学者逐渐被边缘化、马克思主义哲学发展创新面临现实困境的情况下,更加凸显出马克思主义哲学研究者"定力"的重要性。难的不是"长期坐冷板凳",难的是"把冷板凳坐热"。其实,越是在信息化和互联网时代,越要加强马克思主义基础理论研究,越需要把主要精力用在马克思主义"主业"上,不能"种了别人家的地,荒了自家的田"。从整体上看,现在全国的马克思主义学院看似"枝繁叶茂",地上却"杂草丛生",其实离"繁花似锦"和"硕果累累"还有相当距离。

---

① 黑格尔:《小逻辑》,贺麟译,商务印书馆1980年版,第30页。

改革开放以来,针对传统哲学教科书的种种缺陷,我国马克思主义哲学界开始反叛与超越传统的哲学教科书体系,力求推进马克思主义哲学的发展创新。其中取得的最大成就,就是形成了马克思主义哲学研究的五条路径:一是以回归马克思主义哲学本真精神和凸显学术性为主要特征的"文本研究";二是以加强对话、交流和融通为主要特征的"比较研究";三是以凸显思想与现实良性互动为主要特征的"实践研究";四是以思想性和超越性为主要特征的"基础研究";五是以问题导向和面向"中国问题"本身为主要特征的"问题研究"。这五条研究路径彼此竞相争鸣,共同构成当代中国马克思主义哲学研究的新图景。"文本研究"不是纯粹的知识考古学研究,它的目的毋宁说是让马克思的文本在当代生成新的意义。"比较研究"力图通过对与马克思主义哲学相关的其他哲学遗产的研究,来重新理解马克思主义哲学,以进一步发展马克思主义哲学。"实践研究"的重要意义在于努力回归马克思开辟的哲学道路,使哲学为时代立言,并以现实问题研究带动基础理论研究。"基础研究"则努力通过对哲学基础理论或元哲学的重新理解,突破传统的误解。"问题研究"试图以现实逻辑和问题为导向进行学术与现实的良性互动,最终建构面向"中国问题"的21世纪中国马克思主义。笔者认为,"构建当代中国的学术话语体系是当代中国学者的光荣使命"。[①] 这需要中国的马克思主义学者具有"究天人之际,通古今之变,成一家之言"的志向。

在互联网时代,中国思想界和学术界如何进行思想创新和理论创新?关键是坚持马克思的真精神,面向"中国问题"推进马克思主义发展和创新,充分发挥思想的力量,提升学术批判力和理论穿透力。反思五大路径主要有两大局限:一是各自有局限且整合不够,结果是因"分工"而"分家"、分化有余而整合不足;二是在现实研究上,对当代"中国问题"缺乏精准而又有深度的哲学阐明,使哲学在书斋中更加思辨化、碎片化和个人化,其结果是马克思主义降格为囿于"书斋"和"学院"里的学问。就总体而言,在对改革开放和现代化建设的重

---

① 张艳涛:《论中国马克思主义哲学发展史研究创新的三个维度》,《理论探索》2016年第2期。

大现实问题面前，我们的马克思主义哲学研究基本上处于"不在场""失语"甚至"边缘化"状态，研究活力明显不足，其根本原因是面向当代"中国问题"的马克思主义哲学没有真正建立起来。为此，要加强21世纪中国马克思主义的学术话语体系建设，把马克思主义学科作为高校理论培养和哲学社会科学的必修课，增强马克思主义理论学科对中国智慧和中国软实力的贡献。

当前，加强马克思主义基础理论研究，关键是科学认识和准确把握马克思主义基本原理，加强对中国化的马克思主义的研究，用马克思主义、特别是中国化马克思主义武装全党、教育人民。历史地看，改革开放以来扎实推进中国马克思主义理论创新的不是那些善于"插旗""圈地""占山为王"的时髦学者，而是那些注重学术积累、注重基础理论研究和心无旁骛的学者。孙正聿教授承担的国家社科基金重大项目"马克思主义基础理论及其学科建设研究"揭示，马克思主义本身是"一整块钢铁"而不是各个学科体系的组合，是"超学科"的理论体系，而不是"分学科"的概念系统。[1] 这提醒我们中国的马克思主义研究者要因势而谋、应势而动、顺势而为，深化马克思主义基础理论研究。

"互联网+"时代深化马克思主义基础理论研究的一条重要路径就是结合中国共产党领导中国人民在革命、建设和改革中所进行的创新实践和理论总结，深入研究党的几代中央领导集体不断推进马克思主义中国化的历史进程及其基本经验。具体而言就是，"从理论上讲清楚中国社会发展的内在规律、中国特色社会主义道路的历史必然性、'中国奇迹'背后的制度原因，讲清楚中国道路的独特创造、中国制度的独特优势、中国模式的独特价值，讲清楚中国为什么能、中国共产党为什么能。"[2] 在当前，尤其应加强我们党十八大以来的理论创新研究，弄清楚十八大以来以习近平为总书记的党中央在治国理政方面提出的一系列新理念、新思想、新战略，弄清楚这些实践基础上的理论创新在哪些方

---

[1] 孙正聿等：《马克思主义基础理论研究》，北京师范大学出版社2011年版，第1页。
[2] 董云虎：《努力建设中国特色哲学社会科学学术话语体系》，《学术月刊》2016年第4期。

面坚持、发展和创新了马克思主义。

二 "互联网+"时代尤须坚持马克思主义基本原理：坚持亦创新

马克思主义经典著作中所阐发的基本原理，始终是指导中国革命、建设、改革的强大思想武器，这一思想武器任何时候都不能丢。当前，全面建成小康社会、实现中国梦的伟大实践，要把马克思主义哲学作为看家本领，熟练掌握和善于运用马克思主义哲学的基本原理和方法，提高驾驭复杂局面和分析解决矛盾问题的能力。"互联网+"时代尤须坚持和创新马克思主义基本原理。

新起点奠基于新特征，新特征蕴涵着新矛盾。进入21世纪尤其是2012年以来，我国经济社会发展呈现一系列新特征，主要是：经济进入新常态，社会主义市场经济体制初步建立，但是生产力水平总体上还不高，自主创新能力还不强，长期形成的结构性矛盾和粗放型增长方式尚未根本改变，影响发展的体制机制障碍依然存在，全面深化改革成为现实任务；政治进入新生态，社会主义民主政治不断发展，但是民主法制建设与扩大人民民主和经济社会发展的要求还不完全适应，全面依法治国成为现实目标；文化进入新样态，社会主义文化更加繁荣，但是人民精神文化需求日趋旺盛，人们思想活动的独立性、选择性、多变性、差异性明显增强，交流、交锋、交融日益明显，中国话语体系建构与中国话语权提升成为现实课题；社会进入"三期叠加期"，社会活力显著增强，但是社会结构固化、社会利益分化日益显现，社会稳定和社会管理面临新挑战；人民生活进入新层级，从解决温饱迈向全面小康、从"生存性需求"基本满足到"发展性需求"满足日益凸显。这些新特征表明，经过几代人的不懈努力，我国取得了举世瞩目的发展成就，从生产力到生产关系、从经济基础到上层建筑、从社会表层到社会结构均发生了深刻重大变化，中国已经成为世界第二大经济体，正走在由"大国"向"强国"迈进的途中。然而，我国仍处于并将长期处于社会主义初级阶段的基本国情没有变，人民日益增长的物质文化需要同落后的社会生产之间的矛盾这一社会主要矛盾没有变，这些没有改变背后是马克思主义基本原理依然没有过时。此时,要在理论创新与实践创新的互动中推进马克思主义基本原理的创新发展。

当前,面对时代和实践的新特征、面对人民的新期待、面对中国发展的新阶段性,中国马克思主义学者在"创新焦虑"中都在积极寻求出路。一些学者回归文本,但也出现了研究碎片化和文本考据等问题;一些学者将把马克思亚里士多德化、把马克思康德化、把马克思黑格尔化、把马克思海德格尔化,成为学究式研究;一些研究者躲避现实,回归书斋,追求所谓的终极存在;一些学者以人类政治文明发展为依归,唯西方马首是瞻,以西方标准为标准,以论证西方政治制度的先进性和优越性为己任,倡导中国全面学习西方。这些研究都是偏离或背离马克思主义哲学的本性。中国马克思主义研究者要走出以洋为尊、唯洋是从、崇洋媚外的误区,防止去价值化、去中国化、去主流化,关键是立足中国实际、面向中国问题、建构中国理论。当前,马克思主义基本原理创新之路主要有:回归经典,返本开新,在经典里求学问;面对时代,勇于创新,在时代精神的凝练中求学问;直面问题,自主求新,在破解中国问题中求学问;面对实践,理论创新,在中国实践的发展中求学问。此时,中国马克思主义研究者应立足理论前沿,直面现实问题,研究重大问题。如果"前沿问题抓不准""现实问题抓不住""重大问题抓不牢",那么就谈不上有深度的学术研究和理论创新。"必须以基础理论研究作为突破口,以马克思恩格斯等经典文本为依托,以问题为切入点,在不断深入理解马克思主义理论真谛的过程中来实现马克思主义理论的创新。"[①] 最终构建出有中国特色、风格、气派的21世纪中国马克思主义。其实,"真正的马克思主义者"要"超过马克思",而"不如马克思"或"落后于马克思"都"不是真正的马克思主义者"。

发展马克思主义有两个方面,一方面是在理论上发展马克思主义;另一方面是在实践中创造性地应用马克思主义。发展21世纪中国的马克思主义既要讲好基本原理,又要讲好时代问题。当前,要用马克思主义滋养现代人的心灵。问题是在互联网时代,理论如何才能掌握群众从

[①] 王海锋:《以基础理论研究推进马克思主义的理论创新》,《晋阳学刊》2012年第3期。

而转变成现实的物质力量？"理论只要说服人［ad hominem］，就能掌握群众；而理论只要彻底，就能说服人［ad hominem］。所谓彻底，就是抓住事物的根本。但是，人的根本就是人本身。"① 马克思主义研究者需要掌握精髓，"四个分清"，即努力分清哪些是必须长期坚持的马克思主义基本原理；哪些是需要结合新的实际加以丰富发展的理论判断；哪些是必须破除的对马克思主义错误的、教条式的理解；哪些是必须澄清的附加在马克思主义名义下的错误观点。在 21 世纪，马克思主义者掌握马克思主义理论的深度，决定着政治敏感的程度、思维视野的广度和思想境界的高度。

三 "互联网+"时代尤须创新思政课教学方式方法：可信亦可爱

互联网为人们交流提供了新平台，带来了前所未有的便利，同时也提出前所未有的挑战。如何才能让高校思想政治理论课既"可信"又"可爱"，而不是让大家对其"敬而远之"？我认为，关键是充分利用互联网的资源，创新思想政治理论课教学方式，将"知识"转化为"见识"、变"说教"为"说理"、改"入脑"到"入心"，让大学生真正认识、认可、认同马克思主义。要使思政课真正发挥影响人的作用，关键是要找准并讲透学生关注的重大理论和现实问题，解决学生的理论上和思想上的疑问与困惑，用马克思主义中国化的最新理论成果滋养当代中国大学生。

"互联网"作为一种新的生产力以惊人的速度改变着中国经济社会的发展，也深刻影响着当代中国大学生思想政治教育工作。② "互联网+"的提出对高校思想政治理论课教学提出了更高的要求，为了改变当前高校思想政治理论课教学效果不佳的局面，高校思想政治教育应积极引进"互联网+教学"的先进理念，积极构建基于网络平台

---

① 《马克思恩格斯选集》第 1 卷，人民出版社 1995 年版，第 9 页。
② 参见郭彦懿《"互联网+"时代下大学生思想政治教育实施途径》，《北京教育》2015 年第 5 期。

的网络教学模式。与传统课堂教学模式不同，"互联网+教学"并不是简单地将教学体系复制到网络平台上，而是依托互联网技术重构和优化思政课教学结构：（1）以提升思政课针对性和实效性、增强思政课的吸引力和感染力为目标，构建"课堂教学+网络教学+实践教学""三位一体"的教学体系和教学模式；（2）以提升科研实力为关键，确立学科导向、教学导向和现实导向紧密结合的"三位一体"的科研导向；（3）以凝练学科方向、构筑学科高地为重点，坚持学科主流、学科前沿和重大问题有机结合的"三位一体"的学科建设思路。总之，"互联网+教学"内在契合当代大学生的学习方式和思维方式，这种教学方式亦有利于获取大学生的认同感和参与感。

当代中国大学生应如何在信仰中更好地求知，或在求知中更坚定地信仰？如何用信仰的灯塔引领大学生前行？现在的问题不是大学生应不应该有信仰？而是大学生应该如何树立信仰？树立什么样的信仰？当代大学生应努力从知识和信仰两方面都"站在巨人的肩上"，[1] 关键是要把马克思主义信仰落到实处并不断创新马克思主义信仰培育的方式方法，因为方式方法影响甚至决定效果。"当今中国人民对马克思主义的'需要'是与对社会主义信仰的'需要'紧紧联系在一起的。"[2] 就当代大学生信仰教育及其成效而言，存在的主要问题是信仰教育的方式方法不当。长期以来，高等教育领域以功利的眼光忽视信仰教育，或以灌输的方式进行说教式的信仰教育，其结果造成绝大多数大学生自主性的信仰并未真正确立。在信仰教育方面应注重外显认同机制与内隐认同机制并用。"外显认同机制与内隐认同机制错综复杂地交织在一起，不断相互影响，使大学生产生内在张力，催生其个体需要，为大学生认同马克思主义信仰提供了客观条件。"[3] 在思想政治理论课上，要向学生讲清楚近代中国"四个选择"，即历史和人民选择了中国共产党，选择了

---

[1] 张艳涛：《知识与信仰：当代大学生精神世界研究》，中国文史出版社2014年版，第5页。

[2] 陈学明：《人的素质与人的信仰》，《郑州大学学报》（哲学社会科学版）2015年第1期。

[3] 邹国振、雷艳芝：《大学生马克思主义信仰形成的双重认同机制：双重态度模型理论的视角》，《思想政治教育研究》2014年第12期。

马克思主义，选择了社会主义道路，选择了改革开放。"四个选择"具有深刻的历史必然性，历史和人民所作的"四个选择"，从根本上改变了中国人民和中华民族的前途命运，不可逆转地开启了中华民族伟大复兴的历史进程。现在，我们比历史上任何时期都更接近中华民族伟大复兴的目标，比历史上任何时期都更有信心、有能力实现这个目标。

"互联网+"为"精准满足"带来契机。当代大学生接受知识和信息"渠道多样化""内容复杂化"，难免出现一些"杂音"。由于受到西方国家主流意识形态的影响和多元社会思潮的冲击，以及市场经济和资本逻辑对人们价值观念的影响，等等，高校思想政治理论课的教学效果不尽如人意。这首先要反思教育者的言说不是陈词滥调或照本宣科。从哲学高度看，教育目标和人才培养目标的确立，表面看是社会对教育的外在要求，实则反映着某种教育哲学内在的价值取向，从深层上影响甚至决定着教育功能的实现。因为，无论是倡导个人主义、社会主义还是知识主义，无论是主张功利主义、自由主义还是人本主义，不同哲学思潮背后的教育目的论都旨在阐述一种关于"通过教育培养什么样的人"和"怎样培养人"的观念。[①] 在互联网时代，大学在培养人才的过程中，既要满足人的内在需要，又要适应社会发展对人才的现实需求，唯有将二者有机结合起来，才能真正实现人才培养目的与教育的目标高度契合。大学是人生的关键阶段，也是人生观、世界观和价值观形成和定型的关键期，人与人之间的差距往往是在这个时期拉大的。对于思政课而言，要提高授课效果，根本上要做好以理服人、答疑解惑，在大学生大都成为"低头族"的境遇下关键是把学生吸引在课堂教学中，提升出勤率、抬头率和点头率。如果大学生低头看手机，那么就不可能切实把话说进大学生的心坎里，也不可能让大学生对马克思主义真学真懂真信真用。

规范与自由是一对矛盾。随着自由的空间大了，现在中国太需要规范了，尤其是在中国社会转型期，规范是最需要也是最缺乏的。如果要引导大学生在自由与规范之间实现人生价值，首先要克服多元多样多变时代的主要弊端。

[①] 吴文侃：《教育目的论比较》，《外国教育研究》1997年第3期。

（1）碎片化：这是一个"碎片化时代"，时间的碎片化越来越强，碎片化时代给人们带来的负面影响是显而易见的，从表层看，它正撕碎人的完整生活，从深层说，它使人的智力下降。碎片化使人际关系日益疏离，例如"世界上最远的不是生与死的距离，而是我就在你面前你却在玩手机"。如今"拼贴的碎片式文化快餐取代了传统文化的宏大叙事，现代人处于旧有的价值观已经远逝而新的价值观尚未形成的时代过渡之中，空虚、焦虑、享乐与拜金主宰了当代人的精神世界，时代呼唤新的文明形态"。① 碎片化时代的人们往往只关注远方的"山顶"，却看不见脚下的"陷阱"，忽略了身边的"风景"，碎片化时代上课似乎成了——上课睡觉、下课尿尿，一问讲啥了，回答是：不知道！我们应认真思考：在碎片化时代如何做一个"完整的人"？

（2）娱乐化：这是一个"娱乐时代"，甚至有人提出"娱乐至上，娱乐至死！"在这种风气的影响下，学术往往沦为一种表演（所谓幽默风趣）、讲课往往成为一种表演（所谓寓教于乐）、回答问题往往成为一种表演（所谓犀利尖刻）。娱乐化主要是以感性和欲望为主导的，其本质是虚无主义。何时才能够：一提到马克思这个名字，在有教养的人心中，自然会引起一种敬佩之感。马克思主义哲学必须严肃地对待自己，才能让大众严肃地对待马克思主义哲学。时下，在甚嚣尘上的相对主义、虚无主义、犬儒主义、解构主义、后现代主义、文化多元主义、宗教原教旨主义等各种思潮对知识与信仰启蒙的疯狂攻击下，如何维护求知和求善的严肃性？康德的话或许能给我们启发。"如果公正和正义沉沦，那么人类就再也不值得在这个世界上生活了。"②

（3）图像化：这是一个"读图时代"，人们越来越少看文字了，图像化成为时代潮流和趋势。在"信息为王""图像为王"和"内容为王"的互联网时代，大学生的阅读习惯和思维方式正在悄然改变。如今大学生阅读能力退化严重，一个重要原因可能是随着智能手机的普及，大学生更乐于读图。而图像化是以视觉优先的，其本质是简单化。

---

① 车玉玲：《西方马克思主义研究的新文明构想》，《中国社会科学报》2016年4月28日。

② 康德：《法的形而上学原理：权利的科学》，沈叔平译，商务印书馆1991年版，第165页。

这极易造成理解的浅表化、缺少思想深度、无法深入和深刻。

总之,互联网是技术进步回馈给人类文明的珍贵礼物,充分利用好互联网,共享优质资源,共护网络安全,共创更高质量的网络文化,让互联网更好地造福人类,这是全人类的共同责任。一位伟人说过,世界上有两种东西最有力量:一是刀剑;二是思想,前者是硬实力,后者是软实力。其实,思想比刀剑更有力量,正是思想成就了人的伟大,正是思想"使人成其为人"。可以说,思想的深度决定人的高度,思想的广度决定人的境界。关键是,人必须而且应该自视为配得上最高尚的东西!

(作者单位:厦门大学马克思主义学院)

我国社会主要矛盾理论的最新成果[*]
——学习习近平对当前我国社会主要矛盾新概括的体会

贺祥林　王启妍

2015年1月23日下午,中共中央政治局就辩证唯物主义基本原理和方法论进行第二十次集体学习。习近平总书记发表了重要讲话并与时俱进地指出:"我们提出要协调推进全面建成小康社会、全面深化改革、全面依法治国、全面从严治党,是当前党和国家事业发展中必须解决好的主要矛盾。"[①]在这前后还对"四个全面"的内涵及关系作了精辟论述。这是以习近平同志为总书记的党中央对当前我国社会主要矛盾理论的一个全新概括与全新思路,是我国社会主要矛盾理论的最新成果,也是我们学习他提出的协调推进"四个全面"战略布局思想的一个新视角。然而,从其提出伊始,直至当下,各级党政干部与各学科学者,在阐发学习习近平总书记协调推进"四个全面"战略布局思想的甚多文稿中,只有极少文稿简单涉及这个新视角的新观点,不见展开论述,更未见专文从这个新视角谈论这个新观点。我们拟此谈点研读体会。

---

[*] 本文系作者承担的湖北大学当代中国主流文化研究项目"当代中国主流文化的前提探索与整体构建"(540—075031)阶段性成果。

[①] 《坚持运用辩证唯物主义世界观方法论　提高解决我国改革发展基本问题本领》,《人民日报》2015年1月25日第1版。

一 习近平对当前我国社会主要矛盾作出新概括的理论背景

习近平在这次讲话中指出，这一次集体学习的内容是辩证唯物主义基本原理和方法论，2013年我们安排了一次集体学习的内容是历史唯物主义基本原理和方法论，安排这两次学习的目的是推动我们对马克思主义哲学有更全面、更完整的了解。他同时还强调，我们推进各项工作，要靠实践出真知。理论必须同实践相统一。必须高度重视理论的作用，增强理论自信和战略定力，对经过反复实践和比较得出的正确理论，要坚定不移坚持。要根据时代变化和实践发展，不断深化认识，不断总结经验，不断实现理论创新和实践创新良性互动，在这种统一和互动中发展21世纪中国的马克思主义。我们认为，这是理解他对当前我国社会主要矛盾作出新概括的理论背景之一，又是理解他对当前我国社会主要矛盾作出新概括的着眼点，这是"发展21世纪中国的马克思主义"的一个新的理论增长点。

其理论背景之二，就是还有一个纵向的理论背景，即对党在新时期以来的主导性表述："人民日益增长的物质文化需要同落后的社会生产之间的矛盾这一社会主要矛盾"，从党自身到学界同人，在世纪之交以来都分别作出了由抽象到具体的多维反思。一方面首先是以胡锦涛同志为总书记的党中央在强调我国社会主义初级阶段的上述主导性的抽象性表述没有变的同时，又逐步对我国现阶段呈现出来的社会主要矛盾的具体性表现的多种内容与形式作出了阐明，这集中反映在党的十六大、十七大以来的重要文献与党的十八大报告中，随之是以习近平同志为总书记的党中央进一步对我国现阶段呈现出来的社会主要矛盾的具体性表现的多种内容与形式作了新的阐明，这集中反映在党的十八届三中全会、四中全会的两个决定与习近平同志的两个说明和近几年中央相关工作会议的精神之中。另一方面就是学界同人们，或是提出人民日益增长的需要不仅仅就是"物质文化需要"，还有政治的社会的需要直至生态需要，等等，或是提出"落后的社会生产"不仅仅是物质（或经济）生产与精神（或文化）生产，还有政治（或制度）生产、人口生产直至生态生产，等等，而且不能一概而论这些生产都是落后的，有的地方以 GDP 增长率论英雄而牺牲生态文明建设，有的地方转变经济发展方式与调整经济结构不力，有的领域或部门出现产能过剩并且化解不力，还有相关生产不落后而与之对应的公共产品及其服务供给不力，等等，于是提出有关我国现阶段社会主要矛盾"转变论"与"补充论"等种种探索性意见。正是在这一理论背景下，习近平继往开来地把协调推进"四个全面"概括为当前我国社会主要矛盾。我们认为，这是一个既有显性抽象性又有显性具体性的新概括，较之此前的主导性表述与具体性探索，是一个集整体与部分相统一的表述，是一个时空宏观又见之于中观与微观的综合创新，并且可以避免在当前我国社会主要矛盾理论上的纷争。

二 习近平对当前我国社会主要矛盾作出新概括的理论依据

那么，他对当前我国社会主要矛盾作出新概括的理论依据是什么呢？这同样需要遵循由抽象到具体的辩证思维方法来分辨把握。从马克思主义哲学教科书及相关著述来看，一般是在二重视阈论到主要矛盾问题或社会主要矛盾问题。一重视阈是在辩证唯物主义基本原理中侧重方法论的唯物辩证法的对立统一规律，抑或矛盾规律，是在讲过矛盾的普遍性再讲矛盾的特殊性时，先讲矛盾运动形式的特殊性即有自然界的机械的物理的化学的生命等自然运动形式，以及社会运动形式和思维运动形式各有其特点；二讲矛盾性质的特殊性即有基本矛盾和非基本矛盾（亦称根本矛盾和非根本矛盾）的性质各有其特点；三讲矛盾地位的特殊性即有主要矛盾和次要矛盾以及矛盾的主要方面和次要方面各有其特点，并由此强调两点论与重点论的方法论意义。另一重视阈是在历史唯物主义基本原理中讲完对社会历史观的基本问题的正确解决之后，在讲到社会基本矛盾问题的方法论意义时，从普遍与特殊或一般与个别的结合上引申讲到社会主要矛盾问题，特别是理论联系实际地强调阶级斗争不是我国现阶段（即社会主义初级阶段）的社会主要矛盾，同时强调我国现阶段的社会主要矛盾是人民日益增长的物质文化需要同落后的社会生产之间的矛盾。这个基于实践的辩证唯物主义基本原理与方法论和历史唯物主义基本原理与方法论的二重理论内容,就是我们理解习近平对当前我国社会主要矛盾作出新概括的最基本的理论依据。

从习近平对当前我国社会主要矛盾作出新概括及其前后的相关讲话来看,也可说是从上述二重视阈来谈当前我国社会主要矛盾问题。一重视阈就是他在辩证唯物主义基本原理和方法论这次集体学习时,强调了四大基本原理和方法论。其中在第二大内容中,一是强调要学习掌握事物矛盾运动的基本原理,不断强化问题意识,积极面对和化解前进中遇到的矛盾;二是"针对一些牵动面广、耦合性强的深层次矛盾"与"面对复杂形势和繁重任务",突出强调"首先要有全局观,对各种矛盾做到心中有数,同时又要优先解决主要矛盾和矛盾的主要方面,以此带动其他矛盾的解决";三是进而强调"我们既要注重总体谋划,又要注重牵住'牛鼻子'。在任何工作中,我们既要讲两点论,又要讲重点论,没有主次,不加区分,眉毛胡子一把抓,是做不好工作的"。① 正是以这些切近的理论为依据,他由此十分鲜明地作出"协调推进全面建成小康社会、全面深化改革、全面依法治国、全国从严治党,是当前党和国家事业发展中必须解决好的主要矛盾"这一全新概括。这是我们理解习近平对当前我国社会主要矛盾作出新概括的最切近的理论依据。另一重视阈就是他在历史唯物主义基本原理和方法论那次集体学习时,强调了四大基本原理和方法论。其中第一大内容就是强调要学习掌握"社会存在决定社会意识"与社会意识反作用社会存在的原理,并指明"我们党现阶段提出和实施的理论和路线方针政策之所以正确,就是因为它们都是以我国现时代的社会存在为基础的";第二大内容中,一是强调要学习掌握"社会基本矛盾分析法深入理解全面深化改革的重要性和紧迫性";二是指明要"把社会基本矛盾作为一个整体来观察,才能全面把握整个社会的基本面貌和发展方向";三是指明"我们提出进行全面深化改革,就是要适应我国社会基本矛盾运动的变化来推进社会发展",而且"改革开放,只有进行时、没有完成时,这是历

---

① 《坚持运用辩证唯物主义世界观方法论 提高解决我国改革发展基本问题本领》,《人民日报》2015年1月25日第1版。

史唯物主义态度"。① 这是我们理解习近平对当前我国社会主要矛盾作出新概括与上述最切近的理论依据密切相关的理论依据。

为什么能这么说呢？这是因为，从抽象而言，它是我们理解这个新概括来自基于实践的辩证唯物主义和历史唯物主义有机统一的二重视阈的理论依据，辩证法与历史观都不同程度地论涉或论及社会基本矛盾，当我们"把社会基本矛盾作为一个整体来观察"时，就不能停留于马克思主义哲学教科书所概括的两大社会基本矛盾之阈，而应当回归到马克思主义经典作家的文本，同时应当面向基于实践又被其证明了的四大社会基本矛盾，即社会存在与社会意识之间、生产力与生产关系之间、经济基础与上层建筑之间、人口因素与自然环境之间的矛盾，这些矛盾都是社会基本矛盾，而且这是从把社会作为一个有机整体来观察所得出的。这更是因为，从抽象到具体而言，它是我们理解这个新概括所应有的学理逻辑，上述四大社会基本矛盾的存在事实与理论概括，既是把握社会主要矛盾的历史起点也是其逻辑起点，是一个由抽象到具体的走向，而作为社会主要矛盾的具体内容与表现形式则是多种多样的，它们之间的内在关系是过程与阶段、普遍与特殊及个别的辩证关系②。换句话说，社会主要矛盾从宏观到中观再到微观即大中小空间范围的社会主要矛盾就存在于或表现在四大社会基本矛盾运行过程的一定阶段上，而随着阶段的推移其内容发生相应变化，而表现形式也有变化，理论表述理应与时俱进。

习近平在上述讲话中强调的"社会存在决定社会意识"以及社会意识对社会存在具有反作用的基本原理，就是历史唯物主义对社会历史观基本问题的正确解决，因而社会存在与社会意识之间的矛盾也必定是一大社会基本矛盾，而且是社会有机体中具有总括性的一大社会基本矛盾，他同时强调了生产力与生产关系之间、经济基础与上层建筑之间，这通常所称的两大社会基本矛盾。如果联系他于2015年3月24日主持的中共中央政治局会议，其会审议通过了《关于加快推进生态文明建

---

① 《推动全党学习和掌握历史唯物主义　更好认识规律更加能动地推进工作》，《人民日报》2013年12月5日第1版。

② 参见贺祥林、王启妍《澄明社会基本矛盾与社会主要矛盾的宏阔视野》，《理论探讨》2015年第1期。

设的意见》，其会强调指出："生态文明建设事关实现'两个一百年'奋斗目标，事关中华民族永续发展，是建设美丽中国的必然要求，对于满足人民群众对良好生态环境新期待、形成人与自然和谐发展现代化建设新格局，具有十分重要的意义。"① 我们认为，生态文明建设是属人的建设，是紧密关系到人口状况与人的发展的建设，这是依据历史唯物主义关于人口因素与自然环境的基本原理而提出的，人口因素与自然环境之间的矛盾是一大社会基本矛盾，而且是社会有机体中具有前提性（一旦处理不好就会导致严重后果）的一大社会基本矛盾。应当说，上述会议强调的关键词与关键用语，如从"人民群众"与"生态环境"、"人与自然和谐"、"事关实现'两个一百年'奋斗目标"、"中华民族永续发展"，来强调生态文明建设的意义，就是从历史唯物主义关于人口因素与自然环境这一大社会基本矛盾的基本原理之使然。

三 习近平对作为当前我国社会主要矛盾的"四个全面"的辩证关系之解

习近平在把当前我国社会主要矛盾概括为协调推进"四个全面"前后，党中央和他本人已经对"四个全面"的内涵分别作出了集中而又具体的阐发，这体现在他发表的一系列重要讲话中，特别是体现于他在十八届中央政治局第一次集体学习时的讲话、中共十八届三中全会与四中全会的两个决定和他对其所作的两个说明之中。这里首先据此对"四个全面"的丰富内涵作一扼要梳理，然后阐明研读习近平关于协调推进"四个全面"辩证关系思想的体会，以及达到深入把握作为社会主要矛盾的"四个全面"的理论价值与现实意义。

就"全面建成小康社会"这一个全面的内涵而言，这个全面是一个宏观面，其宏观目标是五个中观目标，即经济建设、政治建设、文化建设、社会建设、生态建设"五位一体"的建设目标与任务，而这"五位一体"的五个中观目标与任务中，每一个中观目标中又包含着具

---

① 中共中央总书记习近平主持政治局会议　审议通过《关于加快推进生态文明建设的意见》，《人民日报》2015 年 3 月 25 日第 1 版。

有丰富内容与形式的多种多样的微观目标与任务。因此，第一个全面作为社会主要矛盾是由宏观到中观及微观所构成的矛盾系统。

就"全面深化改革"与"全面依法治国"这两个全面的内涵而言，它们是牵动面很广、耦合性极强的"姊妹篇"，这是一个二重的宏观面，其宏观目标就是"完善和发展中国特色社会主义制度，推进国家治理体系和治理能力现代化"，这里分别可以侧重地说，前一句是针对"全面深化改革"而言，后一句是针对"全面依法治国"而言，前者的最近目标任务是到2020年在重要领域和关键环节改革上取得决定性成果，形成系统完备、科学规范、运行有效的制度体系，使各方面制度更加成熟更加定型，后者的总目标是建设中国特色社会主义法治体系，建设社会主义法治国家，最近的目标是坚持中国特色社会主义制度，贯彻中国特色社会主义法治理论，形成完备的法律规范体系、高效的法治实施体系、严密的法治监督体系、有力的法治保障体系，形成完善的党内法规体系，坚持依法治国、依法执政、依法行政共同推进，坚持法治国家、法治政府、法治社会一体建设，实现科学立法、严格执法、公正司法、全民守法，促进国家治理体系和治理能力现代化。在这两个全面的宏观面，又都包含着各自对应的中观面的目标与任务，而每一个中观面中又包含着具有丰富内容与形式的多种多样的微观目标与任务。因此，第二个全面与第三个全面作为社会主要矛盾分别都是由宏观到中观及微观所构成的矛盾系统。

就"全面从严治党"这一全面的内涵而言，就是在确立中国共产党是中国特色社会主义事业的领导核心与总揽全局、协调各方的关键地位这一政治前提下，其宏观目标就是要坚持党要管党、全面从严治党，使党始终能够成为先锋队，成为坚强的领导核心，提高组织和带领人民夺取各项事业成就的能力，而全面从严治党在中观面的目标和任务，就是全面加强党的思想建设、组织建设、作风建设、反腐倡廉建设、制度建设这五个中观面的建设，而每一个中观面中又包含着具有丰富内容与形式的多种多样的微观目标与任务。因此，第四个全面作为社会主要矛盾也是由宏观到中观及微观所构成的矛盾系统。

那么，作为当前我国社会主要矛盾的"四个全面"的辩证关系，在其战略布局的实践中，该如何把握呢？对此，习近平在中央党校开班的省部级主要领导干部学习贯彻十八届四中全会精神，全面推进依法治国专题研讨班上的讲话中作了精辟阐述。他指出："党的十八大以来，党中央从坚持和发展中国特色社会主义全局出发，提出并形成了全面建成小康社会、全面深化改革、全面依法治国、全面从严治党的战略布局。这个战略布局，既有战略目标，也有战略举措，每一个全面都具有重大战略意义。全面建成小康社会是我们的战略目标，全面深化改革、全面依法治国、全面从严治党是三大战略举措。"他进而提出要"努力做到'四个全面'相辅相成、相互促进、相得益彰"。①

由此说来，作为当前我国社会主要矛盾的第一全面——全面建成小康社会，在实践中面临并力求实现好它，是协调推进"四个全面"战略布局中具有战略目标意义的社会主要矛盾，而作为当前我国社会主要矛盾的后三个全面——全面深化改革、全面依法治国、全面从严治党，虽然都有其相对独立的目标，但是相对全面建成小康社会这个战略目标而言，后三个全面都只能是绝对服从并服务于这个战略目标的三个战略举措意义的社会主要矛盾。这是我们在实践中把握作为社会主要矛盾的"四个全面"的辩证关系的首要之义。

与之相关联，我们要在实践中抓好全面建成小康社会这个社会主要矛盾的同时，就必须在实践中同步抓好全面深化改革、全面依法治国、全面从严治党这三个社会主要矛盾，否则战略布局中的战略目标要想实现，就没有其所必须的战略举措，这三个战略举措中每一个都不能少，每一个也不能弱，而必须一一张显其力量。这是我们在实践中把握作为社会主要矛盾的"四个全面"的辩证关系的又一要义。

从要"努力做到'四个全面'相辅相成、相互促进、相得益彰"而言，这就是从'四个全面'彼此对等的均衡生成、互动演进来阐明其辩证关系，饱含着多维度的价值彼此共同得以生成直至多维度的需要彼此共同得到满足。其一是它们的相辅相成。其中你要想全面建成小康社会，就得要以我的全面深化改革来辅之，既使你生成又使我生成，而你们要想全面建成小康社会和全面深化改革，又得要以我的全面依法治

---

① 《领导干部要做尊法学法守法用法的模范　带动全党全国共同全面推进依法治国》，《人民日报》2015年2月3日第1版。

国来辅之，既使你们生成又使我也生成，当你们要想全面建成小康社会、全面深化改革、全面依法治国，还得要以我的全面从严治党来辅之，既使你们都生成又使我也生成。反过来由后到前去看这"四个全面"也是一个相辅相成的系列；其二是它们的相互促进。其中你全面建成小康社会的经济、政治、文化、社会、生态"五位一体"的建设目标的实现，就需要我们来一一配套促进，一是以对经济体制、政治体制、文化体制、社会体制、生态体制的全面配套的深化改革来促进你全面建成小康社会；二是以在经济、政治、文化、社会、生态"五个领域"的全面推进依法治国来促进你们全面建成小康社会和全面深化改革；三是以在经济、政治、文化、社会、生态"五个领域"的全面从严治党来促进你们全面建成小康社会、全面深化改革、全面依法治国。反过来由后到前去看这"四个全面"也是一个相互促进的系列；其三是它们的相得益彰。这是明确了"四个全面"在已走过从彼此共同生成到彼此共同促进之后，其多维度价值的完成或实现，也就是彼此需要共同得到满足，其结果是你全面建成小康社会已"得益"，我全面深化改革也"得益"，你们前二者均"得益"，我全面依法治国同"得益"，你们前三者都"得益"，我全面从严治党更"得益"。反过来由后到前去看这"四个全面"也是一个相得益彰的系列，这就是"四个全面"全面得益、共彰价值的结局，也是一个多维度的价值生命共同体。这是我们在实践中把握作为社会主要矛盾的"四个全面"的辩证关系的最大要义。

综前所述，习近平对当前我国社会主要矛盾作出新概括展示其为最新成果，其理论背景与理论依据表明，是"发展21世纪中国的马克思主义"的一个新的理论增长点，并且可以避免在当前我国社会主要矛盾理论上的纷争。他对作为当前我国社会主要矛盾的"四个全面"的丰富内涵之厘定与辩证关系的解答，是把我国社会主要矛盾理论整体性地推向了一个新境地，其理论视阈宏阔、内容纵横叠加、多维互动累进，从而成为中国特色社会主义理论体系中的一项创新成果。如果我们能够从这一新概括即当前我国社会主要矛盾的宏阔视野来入思，进而由"四个全面"的宏观把握深入到每一个全面之中来把握中观的社会主要矛盾，又从各个中观去把握微观的社会主要矛盾，达到从抽象到具体、从一般到特殊乃至个别来认识和处理党和国家全部事业直至每一事物中的大、中、小社会主要矛盾，这就是在社会主要矛盾问题上，把工作既做得很宽与很深，又做得很细与很活。如果我们当前能够全面正确地理解和全面正确的运用这一理论，那就一定会有力协调推进"四个全面"的战略布局乃至夺取中国特色社会主义各项事业的新胜利，展现出十分重大的理论价值与现实意义。

（作者单位：湖北大学马克思主义学院）

论习近平同志对外传播理论和实践创新中的战略思维

李新芝

习近平同志强调:"战略问题是一个政党、一个国家的根本性问题。战略上判断得准确,战略上谋划得科学,战略上赢得主动,党和人民事业就大有希望。"① 所以党的领导干部必须不断接受马克思主义哲学智慧的滋养,增强战略思维能力。中共十八大以来,习近平同志不仅从多个方面不断地拓展了战略思维的内涵,而且在探求对外传播规律的过程中,充分运用战略思维对对外传播进行战略谋划和战略部署,其对外传播理论思考和实践活动都体现出其深远的战略眼光和高超的战略思维能力。准确理解和把握习近平同志对外传播思想和实践的战略思维对于做好当前的对外传播工作具有重要意义。

一 习近平同志对战略思维内涵的丰富和发展

战略思维是围绕事物发展中的全局性、根本性、长远性问题进行战略筹划的思维方式。一个国家要在纷繁复杂的国际国内形势下谋求发展,就必须具有高超的战略思维眼光和战略思维能力。习近平同志反复强调领导干部要有战略思维和战略眼光:"各级党政'一把手'要站在战略的高度,善于从政治上认识和判断形势,观察和处理问题,善于透

---

① 习近平:《在纪念邓小平同志诞辰110周年座谈会上的讲话》,《人民日报》2014年8月20日。

过纷繁复杂的表面现象，把握事物的本质和发展的内在规律。"① 他在纪念邓小平诞辰110周年座谈会上的重要讲话中指出："战略思维，是邓小平同志一生最恢宏的革命气度，也永远是中国共产党人应该树立的思维方式。"② 习近平同志不仅多次强调运用战略思维的重要性，而且从多方面不断地丰富和发展了战略思维的内涵。

（一）强调运用战略思维要结合国内国际两个大局，善于用全球视野看问题，保持战略眼光

观大势、察大局、谋大事始终是习近平同志运用战略思维分析和解决当今中国发展问题的鲜明特色。他认为，进行中国特色社会主义伟大事业必须从我国实际出发，坚定不移地走自己的路；同时也"要树立世界眼光，更好把国内发展与对外开放统一起来，把中国发展与世界发展联系起来，把中国人民利益同各国人民共同利益结合起来"③。针对我国经济社会发展中存在的深层次矛盾和问题，习近平同志认为，要寻求解决矛盾和问题的思路和对策，就必须坚持从战略的高度把我国的发展问题放到更广阔的国际大背景下去考察，"加强战略思维，增强战略定力，更好统筹国内国际两个大局"④，才能创新解决这些现实矛盾和问题的理念思路和政策措施。

运用战略思维审视国际发展大势，习近平同志强调"三个没有变"，即世界多极化、经济全球化深入发展的大趋势没有变，和平、发展、合作这一当今时代的主题没有变，世界力量对比有利于保持国际形势总体稳定的大环境没有变。运用战略思维把握国内发展大局，习近平强调"四个没有变"，即我国仍处于并将长期处于社会主义初级阶段的基本国情没有变，人民日益增长的物质文化需要同落后的社会生产之间这一社会主要矛盾没有变，我国是世界最大发展中

---

① 《之江新语》，浙江人民出版社2007年版，第20页。
② 习近平：《在纪念邓小平同志诞辰110周年座谈会上的讲话》，《人民日报》2014年8月20日。
③ 习近平：《在十八届中共中央政治局第三次集体学习时的讲话》，《人民日报》2014年1月30日。
④ 同上。

国家的国际地位没有变，我国经济社会持续发展的总态势和基本面没有变，发展仍是解决我国所有问题的关键。据此，习近平站在国内国际两个大局相互影响、相互作用的战略高度，强调要更好地统筹国内国际两个大局，要把世界的机遇转变为中国的机遇，把中国的机遇转变为世界的机遇，推动中国在与世界良性互动、互利共赢中开拓前进。这充分体现了他战略思维的宽广的全球视野和宏大的战略眼光。

（二）强调运用战略思维要与系统思维、辩证思维、底线思维相统一，保持战略定力

坚持战略思维与系统思维的统一。战略思维是对全局性、根本性、长远性问题进行科学谋划的思维方式，必须建立在对事物整体结构准确把握的基础上。习近平同志提出在运用战略思维方法研究中国特色社会主义事业发展问题时要坚持战略思维与系统思维的统一，增强系统思维，统筹谋划，协同推进。2012年12月，他在到广东考察时就指出："我国改革已经进入攻坚期和深水区，进一步深化改革，必须更加注重改革的系统性、整体性、协同性，统筹推进重点领域和关键环节改革。"[①] 中共十八大以来，习近平同志对中国特色社会主义事业发展进行战略谋划，提出的"四个全面"战略布局重要思想就是运用战略思维与系统思维统一的方法实现的重要理论创新。

坚持战略思维与辩证思维的统一。辩证思维方法是马克思主义哲学的核心方法。辩证思维注重矛盾分析，坚持全面地、联系地和发展地看问题。习近平非常重视辩证思维，提出在运用战略思维研究中国特色社会主义事业发展问题时要增强辩证思维，坚持战略思维与辩证思维的统一。在中共十八届三中全会第二次全体会议上他指出："在推进改革中，要坚持正确的思想方法，坚持辩证法。"[②] 习近平提出正确认识和处理好全面深化改革中的五个关系，即"解放思想和实事求是的关系、

[①]《习近平关于全面深化改革论述摘编》，中央文献出版社2014年版，第30页。
[②] 同上书，第47页。

整体推进和重点突破的关系、顶层设计和摸着石头过河的关系、胆子要大和步子要稳的关系、改革发展稳定的关系"①,就充分体现了战略思维与辩证思维的统一。

坚持战略思维与底线思维的统一。底线思维注重对危机和风险等负面因素进行管控,运用底线思维,就是积极主动地应对各种挑战,防患于未然。当前我国经济社会发展中各种结构性的深层次矛盾日益凸显,在全面深化改革进程中如何管控风险、守住底线,是决定各项工作成败的前提。习近平强调:"要善于运用底线思维的方法,凡事从坏处准备,努力争取最好的结果,做到有备无患、遇事不慌,牢牢把握主动权。"② 习近平同志所注重的反腐倡廉建设,所强调的适应经济发展新常态,所展开的有积极作为的外交,都是从战略的高度,运用注重从坏处准备,积极主动应对的底线思维的结果。

(三)强调运用战略思维既要从战略上思考,又要从战术上谋划,保持战略主动性

战略上思考就是要阐述思想。习近平同志强调运用战略思维就是要从全局出发,立足当前世情、国情、党情深刻变化,深入思考、科学判断,对中国发展进行全面的战略规划和战略部署。中共十八大以来,习近平同志提出了实现中华民族伟大复兴中国梦的目标,并用"国家富强、民族振兴和人民幸福"三个关键词明确表达了中国梦的深刻内涵,强调中国梦是国家梦、民族梦、人民梦。中国梦思想的提出充分体现了习近平同志所强调的战略思维。要实现伟大的中国梦,就要抓好战略统筹,不仅要保持强大政治定力,坚定不移地坚持和拓展中国特色社会主义道路;而且要统筹国内国际两个大局,努力维护和用好重要战略机遇期,充分利用国内外一切积极因素为实现"两个一百年"奋斗目标、实现中华民族伟大复兴的"中国梦"创造条件。

---

① 《习近平关于全面深化改革论述摘编》,中央文献出版社2014年版,第47页。
② 《习近平总书记系列重要讲话读本》,学习出版社2014年版,第180页。

战术上谋划就是要指明路径。习近平同志强调运用战略思维还要从具体出发，防范各种风险。我国进入经济发展新常态，经济韧性好、潜力足、回旋空间大，为经济持续健康发展提供了有利条件。同时，经济发展新常态下出现的一些趋势性变化使经济社会发展面临很多新的困难和挑战。对此，习近平指出，"在战术上要高度重视和防范各种风险，早作谋划，未雨绸缪，及时采取应对措施，尽可能减少其负面影响"①。而能不能适应新常态，关键还在于全面深化改革。2014年7月29日，习近平同志在主持召开中共中央政治局会议对下一步全面深化改革工作进行总体部署时明确指出："坚持把改革放在重中之重位置，坚持问题导向，围绕稳增长、调结构、惠民生、防风险，加快推进改革，激发市场内在动力和活力"②，针对中国特色社会主义事业发展中存在的问题提出了具体的解决思路。

二 习近平同志战略思维在对外传播理论和实践中的运用

习近平同志始终重视对外传播工作，从国家发展大局出发，运用战略思维对对外传播规律进行深入探索，从战略的高度对对外传播工作做了很多重要论述，极大地推进了对外传播理论和实践的创新。

（一）从结合国际国内两个大局出发，强调对外传播工作的重要性、新任务、新目标

从把握国际国内大势出发，强调对外传播工作的重要性。习近平同志认为，就当前国际大势而言，"世界多极化、经济全球化深入发展，文化多样化、社会信息化持续推进"③。一方面世界正变得越来越平；但另一方面"文明的冲突"并没有因为经济全球化而减弱，价值观的对立仍然存在。在这种新形势下，如何通过对外传播有力

---

① 习近平：《新常态是转型发展新机遇》，《人民日报》2014年9月1日。
② 《中共中央政治局召开会议决定召开十八届四中全会》，《人民日报》2014年7月30日。
③ 《习近平总书记系列重要讲话读本》，学习出版社2014年版，第146页。

地发出中国声音、向世界传达中国的价值观念、塑造中国的国家形象，显得尤为重要。面对新形势新情况，对外传播工作必须"建立面向国际的体制机制和工作格局，创新对外传播理念、内容、形式、方法、手段，讲好中国故事，传播好中国声音，不断增强国际舆论话语权，更加有效地服务党和国家工作大局"。① 为此，习近平同志多次强调对外传播工作的重要性，提出要"精心做好对外宣传工作，创新对外宣传方式，着力打造融通中外的新概念新范畴新表述，讲好中国故事，传播好中国声音"。② 在 2016 年 2 月 19 日召开的党的新闻舆论工作座谈会上，习近平再次提出要"加强国际传播能力建设，增强国际话语权，集中讲好中国故事，同时优化战略布局，着力打造具有较强国际影响的外宣旗舰媒体"③，以适应国际形势变化的新需要。

从把握国际国内大势出发，强调对外传播工作的新任务。2014 年 11 月，习近平同志在中央外事工作会议上的讲话中指出，当前和今后一个时期，我国对外传播工作的一个重要内容，是要争取世界各国对中国梦的理解和支持，要讲清楚中国梦是和平、发展、合作、共赢的梦，我们追求的是中国人民的福祉，也是各国人民共同的福祉。中国梦就是要实现中华民族伟大复兴，就是当代中国最宏大、最精彩的故事。对外传播工作的新任务就是阐释中国梦想，讲好中国故事，因此，必须以中国梦为引领推进对外传播，深化对外传播。

从把握国际国内大势出发，强调对外传播工作的新目标。对外传播工作的新目标就是引导人们更加全面客观地认识当代中国，塑造良好的国家形象。习近平同志在十八届中共中央政治局第十二次集体学习时提出了四个"大国形象"的概念，为我们开展对外传播工作制定了更加清晰的目标。习近平同志指出，当代中国形象应该是"文明大国形象"

---

① 蔡名照：《加强国际传播能力建设，讲好中国故事，传递中国声音——学习贯彻习近平总书记关于做好对外宣传工作的重要论述》，《求是》2015 年第 23 期。
② 《习近平在全国宣传思想工作会议上强调胸怀大局把握大势着眼大事努力把宣传思想工作做得更好》，《人民日报》2013 年 8 月 21 日。
③ 《习近平在党的新闻舆论工作座谈会上强调坚持正确方向创新方法手段提高新闻舆论传播力引导力》，《人民日报》2016 年 2 月 20 日。

"东方大国形象""负责任大国形象"和"社会主义大国形象"。四个"大国形象"的表述，从不同角度、不同方面出发高度概括了我国国家形象应该包括的基本内涵，言简意赅，内涵丰富，为对外传播工作指明了方向。

（二）从坚持战略思维与辩证思维、系统思维、底线思维统一出发，提出对外传播工作的新思路、新理念、新要求

坚持战略思维与辩证思维、系统思维、底线思维统一，提出对外传播工作的新思路，即构建对外传播话语体系。习近平同志在很多重要讲话中都强调，要精心构建对外话语体系，增强对外话语的创造力、感召力、公信力。在2016年2月19日党的新闻舆论工作座谈会上，习近平不仅再次强调要遵循新闻传播规律，建立对外传播话语体系，增强国际话语权，还阐述了构建对外传播话语体系的方法、策略、责任主体等。构建适合对外传播的、完整的话语体系，是习近平同志提出的开展对外传播工作的一个重要新思路。

坚持战略思维与辩证思维、系统思维、底线思维统一，提出对外传播工作的新理念，即融通中外是关键。习近平同志多次指出，融通中外是构建对外话语体系的关键。这一阐述贴近当前国际社会现实，是一种有助于提升对外传播工作针对性有效性的全新理念。"两极"格局结束之后，世界更加多元多样，多种文明多种潮流在交锋、交流中共存，如何超越历史传统、文化语言、意识形态、社会制度等障碍，在不同文明之间架起沟通的桥梁，把中国人的话说给外国人听，而且让外国人听得懂、愿意听，就必须在融通中外上下功夫。融通中外不是简单地迎合外国人，而是要通过海外受众乐于接受的方式，易于理解的语言，更好地传播中国道路、中国制度、中国理念、中国文化，让中国观点赢得世界认同，成为国际共识。

坚持战略思维与辩证思维、系统思维、底线思维统一，提出对外传播工作的新要求，即"讲述好中国故事，传播好中国声音"。对外传播是不同国家和民族之间各种信息的跨国、跨文化的交流和传播，对外传播影响力是一个国家和民族政治、经济、文化发展综合实力的具体体现。主动做好对外传播，才能在国际舆论场中亮明我们的观点、表明我们的态度,才能构建好国家形象。2016年2月19日,习近平在中央电视台进行党的新闻舆论工作调研时发表重要讲话:"用好国际化传播平台,客观、真实、生动报道中国经济社会发展情况,传播中国文化,讲好中国故事,促进外国观众更多更好了解中国。"①"连接中外、沟通世界",这是在党的新闻舆论工作座谈会上,习近平提出的48字"职责使命论"的重要部分,是习近平同志对对外传播工作提出的新要求。

(三)从战略上思考又从战术上谋划出发,提出对外传播工作的新策略、新方式、新手段

从战略上思考又从战术上谋划,提出对外传播工作的新策略,即中国理论解释中国实践。习近平同志指出,讲好中国故事,就是要用中国理论解释中国实践,用中国实践升华中国理论,更加鲜明地展示中国思想,更加响亮地提出中国主张。这是在我国国家影响力不断增强的新形势下加强对外传播的新策略。"在世界经济走势、大国关系、文明冲突、安全反恐、气候变化、网络治理、地区争端等国际热点的报道中,外宣媒体必须旗帜鲜明地发出中国声音,而不能人云亦云、盲目跟着西方媒体调子走。"②我们必须要发展自己的理论,构建自己的话语,让富有中国特色的表达成为国际社会熟知的议题。比如,中共十八大以来,以习近平同志为总书记的中央领导集体提出的"五位一体"的总体布局、四个全面的战略布局、五大发展理念、经济发展新常态等重要战略思想,倡导的构建新型大国关系、打造命运共同体、共建"一带一路"等重大理念,都要加大传播力度,使其成为让世界表达中国故事的源头、读懂中国的标识。

从战略上思考又从战术上谋划,提出对外传播工作的新方式,即讲好中国故事。习近平同志指出,讲故事是国际传播的最佳方式。作为在国际交流中讲故事的高手,他指出,讲好中国故事,就是要讲好中国特

---

① 《习近平在党的新闻舆论工作座谈会上强调坚持正确方向创新方法手段提高新闻舆论传播力引导力》,《人民日报》2016年2月20日。

② 蔡名照:《加强国际传播能力建设,讲好中国故事,传递中国声音——学习贯彻习近平总书记关于做好对外宣传工作的重要论述》,《求是》2015年第23期。

色社会主义的故事,讲好中国梦的故事,讲好中国人的故事,讲好中国优秀文化的故事,讲好中国和平发展的故事。用讲故事的方式来传播中国,找准了中西方在传受方式上的重要差异,是一种更加国际化的表述方式。对于如何讲好中国故事,习近平同志也在讲话中指出,要组织各种精彩、精练的故事载体,把中国道路、中国理论、中国制度、中国精神、中国力量寓于其中;要采用融通中外的概念、范畴、表述,把我们想讲的和国外受众想听的结合起来,把"陈情"和"说理"结合起来,把"自己讲"和"别人讲"结合起来,使故事更为国际社会和国外受众所认同。

从战略上思考又从战术上谋划,提出对外传播工作的新手段,即以文化人。习近平同志特别强调中华文化在对外传播中的作用。他指出,中国故事的魅力植根于独特的中国文化,中国文化的独特性,是中国故事走向世界的名片。这些论述为对外传播工作找到了一种新手段,即我们在对外传播中要用好优秀中华文化,解释好中国文明,让国际受众态度软化、观点变化、立场转化,实现以文化人。在 2013 年全国宣传思想工作会议上,习近平同志连续用了四个"讲清楚"来强调展示文化独特性对做好宣传工作的重要性:"讲清楚每个国家和民族的历史传统、文化积淀、基本国情不同,其发展道路必然有着自己的特色;讲清楚中华文化积淀着中华民族最深沉的精神追求,是中华民族生生不息、发展壮大的丰厚滋养;讲清楚中华优秀传统文化是中华民族的突出优势,是我们最深厚的文化软实力;讲清楚中国特色社会主义植根于中华文化沃土、反映中国人民意愿、适应中国和时代发展进步要求,有着深厚历史渊源和广泛现实基础。"[①] 这四个"讲清楚"为讲述中国故事找到了牢固的根基。以文化人首先要做到以文服人,要通过完善人文交流机制,创新人文交流方式,进一步提高对外文化交流水平;同时要综合运用大众传播、群体传播、人际传播等多种方式向世界展示中华文化的风采和魅力。

---

① 《习近平在全国宣传思想工作会议上强调胸怀大局把握大势着眼大事努力把宣传思想工作做得更好》,《人民日报》2013 年 8 月 21 日。

三 习近平同志战略思维在对外传播理论和实践创新中运用的特色

在中国特色社会主义事业发展的伟大实践中，习近平同志始终非常重视战略思维方法和战略思维能力的运用，在他的对外传播理论和实践创新中，战略思维方法和战略思维能力不仅得到了充分运用和发挥，而且体现出鲜明的特色。

（一）鲜明的问题意识

在对外传播理论和实践创新中，习近平同志运用战略思维方法和战略思维能力始终围绕对外传播的出发点和最终目的是什么展开，体现出鲜明的问题意识。

习近平同志对外传播理论和实践创新围绕的中心问题始终是对外传播的出发点和最终目的是什么的问题。因为不同文化之间的差异；更因为不同意识形态之间的较量，国际社会特别是西方世界对中国的发展，有关注也有猜疑，有误读也有误导，这是当前我国对外传播工作面临的新形势。习近平同志结合这种新形势提出，对外传播工作的出发点和最终目的就是"增信释疑、凝心聚力"。对外传播工作要有效地服务党和国家工作大局，就是要通过各种有效的方式和手段，做到"增信释疑、凝心聚力"，实现对受众的情感沟通、理性说服和价值共鸣，以求传播效果的最大化，为中国发展创造更好的外部环境。在这方面，习近平同志用他的对外传播活动做了最好的诠释。在他的对外传播实践中，习近平同志不仅提出了很多新概念新范畴新表述，如"中国梦"，是和平、发展、合作、共赢的梦，追求的既是中国人民的福祉，也是各国人民共同的福祉，与其他国家、地区的梦都息息相通；如"人类命运共同体"，把握人类利益和价值的共同性，在国与国的关系中寻求最大公约数等，争取在国际舆论场中能够求同存异形成共识，而且还利用一些重要的国际场合，通过讲话、会谈、署名文章等方式，反复阐述和不断强调中国道路的历史渊源和现实基础，中国梦的背景和内涵，中国和平发展的理念和主张，这就是为达到"增信释疑、凝心聚力"的目的而进行的有针对性的对外传播。"增信释疑、凝心聚力"应该成为对外传播工作需要秉持的基本理念、需要传递的基本价值和需要达到的基本目标。

(二) 宽广的国际视野

在对外传播理论和实践创新中,习近平同志运用战略思维方法和战略思维能力始终坚持把我国发展的方位判断放到统一的国际大背景中去考察去分析,从战略高度提出创新性的理念思路和政策措施,体现出了对世界大势的清醒认识,具有宽广的国际视野。

习近平同志始终以世界眼光和全球思维谋划中国的发展问题,强调经济全球化是大势所趋,中国开放的大门不会关上,而且将在更大范围、更宽领域、更深层次上提高开放水平。遵循这样的思路,在对外传播理论和实践创新中,他也坚持开放的姿态,并且利用一切机会,在国际舞台上亲自上阵,讲述中国故事、传递中国信心。中共十八大以来,2014年3月,习近平在荷兰《新鹿特丹商业报》发表题为《打开欧洲之门携手共创繁荣》的署名文章,是习近平在国家主席任上首次在海外报刊发表署名文章。在此之后,习近平同志又先后在法国的《费加罗报》、德国的《法兰克福汇报》等具有重要影响的外国媒体上发表多篇署名文章,同时多次接受外国媒体专访,并在重大国际会议上发表了一系列重要讲话。在这些署名文章、专访和重要讲话中,习近平既讲中国故事,也讲中外友谊,还讲中国发展,传播中国声音,极大地提升了中国国家形象和国家影响力,是对外传播成功的典范。

(三) 强烈的国情色彩

在对外传播理论和实践创新中,习近平同志运用战略思维方法和战略思维能力始终坚持从国情出发进行深入的分析和研究,提出适合中国国情的对外传播思路和措施,体现出强烈的国情色彩。

习近平同志在对外传播理论和实践创新中,高度重视中国价值观的系统表达,将中国传统文化与现实执政理念紧密结合,在国际社会引起了积极反响,提高了中国原创价值观的全球影响。如用"大同世界"阐释全球观、用"和而不同"阐释和谐观、用"以人为本"表达执政观、用"天人合一"表达自然观、用"己所不欲、勿施于人"展示伦理观、用"自强不息、刚健有为"展示进取观。习近平同志强调,在构建中国价值体系过程中,我们既要"古为今用",也要"洋为中用",注意学习吸收西方历史文化中的合理进步成分。习近平在接受外国媒体的采访时,总是从中国的国情出发,表明中国态度,将中国发展经济、改革和反腐的信心传递到海外。在2015年11月访问英国前夕,习近平同志接受路透社专访,在专访中明确表示,"中国过去是、现在是、将来也必将是世界和平的维护者、共同发展的促进者、国际合作的推动者。随着综合国力不断提升,中国将更加积极地参与国际和地区的事务"。[①] 通过对外传播实践,积极致力于引导世界更加全面客观地认识当代中国,为中国的发展营造良好的外部环境。

  随着综合国力大幅提升、国际地位日益提高,中国正在走向世界舞台中央,参与国际事务的能力显著提升,与此同时,与外部世界的摩擦碰撞不断增多,舆论交锋更加突出。面对新形势新情况新要求,对外传播工作要更加有效地服务党和国家工作大局,就必须创新对外传播理念、内容、形式、方法、手段。我们认为,认真领会和运用习近平同志对外传播理论和实践中的战略思维,掌握战略思维方法,增强战略思维能力,对于推动对外传播工作再上新台阶具有重要意义。

(作者单位:四川师范大学马克思主义学院)

[①] 习近平:《中国和平发展为世界创造福祉》,《人民日报》2015年10月21日。

党的领导人对发展理论的
探索与创新
——一个发展政治学的视角

韩太平

"经验表明,一个国家坚持什么样的发展观,对这个国家的发展会产生重大影响,不同的发展观往往会导致不同的发展结果。在当今新的时代条件下,应该坚持以人为本,实现全面、协调、可持续的发展。"[①] 胡锦涛这句话是中国人民六十多年来探索中国社会主义发展道路的经验总结,是党的四代中央领导集体与时俱进的理论创新成果,是引领中国发展方向的科学发展理念。

20世纪50年代以来,中国共产党人就一直在理论和实践中探索中国的建设发展道路以及把中国建成一个什么样的社会主义国家这一历史性的课题。这既是一条探索经济发展的经济之路,同时也是一条蕴含着许多政治考虑、为实现一定的政治目标而努力的政治之路。其实,任何一个国家的经济发展都不会是一个纯粹的经济过程。从经济制度的选定、经济政策的制定到发展战略的实施,无不渗透着政治成分,都要受到政治方面考虑的左右。从这个意义上讲,经济问题本质上也是政治问题。

---

① 胡锦涛:《推进合作共赢,实现持续发展》(2004年11月19日),《人民日报》2004年11月21日。

一 "新中国的发展必须也只能走社会主义的现代化的道路"——毛泽东解码中国发展道路的"戈尔迪之结"

新中国成立后,"究竟选择新民主主义道路还是社会主义道路,是仿照苏联社会主义经济建设模式还是另辟蹊径",成为了困扰中国新生政权的"戈尔迪之结"。以毛泽东为核心的党的第一代中央领导集体从中国历史和现实国情出发,对新中国发展方向、建设道路和发展目标等方面进行了艰辛探索,在总结国内外正反两方面经验教训的基础上,最终选择了一条具有中国特点的社会主义现代化发展道路,既坚持社会主义道路,又突破苏联传统的发展模式,初步探索了符合中国国情的发展道路,从而破解了中国发展道路问题上的"戈尔迪之结"。

(一)新中国的发展必须也只能走社会主义的现代化的道路

"只有社会主义能够救中国"[1],这是历史的选择,也是以毛泽东为核心的党的第一代中央领导集体基于中国历史和现实国情得出的科学结论。一方面,由于中国民族资产阶级的软弱性,领导中国人民反帝反封建,争取独立和解放,谋求繁荣富强的任务,就历史地落在中国工人阶级及其先锋队中国共产党的肩上。另一方面,近代中国的革命实践已经证明,中国要真正实现独立和富强,除了由新民主主义过渡到社会主义外,别的道路都行不通。

(二)新中国发展经济的目的,是满足国家建设和人民生活的实际需要

新中国成立之初,无论是巩固新生的社会主义政权,还是满足人民群众的生活需求,都需要发展经济,提高生产力。1953年,毛泽东《在中央政治局扩大会议上的讲话》中指出:"社会主义经济法则是发

---

[1] 《毛泽东文集》第7卷,人民出版社1999年版,第214页。

展生产，保障需要，这是主要的、基本的，是起领导作用的经济法则。"①

毛泽东历来重视人民群众的利益问题。主张通过真心实意为群众办实事，让群众自觉接受党的政治号召。毛泽东指出，"共产党员要善于同群众商量办事，任何时候也不要离开群众。党群关系好比鱼水关系。如果党群关系搞不好，社会主义制度就不可能建成；社会主义制度建成了，也不可能巩固。党一定要每日每时关心群众利益，时刻想到自己的政策措施一定要适合当前群众的领悟水平和当前群众的迫切要求。凡是违背这两条的，一定行不通，一定要失败"。② 因此，人民群众的利益就成了党开展工作的出发点。"我们是以占全人口百分之九十以上的最广大群众的目前利益和将来利益的统一为出发点的，所以，我们是以最大和最远为目标的革命的功利主义者，而不是只看到局部和目前的狭隘的功利主义者。"③

（三）发展新中国的经济，要贯彻执行"统筹兼顾，适当安排"的方针，协调和处理好十大关系，实现协调发展

1956 年，毛泽东在总结我国第一个五年计划建设经验教训的基础上，提出了正确处理和协调"十大关系"的重要战略思想，随后又提出了"统筹兼顾，适当安排"的方针。

在正确处理国家、集体和个人的利益关系方面，毛泽东是站在巩固社会主义制度和国家政权的政治高度去看待的。毛泽东指出："国家和工厂，无论只顾哪一头，都是不利于社会主义，不利于无产阶级专政的。这是一个关系到六亿人民的大问题，必须在全党和全国人民中间反复进行教育。"④ 在正确处理国防建设与经济建设方面，毛泽东指出："国防不可不有。我们的国防工业正在建立。以后还应比现在强，不但要有更多的飞机和大炮，而且还要有原子弹。在今天的世界上，我们要不受人家欺负，就不能没有这个东西。只有经济建设发展得更快了，国

---

① 《毛泽东文集》第 6 卷，人民出版社 1999 年版，第 289 页。
② 《毛泽东文集》第 8 卷，人民出版社 1999 年版，第 33 页。
③ 《毛泽东选集》第 3 卷，人民出版社 1991 年版，第 573 页。
④ 《毛泽东文集》第 7 卷，人民出版社 1999 年版，第 28 页。

防建设才能有更大的进步。"①

"统筹兼顾，各得其所"②，是毛泽东历来坚持的正确处理人民内部矛盾的方针。"这里所说的统筹兼顾，是指对于六亿人口的统筹兼顾。我们作计划、办事、想问题，都要从我国有六亿人口这一点出发，千万不要忘记这一点。"③ 毛泽东关于统筹兼顾的重要指导思想，体现了原则性与灵活性的统一，奠定了公平正义的社会主义原则，调动了社会各方人士建设社会主义的积极性，推动了社会主义建设事业的发展。

二 "发展才是硬道理"——邓小平探索中国经济发展的阿里阿德涅之线

以邓小平为代表的党中央第二代领导集体在总结我国社会主义胜利和挫折的历史经验并借鉴其他社会主义国家兴衰成败历史经验的基础上，开辟了一条中国特色的社会主义发展道路。指出社会主义的本质是解放生产力，发展生产力，消灭剥削，消除两极分化，最终达到共同富裕。明确提出"发展才是硬道理"的思想，强调现阶段我国社会的主要矛盾是人民日益增长的物质文化需要同落后的社会生产之间的矛盾，必须把发展生产力作为党和国家的中心任务去抓。从而找到了从根本上解决中国困境的阿里阿德涅之线。

（一）发展经济是最大的政治

"发展才是硬道理"的提出，凸显了邓小平的经济发展观。但他绝不是就经济论经济，而是从政治角度谈经济，寓政治于经济中。如，"发展经济是最大的政治""用经济政策来解决政治问题"④ "经济工作是当前最大的政治，经济问题是压倒一切的政治问题""政治工作要落实到经济上面，政治问题要从经济的角度解决。"⑤ 在制定国家重大经济发展战略

---

① 《毛泽东选集》第 5 卷，人民出版社 1997 年版，第 271 页。
② 《毛泽东文集》第 7 卷，人民出版社 1999 年版，第 186 页。
③ 同上书，第 227—228 页。
④ 《邓小平文选》第 2 卷，人民出版社 1994 年版，第 196 页。
⑤ 《邓小平文选》第 3 卷，人民出版社 1993 年版，第 77 页。

目标时,邓小平率先想到的也是政治问题。1987年4月30日,邓小平在会见西班牙工人社会党副总书记、政府副首相格拉时,第一次明确提出了中国经济发展"三步走"的战略目标,1984年10月6日,邓小平在会见参加中外经济合作问题讨论会的全体中外代表时说:"我们确定了一个政治目标:发展经济,到本世纪末翻两番,国民生产总值按人口平均达到800美元,人民生活达到小康水平。这个目标对发达国家来说是微不足道的,但对中国来说,是一个雄心壮志,是一个宏伟的目标。"① 邓小平这种寓政治于经济之中的政治谋略在社会主义建设实践中取得了巨大成功,实现了经济建设和政治建设的良性互动。

(二) 社会主义的本质是解放生产力、发展生产力

邓小平在总结我国社会主义历史经验时多次讲到,社会主义是什么,我们过去并没有完全搞清楚,这是"最根本的一条经验教训"。② 在总结经验教训、基于中国国情的基础上,邓小平在1992年全面而深刻地阐释了社会主义的本质。"社会主义的本质,是解放生产力,发展生产力,消灭剥削,消除两极分化,最终达到共同富裕。"③ 这里,邓小平把生产力纳入到了社会主义本质之中,既是对"发展才是硬道理"思想的强调,也抓住了中国建设社会主义的核心问题。对于社会主义本质的这种认识,邓小平在多种场合进行过阐释。在百业待兴的改革开放初期,邓小平指出:"我们一定要、也一定能拿今后的大量事实来证明,社会主义制度优于资本主义制度。这要表现在许多方面,但首先要表现在经济发展速度和效果方面。"④ 随后,邓小平在会见波兰统一工人党中央第一书记雅鲁泽尔斯基和喀麦隆总统比亚时,分别指出,"生产力发展了,人民的积极性调动起来了,社会主义国家的力量就增强了,社会主义制度就巩固了。"⑤ "不要光喊社会主义的空洞口号,社会

---

① 《邓小平文选》第2卷,人民出版社1994年版,第195页。
② 同上书,第2页。
③ 《邓小平文选》第3卷,人民出版社1994年版,第382页。
④ 《邓小平文选》第2卷,人民出版社1994年版,第251页。
⑤ 《邓小平文选》第3卷,人民出版社1994年版,第178页。

主义不能建立在贫困的基础上。"① 在苏联解体,东欧剧变后,邓小平指出:"世界上一些国家发生问题,从根本上说,都是因为经济上不去。……人民现在为什么拥护我们?就是这十年有发展,这很明显。"②可见,生产力的发展关乎我国社会主义的前途命运,是社会主义本质的体现。

(三)"两手都要抓,两手都要硬",实现全面发展

以经济建设为中心,是邓小平发展观的基点。同时,他还提出"坚持两手抓、两手都要硬"的思想,其实质是一种统筹兼顾、全面发展的思想。

邓小平在不同场合,针对不同问题,提出过一系列"两手抓"的论断。一是"一手抓物质文明,一手抓精神文明"。这是"两手抓"的主要内容。1985年3月,邓小平指出:"我们在建设具有中国特色的社会主义社会时,一定要坚持发展物质文明和精神文明"③ "不加强精神文明的建设,物质文明的建设也要受破坏,走弯路。光靠物质条件,我们的革命和建设都不可能胜利"④ 二是"一手抓经济建设,一手抓民主法制"。为了给经济建设保驾护航、确保经济发展健康有序运行、实现国家的长治久安。1986年1月,邓小平在中央政治局常委会会议上的讲话中指出:"搞四个现代化一定要有两手,只有一手是不行的。所谓两手,即一手抓建设,一手抓法制。"⑤ 三是"一手抓改革开放,一手抓打击犯罪"。这是针对改革开放中出现的经济犯罪和卖淫嫖娼等社会丑恶现象提出来的。1989年6月,邓小平同志指出:"要两手抓,一手要抓改革开放,一手要抓严厉打击经济犯罪,包括抓思想政治工作。就是两点论。"⑥ 四是"一手抓改革开放,一手抓惩治腐败"。针对改革中不断出现的众多官员的贪污腐败问题,1989年,邓小平指出,我们

---

① 《邓小平文选》第3卷,人民出版社1994年版,第213页。
② 同上书,第354页。
③ 同上书,第110页。
④ 同上书,第144页。
⑤ 同上书,第155页。
⑥ 同上书,第306页。

一手抓改革开放,一手抓惩治腐败,这两件事结合起来,对照起来,就可以使我们的政策更加明朗,更能获得人心。① 以两个文明建设为主要内容的"两手抓"思想,生动体现了邓小平全面发展社会主义的思想,推动了社会主义各项事业的快速、健康、协调发展。

(四)"一切为了人民""一切着眼于为人民谋利益"

邓小平曾经说过,"我是中国人民的儿子"。在实践中他时刻关注最广大人民的利益,把为最广大人民谋利益作为制定路线、执行政策的出发点,把人民的利益作为衡量一切工作得失成败的主要标准。人民利益观自始至终贯穿于邓小平的发展观。

邓小平重视生产力的发展,归根到底还是为了最广大人民的利益。他指出,"社会主义发展生产力,成果是属于人民的"②"在社会主义国家,一个真正的马克思主义政党在执政以后,一定要致力于发展生产力,并在这个基础上逐步提高人民的生活水平。"③ 同时,邓小平把解放和发展生产力看作社会主义社会的根本任务和本质内容,也充分体现了人民利益原则。1992年,邓小平在南行讲话中指出:"社会主义的本质是解放生产力,发展生产力,消灭剥削,消除两极分化,最终达到共同富裕。"在邓小平看来,共同富裕是社会主义的原则,共同富裕才符合最广大人民的利益。

三 发展是党执政兴国的第一要务——江泽民探索中国经济发展的普罗米修斯之火

20世纪80年代末90年代初,在内忧外患的双重压力下,我国的社会主义事业面临着前所未有的严峻挑战。面对世界多极化、复杂化的国际形势,针对社会主义市场经济条件下我国经济社会发展遇到的新问题,以江泽民为核心的党的第三代中央领导集体,提出了"三个代表"

---

① 《邓小平文选》第3卷,人民出版社1994年版,第314页。
② 同上书,第255页。
③ 同上书,第28页。

重要思想，作出了"发展是党执政兴国的第一要务"的科学论断。把坚持生产力发展这一中心任务和党的执政能力建设相结合，找到了真正能够促进中国快速、稳定发展的普罗米修斯之火，为在新的时代条件下继续推进改革开放和现代化建设的伟大事业指明了道路。

（一）发展是执政兴国的第一要务

改革开放后，中国经济发展迅速，人民生活水平有所提高，并于2000年实现了经济总量翻两番的宏伟目标。但经济发展不平衡，城乡、地区之间差距依然很大，过去积累的矛盾与发展过程中新产生的矛盾叠加，这些使我们党在新时期遇到前所未有的挑战。面对我国经济发展遇到的新情况、新问题，江泽民同志站在新的历史高度，着眼于我国现代化建设的全局，结合党的建设的实际，提出了"发展是第一要务"的科学论断。

2002年5月31日，江泽民在中央党校发表重要讲话，指出："必须把发展作为党执政兴国的第一要务，不断开创现代化建设的新局面……我们党要承担起推动中国社会发展的历史使命，必须始终紧紧抓住发展这个执政兴国的第一要务，把保持党的先进性和发挥社会主义制度的优越性，落实到发展先进生产力、发展先进文化、维护和实现最广大人民的根本利益上来。把握住这一点，就从根本上把握了人民的愿望，把握了社会主义现代化建设的本质。"[①] 他还多次强调指出，"解决中国的所有问题，关键在发展"[②]。"如果我国经济发展慢了，社会主义制度的巩固和国家的长治久安都会遇到极大困难。"[③] 在党的十六大报告中，江泽民再次重申，作为在对外开放和发展社会主义市场经济条件下领导国家建设的党，中国共产党必须担负发展先进生产力、发展先进文化、实现最广大人民的根本利益、推动社会全面进步的历史重任。

---

① 江泽民：《在中央党校省部级干部进修班毕业典礼上的讲话》，《人民日报》2002年6月1日。

② 江泽民：《江泽民论有中国特色社会主义（专题摘编）》，中央文献出版社2002年版，第93页。

③ 《十四大以来重要文献选编》（上），人民出版社1996年版，第16页。

（二）"实现好、发展好、维护好最广大人民的根本利益"

改革开放后，尤其是在发展社会主义市场经济的大背景下，我国社会生活发生了深刻变化，形成了新的利益格局和利益关系，出现了不同阶层、不同方面群众利益的差异和矛盾。如何调整和处理好人民利益问题，关系到民族团结、社会稳定和党的执政根基。

江泽民深刻指出："我们党所以赢得人民的拥护，是因为我们党在革命、建设、改革的各个历史时期，总是代表着中国先进生产力的发展要求，代表着中国先进文化的前进方向，代表着中国最广大人民的根本利益，并通过制定正确的路线方针政策，为实现国家和人民的根本利益而不懈奋斗。"[①] 这就是著名的"三个代表"理论，科学回答了"建设什么样的党，怎样建设党"的重大问题。同时，江泽民又指出了贯彻落实"三个代表"的根本要求，"贯彻'三个代表'要求，最根本的是要不断实现好、发展好、维护好最广大人民的根本利益。"[②] "在整个现代化建设的过程中，都必须努力使广大工人、农民、知识分子和其他群众共同感受到经济社会发展的成果，使更深刻地认识到实行改革开放和实现社会主义现代化是祖国的富裕之道，也是自己的富裕之道，也从而使他们更加自觉地为之共同奋斗。这是我们的事业不断发展并取得最终成功的根本保证。"[③]

由此可见，实现好、发展好、维护好最广大人民的根本利益，让最大数人共同分享发展成果，是党一切工作的出发点和根本点，也是党的第三代中央领导集体在利益多元化的情况下保持国家长治久安、巩固执政基础的良策。

（三）实施可持续发展战略，维护中华民族的长远利益

1987年，世界环境与发展委员会（WCED）发表了《我们共同的未来》，首次系统阐述了可持续发展观，主张政治、经济、文化和社会

---

① 江泽民：《论"三个代表"》，中央文献出版社2001年版，第2页。
② 江泽民：《论有中国特色社会主义》，中央文献出版社2002年版，第646页。
③ 同上书，第111—112页。

的协调发展，摒弃过去单一的、只追求经济发展的传统发展模式，这在全世界造成了普遍而深远的影响。

针对中国在发展中出现的问题，以江泽民为首的第三代党中央领导集体与时俱进地提出了实施可持续发展的战略目标。江泽民指出："实现可持续发展，越来越成为各国推进经济社会发展的战略选择。我国有十二亿多人口，资源相对不足，在发展进程中面临的人口、资源、环境压力越来越大。我们绝不能走人口增长失控、过度消耗资源、破坏生态环境的发展道路，这样的发展不仅不能持久，而且最终会给我们带来很多难以解决的难题。我们既要保持经济持续快速健康发展的良好势头，又要抓紧解决人口、资源、环境工作面临的突出问题，着眼于未来，确保实现可持续发展的目标。"[1]

可见，江泽民同志是从未来发展大局和中华民族生存的长远大计来考量实施可持续发展战略目标的重要性的。在此基础上，江泽民同志提出了实施可持续发展必须遵循的一条重要原则："不仅要安排好当前的发展，还要为子孙后代着想"[2] "为子孙后代创造较好的生存和发展的环境"这一指导原则，充分体现了第三代党中央领导集体的远大眼光和对中国发展负责的使命感和责任感，揭开了中国可持续发展之路的序幕。

（四）发展经济必须要有强有力的政治作保证

针对改革发展中出现的由于利益格局调整带来的阶层矛盾凸显、社会不稳定因素增加等问题，江泽民强调了政治保证对于经济发展的重要性。他指出："经济是基础，解决中国的所有问题，归根到底要靠经济的发展。从这个意义上说，集中力量把经济搞上去，实现中国的现代化，本身就是最大的政治。所以无论形势发生怎样的变化，除了发生大规模的外敌入侵，坚持以经济建设为中心，这一条是绝对不能动摇的。"[3] 但"没有强有力的政治保证，经济建设是搞不好的"[4]。"我们

---

[1] 《江泽民文选》第3卷，人民出版社2002年版，第461页。
[2] 江泽民：《论有中国特色社会主义》，中央文献出版社2002年版，第279页。
[3] 《关于讲政治》，《人民日报》1996年7月1日。
[4] 同上。

搞现代化建设，中心任务是发展经济，但是必须有政治保证，不讲政治，不讲政治纪律不行。"① 同时他还明确了政治的内容，政治包括"政治方向、政治立场、政治观点、政治纪律、政治鉴别力、政治敏锐性。"② 发展和稳定之间的关系则反映了经济与政治的关系。江泽民同志多次强调在社会主义初级阶段，要正确处理好改革、发展同稳定的关系，在处理三者关系时，"必须把改革的力度、发展的速度和社会可以承受的程度统一起来，在社会自治稳定中推进改革、发展，在改革、发展中实现社会政治稳定。"③ 可见，江泽民同志把政治社会稳定视为改革与发展的保证，改革是政治发展和经济增长的手段，而经济的发展、人民生活水平的提高则是我们的目标。

四 坚持以人为本、全面协调可持续的发展观——胡锦涛对三代领导人发展观的继承和发展

党的十六大之后，我国进入全面建设小康社会的新的历史阶段，国际国内形势呈现出一系列新的特征。从国际看，世界形势复杂多变，世界多极化、经济全球化深入发展，国家之间的竞争日趋激烈。广大发展中国家既面临难得的发展机遇，但同时期面对来自发达国家在经济科技等方面占优势的压力，可以预见和难以预见的风险增多。从国内看，我国的改革和经济社会发展进入了关键时期，呈现出一系列新的阶段性特征，出现了许多新矛盾和新问题。主要表现为：我国长期形成的结构性矛盾和粗放型增长方式尚未根本改变，经济社会发展面临的人口、资源、环境压力日益增大；社会结构和利益格局发生深刻变化，社会建设和管理面临诸多新课题；城乡、区域、经济社会发展不平衡，收入分配差距呈扩大趋势，统筹和协调各方面利益冲突的难度加大。以胡锦涛为核心的新一代中国领导人在立足我国国情、总结我国发展实践、借鉴国外发展经验、继承前三代领导集体发展观思想的基础上，提出了一个崭

---

① 江泽民：《领导干部一定要讲政治》，《人民日报》1996年1月17日。
② 同上。
③ 江泽民：《高举邓小平理论伟大旗帜，把建设有中国特色社会主义事业全面推向二十一世纪》，《人民日报》1997年9月22日。

新的发展理念——科学发展观。科学发展观是我国经济社会发展的重要指导方针,是发展中国特色社会主义必须坚持和贯彻的重大战略思想。既是对党的三代中央领导集体关于发展的重要思想的直接继承,又有全方位的重要发展,它解决的是为什么发展、为谁发展、怎么发展的问题。

(一) 发展是第一要义,发展是解决中国一切问题的"总钥匙"

上述可知,党和国家领导人历来重视发展问题,如相继提出"发展是硬道理""发展是党执政兴国的第一要义"等观点。在全面建设小康社会的新时期,胡锦涛把发展视为解决中国一切问题的"总钥匙"。

2010年4月27日,胡锦涛同志在2010年全国劳动模范和先进工作者表彰大会上的讲话中指出,"发展是解决中国一切问题的'总钥匙'。推动经济又好又快发展对全面建设小康社会、加快推进社会主义现代化,对开创中国特色社会主义事业新局面、实现中华民族伟大复兴,具有决定性意义"。① 2007年12月,胡锦涛又在中央委员学习贯彻党的十七大精神研讨班上反复强调,"我们必须始终牢记,发展是解决中国所有问题的关键,……只有紧紧抓住和搞好发展,才能从根本上把握人民的愿望,把握社会主义现代化建设的本质,把握我们党执政兴国的关键"。② 可见,发展不仅仅是为了"实现全面建设小康社会"这个阶段性的发展目标,更关系到中国特色社会主义的命运和中华民族的复兴大局,不仅是经济任务,更是政治任务,是解决中国现阶段存在的一切矛盾和问题的总钥匙。这进一步深入地回答了"为什么要发展"的问题。

(二) 科学发展观的核心是"以人为本"

作为工人阶级政党,中国共产党始终重视人民利益问题。毛泽东在中国共产党的建党实践中,把"全心全意为人民服务"的思想作为我党的根本宗旨,邓小平把"是否有利于提高人民的生活水平"作为我

---

① 胡锦涛:《在全国劳模和先进工作者表彰大会上的讲话》,中央政府门户网站 www.gov.cn,2010年4月27日。
② 胡锦涛:《在新进中央委员会、候补委员学习贯彻党的十七大精神研讨班上的讲话》,2007年12月17日。

们判断改革开放和现代化建设实践成败的根本标准之一,江泽民把"是否能够代表最广大群众的根本利益"作为党的建设的根本要求之一。胡锦涛同志则提出了以"以人为本"为核心的科学发展观,把发展好最广大人民的根本利益作为党和国家一切工作的出发点和落脚点。

胡锦涛指出,"科学发展观的核心是以人为本。我们党的一切奋斗和工作都是为了造福人民。我们推动科学发展,根本目的就是要坚持尊重社会发展规律与尊重人民历史主体地位的一致性,坚持为崇高理想奋斗与为最广大人民谋利益的一致性,坚持完成党的各项工作与实现人民利益的一致性,坚持保障人民权益与促进人的全面发展的一致性,做到发展为了人民、发展依靠人民、发展成果由人民共享。我们要着力把最广大人民的根本利益作为贯彻落实科学发展观的根本出发点和落脚点"。①"坚持以人为本,就是要以实现人的全面发展为目标,从人民群众的根本利益出发谋发展、促发展,不断满足人民群众日益增长的物质文化需要,切实保障人民群众的经济、政治和文化权益,让发展的成果惠及全体人民。"②

(三)坚持全面协调可持续发展,坚持和谐共赢发展。中国通过维护世界和平发展自己、又通过自身发展维护世界和平的和平发展

社会是一个复杂系统,由政治、经济、文化和社会等要素构成,因此社会发展是多种要素综合发展的结果。邓小平提出"两个文明建设",要求一手抓物质文明,一手抓精神文明,两手都要硬;以江泽民同志为核心的党的第三代中央领导集体强调"三个文明建设",提倡物质文明、政治文明和精神文明相互协调发展;党的十六大以来以胡锦涛同志为总书记的新一届中央领导集体进一步提出了建设"四位一体"社会的要求。

正如胡锦涛所说:"必须坚持全面协调可持续发展。要按照中国特色社会主义事业总体布局,全面推进经济建设、政治建设、文化建设、

---

① 胡锦涛:《努力把贯彻落实科学发展观提高到新水平》,《求是》2009 年第 1 期。
② 胡锦涛:《在中央人口资源环境工作座谈会上的讲话》,《十六大以来重要文献选编》(上),2004 年,第 850 页。

社会建设，促进现代化建设各个环节、各个方面相协调，……实现速度和结构质量效益相统一、经济发展与人口资源环境相协调，实现经济社会永续发展。"① 同时，胡锦涛又指出，"努力实现以人为本、全面协调可持续的科学发展，实现各方面事业有机统一、社会成员团结和睦的和谐发展，实现既通过维护世界和平发展自己、又通过自身发展维护世界和平的和平发展"。② "各国人民携手努力，推动建设持久和平、共同繁荣的和谐世界。……经济上相互合作、优势互补，共同推动经济全球化朝着均衡、普惠、共赢方向发展"。③

科学发展观既要求本国经济的全面协调可持续发展，又倡导国与国在发展中的和谐、和平与共赢，以宽广的国际视野进一步回答了"怎样发展"的问题。

（四）提高党的执政能力，首先要提高党领导发展的能力

以江泽民为核心的第三代领导人提出了"发展是党执政兴国的第一要义"的思想，胡锦涛也多次强调，党要站在完成执政兴国使命的高度去提高党的执政能力，尤其要提升党领导发展的能力。

胡锦涛指出："我们党执政，首要任务就是带领人民推动经济社会发展，不断满足人民日益增长的物质文化需要。提高党的执政能力，首先要提高党领导发展的能力。我们这样一个经济文化比较落后的社会主义大国，如何实现又快又好的发展，是党执政以后必须下大气力解决好的重大课题。"④ 在党的十七大报告中，胡锦涛又指出："要站在完成党执政兴国使命的高度，把提高党的执政能力、保持和发展党的先进性，体现到领导科学发展、促进社会和谐上来，落实到引领中国发展进步、更好代表和实现最广大人民的根本利益上来。"⑤ 作为中国特

---

① 胡锦涛：《高举中国特色社会主义伟大旗帜，为夺取全面建设小康社会新胜利而奋斗》，《中国共产党第十七次全国代表大会文件汇编》，2007 年 10 月 15 日，第 15—16 页。
② 同上书，第 14—15 页。
③ 同上书，第 45 页。
④ 胡锦涛：《做好当前党和国家的各项工作》，《十六大以来重要文献选编》（中），2004 年，第 308 页。
⑤ 胡锦涛：《高举中国特色社会主义伟大旗帜，为夺取全面建设小康社会新胜利而奋斗》，《中国共产党第十七次全国代表大会文件汇编》，2007 年 10 月 15 日，第 18 页。

色社会主义事业的领导核心,中国的发展离不开党的正确领导,而领导发展既是党履行执政使命的必然,也有利于巩固党的执政基础,保持党的先进性。

(作者单位:西南科技大学)

马克思社会发展规律思想的当代价值[*]

肖燕飞

马克思对人类社会发展的一大贡献在于发现了人类社会发展的客观规律,《德意志意识形态》标志着马克思社会发展规律思想的初步形成,在《〈政治经济学批判〉序言》中,马克思对社会发展规律思想进行了经典阐述。在《资本论》中,马克思从整个社会历史发展的纵向抽取一个形态即资本主义社会(资本主义生产方式和社会形态是当时人类历史最发达、最复杂的社会组织和有机体)来加以解剖,对社会发展规律思想进行了经济学论证。他将社会发展规律深深植根于现实的人的实践活动基础上,以深邃无比的理论和方法完成了哲学视角转换,创立了崭新的社会发展规律思想。其思想在人类社会发展长河和当代中国特色社会主义实践中具有深远的现实价值和实践意义。

一 解开了人类社会发展之谜

马克思社会发展规律思想揭示了人类史如同自然史,存在着不以人的意志为转移的客观规律。在马克思看来,人类社会发展是受生产关系一定要适合生产力发展状况的规律、上层建筑一定要适合经济基础状况这两条基本规律的制约,并将其归结于生产力发展的高度,发现了不同国家、民族社会发展进程中的常规性和共同性,从而使人类社会发展呈

---

[*] 本文系 2015 年度湖北美术学院校级项目"试析马克思主义文艺思想与中国传统文化的融合"的阶段性成果。

现出一种自然历史过程。正是基于人类社会基本规律的作用,从而规定着人类社会发展的基本方向与趋势,推动人类社会由低级向高级发展。

马克思较之前的思想家对于社会发展规律学说的不同之处在于,以前的思想家尽管他们承认社会发展是有规律的,但是他们认为人类社会历史是观念的实现,所谓的社会规律不过是头脑中臆造的联系而已。如黑格尔认为社会历史的发展无非就是绝对观念的实现,社会发展规律就是绝对观念自身演化的规律。马克思则是从人类的物质生产实践出发去探寻人类社会内部的现实联系,进而发现了人类社会发展规律,从而首次将人类社会学建立在科学的基础上,解开了人类历史之谜。

二 回应了当代社会思潮对马克思"历史决定论"的攻击,凸显马克思主义的生命力

自从马克思主义决定论诞生以来,就不断受到各种社会思潮的怀疑、非议、歪曲、否定,尤其是受到资产阶级理论家的攻击和怀疑。当代西方历史哲学中非决定论者从不同角度,以不同的方式批判历史决定论,宣扬历史非决定论。狄尔泰、李凯尔特、文德尔班、克罗齐、胡克、波普等现代西方批判历史哲学家等从各自立场出发公开否定客观社会发展规律的存在。狄尔泰主张"历史理性的批判",认为历史学应该建立在对人性的研究之上,通过个人的生活体验来认识文化或历史。新康德主义的代表文德尔班和李凯尔特则认为,只有自然界才有一般的东西,因而存在规律;而在人类社会历史领域,一切都是特殊的,一次性的,单一的,不存在一般的规律,历史学追求的是对历史个别事件的描述。克罗齐指出"一切真正的历史都是现在的历史"[1]。批判理性主义的代表人物,当代世界著名哲学家、思想家卡尔·波普1991年在接受意大利记者卡洛·博塞莘的采访时指出历史决定论完全是胡言乱语。他在政治哲学著作《历史决定论的贫困》和《开放社会及其敌人》中以其犀利的笔锋对历史决定论做了系统的分析批判,他把柏拉图、黑格尔、马克思作为"历史决定论"的代表来加以反对,在其中他重点批

---

[1] 转引自蒋永福等《西方哲学》(下),中共中央党校出版社1990年版,第83页。

判了马克思主义历史决定论（马克思主义社会发展规律思想的主要形式），他提出马克思主义是："历史主义的最纯粹的、最发达的和最危险的形式。"[①] 波普认为历史决定论的含义无非就是通过揭示历史演变中的"节律""类型""规律"和"趋势"以实现历史预言的主要目的。由此可见，在波普看来，历史决定论的核心问题是把社会科学的任务看作揭示社会历史发展的规律，以便在此基础上作出对社会历史的预言。因而波普对历史决定论的诘难，尤其是对马克思历史决定论的诘难，主要是针对根据历史规律或进化规律就能够对未来的发展进行预测提出的。波普明确指出，社会历史没有规律，不能预言。波普认为：马克思是一位错误的预言家，他企图诱导无数有识之士相信社会科学能作出历史预言，并为用暴力的手段通盘改造社会的乌托邦工程提供科学论证。[②]

20 世纪末东欧剧变、苏联解体之后，国内外诸多学者就不断怀疑马克思的"两个必然"规律，怀疑社会主义制度的合法存在，并且用"早产论"或"补课论"来解释实践中的社会主义制度。当代资本主义的主流意识形态——新自由主义，在政治上根本反对无产阶级通过自身的斗争实现消灭资本主义、建设社会主义和共产主义的历史使命，在我国现阶段主要表现为反对党的四项基本原则，诋毁马克思和马克思主义，要求取消马克思主义在我国改革开放中的指导地位，认为"自由主义是最好的、最具普遍性的价值"，主张用新自由主义代替马克思主义。在经济上新自由主义极力否认公有制，大力宣扬私有化。张五常就曾经严厉地攻击马克思和马克思主义，散步各种谬论。张五常说："马克思为祸最深"，"马克思最愚蠢"，劳动价值论"被公认为谬论"，剩余价值论已经被打得"片甲不留"，"马克思由头错到尾"，"在中国，马克思的理论是奄奄一息了"，等等。

因此，加强对马克思社会发展规律思想的研究，有利于坚持和捍卫马克思主义历史决定论，回应各种诘难和挑战，凸显马克思主义在新时

---

① ［英］波普尔：《开放社会及其敌人》第 2 卷，郑一明等译，中国社会科学出版社 1999 年版，第 140 页。

② 同上书，第 142 页。

代的生命力，以实现马克思主义对多元化社会思潮的科学引领。

三 在中国特色社会主义实践中的主要价值

对于中国特色社会主义道路的历史选择，既讲社会主义道路，又讲中国特色，因而绝不可能回避社会历史发展的普遍规律，尤其是社会形态规律的依次发生性即社会"五形态"的依次更替规律。因而这就涉及一个非常重要的哲学问题：规律与道路的关系问题。

规律与道路两者既有联系又有区别。区别在于：规律（人类社会发展规律）作为一种本质抽象，是针对整个人类社会发展全过程和总趋势而言，揭示的是人类社会发展过程的总体联系，它标示的是人类社会发展的大致方向，而非具体线路；道路（民族发展道路）是针对特定的国家、民族的具体历史发展过程而言。规律和道路又是相互联系的：规律是道路的本质依据，道路是规律的具体实现方式。存在何种实现方式，就会产生何种道路。基于规律在不同国家和民族实现的方式会有所不同，因而其形成的道路也会有所变化。那么规律是如何实现的呢？这就涉及规律与道路的中介环节。这个中介环节实质上就是指规律实现的条件、"历史环境"，任何规律都是借一定的条件存在和发生作用、开辟道路的。

马克思从条件入手深入探讨了人类社会发展规律与民族发展道路之间的内在联系，这为探索中国特色社会主义的发展道路提供了科学的方法论。马克思明确指出人类社会发展是一个自然历史过程，基于人类社会内在的一般规律作用从而使得人类社会形态依次经历亚细亚的、古代的、封建的、资本主义的和社会主义的发展道路。但这并非所有国家、民族的共同发展道路，这一条道路是有特定历史条件的。准确地说，马克思是立足于欧洲资本主义的发展，是以欧洲资本主义国家为坐标和参照系，以英国为典型来考察这条欧洲资本主义的典型道路。他并没有要求所有的国家、民族都走同样的道路，相反，他晚年在《给〈祖国纪事〉杂志编辑部的信》中指出："他一定要把我关于西欧资本主义起源的历史概述彻底变成一般发展道路的历史哲学理论，一切民族，不管它们所处的历史环境如何，都注定要走这条道路……（他这样做，会给我过多的荣誉，同时也会给我过多的侮辱）。"① 对于19世纪俄国公社的命运，按照人类社会发展的一般规律，随着资本主义生产方式的发展，农村公社必将会走向解体。可是马克思指出，事实不一定如此，这里面就涉及具体的历史条件问题。在马克思看来，如果俄国有可能实现跨越发展即跨越资本主义"卡夫丁峡谷"而走上社会主义道路。但是，实现跨越发展要具备一系列条件：俄国必须与世界市场紧紧相联系而不能脱离现代世界；不能像东印度一样沦为外国的殖民地；能够不通过资本主义生产的可怕波折而吸收它的一切积极成果；俄国革命成为西方无产阶级革命的信号而相互补充。只有这些条件都具备，俄国实现跨越式发展才有可能。对于马克思所指出的跨越"卡夫丁峡谷"是否如某些西方学者所说的，已经改变了对人类社会发展一般规律的看法呢？答案是否定的，马克思只是在此时对于规律的实现条件给予了更多的关注和思考。

马克思的社会发展规律思想是对中国特色社会主义道路必然性的证明。30多年以来，中国坚持走中国特色社会主义道路，在实践中取得了举世瞩目的成就。但是基于中国特色社会主义本身的"跨越"特性，国内外一些学者借口对马克思主义的理解，从五种社会形态"依次演进"的认识中提出中国特色社会主义是"畸形儿""早产儿"，这种实践与理论上的巨大反差，向人们提出的一个疑问就是：中国走有中国特色的社会主义道路符合历史发展的必然吗？很明显，这个疑问主要是源自对马克思社会发展规律思想揭示的人类社会发展一般规律的教条理解：把人类社会发展规律简单地等同于五种社会形态的"依次演进"规律。事实上，无论是从历史上还是逻辑上，马克思都强调人类社会发展的一般规律与民族发展道路之间的关系，民族发展的具体道路的实现既包括相邻的社会形态的"依次演进"，也包括不相邻的社会形态的跨越发展。民族发展到底走何种道路关键在于现实条件。对于我们新中国新生的政权而言，之所以选择走中国特色社会主义道路，实现跨越式发展，关键在于我们的国情。马克思关于人类社会发展规律的思想及对未来社会的一般设想，对于确证中国特色社会主义道路的必然性，解答人

---

① 《马克思恩格斯文集》第3卷，人民出版社2009年版，第466页。

们对于中国特色社会主义实践中的种种疑虑，具有非常重大的作用。

四　为深入贯彻落实科学发展观提供了
哲学依据和实践基础

（一）为深入贯彻落实科学发展观提供了哲学依据

进入 21 世纪，以胡锦涛同志为总书记的党中央依据国际国内形势发生的深刻变化，在总结世界发展经验教训和我国社会发展规律的基础上，提出了"发展是第一要务"，坚持以人为本，以"五个统筹，五个坚持"为主要内容、以全面、协调、可持续发展为特征的科学发展观，科学地解答了发展什么、为什么发展以及怎样发展的重大问题。以胡锦涛同志为总书记的党中央提出并组织贯彻科学发展观，体现了我党对人类社会发展规律和社会主义建设规律的深刻把握和认识的升华。

科学发展观的第一要义是发展，即紧紧依靠生产力这个纽带实现社会的发展，满足广大人民群众的需要。无论是马克思的社会发展规律思想还是现实实践，这都要求我们必须将经济建设摆在中心位置。马克思的社会发展规律思想提出生产力是人类社会发展的最终决定力量，其考虑社会发展规律是从物质生产实践出发着手的。从我国目前的现实实践而言，我国是在社会生产力比较低下、经济相对比较落后的条件下建立社会主义的，我国目前仍处于并将长期处于社会主义初级阶段，这就注定了我国目前的主要任务是集中力量发展生产力，坚持以经济建设为中心。与此同时，科学发展观提出发展并非单纯的经济发展，而是全面、协调、可持续发展，这是对人类社会怎样发展认识的深化。

科学发展观的核心是坚持"以人为本"，即是将广大人民群众的根本利益作为党和国家工作的立足点和落脚点，真正做到"权为民所用，情为民所系，利为民所谋"，以实现人的全面发展。这是对人类社会发展规律发展目标认识的进一步深化，马克思在《1844 年经济学—哲学手稿》《共产党宣言》等文本中曾多次提到实现人的自由而全面的发展是社会发展的最终目标。

科学发展观提出要"统筹人与自然的和谐发展",坚持可持续发展战略。此点拓展了人类社会发展规律的范围,不仅考虑人与人之间的关系,更进一步将其延伸到人与自然的关系,从而实现了人类社会发展规律与自然规律的内在统一。人类社会作为自然界的一个特殊组成部分,其生存和发展是不能离开自然界,是要受自然规律的制约的。马克思在其文本中曾多次论述过人与自然相统一的思想,社会发展不仅仅是人与人之间的发展,还应该包括人与自然的发展。众所周知,在单纯地追求经济发展,追求 GDP 的同时,也带来了很多自然灾害及疾病等不确定因素。如果不转变经济增长观念,不转变经济增长模式,不尊重自然规律,将会造成自然资源的枯竭,不仅影响这一代,更会影响到咱们的子孙后代可持续发展。科学发展观提出要促进人与自然的和谐发展,是尊重自然规律,发展循环经济、绿色经济的表现。

(二)对推进中国科学发展、合理发展、实现"中国梦"的巨大指导意义

第二次世界大战结束后尤其是 20 世纪 70 年代末以来,整个世界发生了大变革、大调整。尤为突出的是,和平与发展已经成为当今时代的主题。经济全球化、政治多极化深入发展,科技进步日新月异,国际竞争日益加剧,国际力量对比出现新态势,世界政治经济格局出现新变化,这给我国发展带来了新的机遇和挑战。我国正处于发展的重要战略机遇期和改革的攻坚阶段,经济、政治、文化、社会和生态文明建设正全面推进,工业化、信息化、城镇化、市场化、国际化深入发展。与此同时,作为一个拥有十几亿人口的发展中国家,我党在社会主义现代化建设中肩负任务的艰巨性和复杂性世所罕见,我党的执政能力和执政水平面临着严峻的考验。新世纪、新阶段如何推进中国的发展,实现社会主义现代化和中华民族的伟大复兴,是我国当前的重大任务。

坚持科学性和价值性的高度统一是马克思主义的基本特征。马克思指出人类社会发展是合规律性与合目的性的统一,其一方面指明了人类社会发展的客观规律,具有科学性;另一方面又揭示了社会发展规律是人们行动的规律,是主体合目的性的过程。这一思想是推进我国科学发展、合理发展的理论依据。

人类社会发展有其客观的规律，这是不以人的意志为转移的。人们不能创造规律、消灭规律，只能尊重客观规律，按照客观规律办事，否则就会遭到规律的惩罚和报复。近代以来，在"科技理性至上""知识就是力量"的价值理念支配下，人类结束了顺应自然、依赖自然的农业时代，开始了征服自然的工业时代。从17世纪后半叶到20世纪上半叶这一段相当长的工业化历史时期里，在"发展＝经济增长"的观念影响下，人们一味地追求物质财富，单纯地追求经济增长，使社会生产力得到了空前的发展。工业文明发展的同时却使人类陷入空前的危机，如全球问题、社会问题和人性问题等。从人与自然的关系看，盲目地追求经济增长，导致人与自然关系的失调，在我们陶醉于对自然界的胜利的同时，自然界却报复了我们，如频繁出现的生态环境危机、自然灾害等。从人与人的关系看，盲目的GDP崇拜破坏了人与人之间的和谐关系，导致社会贫富两极分化、人际关系冷漠、竞争残酷无情、人格分裂、精神空虚、家园失落等问题空前凸显和加剧。面对这些问题，人们开始反思和检讨工业化历史时期所形成的"以物为本"的传统发展观，转而要求推行新的发展观。

我国作为一个拥有十几亿人口的发展中大国，目前正处于改革发展的攻坚阶段和关键时期，发展过程中面临着一系列深层次矛盾和问题：中国社会发展极不平衡，前现代化、现代化和后现代化问题同时聚集；资源严重短缺的同时，基于我国经济增长方式主要是粗放型的增长方式，从而造成资源利用率低，环境污染非常严重；城乡二元结构矛盾突出，城乡收入差距大；区域发展不平衡，东、中、西部发展差距大；社会成员收入分配差距比较大，居民贫富差距已经超过国际警戒线；等等。不处理好这些问题，势必会影响我国社会的稳定和国家的长治久安，势必也会影响中国梦的实现。为实现中华民族的伟大复兴，国富民强，发展是根本途径，"空谈误国、实干兴邦""喊破嗓子不如甩开膀子"，实干是唯一出路。因此，积极探索适合我国国情的发展新路子，强调在尊重自然规律的同时，突出人类的主体地位，坚持"以人为本"，推进我国全面、协调、可持续的科学发展，优化人与自然、人与人之间的关系，以实现经济、社会、自然与人的全面发展，这是时代赋予我们的历史使命。

参考文献

[1] 陈先达:《走向历史的深处——马克思历史观研究》,中国人民大学出版社 2010 年版。

[2] 丰子义:《发展的反思与探索》,中国人民大学出版社 2006 年版。

[3] 袁银传:《从十六大到十七大:马克思主义基本原理在当代中国的运用和发展》,中国社会科学出版社 2008 年版。

[4] 夏基松:《波普哲学述评》,黑龙江人民出版社 1982 年版。

[5] 俞可平:《全球化时代的"马克思主义"》,中央编译出版社 1998 年版。

[6] 刘放桐:《现代西方哲学》,人民出版社 1987 年版。

[7] 陈晏清、阎孟伟:《辩证的历史决定论》,中国社会科学出版社 2007 年版。

(作者单位:湖北美术学院马列主义课部)

跨越"中等收入陷阱"
全面建成小康社会

袁文艺

跨越"中等收入陷阱"是我国"十三五"时期面临的重大命题。十八大之前，大约有两年的时间，中国学术界和政策界激烈辩论中国是否会陷入"中等收入陷阱"的问题。近来，随着进入"十三五"规划的开局之年，"中等收入陷阱"的话题又浮上台面。从世界历史看，跨越"中等收入陷阱"不是一件容易的事。中国如何跨越"中等收入陷阱"？跨过去以后如何更好向前发展？"十三五"是中国实现全面建成小康社会的决胜阶段，也是跨越"中等收入陷阱"的关键时期。可以说，避免"中等收入陷阱"已经成为中国下一步发展的一个政府和社会都具有的共识。

一　何谓"中等收入陷阱"

2015年，中国人均国内生产总值（GDP）超过8000美元，属于世界银行定义的中等偏上收入国家，正在向高收入国家行列迈进。经济学家总结了大量经济发展史实，针对我们所处的这个发展阶段，概括了一个叫作"中等收入陷阱"的经济学概念：引领一个经济体成功摆脱贫困的道路，并不能确保该经济体实现从中等收入到高收入的跨越。对此概念及其政策含义，学术界众说纷纭、莫衷一是，要么否定存在这样一种发展现象，要么作出诸多不尽相同的阐释。

以习近平同志为总书记的党中央治国理政的一个重要特点，是在对中国特色社会主义道路充满自信的同时，具有强烈的忧患意识，坚持问题导向应对挑战的方法论。在中国从中等偏上收入阶段迈向高收入阶段的过程中所面临的"中等收入陷阱"挑战，就是这样一个需要树立信心同时又要严肃对待的问题。

世界上已有不少国家进入中等收入国家行列。比如，20世纪70年代进入中等收入国家的巴西、阿根廷、墨西哥、智利等国家。按世行数据，1980年，委内瑞拉人均国民收入为3570美元，乌拉圭为2410美元，墨西哥为2140美元，智利为1900美元，巴西为1890美元，阿根廷为2520美元。但是，经过30年的发展，至今没有一个进入高收入国家。亚洲除日本、"四小龙"和以色列等国家和地区外，至今大多为中等收入国家。梳理战后70多年的发展历史，我们发现，只有13个国家和地区实现了进入高收入国家行列夙愿，这其中包括日本、韩国、中国香港、中国台湾、新加坡、以色列、葡萄牙、西班牙、希腊、塞浦路斯、波兰、斯洛伐克和爱沙尼亚。

为什么会出现"中等收入陷阱"？其原因在于：首先，在由低收入向中等收入国家迈进的过程中，已经积累了许多有待解决的矛盾和问题，例如贫富分化、腐败多发、过度城市化、社会公共服务缺失、就业困难、信仰缺失、金融体系脆弱，等等。这些问题如果解决不好，就不可能将这个国家提升到更高的水平，就可能陷于徘徊甚至可能倒退。其次，已有的成功做法，可能成为进一步发展的障碍。因为一个国家能从低收入阶段进入到中等收入阶段，一定有许多成功的做法。这些国家就可能将过去成功的做法延续下来，以不变应万变。但是，中等收入向高收入过渡过程中遇到的问题与从低收入向中等收入过渡过程中遇到的问题是不一样的。如果舍不得扬弃过去成功的做法，适时地转变，找到适合这个阶段问题的解决办法，就可能出大问题。世行专家认为，从低收入到中等收入阶段后，一国的经济发展战略和增长机制需要有新的突破，延续过去的战略和机制难以从中等收入国家向高收入国家转变。很多国家没有处理好这个阶段出现的矛盾和问题，跌入所谓的"中等收入陷阱"，从此一蹶不振。

经过几十年的建设，我国已经逐步由低收入国家进入到中等收入国家行列。根据其他国家发展的经验，这个收入阶段是充满风险的特殊时期。中国 2001 年人均 GDP 为 1042 美元，开始进入中等收入国家行列。2010 年达 4000 美元，实现由下中等向上中等收入国家的跨越。我国面临的问题同其他国家有不少相似之处。能不能顺利跨过"中等收入陷阱"，也是我们今后一段时间面临的突出问题。正如国务院总理李克强 2016 年 3 月 5 日在第十二届全国人民代表大会第四次会议上政府工作报告所指出："今后五年是跨越'中等收入陷阱'的重要阶段，各种矛盾和风险明显增多。发展如逆水行舟，不进则退。必须毫不动摇坚持以经济建设为中心，推动科学发展，妥善应对挑战，使中国经济这艘巨轮破浪远航。"[①]

二 我国掉入"中等收入陷阱"的风险因素

（一）经济结构亟待转型

随着经济的不断发展，我国经济结构存在的弊端不断显现出来，必须推进经济结构战略性调整。这里我们以产业结构为例。我国作为产品的国际分工下的"世界工厂"，相当一部分产业在技术创新、标准制定、营销网络和资源整合能力等方面与发达国家企业还有较大差距，总体上仍处于全球价值链分工的低端环节。比如，耐克鞋的生产，它前期的产品设计、市场调研等均在美国完成，中国工厂只不过进行"来料加工"或"来样加工"，而后期的仓储、物流、批发、零售也是由外商来做。中国工厂制造出一双鞋，大约收到 10 美金货款，但是最后打上耐克的牌子在专卖店出售的价格至少可以达到 100 美金。这多出来的 90 美金的价值，几乎都不是我们中国企业所控制的。

其他很多行业都是如此：在产业链的前端，美国目前掌握着大部分的世界高端产业技术，比如电信技术、半导体技术、生物制药技术，等等。依靠这些技术，他们不但垄断了市场，而且掌握了产品的定价权，使绝大部分利润都流到了掌握核心技术的国外企业手里。在产业链的后端，也就是产品的品牌与销售渠道端，欧美企业的品牌和销售渠道在许多市场中都占据了主流和优势地位。

[①] 李克强：《2016 年政府工作报告》，《人民日报》2016 年 3 月 6 日。

反观过来，我国出口商品90%是贴牌产品。纺织服装出口占世界贸易总量的24%，但自主品牌不足1%且没有世界名牌。也就是说，我们很多企业只能在产业链的制造环节苦苦挣扎。这使得我国企业效益不高，竞争地位非常被动。前后都受制于人，产业提升难度较大。

（二）人口红利逐步消失

过去我们能够在国际竞争中获得一席之地，很重要的一条靠的就是农村特别是中西部农村地区为城市特别是东南沿海城市源源不断地提供吃苦耐劳的、待遇要求特低的劳动力。以此为依靠，我们发展了大量劳动密集型的加工工业，并且出口产品赚取了大量的外汇。但是这种过去的优势随着"刘易斯拐点"[①]的出现已渐行渐远了。

国家统计局数据显示，2012年15—59岁劳动年龄人口93727万人，比上一年减少345万人，占总人口的比重为69.2%，比上年末下降0.6个百分点。2013年，国家统计局将劳动年龄人口的统计范围调整为16—60岁。统计结果显示，16—60岁的劳动年龄人口为91954万人，比上年末减少244万人，占总人口的比重为67.6%。2014年，统计局以16—60岁的劳动年龄人口为统计对象，结果发现，劳动年龄人口数量比上年末又减少了371万人，总数为91583万人，占总人口的比重为67.0%。

不言而喻，人口红利趋于消失，会使劳动力减少。随之而来的用工难的现象越来越明显，劳动力价格上涨是必然趋势，中国劳动力成本廉价的时代基本已经结束。2014年8月23日《参考消息》有一篇题为《劳动力成本上升，中国将不再是世界工厂？》的文章，文中指出，由于中国劳动力成本的迅速上升，中国制造业尤其是劳动密集型的轻工业正在逐渐失去优势，中国已经成为发展中国家里工资最高的国家。据美国国会研究服务机构统计，从2000年到2013年，中国工资平均每年增长11.4%。21世纪初，中国工人的工资只有墨西哥工人的30.2%，而2013年，中国工人的月工资已经比墨西哥工人高出50.5%，比越南工人高出168%。中国工资的迅速增长，影响中国制

---

① 《习近平总书记系列重要讲话读本》，人民出版社2016年版。

造业的魅力。2000年，40%的耐克运动鞋由中国制造，13%由越南制造。而到2013年，中国制造只占30%，而越南制造猛增到42%。由于中国劳动力成本迅速上升，中国制造业尤其是劳动密集型的轻工业正在逐渐失去优势。

（三）资源环境约束趋于紧张

我国人口众多，资源相对不足，淡水、耕地、森林、煤炭、石油、铁矿石、铝土矿等，很多重要资源人均占有量低于世界平均水平。改革开放以来，随着我国工业化、城镇化快速发展以及发展方式粗放，消耗大、浪费多，能源、资源供给矛盾变得十分突出。

当前，我国已经成为煤炭、钢铁、铜的世界第一消费大国，世界第二石油和电力消费大国。像这样一个正行走在工业化道路上的大国，对能源资源的高需求不可避免。从1993年，我国就成为了石油净进口国，此后，这个数字就不断地增加。有人预测，我国的石油进口依存度在2020年将超过60%，需要进口石油2.5亿—4.3亿吨。

作为全球制造中心的中国，生产能力是惊人。我国钢铁业的发展速度之快，堪称世界第一。1996年，年产钢1亿吨，此后稳居第一钢铁大国的宝座。2003年，年产钢突破2亿吨。2005—2008年，实现了三级跳，2008年，钢的产量突破5亿吨，产量占全球的1/3。不仅仅钢铁，我国还是全球最大的焦炭生产国和出口国，最大的水泥生产国，电解铝生产国，总产量连续多年居世界第一。

我们有相当数量的产品出口，属于"两高一资"产品，两高，就是高能耗高污染；一资，就是资源性产品。而我们中国现在资源的价格，普遍地来讲，它是低于国际市场价格。那么，可以讲，现在，世界上那么多人，当他们由于消费中国物美价廉的商品，而感到幸福在提高的时候，应该说他们的幸福是由我们中国这种低价格的资源作为一个支撑的。显然，这种出口的状态，是不能够持续的。

在我国大量出口资源性产品的同时，我们也发现，我国资源的利用率十分有限。以能源消耗为例，我国的京津唐、长江三角洲以及珠江三角洲，这三大城市群，平均每创造1美元GDP，消耗的能源是美国的4.3倍，是德国和法国的7.7倍，是日本的11.5倍。2011年我国 GDP 占世界的比重不到 10%，但能源消费量却占全球的 20% 左右，主要工业产品单位产品能耗比国际先进水平高 10%—20%。所以，大量地依赖能源、资源来支撑我们中国完成工业化，这条路我们是走不通的。

（四）收入差距日渐扩大

中国掉入"中等收入陷阱"的多种风险中，最值得注意的是收入分配和财富分配的不平等变得愈来愈严重。一些相关的研究表明，在 20 世纪 80 年代末和 90 年代初，我国城镇内部和农村内部居民收入分配的基尼系数大约为 0.23 和 0.28，虽然比改革初期的不平等程度有所扩大，但是仍处在较低的水平。从收入差距的变化上看，近几年城镇居民内部和农村内部收入差距的基尼系数都已达到甚至超过 0.4。而根据国家统计局从 2002 年到 2014 年公布的基尼系数，总共 12 年的时间里，中国的基尼系数都在 0.4 以上，大部分年份甚至在 0.45 以上，2008 年达到峰值 0.491。也就是说，最富的 20% 人口分享了 40% 甚至 45% 以上的国民收入，剩下 80% 的人口分享了不到 60% 的国民收入。虽然近几年我国收入差距扩大的势头得到了某种程度的抑制，但是现有的收入差距水平仍是偏高的。

与此同时，居民财产差距在加速扩大，尤其是近十年是财产差距急剧扩大的时期。根据北京师范大学住户收入调查数据和北京大学"中国家庭追踪调查"数据，2002 年全国居民财产差距的基尼系数为 0.55，之后持续显著扩张，到 2012 年上升到最高的 0.73。在短短的十年内，我国居民财产差距从一种较为平均的分配状态演变为一种高度不平等的状态。

而且，收入分配不公等社会问题带来社会不稳定的风险也在增加。一些相关的调查数据显示，以农民工为主体的城镇低收入和弱势人群的犯罪率在不断上升，大大小小的群体性事件在增加。这些风险存在不断上升之势。中国想要顺利跨过"中等收入陷阱"并不是自然而然的发展过程，机遇和风险同时存在，相伴而生。

三 如何跨越"中等收入陷阱"

(一) 创新驱动发展是动力

习近平在十八届五中全会提出:"坚持创新发展,必须把创新摆在国家发展全局的核心位置,不断推进理论创新、制度创新、科技创新、文化创新等各方面创新,让创新贯穿党和国家的一切工作,让创新在全社会蔚然成风。"① 无论是在推进改革中强调"把科技创新摆在国家发展全局的核心位置",还是在经济转型中提出"科技发展的方向就是创新、创新、再创新",在习近平的执政思路中,"创新"始终占据着重要位置。

目前中国的经济实力(世界第二)及人口数量(世界第一)都林立于世界,但中国科技实力、创新能力、科技质量等都在世界上只排在20名外,与整个国家实力完全不对称。因此,在制定"十三五"规划时,党中央明确提出:"创新、协调、绿色、开放、共享"的发展理念,破解发展难题,厚植发展优势。一是实施创新驱动发展战略。这包括强化科技创新引领作用;深入推进大众创业万众创新;构建激励创新的体制机制;实施人才优先发展战略;拓展发展动力新空间。二是构建发展新体制。这包括坚持和完善基本经济制度;建立现代产权制度;健全现代市场体系;深化行政管理体制改革;加快财税体制改革;加快金融体制改革;创新和完善宏观调控。三是拓展网络经济空间。这包括实施网络强国战略,加快建设数字中国;构建高效的信息网络;发展现代互联网产业体系;实施国家大数据战略;强化信息安全保障。旨在推动信息技术与经济社会发展深度融合,加快推动信息经济发展壮大。

(二) 供给侧改革是法宝

国务院总理李克强2016年3月5日在第十二届全国人民代表大会第四次会议上政府工作报告指出:"在适度扩大总需求的同时,突

---

① 《习近平总书记系列重要讲话读本》,人民出版社2016年版。

出抓好供给侧结构性改革,既做减法,又做加法,减少无效和低端供给,扩大有效和中高端供给,增加公共产品和公共服务供给,使供给和需求协同促进经济发展,提高全要素生产率,不断解放和发展社会生产力。"①

我国经济增速自 2010 年以来波动下行,持续时间已有五年多,经济运行呈现出不同以往的态势和特点。其中,供给和需求不平衡、不协调的矛盾和问题日益凸显,突出表现为供给侧对需求侧变化的适应性调整明显滞后。这就需要在适度扩大总需求的同时加快推进供给侧结构性改革。中央经济工作会议提出的供给侧结构性改革是跨越上中等收入阶段的一个法宝。

首先,着力减少无效和低端供给。产能过剩、库存过大是无效和低端供给的集中表现。过剩产能和积压的库存沉淀了大量的厂房、土地、设备和劳动力等生产要素,使得要素无法从过剩领域流到有市场需求的领域、从低效率领域流到高效率领域,降低了资源配置效率。其次,着力扩大有效和中高端供给。有效和中高端供给不足是导致国内消费外流、消费潜力难以释放等问题的主要原因。这反映了我国供给体系和产品品质明显不适应市场需求变化,不适应居民消费结构升级的要求。必须通过供给侧结构性改革,提高供给的适应性和灵活性,提升有效供给能力。最后,着力推进体制机制改革。推进供给侧结构性改革,可以打通要素流动和再配置的通道,使生产要素从无效需求流向有效需求领域、从低端领域流向中高端领域,进而提高要素配置效率。

(三)改革分配制度是保障

李克强指出,收入是民生之源。要深化收入分配体制改革,努力缩小收入差距。健全企业职工工资决定和正常增长机制,推进工资集体协商,构建和谐劳动关系。加强和改进国有企业负责人薪酬管理。改革机关事业单位工资制度,在事业单位逐步推行绩效工资,健全医务人员等适应行业特点的薪酬制度,完善艰苦边远地区津贴增长机制。多渠道增

---

① 李克强:《2016 年政府工作报告》,《人民日报》2016 年 3 月 6 日。

加低收入者收入，不断扩大中等收入者比重。使城乡居民收入与经济同步增长，广大人民群众普遍感受到实惠。

为了加快进入高收入国家行列的进程，中国有必要保持一个较高的经济增长速度。为此，中国首先需要保持一个稳定而又多元的社会环境，努力避免出现社会骚乱和安全隐患；其次需要加快经济结构转变，实现产业升级，扩大以消费为主导的内需，从而激活经济增长潜力；最后需要改变社会治理方式，鼓励社会和民间力量参与社会管理，创造更大的思想自由空间，激发创新活力。这些方面的进步都与改革收入分配制度，缩小收入差距，建立公平分配秩序密不可分。收入分配差距不仅影响公平，同时影响效率和增长动力。所以，寻求经济增长的动力，很重要的就是要调整、改变国民收入分配的结构。因而，加快收入分配制度改革仍是未来几年政府和社会各界共同努力的方向和艰巨任务。"十三五"规划纲要指出：正确处理公平和效率关系，坚持居民收入增长和经济增长同步、劳动报酬提高和劳动生产率提高同步，持续增加城乡居民收入，规范初次分配，加大再分配调节力度，调整优化国民收入分配格局，努力缩小全社会收入差距。

（四）转变经济发展模式是关键

转变经济发展方式的根本出路，是要加快建立和完善社会主义市场经济体制，优化资源配置方式，实现经济增长由主要依靠增加物质资源消耗向主要依靠科技进步、劳动者素质提高、管理创新转变。

首先，深化投资体制改革，优化资源配置。充分发挥市场配置资源的基础性作用，这是实现经济发展方式转变的基本前提。其次，加快建立现代企业制度，打造合格的市场主体。合格的市场主体是转变经济发展方式的基本载体。再次，加强环境资源制度建设，增强可持续发展能力。大力推进节能减排，加强节能环保，构建能源资源等生产要素投入的约束机制，这是转变经济发展方式的基本条件。最后，深化财税、金融体制改革，提供制度与政策环境。优化财税等政策设计与制度安排，为转变经济发展方式提供优良的政策环境。

总之，面对"中等收入陷阱"，既是风险也是挑战。但是，我们有党中央的坚强领导,有对社会主义建设规律的正确认识,我们有理由相信,只要继续推进改革,中国就能够进入高收入阶段,建成社会主义现代化国家,从而最终实现中央提出的"两个一百年"的奋斗目标。

(作者单位:镇江船艇学院基础部)

论为历史服务的哲学*

陈宣明

建构"为历史服务的哲学"①，是马克思的夙愿，是他吸取费尔巴哈教训的结果。费尔巴哈的唯物主义帮不了他的历史观的忙，只好另起炉灶而导致唯心主义历史观，在《德意志意识形态》中，马克思就指出："当费尔巴哈是一个唯物主义者的时候，历史在他的视野之外；当他去探讨历史的时候，他不是一个唯物主义者。在他那里，唯物主义和历史是彼此完全脱离的。"②马克思反其道而用之，始终把实践唯物主义（即实践哲学）与历史紧紧地结合在一起：当马克思是一个实践唯物主义者时，历史就在他的视野内；当马克思去探讨历史时，他仍然是一个实践唯物主义者。那么，实践唯物主义与历史唯物主义，即实践哲学与唯物史观的关系究竟如何？学术界至少有三种看法：只有唯物史观而没有实践哲学；③ 实践哲学与唯物史观是一样的；④ 实践

---

* 本文系厦门大学哲学社会科学繁荣计划项目"中国发展道路的理论与实践研究（2013—2017）"、"福建省社会科学研究基地厦门大学中国特色社会主义研究中心"的成果之一。

① 《马克思恩格斯选集》第1卷，人民出版社1995年版，第2页。

② 同上书，第78页。

③ 参见[英]安东尼·吉登斯《历史唯物主义的当代批判——权力、财产与国家》，郭忠华译，上海文艺出版社2010年版，第2页。吉登斯说："只有当历史唯物主义被看作是包含了人类实践理论的某些抽象因素的时候，那么，尽管这些因素在马克思等身的著作中只存在只言片语，它还是为当今社会理论做出了不可缺少的贡献。"这里，"人类实践理论的某些抽象因素"是属于实践哲学的，而实践哲学是"社会理论"的世界观前提，吉登斯说它"在马克思等身的著作中只存在只言片语"，这实际上是认为，马克思只有唯物史观而没有实践哲学。

④ 参见徐长福《马克思的实践哲学与唯物史观的张力及其在西方语境中的开显》，载于《马克思主义与现实》2012年第2期。徐长福说："马克思的学说既是实践哲学，又是唯物史观；或者更准确地说，他关于社会历史的学说既是实践的，又是唯物的，因此叫作'实践的唯物主义'。"

哲学隶属于唯物史观。① 实际上，马克思的实践哲学与唯物史观都是存在的，具有不同层面的思想共生关系，具有既互相联结又互相区别的辩证逻辑关系，唯物史观是实践唯物主义的历史观，厘清这二者的关系具有多方面的重要意义，尤其是有助于我们更好地研究和建设21世纪中国马克思主义。

一 实践哲学与唯物史观具有不同层面的思想共生关系

在物质实践②的基础上，人类世界是一个包括自然、人、社会、经济、政治、文化、生态和历史等在内的大系统，历史只是人类世界不可或缺的一个维度。如果说实践哲学是实践世界观的理论化和系统化，那么，唯物史观就是实践历史观的理论化和系统化，从探究、确立和运用的整个路径来看，马克思是在科学解答了"哲学之谜"的前提下同时破解了"历史之谜"的，从而创立了科学的实践哲学及唯物史观。

（一）不断追问真实则把握到"哲学之谜"和"历史之谜"的现实联结

十九世纪，弊病多端的欧洲自由资本主义制度使无产阶级民不聊

---

① 参见［意］葛兰西《实践哲学》，徐崇温译，重庆：重庆出版社1990年版，第117—118页。葛兰西说："'实践哲学的理论'应当指对于在历史唯物主义的标题下一般所知道的哲学概念……的逻辑的和融贯的系统论述。"又参见邹诗鹏：《历史唯物主义研究何以复兴》，载于《光明日报》2010年1月5日，邹诗鹏说："用历史唯物主义来解释实践的唯物主义则要容易得多。关键的问题在于，所谓实践的唯物主义其实是隶属于历史唯物主义的！"

② "物质实践"范畴引自马克思说的："不是从观念出发来解释实践，而是从物质实践出发来解释观念的形成。"（《马克思恩格斯选集》第1卷，人民出版社1995年版，第92页。）马克思认为，第一，"物质实践"是物质资料的生产劳动，是实践的基本形式，而"宗教、家庭、国家、法、道德、科学、艺术等等，都不过是生产的一些特殊方式，并且受生产的普遍规律的支配。"（马克思：《1844年经济学哲学手稿》，人民出版社2000年版，第82页）；第二，"物质实践"是人类世界的基础（包括根源、本质和根据），因而实践是人类世界的本体，"物质决定意识，意识反映物质，意识对物质有反作用"这种辩证关系实际上是物质实践的本质属性，哲学基本问题——物质与意识的关系实际上是实践本体论的内在问题，而实践本体论就是以物质为本原的实践唯物主义一元论。这里，"物质本原"是隶属于实践本体的，因为物质与意识一样都是实践本体的构成要素，以往把本原（物质或意识）看作本体的观念是片面的、错误的。

生，激起了无数的有志之士愿为人类谋解放而奉献，马克思是其中的一个，实践了他青年时期所立之志：为人类的幸福而工作①。他学法律专业，更致力于哲学和历史的研究，为人类不断追问真实。1837年《给父亲的信》中写道："没有哲学我就不能前进。"② 他所学的法的形而上学让他第一次（在本文内排序，下同）遇到了既是哲学的又是历史的现实问题："现实的东西与应有的东西之间的对立"，③ 即现实与理论究竟何者是真实的？他认为这是关于人类世界的"哲学之谜"和"历史之谜"之所在，"哲学是问：什么是真实的？而不是问：什么是有效的？它所关心的是一切人的真理，而不是个别人的真理。"④ 不断追问和肯定真实的哲学是真正的哲学，是劳动人民的反对纯粹思辨的实践哲学，"人民的最美好、最珍贵、最隐蔽的精髓都汇集在哲学思想里，……任何真正的哲学都是自己时代的精神上的精华。"⑤ 在马克思看来，唯有现实才是真实的，"一个时代的迫切问题，……只要已成为现实的问题，就能得到答案。世界史本身，除了用新问题来回答和解决老问题之外，没有别的办法。"⑥ 哲学所追问的就是事关人类世界某个时代的具有历史性的现实问题。1843年他致信卢格说：要"把我们的批判和实际斗争结合起来，并把批判和实际斗争看作同一件事，在这种情况下，我们就不是以空论家的姿态，手中拿了一套现成的新原理向世界喝道：真理在这里，向它跪拜吧！我们是从世界本身的原理中为世界阐发新原理。"⑦ 这就是说，真实的东西——"哲学之谜"和"历史之谜"的谜底就在于人类世界的历史的现实之中。

（二）对实践做哲学直观则发现了人类世界及其历史的共同根源

在现实中，马克思直观到了物质实践是人类世界及其历史的真实根源。在《莱茵报》工作期间，马克思第二次遇到了既是哲学的又是历

---

① 《马克思恩格斯全集》第1卷，人民出版社1995年版，第459页。
② 《马克思恩格斯全集》第40卷，人民出版社1982年版，第13页。
③ 同上书，第10页。
④ 《马克思恩格斯全集》第1卷，人民出版社1995年版，第215页。
⑤ 同上书，第219—220页。
⑥ 同上书，第203页。
⑦ 同上书，第417—418页。

史的现实问题：国家与理性的对立。于是，怀着"对所谓物质利益发表意见的难事"①，对黑格尔法哲学进行了批判，认识到法的关系和国家形式的根源在于"物质的生活关系"，真理的彼岸世界根本不存在，确立此岸世界的真理才是"为历史服务的哲学的迫切任务。"② 因而对神学的批判就变成对政治的批判，客观上要求"面向只有用一个办法即实践才能解决的那些课题。"③ 接着，在《1844年经济学哲学手稿》中，马克思指出资本主义的异化劳动就是"人的自我异化"，根源在于现存的财产私有制（劳动的结果），人性的复归就在于对私有财产的扬弃即共产主义的现实运动（实践），这种现实运动是人和自然界之间、人和人之间的矛盾的真正解决，"是历史之谜的解答，"④ 因为"整个所谓世界历史不外是人通过人的劳动而诞生的过程。"⑤ "理论的对立本身的解决，只有通过实践方式，只有借助于人的实践力量，才是可能的。"⑥ 在《神圣家族》中，马克思就以实践为武器批判思辨哲学，进一步认识到，"历史的发源地"正是"在尘世的粗糙的物质生产中"，而不是"在天上的云雾中"，如果排除掉工业（实践），就不能达到即使是才开始的对历史现实的认识；如果不去认识某一历史时期的工业和生活本身的生产方式，就不能真正认识这个历史时期；如果把历史同工业分开，就如同把自身和世界分开一样。⑦ 总之，马克思肯定物质实践是人类世界及其历史的共同根源。

（三）探得人类世界及其历史的规律则一并创立实践哲学原理及唯物史观原理

既然物质实践是人类世界及其历史的真实根源，那么从物质实践去理解人类世界及其历史就是正确的和切实可行的。在被恩格斯称为

---

① 《马克思恩格斯选集》第2卷，人民出版社1995年版，第31页。
② 《马克思恩格斯选集》第1卷，人民出版社1995年版，第2页。
③ 同上书，第9页。
④ 马克思：《1844年经济学哲学手稿》，人民出版社2000年版，第81页。
⑤ 同上书，第92页。
⑥ 同上书，第88页。
⑦ 《马克思恩格斯全集》第2卷，人民出版社1995年版，第191页。

"包含着新世界观的天才萌芽的第一个文件"① 即《关于费尔巴哈提纲》中,马克思就在本体意义上为实践范畴做了科学规定:"环境的改变和人的活动或自我改变的一致,只能被看作是并合理地理解为革命的实践。"② 这是说,使环境(自然、人化自然、社会等)和人发生革命性变化的不是别的(如理念、上帝、理性、绝对精神)而是实践,实践就是人类世界的根源,于是,提出了含有唯物史观维度的实践本体论命题:"全部社会生活在本质上是实践的。"③ 马克思认为,这种"新唯物主义的立脚点则是人类社会或社会的人类",④ 即劳动人民创造的人类世界,"新唯物主义"即实践哲学的任务是:既要解释世界,更要改变世界。⑤ 继而在《德意志意识形态》中展开论证,他从现实前提即"这是一些现实的个人,是他们的活动和他们的物质生活条件"⑥(这段话是物质实践的展开说法)出发,探得了实践唯物主义及历史观的基本思路:"人们用以生产自己的生活资料的方式,首先取决于他们已有的和需要再生产的生活资料本身的特性。这种生产方式……是这些个人的一定的活动方式……。个人是什么样的,这取决于他们进行生产的物质条件。"⑦ 既然人们及其生产生活资料的方式受制于现存的生产的物质条件,那么,"对实践的唯物主义者即共产主义者来说,全部问题都在于使现存世界革命化,实际地反对并改变现存的事物。"⑧ 因此,"历史观就在于:从直接生活的物质生产出发阐述现实的生产过程,把同这种生产方式相联系的、它所产生的交往形式即各个不同阶段上的市民社会理解为整个历史的基础。"⑨ 在《哲学的贫困》中,马克思提出了"有决定意义的论点"⑩:"社会关系和生产力密切相联,随着新生产力

---

① 《马克思恩格斯选集》第4卷,人民出版社1995年版,第213页。
② 《马克思恩格斯选集》第1卷,人民出版社1995年版,第55页。
③ 同上书,第56页。
④ 同上书,第57页。
⑤ 同上书,第57页。
⑥ 同上书,第67页。
⑦ 同上书,第67—68页。
⑧ 同上书,第75页。
⑨ 同上书,第92页。
⑩ 《马克思恩格斯选集》第2卷,人民出版社1995年版,第34页。

的获得，人们改变自己的生产方式，随着生产方式即谋生的方式的改变，人们也就会改变自己的一切社会关系。……正是这些人又按照自己的社会关系创造了相应的原理、观念和范畴。所以，这些观念、范畴也同它们所表现的关系一样，不是永恒的。它们是历史的、暂时的产物。"① 这里揭示了人类世界及其历史的规律。此后，于1859年马克思在《〈政治经济学批判〉序言》中对实践哲学及唯物史观的原理做了经典表述："人们在自己生活的社会生产中发生一定的、必然的、不以他们的意志为转移的关系，……物质生活的生产方式制约着整个社会生活、政治生活和精神生活的过程。不是人们的意识决定人们的存在，相反，是人们的社会存在决定人们的意识。……大体说来，亚细亚的……人类社会的史前时期就以这种社会形态而告终。"②《序言》的发表标志着马克思实践哲学原理及唯物史观原理的正式创立。

（四）在运用中同时验证实践哲学和唯物史观

实践哲学及唯物史观确立之后，马克思就运用它们来研究现实和历史，从物质生产出发，批判资本主义，揭露资本主义的本质及其历史命运，论证人类世界的系统化（包括体系化、高质化和整体化三个向度）和历史的"自然过程"，阐明世界变革、历史进步和共产主义的实现都是不可避免的道理，同时反复验证了实践哲学及唯物史观的正确性。具体例子很多，譬如，《共产党宣言》正确地制定了共产党的革命纲领；《路易波拿巴雾月十八日》科学地分析了法兰西阶级斗争；《政治经济学批判》和《资本论》对资产阶级经济社会作了全面的深刻的分析批判，等等，都是运用实践哲学及唯物史观的原理的结果。如马克思在1880年写的《关于＜哲学的贫困＞》一文中说："在该书中还处于萌芽状态的东西，经过二十年的研究之后，变成了理论，在'资本论'中得到了发挥。"③ 总之，通过长期反复检验，证明了实践哲学及唯物史观是正确的。当然，证明是无止境的，许多观点或论断还有待求证和发挥，马克

---

① 《马克思恩格斯选集》第1卷，人民出版社1995年版，第141—142页。
② 《马克思恩格斯选集》第2卷，人民出版社1995年版，第32—33页。
③ 《马克思恩格斯全集》第19卷，人民出版社1963年版，第248页。

思晚年人类学笔记就是对实践哲学及唯物史观进行持续不断的验证的实例，此时他第四次（实际时间上的"第三次"在下文）遇到了既是哲学的又是历史的现实问题：理论与现实的差异，即自己创立的实践哲学及唯物史观如何适合于人类世界及其历史的现实的具体的客观情况。马克思的这种为人类不断追问真实的科学精神给我们留下了一个光辉典范。

综上所述，实践哲学与唯物史观是不同的，但在创立过程中却形影不离，具有思想共生关系，之所以如此，首先因为人类世界与其历史具有共同根源，即物质实践创造着人类世界和它的历史，有人类世界必有其历史，这为二者的思想共生提供客观基础和可能性。其次因为马克思要建构"为历史服务的哲学"，在不断追问真实的过程中，找到了"哲学之谜"和"历史之谜"的现实联结；在对实践做哲学直观时，发现了物质实践是人类世界及其历史的共同根源；在深入探讨人类世界及其历史的规律的过程中，一并构建了实践哲学原理及唯物史观原理；在运用中同时验证了实践哲学和唯物史观的正确性。这样，思想共生的可能性就变为现实的东西，实践哲学确立之日，亦是唯物史观形成之时。

二 实践哲学与唯物史观具有既互相联结又互相区别的辩证逻辑关系

实践哲学主要从实践去看人类世界，唯物史观主要从实践去看历史，虽有共同之处，但不是同一回事，为了弄清其内在的辩证逻辑关系，我们以二者的诞生地即马克思和恩格斯合著的《德意志意识形态》的第一卷第一章《费尔巴哈》——载于人民出版社（北京）1995年出版的《马克思恩格斯选集》第1卷第62—135页——为主要依据来加以说明。

该章内容既丰富又复杂，关于实践哲学的与关于唯物史观的交融在一起，但按该章的思路可以相对地划分为四部分：第一部分，主要批判德国哲学脱离现实，申明人类世界本质上不是意识的而是现实的。从第62页开头始到第66页"这些哲学家没有一个想到要提出关于德国哲学和德国现实之间的联系问题，关于他们所作的批判和他们自身的物质环境之间的联系问题。"第二部分，主要论述含有唯物史观维度的实践哲学即实践唯物主义原理。从第66页"我们开始要谈的前提不是任意提出的,不是教条,而是一些只有在想象中才能撇开的现实前提"到第78页"这一点从上面所说的看来已经非常明显了。"第三部分,主要论述以实践哲学世界观为前提的唯物史观即历史唯物主义原理。从第78页"我们谈的是一些没有任何前提的德国人,因此我们首先应当确定一切人类生存的第一个前提,也就是一切历史的第一个前提"到第102页的"然而我们的历史编纂学却还没有获得这种平凡的认识,不论每一时代关于自己说了些什么和想象了些什么,它都一概相信"。第四部分,进一步综合论证实践哲学原理和唯物史观原理。由第103页"从前者产生了发达分工和广泛贸易的前提"到第135页本章的结尾。因本文篇幅所限,各部分的具体内容就不细述,若进一步分析,便可发现实践哲学与唯物史观的辩证逻辑关系,其主要的有如下几点。

(一)现实前提相同而逻辑形式上有先后差别

"德国哲学和德国现实之间的联系问题",在时间上是马克思第三次遇到的既是哲学的又是历史的现实问题,实际上是思维与存在关系这个哲学基本问题在那时的具体表现。马克思毫不迟疑地反对和批判思辨的"德国哲学",主张考察人类世界或人类生存要从现实前提出发,他说:"我们开始要谈的前提不是任意提出的,不是教条,而是一些只有在想象中才能撇开的现实前提。"[1] 到了论述唯物史观时,他说:"一切人类生存的第一个前提,也就是一切历史的第一个前提。"[2] "人类生存"与"人类历史"是有区别的,但"第一个前提"是一样的,也就是说,实践哲学与唯物史观具有共同的现实前提——物质实践。这里有两点值得注意:其一,正是因为找到并且确认实践哲学与唯物史观的共同的现实前提,马克思才有可能实现哲学的真正变革,克服了以往的任何哲学的局限性,特别地,真正解决了费尔巴哈的唯物主义和历史"彼此完全脱离"的问题。其二,虽具有共同的现实前提,但有先后区别,论述实践哲学的在前,论述唯物史观的在后,而不是相反。这种形

---

[1] 《马克思恩格斯选集》第1卷,人民出版社1995年版,第66—67页。
[2] 同上书,第78页。

式上的先后安排，是由实践哲学作为唯物史观的理论前提的逻辑关系使然的，正如恩格斯说的那样："根据唯物主义观点，历史中的决定性因素，归根结底是直接生活的生产和再生产。"① 这里的"唯物主义"即是实践唯物主义或实践哲学，只有在实践哲学世界观指导下的历史研究，才有可能认识到历史的根源在于物质生产，才有可能建构科学的唯物史观。长期以来，忽视了这种先后区别，结果只讲唯物史观而看不到实践哲学的存在。

（二）理论上有连带关系而研究对象不同

理论上有连带关系，并不意味着实践哲学与唯物史观的研究对象是一样的。首先，实践哲学是关于历史的现实的人类世界的生成根源、本质结构和运行规律的科学。在解答人类世界及其历史的真实的根源是什么的问题时，必须首先回答"哲学之谜"：物质与意识何者为第一性？这个绕不开的哲学基本问题虽与唯物史观有关，但实质上是属于实践哲学回答的，因为物质与意识的辩证关系是实践的本质属性。马克思对实践即"一些现实的个人及其活动和物质生活条件"进行了分析研究，得出"不是意识决定生活，而是生活决定意识"②的结论，认为只有在物质实践的作用下，人类世界才得以生成结构、运行生息、不断发展，才有历史进程。马克思说："事情是这样的：以一定的方式进行生产活动的一定的个人，发生一定的社会关系和政治关系。……社会结构和国家总是从一定的个人的生活过程中产生的。"③ 物质实践"这种活动、这种连续不断的感性劳动和创造、这种生产，正是整个现存的感性世界的基础，它哪怕只中断一年，……不仅在自然界将发生巨大的变化，而且整个人类世界……也会很快就没有了。"④ 其次，唯物史观是关于现实的人类世界的历史的发生源头、客观过程和演进规律的科学。马克思依据"人们为了能够'创造历史'，必须能够生活"这个前提关系，指出："历史不外是各个世代的依次交替。每一代都利用以前各代遗留下

---

① 《马克思恩格斯选集》第4卷，人民出版社1995年版，第2页。
② 《马克思恩格斯选集》第1卷，人民出版社1995年版，第73页。
③ 同上书，第71页。
④ 同上书，第77页。

来的材料、资金和生产力;由于这个缘故,每一代一方面在完全改变了的环境下继续从事所继承的活动,另一方面又通过完全改变了的活动来变更旧的环境。"①"这种历史观和唯心主义历史观不同,它不是在每个时代中寻找某种范畴,而是始终站在现实历史的基础上。"② 它认为是各个时代的物质生活条件决定着"历史上周期性地重演的革命动荡是否强大到足以摧毁现存一切的基础"。③ 可见,研究对象是不同的,因而我们就没有理由把实践哲学说成是唯物史观,也没有理由把唯物史观说成是实践哲学,更没有理由说马克思的哲学就是历史唯物主义。

(三) 有机联结中具有层位区别

实践哲学与唯物史观的有机联结几乎达到了浑然一体的地步,宛如恩格斯《在马克思墓前的讲话》中所说的那样:"正像达尔文发现有机界的发展规律一样,马克思发现了人类历史的发展规律,即历来为繁芜丛杂的意识形态所掩盖着的一个简单事实:人们首先必须吃、喝、住、穿,然后才能从事政治、科学、艺术、宗教等等;所以,直接的物质的生活资料的生产,从而一个民族或一个时代的一定的经济发展阶段,便构成基础,人们的国家设施、法的观点、艺术以至宗教观念,就是从这个基础上发展起来的,因而,也必须由这个基础来解释,而不是像过去那样做得相反。"④ 这里讲的"人类历史的发展规律"实际上的意思是"人类世界及其历史的发展规律",因为恩格斯所说的这段话的内容本身就是这样的。但是,相比较而言,客观上存在着层位区别,其一,实践哲学是基本的和总体的。人类生存的现实就是人类世界,既是历史的积淀,又是未来的开始,历史和未来都交织于现实的人类世界,所以,首先只有弄清现实的人类世界的生成根源、本质结构和运行规律,而后在此基础上才能更好地研究历史等领域的问题,可见,实践哲学是唯物历史观的世界观前提或理论基础。其二,唯物史观只是实践哲学的一个维度和构成部分。实践哲学具有众多维度,诸如自然观、社会观、历史

---

① 《马克思恩格斯选集》第 1 卷,人民出版社 1995 年版,第 88 页。
② 同上书,第 92 页。
③ 同上书,第 93 页。
④ 《马克思恩格斯选集》第 3 卷,人民出版社 1995 年版,第 776 页。

观、人学观、政治观、伦理观和审美观等,反过来看,众多维度都是实践哲学的构成部分。历史观只是众多维度中的一个,与其他维度一样为实践哲学的完整性和总体性添砖加瓦。由此可见,若把实践哲学与唯物史观等同看待,则会搞错层位,或贬低实践哲学,或过分抬高唯物史观。

恩格斯说过:《德意志意识形态》中关于费尔巴哈的一章"已写好的部分是阐述唯物主义历史观的。"① 这是对的,现在还看到,该章是在论证和确立了实践哲学世界观的前提下论证唯物史观的。总之,二者由于现实前提相同、有机联结而紧紧地交融在一起,但也存在着逻辑形式上的先后差别、研究对象的不同、理论体系中的层位区别等。这些辩证逻辑关系说明,马克思所说的"为历史服务的哲学"就是为历史研究提供正确世界观的实践哲学。正如拉布利奥拉所说的那样:实践哲学是历史唯物主义的精髓。②

三 厘清实践哲学与唯物史观的关系具有重要意义

实践哲学与唯物史观的思想共生关系、辩证逻辑关系,归根到底说明这样一点:实践哲学是宏观的,唯物史观是微观的。理解、确认和把握这一点,将有助于我们更好地研究和建设21世纪中国马克思主义。

(一) 理解实践哲学的宏观地位有助于开拓马克思主义研究领域

从共生关系和辩证逻辑关系来看,实践哲学与唯物史观具有不同的逻辑定位,实践哲学是哲学世界观,而唯物史观是实践哲学的历史观,显然,唯物史观隶属于实践哲学而不是相反,只有理解这种隶属关系,才能还给马克思实践哲学应有的宏观地位,才能更好地开拓马克思主义研究领域。马克思的实践哲学"为人类不断追问真实",其首要任务是正确解决哲学基本问题即思维与存在的关系问题,不是先验的设定,而

---

① 《马克思恩格斯选集》第4卷,人民出版社1995年版,第212页。
② 参见徐崇温译、葛兰西《实践哲学》,重庆出版社1990年版,第7、9页。

是通过揭示物质实践的内在本质联系来论证社会存在与社会意识的辩证关系原理,确认人类世界的根源是物质实践,廓清人类世界内涵与外延,揭示人类世界的生成与发展、系统与结构等机制和规律。这些是实践哲学的分支如历史观等所不能为的,唯有实践哲学才可为之,这就决定了实践哲学的宏观地位,也就是说,相对于实践哲学的所有构成部分来说,它是宏观的。这正好告诉人们,唯物史观是在实践哲学世界观的前提下建立起来的,因而相对于实践哲学来说,唯物史观与其他分支一样都是微观的。这种定位是恰如其分的,也是符合马克思的思想实际的。理解了实践哲学的宏观地位,就应当从宏观上看待和发展实践哲学,相对地,从微观上看待和发展实践哲学的历史观、自然观、社会观、人学观、政治观,等等,这将有助于开拓马克思的实践哲学以及整个马克思主义理论的研究领域。

(二)确认实践哲学的宏观地位有助于合适指称"马克思的世界观"

恩格斯在《费尔巴哈与德国古典哲学的终结》的《1888年单行本序言》中记录:那时,"马克思的世界观远在德国和欧洲境界之外,在世界的一切文明语言中都找到了拥护者。"[①] 现在看来,早已广为传播且长期存在着的"马克思的世界观"究竟叫什么合适呢?如果确认实践哲学的宏观地位,那么,用"实践唯物主义"作为"马克思的世界观"的称谓是最合适的,理由有四:其一,明示了在哲学基本问题上的正确主张(实践本体论)。"马克思的世界观"主张在实践的基础上科学地解决思维与存在的关系问题,把物质实践当作人类世界及其历史的根源,从实践去理解人类世界。其二,体现了哲学史与逻辑的统一。旧唯物主义对现实只是从客体而不是把它当作实践去理解;唯心主义不知道实践本身而只是抽象地发展了能动的方面。[②] "马克思的世界观"克服以往哲学的这些片面性,用实践把主体与客体、主观与客观统一起来,既顺乎哲学历史,又合符学理逻辑。其三,突出了根本特性即实践

---

① 《马克思恩格斯选集》第4卷,人民出版社1995年版,第212页。
② 《马克思恩格斯选集》第1卷,人民出版社1995年版,第58页。

性。把"马克思的世界观"称作"辩证唯物主义",说明其性质是唯物主义的而不是唯心主义的,其性状是辩证法的而不是形而上学的,但未突出其根本特性——实践性,若离开实践性,唯物主义和辩证法有可能是分裂的或先验的,则无法保证二者的统一性和科学性。而实践唯物主义的称谓直接表明"马克思的世界观"的实践性以及实践的物质性和辩证性的统一性。其四,表明了在哲学理论体系上的总体性。"马克思的世界观"是包括历史观、自然观等在内的马克思哲学所有分支的理论前提,若用历史唯物主义来称谓,在逻辑上则有以偏概全之嫌,譬如,说"实践唯物主义的历史观"则可,若说"历史唯物主义的历史观"则不妥。若问马克思一生中的"两个伟大的发现"① 之一,为什么称"唯物主义历史观"而不叫"实践唯物主义"?这是当时具体情况使然的,若把实践唯物主义当作"两个伟大的发现"之一也不无道理,但未能直接针对时弊要害,众所周知,当时的历史领域是唯心主义一统天下的重灾区,人们渴望已久的是唯物主义历史观,再说实践唯物主义作为世界观前提已隐含在唯物主义历史观之中,一时使人们感觉不到有什么不对。由于这种缘故,实践哲学则长期隐匿于唯物史观之中,未得到应有的研究和挖掘。今应突显其名,予以充分条件来继续马克思开辟的未竟事业,从当代人类世界的实际出发,深入研究和建设"马克思的世界观"——实践唯物主义。

(三)把握实践哲学的宏观地位有助于推进马克思主义中国化和学科建设

马克思主义中国化是中国人民的伟大使命,在过去革命与战争年代,现实逼迫我们从人类历史的急剧变革及其实现条件出发,对马克思哲学等的解读和中国化取得了辉煌的阶段性成果(如辩证唯物主义和历史唯物主义)。今天是和平与发展的年代,现实又逼迫我们从人类世界的和平建设及其实现条件出发,重新"回到马克思",厘清马克思的实践哲学与其唯物史观的关系,进而与当今中国的社会主义现代化建设结合起来,这将有助于我们在马克思主义中国化上取得更全面更辉煌的

---

① 《马克思恩格斯选集》第 3 卷,人民出版社 1995 年版,第 740 页。

成就，从而为更好地为实现中国梦、构建和谐世界提供科学的实践唯物主义哲学理论保障。若把实践哲学即实践唯物主义作为马克思主义各具体学科的理论基础，或者说，把实践哲学运用于关于人类世界的各个研究领域，则有相应的具体学科，譬如，实践唯物主义历史观，实践是历史的根源和存在方式；实践唯物主义自然观，自然对人来说是人的存在，是经过实践加以认识和改造的人化自然；实践唯物主义人学观，人是实践的感性活动，实践是人的存在方式；实践唯物主义认识论，实践是认识的基础，是检验真理的标准；实践唯物主义伦理学，实践是伦理的基础，是价值的确定者；实践唯物主义美学，美是经由人来体验的实践属性，"人也按照美的规律来构造"人类世界[①]；实践唯物主义经济观，劳动是价值的实体；实践唯物主义政治观，政治是经济的集中反映，正义是人类实践的规定性；等等。

（作者单位：厦门大学马克思主义学院）

[①] 马克思：《1844年经济学哲学手稿》，人民出版社2000年版，第81、92、88页。

议题二

"四个全面"与"五大发展理念"研究

构建党内和谐的理论思考[*]

龚先庆

党内和谐是在思想、组织和行动一致的基础上的和谐，背后的深层次问题是利益。党内利益关系和谐与否，直接影响党内思想、组织和行动的和谐。以利益为切入点，研究新形势下党内和谐，必须把解决党内利益矛盾作为关注点，重点解决党内利益和谐问题，这对于以党内和谐促进社会和谐，建设社会主义和谐社会具有十分重要的意义。

一 党内利益矛盾不容回避

利益是人类历史发展的内在驱动力，"人的思想一旦离开利益，就会使自己出丑"。[①] 执政党作为一个政治主体与社会主体，党组织的利益与党员个人利益都是一个客观存在，有利益存在的地方就有利益关系与利益矛盾。党的组织与组织之间、党员之间、党组织与党员之间都存在着不容回避的利益矛盾。只有正视这些矛盾，研究党内的利益倾向与利益矛盾，加强党的自身建设，党内和谐才能够得以实现。

关于党的利益。整体来说，共产党除了人民的利益之外没有自己的任何私利，这是无产阶级政党存在的前提与必然要求。但这并不是说党没有自己的利益，"利益"与"私利"有着根本区别。西方政治学者本

---

[*] 本文系教育部人文社会科学研究规划基金项目"利益冲突视域下执政党的纯洁性建设——苏共蜕变的教训及对策研究"（13YJA710010）阶段性成果。

[①] 《马克思恩格斯全集》第2卷，人民出版社1960年版，第103页。

特利认为，政治如果离开利益，那将是非常可笑的。这一观点，对于今天中国共产党的自身理论建设与理论发展也具有重要的借鉴作用。社会主义市场经济条件下，只有在执政党内建立利益确认和利益保障的机制，在党的路线、方针与政策和党员、干部和人民群众之间形成一个良性的俱损俱荣的利益链，而不是仅靠宣传党在理论上的科学性、思想上的先进性，唯有如此，才能得到党员与人民的衷心认可与信服。党的利益至少包括如下层次：首先，党的利益主要体现为政治利益即执掌政权，政治利益是政党的第一位的追求，即通过执掌国家政权来实现党的政治纲领。在当前共产党执政的条件下，党的政治利益就是不断增强执政的合法性和有效性，长期保持执政地位。其次，党作为社会政治组织，需要物质利益来支撑其政治活动，包括取得财政拨款及必需的活动场所等，这是维持党的运作、发挥党的作用必需的物质资源。虽然无产阶级政党把这些资源最终用于为人民谋利益，但是不能把它直接等同于人民利益。

关于共产党员的个人利益。"人们奋斗所争取的一切，都同他们的利益有关。"[①] 市场经济的前提就是承认个人利益，邓小平也指出："革命是在物质利益基础上产生的，如果只讲牺牲精神，不讲物质利益，那就是唯心论。"[②] 共产党员的利益既包括党员作为社会人的利益，也包括党员作为组织成员的利益。党员对个人利益的合法追求，也是推动社会发展的基本动力之一。党员和其他社会成员一样，享有经济、政治、文化利益。作为执政党党员，其利益不同于非党群众的地方表现在：就物质方面而言，指党员维持自己正常工作必需的物质条件，包括党的干部因为居于一定的工作岗位而获得的待遇，普通党员接受教育、培训等；就政治层面而言，党员执掌国家权力，获得晋升，行使党员的民主权利及履行党员义务，等等；就精神层面而言，指党员因获得社会、人民及组织认同而带来的精神上的愉悦，既包括来自于社会上非党群众的褒扬与认同，也包括来自于组织内部的褒奖、荣誉的等等。尊重和维护党员利益，有利于提高党员对组织的认同，也有利于提高党员的积极

[①] 《马克思恩格斯全集》第1卷，人民出版社1979年版，第882页。
[②] 《邓小平文选》第2卷，人民出版社1994年版，第146页。

性，是更好地发挥党员的先锋模范作用的前提与条件。

党内利益矛盾也是不容回避的客观存在。市场经济条件下党内的利益关系，包括各级党组织、党的干部与普通党员相互间的利益关系，已经再也不能同战争年代或者计划经济时代类比了。改革深入发展、社会利益分化反映在党内，必然出现党内利益差异与利益矛盾复杂化的局面。从大的方面来看，党内利益矛盾可以分为党组织之间的矛盾、党员之间的矛盾、党组织与党员之间的矛盾三大类。具体来说，包括如下这些利益矛盾：不同经济实体的党组织及党员之间的矛盾，私营企业主党员与雇工党员的矛盾，富裕党员与贫困党员的矛盾，在业党员和失业党员的矛盾，党员领导干部与普通党员的矛盾，党员个人与党的组织之间的矛盾，发达地区、优势行业党组织与欠发达地区、非优势行业党组织的矛盾，党政机关党组织、党员与企业党组织、党员的矛盾，上级机关党组织与地方机关党组织的矛盾，不同地区党组织之间的矛盾，等等。无视这些矛盾，甚至拒绝承认这些矛盾，不是历史唯物主义的态度。如果党内没有利益矛盾，那么社会上也不会存在利益矛盾。人类社会本质上是一个利益关系的集合体，有利益关系就有利益矛盾。承不承认这些矛盾的存在是一回事，如何正确评估这些矛盾的性质与状态又是另一回事。党内的利益矛盾是全党的根本利益一致前提下的矛盾，是次要矛盾。把这些矛盾夸大到威胁党的团结统一的地步，也不是历史唯物主义的态度。

处理和协调党内利益矛盾，增进党内和谐，必须明确几个基本原则：一是应当坚持党的利益第一的原则，这是无产阶级政党党性原则的根本要求。党的利益与党员个人利益之间的关系，就是全局与局部、集体与个体的关系，必须坚持做到局部利益服从全局利益，个体利益服从集体利益。有利益存在的地方就会有矛盾，党的利益与党员个人利益之间经常存在着矛盾，处理的原则要从是为人民群众谋公利还是为党员谋私利的根本原则上去把握。如推进党内民主有利于党的根本利益，但是无疑会"损害"官员手中的权力，党政分开、行政管理体制改革等也会要求党员干部"放弃"一部分权力，在这样的矛盾面前，必须坚决强调党性原则，而绝不能靠对党员无原则迁就，更不能在党组织与党员之间进行某种私人交易，否则损害的就是党与人民的根本利益。唯有坚持"利为民所谋"的根本原则，才能真正达到党的利益和党员个人利益之间矛盾的统一，党的整个肌体和其每一个细胞才能免受腐蚀从而健康成长。在党面临的反腐败形势依然严峻的今天，更要特别强调党的利益第一的党性原则。把党员个人利益凌驾于党的利益之上，就是在侵蚀党的利益，就是在危害党的执政地位，必须以党纪国法严正对待。

二是坚持绝大多数党员受益原则，即要尊重和承认绝大多数党员的合理利益诉求。党员既是党的组织细胞，又是人民的一分子，党员也是人民群众的一员。尊重和维护党员利益，是更好地发挥党员的先锋模范作用的前提与条件。只有充分肯定并维护好党员个人正当的符合法律和政策的利益，党员干部才能充分有效地行使职权以为人民服务，才能提高党员对党组织的认同，才会调动广大党员在党领导的中国特色社会主义建设事业中充分发挥先锋模范作用的积极性。"共产党员不是清教徒，也有正常的家庭生活，也有正常的社会交往，党员和干部要开展工作，也需要赋予一定的职权。随着经济的发展，党员和干部的物质待遇和工作、生活条件也应该逐步得到改善。这些在法律和政策规定范围内的个人利益和工作职权是正当的。"① 党的组织利益与党员个人利益应当是建立在法律规范和党章基础上的，是合法的利益，而不是党内小团体的特殊利益甚至非法利益、幕后利益。维护党员利益，特别是要让党内的弱势群体——普通党员共享改革发展的成果。困扰着人民群众的民生问题，比如教育、医疗与养老等问题，也同样困扰着普通党员。市场经济条件下，党维护与发展党组织、党员的正当利益，形成履行党员义务与保障党员利益为一体的利益机制，这既是正确处理党内利益关系与利益矛盾的制度保障，又能对处理社会利益关系形成示范和带动效应。要明确党内利益分配格局，明确党的不同组织的利益边界，明确党员个人的利益范围。对于组织或者个人的正当的利益来说，应确立权力越大，责任越大；利益越大，风险越大，惩戒越重的理念与机制，利益因权力的高低、责任轻重而存在差别。

---

① 江泽民：《论"三个代表"》，中央文献出版社2001年版，第106页。

二 "党内民主是党的生命"

利益是民主的原动力,民主是由人对利益的追求决定的,有利益就有民主的诉求。利益大,民主的诉求就强。以党内民主化解党内利益矛盾,是实现党内和谐的必由之路。

党的利益与党内民主二者之间有着密切的关系:一方面,党内民主是党的根本利益。政党的利益主要体现为政治利益,即执掌政权,通过政权这个逻辑中介实现最广大人民的利益。而通过国际共产主义运动的历史可以看出,对于执政的无产阶级政党来说,如果没有党内民主,这个党就不可能保持先进性,执政地位迟早也会丢失,因此可以说党内民主是党的根本利益。执政的中国共产党对于这一点的认识也越来越清晰了,党的十六大提出"党内民主是党的生命",党的十七大提出"要以扩大党内民主带动人民民主"。党的十七届四中全会把切实推进党内民主建设,放在一个十分突出的位置上提了出来,进一步明确了党内民主建设的基本思路、重大原则和重要举措。党的十八大再次提出"党内民主是党的生命,要坚持民主集中制,健全党内民主制度体系,以党内民主带动人民民主"。党内民主是党生存与发展的组织与制度保障,党内民主能够增强党的凝聚力与战斗力,战胜来自于党外的威胁。同时党内民主也是有效抵御内部威胁的工具,苏联共产党执政七十四年却一朝亡党,其中一个重要的原因就是党内民主名存实亡。如果没有健全的党内民主,就必然党政不分、监督缺位、腐败丛生,最终严重削弱党的战斗力,从而导致"堡垒最容易从内部攻破"。

另一方面,党的利益是党内民主的前提与基础。民主与利益密切相关,利益是民主的原动力,正是因为利益的驱动才使民主的发展具有了持久的动力,这在社会主义市场经济体制确立之后表现得最为明显。"民主的过程是集体参与管理共同事务的过程。要使这一过程能够继续下去,一定要形成一个群体,这个群体的成员有着某种共同的利害关系。"[①] 按照传统的党建理论逻辑,共产党员尤其是党员领导干部理所

---

① [美]科恩:《论民主》,商务印书馆2004年版,第44页。

当然地具有政治上的先进性，在这一应然的理论前提下，我们对党员、党员领导干部的个人利益认识不足，这就使党内民主缺乏动力源泉的理论基础。无产阶级政党内部并不能避免党的中央与地方组织之间、党的地方组织之间、党员个人与党组织之间、党员之间的利益矛盾，对于这些矛盾必须以党内民主的方式来处理。正确处理党内各种利益关系，夯实党内民主的基础，从而实现党内和谐，是党的建设的重大课题。党员个人利益也与党内民主关系密切，因为党员才是党内权力的主人，党内民主是广大党员极为重要的利益。群众利益也与党内民主关系密切，因为如果没有党内民主，就不可能有人民民主，党内民主也是广大人民的极为重要的利益。

发展党内民主，最基本的是要实现党员的知情权、参与权、选举权和监督权。知情权是党员参与党内事务，实现选举权、参与权和监督权的前提，是党员不可忽视的基本民主权利。选举权是每名党员享有的最基本、最重要的民主权利，在党员的权利体系中居于核心的地位。党员参与党内事务权利的重要体现之一，是在党内充分而自由地发表意见。恩格斯明确指出，"怎么能逃避批评，禁止争论呢？难道我们能要求别人给自己以言论自由，仅仅是为了在我们自己队伍中又消灭言论自由吗？"[①] 党员的主体地位还必须在充分行使监督权方面体现出来，党员监督权是指党员依据党章和其他党内法规的规定所享有的监督党的组织、党员领导干部和普通党员的权利。党员享有监督权，既是党内民主的内在要求，也是防止权力异化变质的客观需要。

党的十七大、十七届四中全会与十八大提出了旨在扎实推进党内民主的重要举措：尊重党员主体地位，保障党员民主权利；推进党务公开，营造党内民主讨论环境；完善党的代表大会制度和地方委员会工作机制；实行中央政治局向中央委员会、地方党委常委会向全委会定期报告工作并接受监督的制度；强化全委会决策和监督作用，推进地方党委讨论决定重大问题和任用重要干部票决制；改革完善党内选举制度及探索扩大党内基层民主多种实现形式等。

党的十八大报告提出要"以党内民主带动人民民主"。党内民主对

[①] 《马克思恩格斯选集》第 4 卷，人民出版社 1995 年版，第 687—688 页。

人民民主具有极为重要的示范与带动作用。以党内民主带动人民民主，是推进中国民主政治的现实道路。党的性质、地位和宗旨决定了中国民主政治的发展，必然以执政党自身的民主化为前提。没有党内生活的民主化，就不会有党内和谐，就不会有整个国家政治生活的民主化，也不可能实现人民民主。

三　警惕和防范党内形成"既得利益集团"

所谓"既得利益集团"是指对公共资源享有支配权的社会阶层，为了共有的特殊利益而结成的共同体。一旦这部分人形成利益集团，将对社会走向公正、公平具有直接而又巨大的危害。如果执政的无产阶级政党内出现了"既得利益集团"，其危害性会更大，它直接背叛党的宗旨，破坏党内和谐，毒化和腐蚀整个社会，危害广大人民的根本利益。如果党内形成"既得利益集团"，党内矛盾将不可调和，党内利益矛盾也无可调和，因为它从根本上危害全党的利益。执政党内一旦形成"既得利益集团"，腐败也将防无可防。国际共产主义运动的历史已经证明，党内一旦形成"既得利益集团"，这个集团的本能就是拼命摆脱党的宗旨、社会主义制度的束缚，以求实现既得利益"合法化"与最大化，就是无产阶级执政党走向衰败的一个重要起点。如果国外敌对势力乘虚而入进行颠覆活动，无产阶级政党的结局就必然是在内外交困的形势下被人民抛弃而垮台。

防止党内出现"既得利益集团"，思想上高度重视是前提。在改革开放的新的历史时期，防止在党内出现"既得利益集团"问题已成了一个不容回避的现实问题。全党在思想上清醒认识"既得利益集团"对党执政地位的严重危害，正是我们党实事求是、有自信、有力量的表现。江泽民把反对腐败提高到了关系党和国家生死存亡的严重政治问题的高度，并且重新使用"既得利益集团"这个概念，指出"要特别警惕人们所说的'既得利益'问题"，强调"所有党员干部必须真正代表人民掌好权、用好权，而绝不允许以权谋私，绝不允许形成既得利益集团"，[①]

[①] 江泽民：《论"三个代表"》，中央文献出版社 2001 年版，第 109—162 页。

胡锦涛也多次强调党员领导干部要"居安思危、艰苦奋斗",要求广大党员干部做到情为民所系、权为民所用、利为民所谋。因此,在苏东共产党丧失政权、国内反腐败形势仍然严峻的情形下,全党尤其是各级领导干部必须勇敢面对现实,居安思危,在理论与实践层面都高度重视防止党内出现"既得利益集团"问题。

加强对党员的宗旨教育和对全民的教育是基础。对于党员干部要加强党的宗旨教育,加强立党为公、执政为民以及居安思危、艰苦奋斗的教育,增强免疫力,以实际行动践行"三个代表",构筑起防止"既得利益集团"形成的思想防线。同时要提高全体人民当家作主的主人翁意识,使人民懂得公民的权利与义务,懂得运用法律武器保护自己参政议政的民主权利。当中国公民受教育程度和民主法治观念大大提高时,也会对党内民主建设形成"压力"与"推动力",会对党与政府实施有效的监督,进而大大推动中国民主法治进程。只有到了那个时候,既得利益集团滋生的土壤才会有被彻底铲除的可能。

致力于制度创新是重点。"领导制度、组织制度问题更带有根本性、全局性、稳定性和长期性。"① 新中国成立以来特别是改革开放以来反腐败的经验,尤其是西方国家反腐败的经验告诉我们,运动式的、单兵突进式的、封闭式的反腐败是难以取得根本成效的,也是治标不治本的。致力于制度创新,要更加注重制度的体系性,即制度建设不是单一的,而是由一系列相关制度及其体制构成,是一种制度体系,包括教育、选任、监督、制约、问责、惩治,等等;要注重制度的覆盖性,即制度应当覆盖全体与公权力相关的人与事,无空白,无遗漏,无例外;要注重制度的强制性,制度面前无特权,制度面前人人平等,缺乏强制性与执行力的制度形同虚设,有时甚至比没有制度更坏。胡锦涛在党的十七大报告中提出"在反对腐败的措施上更加注重治本,更加注重预防,更加注重制度建设,拓展从源头上防治腐败工作领域"。致力于制度创新,深化体制改革,进一步推进政治体制改革、行政审批制度改革、财政管理制度改革,在体制、机制与制度的安排与设计上不给既得利益者以可乘之机,对于防止党内出现"既

---

① 《邓小平文选》第 2 卷,人民出版社 1994 年版,第 333 页。

得利益集团"具有重要意义。

　　加强对权力的制约与监督是关键。权力导致腐败，绝对的权力导致绝对的腐败。加强对权力的制约与监督，使党政干部欲腐败而不能，从领导体制和干部管理体制上限制权力向"既得利益"转化，是一个亟待加强的关键环节。为了防止滥用权力，把人民赋予的权力真正用来为人民谋利益，必须改革党和国家的领导制度，建立确保党员与领导干部在宪法与法律的框架内活动的机制，建立结构合理、配置科学、程序严密、制约有效的权力运行机制，从决策、执行等环节强化对权力的监督，重点是加强对领导干部特别是主要领导干部的监督，以保证权力沿着制度化、规范化的轨道运行。让权力在阳光下运行，让人民群众可以监督、有条件监督、有能力监督、有效监督，让人民群众决定干部的升迁去留，而不是让少数人决定少数人的命运，真正实现权力来自于人民，权力对人民负责。

四　关爱党内"贫困和弱势群体"

　　解决党内利益矛盾，实现党内和谐，不可忽视党内"贫困和弱势群体"问题。社会的分层必然会一定程度反映在党内，不容否认的是，社会上存在着弱势群体，在党内也存在着弱势群体。目前，党内存在的"贫困和弱势群体"是党内矛盾产生的焦点，也是解决党内利益矛盾必须重点关注的对象。关爱党内"贫困和弱势群体"，开展党内激励、关怀、帮扶工作，化解党内利益矛盾，是实现党内和谐的重要课题。

　　开展党内激励、关怀、帮扶工作，重点是解决"党员服务社会，党组织服务党员"的问题。一是解决党内"贫困和弱势群体"的工作和生活困难问题。要设置党内扶助资金，切实解决他们的实际困难。设立党员创业基金，为党员创办企业和从事个体经济创业提供扶持。开展各种帮扶共建活动，形成完善的党内帮扶救助社会网络。真正在党内营造起理解人、尊重人、关心人、爱护人的浓厚氛围，把党员吸引凝聚到党的事业中来，促进党内和谐。二是健全"党员服务站"的功能，通过免费培训、优先推荐、定期召开职业推荐会等方式，积极为失业党员创造再就业机会，为下岗党员再就业提供服务，使之成为真正意义上的

"党员之家"。三是对贫困弱势党员的关爱要实现全覆盖，针对不同类型的党员要采取不同的措施，做到对症下药。偏远、落后地区的贫困弱势党员问题，流动党员、口袋党员、失踪党员的管理服务问题，基层的社区或者村党支部力量严重不足的问题，以及如何关爱新经济体内的贫困弱势党员的问题，这些都是开展党内激励、关怀、帮扶工作的薄弱环节，亟须相应的制度保障。

开展党内激励、关怀和帮扶工作，最终目的是让党员发挥先锋模范作用。一是在扶贫的基础上提高党员致富能力。党组织要创造必要的条件，着重提高党内"贫困和弱势群体"的致富能力，授之以鱼且授之以渔。二是帮扶重在扶志，就是要让"贫困和弱势党员"增强责任意识和先进意识。要致力于改变部分"贫困和弱势群体"党员由于经济贫困或致富带头作用不强而表现出来的意志消沉，党员意识趋于淡化，自甘落后的局面。要教育党员认识到，党的富民政策的宗旨是先富带后富，带领群众共同致富是一名党员应有的责任和无上的光荣。同时在党内构建起对普通党员尊重、激励与关爱党员的宽松氛围，不断推进和提升新时期基层组织建设水平。党员的精神状态调整好了，致富带头作用的发挥将不再是问题。三是帮扶党内"贫困和弱势群体"不是把致富作为唯一的目标，也并非只有党员自身富裕了才能带领群众共同富裕，如果把党员先富当成带动社员后富的前提，是有违党的全心全意为人民服务的宗旨的。党内帮扶，重在扶志向扶精气神。重点帮扶的不是物质贫困的党员，而是精神"贫困"的党员，党员无疑要做到先公后私，先人后己，吃苦在前，享受在后，许多党员干部带领群众致富，而无暇顾及自身的物质状态，群众更称道这样的共产党人。四是正确处理帮扶"党内贫困与弱势群体"与帮扶党外困难群众之间的关系。面对"党内贫困与弱势群体"与党外困难群众，帮扶党外困难群众优先，这是无产阶级执政党的必然要求。帮扶"党内贫困和弱势群体"不是目的，最终目的在于实现每个党员的引领普通群众致富的宗旨。

"以党内和谐促进社会和谐"，这是党从构建社会主义和谐社会的全局出发对全党提出的一个明确要求，也是构建社会主义和谐社会的重要政治保证。以党内和谐促进社会和谐，是由党自身的性质、宗旨和地位决定的。在构建社会主义和谐社会的过程中，党同样担负着把握方向、制定政策、整合力量、营造环境的责任，起着领导核心的作用。党的地位决定了党内和谐是社会和谐的导向，只有正确认识和分析党内的利益关系，化解党内利益矛盾，加强党的自身建设，实现党内和谐，才能最终实现促进社会和谐的目标。

（作者单位：中南财经政法大学马克思主义学院）

试论全面从严治党的制度保障[*]
——以《准则》和《条例》为视角

徐雅芬

全面从严治党,是党的十八大以来,新一届党中央领导集体立足于中国特色社会主义实践的新发展,逐步提出并形成的"四个全面"战略布局之重要内容。党的十八届五中全会强调,要坚持全面从严治党、依规治党,深入推进党风廉政建设和反腐败斗争,健全改进作风长效机制,着力构建不敢腐、不能腐、不想腐的体制机制。新修订的《中国共产党廉洁自律准则》(以下简称《准则》)和《中国共产党纪律处分条例》(以下简称《条例》)的颁布和实施,是我党党内法规制度建设的重要成果,体现了我党对从严管党、依规治党规律的新认识,为全面从严治党提供了制度保障。

一 《准则》与《条例》将以德治党和依规治党相结合,筑起了以德依规治党之全面从严治党的制度体系

德法相依,德治礼序,是中华民族自古以来治国理政的重要经验之一。作为中华民族优秀传统文化的继承和发扬者,中国共产党始终注重

---

[*] 本文系2015年福建省哲学社会科学规划重点项目"落实党风廉政建设主体责任研究"(FJ2015A007)、福建省宣传文化系统"四个一批"人才项目"以制度创新推进党风廉政建设主体责任落实研究"阶段性成果。

发挥德治和法治在国家治理中的重要作用，并将此应用于党自身的治理。自诞生之日起，中国共产党就将理想信念和纪律规矩作为管党治党的重要力量，使我党能够战胜无数的艰难险阻、赢得胜利。党的十八大以来，从出台八项规定，到修订《准则》和《条例》；从纠治"四风""打虎拍蝇"到"三不机制"；从群众路线教育实践活动、"三严三实"专题教育到"两学一做"学习教育……，以德治党和依规治党日益相结合并越来越成为我党管党治党的有力抓手。一方面，以德治党是依规治党的必要前提和基础。道德强调的是一种自我约束的意识和行为，其实质是自觉，它反映了道德主体对事物本质的科学认识，以及由此表现出来的主观能动性。同时，良好的道德能使人向善，严明的制度和纪律，也要靠有德之人来制定和落实。"为官先修身，律人先律己"，作为共产党员，必须有高尚的道德情操和道德行为，其从政为官则更要具备优良的道德品质，从而为依规治党提供必要前提和基础。另一方面，依规治党是以德治党的坚强后盾和保障。纪律规矩强调的是他律，其实质是强制，它反映了现实社会对人的行为必须进行规范的客观要求。对于管党治党来说，则要求党内要有严明的纪律规矩并依规治党，以此为以德治党提供坚强的后盾和保障。此外，由于人的道德觉悟水平不尽相同，党员干部的道德自律程度也有强有弱。故而以德治党是对能够自律的党员而言，对不能自律的党员只能用依规治党的他律。即使能够自律的党员，也需要用依规治党的他律来促进其以德治党的自律。如果没有依规治党的他律为保证，就有可能使以德治党的自律者无所遵循、难以自律。因此，自律与他律、以德治党和依规治党是对立统一、相辅相成的。

　　以德治党和依规治党相结合，是我们党管党治党的一大政治优势。作为管党治党的"德"与"规"，必须与时俱进，不断完善，才能更好发挥管党治党的作用。新颁布的《准则》和《条例》，既同步修订，又同日发布和实施；既立德，又立规；既树高线，又划底线；既重自律，又强他律，二者相辅相成、相得益彰，将以德治党和依规治党有机结合在全面从严治党的要求之中，共同筑起全面从严治党的制度体系——依规治党与以德治党相结合。

　　具体而言，新修订的《准则》，由"中国共产党党员领导干部廉洁从政若干准则"改为"中国共产党廉洁自律准则",名称的变化意味着覆盖范围由"关键少数"拓展为"全体党员",充分体现"全面"的要求;变"负面清单"为正面倡导,以党的理想信念宗旨、优良传统作风这个"德"为基础,为党员和党员领导干部树立看得见、摸得着的道德标准,体现中国共产党高尚的道德情操,以及作为执政党向人民作出廉洁自律的庄严宣誓和承诺。《准则》明确提出,中国共产党全体党员和各级党员领导干部自觉培养高尚道德情操,努力弘扬中华民族传统美德。党员要"坚持公私分明,先公后私,克己奉公";"坚持崇廉拒腐,清白做人,干净做事";"坚持尚俭戒奢,艰苦朴素,勤俭节约";"坚持吃苦在前,享受在后,甘于奉献。"党员领导干部要"廉洁从政,自觉保持人民公仆本色";"廉洁用权,自觉维护人民根本利益";"廉洁修身,自觉提升思想道德境界";"廉洁齐家,自觉带头树立良好家风。"可见,《准则》从正面倡导,重在立德,强调自律,为全体党员和各级党员领导干部树起了道德的"高线",也为全面从严治党立起了以德治党的根基。

《条例》突出《中国共产党章程》(以下简称《党章》)对纪律的要求,既做"减法",删除了与法律重复的内容,凸显党纪严于国法的鲜明特色;又做"加法",吸纳了十八大以来管党治党的最新实践经验,并将之化为党内法规的刚性约束。《条例》把《党章》对纪律的要求整合成政治纪律、组织纪律、廉洁纪律、群众纪律、工作纪律、生活纪律,开出"负面清单",以严明党的纪律戒尺,重在立规,强调他律,用整合后的"六大纪律",为各级党组织和全体党员清晰划出了不可触碰的"底线",也为全面从严治党立起了依规治党的依据。

可见,《准则》和《条例》在树起道德"高线"的同时,划出纪律的"底线",为广大党员提出了"全面"的要求和"从严"的戒尺。正是这一正一反、一高一低,把全面从严治党的实践成果转化为全党遵守的道德和纪律要求,用党规党纪的形式把道德规范固定下来,使道德要求成为各级党组织和广大党员共同遵守的行为准则,以德治党才能在实践中得到有效贯彻落实,同时,把从严治党的道德规范转化为明确的党内规矩和纪律,以纪律的强制力推进以德治党的落实,从而为全面从严治党筑起了以德治党与依规治党相结合的制度体系。

二 《准则》与《条例》遵循《党章》，坚持问题导向，将党规党纪挺在前面，为全面从严治党提供了制度遵循

《党章》是中国共产党的根本大法，它规定的是党员和党组织的价值准则和行为规范，是全党必须共同遵循的根本行为规范，正如习近平指出："没有规矩，不成方圆。党章就是党的根本大法，是全党必须遵循的总规矩。"① 全面从严治党首先要遵循《党章》。新修订的《准则》和《条例》，坚持以《党章》为根本遵循，不仅全面梳理了《党章》对党组织、党员和党员领导干部廉洁自律和纪律的要求，而且将它们进一步具体化。例如：《条例》把《党章》中关于政治纪律和政治规矩的要求进行细化、具体化，其第六章"对违反政治纪律行为的处分"，主要对反对党的领导和反对党的基本理论、路线、纲领、经验和要求的违纪行为作出处分规定，将十八大以来党中央提出严明政治纪律和政治规矩的要求和实践成果转化为纪律条文，增加了拉帮结派、对抗组织审查、搞无原则一团和气等条款。《准则》以廉洁自律为核心，集中体现党的性质、宗旨，在开篇即围绕理想信念、根本宗旨、优良传统作风和高尚情操，提出"四个必须"的原则要求，并将落脚点放在永葆党的先进性和纯洁性上，彰显了我党清正廉洁的政治本色和共产党人高尚的道德追求。《准则》第二部分围绕党员如何正确对待和处理"公与私""廉与腐"等关系，明确提出党员必须"坚持公私分明，先公后私，克己奉公""坚持崇廉拒腐，清白做人，干净做事"等"四条规范"的具体要求，这无疑遵循了《党章》之主旨，不仅强化了作为马克思主义政党之中国共产党的政党特色，而且凸显了中国共产党的党纪特色。

坚持问题导向，是指在工作中坚持以问题来引导行动或发展的方向，具体来说，就是以发现和提出问题为工作的起点，以解决和回答问题为工作的目标。古往今来，人类历史上的一切发明创造和理论创

---

① 习近平：《认真学习党章　严格遵守党章》，《人民日报》2012年11月16日。

新皆是建立在问题导向基础之上的,也是在解决问题的过程中逐步实现的。坚持问题导向,既是坚持马克思主义认识论的基本要求,也是实事求是、开拓创新的具体体现。唯物辩证法认为,矛盾是普遍存在的,矛盾的运动构成了事物发展的根本动力。人类认识、改造世界的过程,本质上就是一个发现问题和解决问题的过程。对此,马克思曾指出:"问题就是公开的,无畏的,左右一切个人的时代声音。问题就是时代的口号,它是表现自己精神状态的最实际的呼声。"① 毛泽东也说:"什么叫问题?问题就是事物的矛盾。哪里有没有解决的矛盾,哪里就有问题。"② 坚持问题导向,是作为马克思主义政党之中国共产党自我革新的要求。早在改革开放初期,邓小平从解决人民群众温饱问题导向开始,提出"什么是社会主义"的问题,带领党和人民开启了改革开放的航程,取得了中国特色社会主义建设的成就。当今,我党作为一个长期执政的大党,如何防止不被历史和人民抛弃,是一个重大而尖锐的问题。正如习近平强调的:"党的执政地位和领导地位并不是自然而然就能长期保持下去的,不管党、不抓党就有可能出问题甚至出大问题,结果不只是党的事业不能成功,还有亡党亡国的危险。"③ 他还强调:"要有强烈的问题意识,以重大问题为导向,抓住重大问题、关键问题进一步研究思考,找出答案,着力推动解决我国发展面临的一系列突出矛盾和问题。"④ 全面从严治党就是一个发现问题、解决问题的过程,它要求我们要坚持问题导向,着力解决我党自身存在的问题,防止一些突出的矛盾和问题削弱人民群众对党的信任,以保持党的先进性和纯洁性,巩固党的执政之基。近年来,我们党大力深化作风建设,党风政风得到好转。但是,至今依然存在一些不良作风,依然有许多问题亟待解决,对此我党有充分的认识,其出台的《准则》和《条例》,就是紧紧抓住了群众路线教育

---

① 《马克思恩格斯全集》第40卷,人民出版社1982年版,第289页。
② 《毛泽东选集》(合订一卷本),人民出版社1969年版,第796页。
③ 习近平:《在党的群众路线教育实践活动总结大会上的讲话》,《人民日报》2014年10月8日。
④ 习近平:《中共中央关于全面深化改革若干重大问题的决定的说明》,《人民日报》2013年11月16日。

实践活动中征求到的意见、违反中央八项规定精神的突出问题、各级纪委在巡视中发现的典型问题、"打虎拍蝇"的大案要案中暴露的深层次问题,以及我国传统文化中的糟粕因素等方面的问题,深刻总结党的十八大以来,党中央强调的严明政治纪律、政治规矩和组织纪律,落实中央八项规定精神,强化巡视监督,着力解决管党治党中存在的突出问题的实践经验,并将这些经验转化为道德和纪律的要求,彰显了我党在全面从严治党中发现问题的敏锐、直面问题的勇气和解决问题的自觉,也实现了党内法规建设的与时俱进。

将党规党纪挺在前面。在我国,法律是治国之重器,党规党纪是治党之利器,它们都是党和人民根本意志的反映。其中党规党纪体现着党的理想信念宗旨,是管党治党的尺子,也是党员不可逾越的底线;同时,党规党纪严于国家法律,要求更高,这是党的先进性的必然要求。党的各级组织和广大党员干部不仅要模范遵守国家法律,而且要按照党规党纪以更高标准严格要求自己。全面从严治党,靠什么治?习近平总书记明确指出:"就要靠严明纪律。"这就要把守纪律讲规矩摆在更加重要的位置,也就是把党规党纪挺在前面。具体而言,首先要坚持严格的纪律,确立并凸显党规党纪的权威性和严肃性。党规党纪作为党内法规制度,是无产阶级政党管党治党建设党的一个"法宝"。马克思、恩格斯曾指出:"过去的一切运动都是少数人的或者为少数人谋利益的运动。无产阶级的运动是绝大多数人的、为绝大多数人谋利益的独立的运动。"[1] 一场大多数人的运动,必然要求具有严格的组织性和纪律性,才能有效凝聚力量。纪律是无产阶级政党的一大优势,没有纪律和规矩或执纪遵规不严,党就没有凝聚力、感召力和战斗力,就会失去先进性。我党从成立之日起,历经坎坷,不断从胜利走向胜利,靠的就是革命理想和铁的纪律。井冈山时期的"三大纪律 八项注意"始终是我党及其人民军队的主旋律;"进京赶考"前,党中央在西柏坡立下的"六条规矩",有力地推动了党的作风和纪律建设。党的十八大以来,党中央铁腕正风、肃纪、反腐,构建全面从严治党新格局。但是,要从根本上培育遵规守纪、

---

[1] 《马克思恩格斯选集》第 1 卷,人民出版社 1977 年版,第 262 页。

风清气正的政治生态，还要更加坚决地坚持严格的纪律，确立并凸显党规党纪的权威性和严肃性。

其次，要坚持纪法分开，区分党规党纪和法律，使党规党纪与国家法律各司其职、分工协作、形成合力。针对以往管党治党和党内法规中纪法不分、纪在法后，甚至误把法律当纪律的情况，新修订的《准则》与《条例》着力纠正党规党纪套用法言法语、混同于国法的错误，将党规党纪与法律分开，为党规党纪挺在前面提供可能和空间。具体来看，《准则》侧重立德向善，将其规范的对象从领导干部扩大到全体党员，敦促党员从入党之初、从政之始就要廉洁自律，这无疑将党规党纪的防线和监督执纪关口前移，也有利于确保广大党员走在公民的前列。《条例》则注重立规纠错，删除了党规党纪混同于国法的相关内容，规定具体严格的底线，防止违纪违规行为陷入违法犯罪的深渊。提高了党规党纪和监督问责执纪的要求与标准，不仅改变了此前因尚未触犯法律但违犯党规党纪的行为没人管、无问责的状况，而且避免了党员退化到公民的法律底线的可能，也无须等到党员违法了再来执纪追究其违纪责任。

再次，要坚持党规党纪严于、先于国家法律，对党内的不正之风和腐败现象要坚持党规党纪的高标准、严要求、先惩治。党员不同于普通公民，党员和党组织具有区别于普通公民的政治责任，党员的先进性要求他要以优良党风，带政风、促民风，故党规党纪对党员的要求要更高、更严，否则，党组织就会退守到普通社会组织的水平，党员就会退守到公民的底线，从而降低党员的标准，丧失党的先进性；党规党纪与国家法律本质一致，它不仅用来规范党内行为，更要保障国家法律的有效执行，故党规党纪必定严于国家法律；现实中的无数案例也证明，党员"破法"，无不始于"破纪"，故《准则》与《条例》对于违犯党规党纪的党员坚持高标准、严要求、先惩治，用党规党纪管住大多数，防微杜渐，防止党员领导干部因小错酿成大祸，甚至滑向违法犯罪的深渊。

最后，两项法规的修订，以《党章》为根本遵循，坚持问题导向，将党规党纪挺在前面，为全面从严治党提供了制度遵循。

三 《准则》与《条例》强调党委、纪委和党员领导干部担负起落实党规党纪的责任，为全面从严治党提供了制度支撑

新修订的《准则》与《条例》强调党委、纪委和党员领导干部要担负落实党规党纪的责任，为全面从严治党提供制度支撑。

首先，党委要负起认真贯彻、执行与维护党规党纪的主体责任。《党章》规定"党组织必须严格执行和维护党的纪律"。党的领导包含着管理和监督，各级党委要履行《党章》赋予的职责，真正把纪律严起来，把《准则》和《条例》执行到位。离开了党委主体责任担当，再好的纪律和规矩也形同虚设。在贯彻、执行《准则》和《条例》的过程中，要把党的领导融入日常管理监督之中，运用好监督执纪的"四中形态"，让咬耳扯袖、红脸出汗成为常态；党纪处分和组织处理成为大多数；对严重违纪的重处分、作出重大职务调整的成为少数；而严重违纪涉嫌违法立案审查的只能是极少数，在严明纪律中体现严格要求和关心爱护。具体来说，党委的主体责任主要有：一是加强教育引导。各级党委要组织党员干部深入学习领会《准则》和《条例》，唤醒并增强党员干部的《党章》意识、纪律意识、规矩意识，营造守纪律、讲规矩的浓厚氛围。二是落实党规党纪。各级党委要根据本地区、本单位的实际情况，进一步制定完善党规党纪的细则，以确保党规党纪得以落实。三是加强对党员履行党规党纪的监督，对违规违纪现象及时批评纠正。让主体责任落地生根，才能解决好"责任落空"的问题。党委（党组）主要负责人是执行和维护党的纪律的第一责任人，各级领导干部在履行职责的同时，也要对本单位和分管工作领域的党风廉政建设负责。具体来说，责任包括政治责任、领导责任和工作责任。政治责任就是要在党言党、在党忧党、在党为党，以强烈的政治使命感、责任感，守土有责、负责、尽责，做政治上的明白人。领导责任就是要带领好班子和队伍，把管党治党的责任体现在日常管理监督之中。工作责任就是要把工作做实、做到位，严格按照制度办事。党委主体责任明确了，层层传导压力，层层负起责来，党规党纪就得以落到实处。

其次，纪委要负起执纪监督的责任。纪委是执纪监督的主体，是党规党纪的"守护神"，必须把党规党纪挺在前面，加强执纪监督问责。《准则》和《条例》是加强党内监督的重要制度，它们为党内监督、群众监督，尤其是纪委的监督，提供了对照的标准和衡量的标尺，使党员干部、群众和纪委的监督有规可依、有据可循。为此，纪委首先要转变监督执纪理念，做到主动监督、事前监督。然后要回归《党章》赋予纪委的职责，着力监督检查《党章》和党规党纪的遵守执行情况，特别是要严明政治纪律、政治规矩和组织纪律，注重对党的路线方针政策执行情况的检查监督，维护中央权威、确保政令畅通；着力解决组织涣散、纪律松弛问题，进一步落实中央八项规定精神、坚决纠正"四风"，有力惩贪治腐，强化巡视监督的作用。最后要转变监督方式，执纪监督，抓早抓小，既要遏制腐败蔓延势头，又要把党规党纪挺在前面，把纪律检查挺在前面。与此同时，纪委要落实监督责任，加强对纪律执行情况的监督检查，建立健全纪律执行问责机制，坚持"一案双查"，确保《准则》和《条例》的有效实施。

最后，党员领导干部要发挥遵规守纪的表率作用。贯彻落实《准则》和《条例》，重点是要抓住党员领导干部这个"关键少数"，通过"关键少数"引领"最大多数"。党员领导干部要自觉做政治上的"明白人"，始终对党的纪律和规矩心怀敬畏和戒惧，带头尊重、学习、遵守和执行纪律，进而带动全体党员遵守纪律。作为第一责任人的各级党委书记，要"即挂帅又出征"，既要当好纪律建设的领导者和推动者，更要在遵守和执行纪律上走在前头，作出表率。针对党员领导干部的表率作用，新修订的《准则》和《条例》明确规定党员领导干部要带头遵守党规党纪，反之，带头违纪、顶风违纪、"叠加"违纪，要"罪加一等"。《准则》第三部分进一步从公仆本色、行使权力、品行操守、良好家风等方面，提出了党员领导干部要"廉洁从政，自觉保持人民公仆本色"；"廉洁用权，自觉维护人民根本利益"；"廉洁修身，自觉提升思想道德境界"；"廉洁齐家，自觉带头树立良好家风"的更高的"四条规范"要求。具体来说，党员领导干部的表率作用主要是：要带头学习《准则》和《条例》，将之作为责任和义务，并组织带动广大党员深入学习，以提高思想认识，增强贯彻执行党规党纪的自觉性和坚定性；要身体力行，联系思想和工作实际，对照《准则》和《条例》，找出突出的问题，增强解决问题的针对性和实效性；要敢于较真，善于同一切违反党规党纪的行为作斗争，以维护党规党纪的严肃性和权威性。

参考文献

［1］《中国共产党廉洁自律准则》，《人民日报》2015年10月22日。

［2］《中国共产党纪律处分条例》，《人民日报》2015年10月22日。

［3］《中国共产党章程》，人民出版社2012年版。

［4］习近平：《在2015年召开的中央纪委第五次全会时发表重要讲话》，《人民日报》2015年1月4日。

［5］习近平：《在党的群众路线教育实践活动总结大会上的讲话》，《人民日报》2014年10月9日。

［6］中共中央纪律检查委员会、中共中央文献研究室编：《习近平关于严明党的纪律和规矩论述摘编》，中央文献出版社、中国方正出版社2016年版。

［7］王岐山：《坚持高标准　守住底线　推进全面从严治党制度创新》，《人民日报》2015年10月23日。

（作者单位：厦门大学马克思主义学院）

"四个全面"战略布局:深化了对"三大规律"的认识

王 欢 张传泉

党的十八大以来,以习近平为总书记的新一届党中央领导集体立足于新的实践要求,把握新的时代特点,不忘初心,提出了"全面建成小康社会、全面深化改革、全面推进依法治国、全面从严治党"战略布局。"四个全面"不仅是战略布局,还是理论体系,深化了对社会主义建设规律、共产党执政规律、人类社会发展规律的认识,丰富和发展了中国特色社会主义理论体系,开创了马克思主义中国化的新境界。

一 "四个全面"战略布局深化了对社会主义建设规律的认识

社会主义建设规律的基本要求是围绕经济建设这一根本任务,改革落后的政治、经济、文化和社会体制,实现生产力和生产关系的协调发展。邓小平理论科学回答了"什么是社会主义,怎样建设社会主义"的问题,提出改革开放的历史任务。在邓小平看来,改革是中国的第二次革命。改革开放是一项长期的、艰巨的、繁重的事业,只有进行时没有完成时。改革是由问题倒逼而产生的,又在不断解决问题中而深化。

伴随市场经济的全球化,资本主义固有的内在矛盾扩展到世界每一个角落,给中国社会主义现代化建设带来了多重危机。面对纷繁复杂的国际政治经济格局,中国改革开放进入深水区,以局部改革、单一改革难以支撑经济社会的长远发展;以信息技术为代表的现代科学技术深刻影响着人们生产生活方式，经济发展中不平衡、不协调、不可持续的问题突出，城乡收入差距较大，医疗卫生、社会保障、食品安全、生态环境、社会治安等关系群众切身利益的问题增多。习近平指出："改革开放是一个系统工程，必须坚持全面改革，在各项改革协同配合中推进。"① "全面深化改革"是对"什么是社会主义，怎样建设社会主义"的当代回答，是坚守社会主义本质不褪色、不变色的核心和关键，是新时期国民经济发展新常态下建设社会主义的重要手段。"全面深化改革"正是要化解制约生产力发展的障碍，释放生产力的发展动力和活力。

党的十八大以来，中国高举社会主义伟大旗帜，积极参与国际事务，共同应对全球性挑战，引导国际格局演变和国际体系变革。"丝绸之路经济带""21世纪海上丝绸之路"和"亚洲基础设施投资银行"，都在一定程度上彰显了中国社会主义建设成就。当今世界，综合国力竞争更加激烈，中国要实现伟大复兴的中国梦，全面深化改革是动力。习近平深刻指出："实现党的十八大描绘的全面建成小康社会、加快推进社会主义现代化、实现中华民族伟大复兴的宏伟蓝图，要求全面深化改革。坚持和发展中国特色社会主义，不断推进中国特色社会主义制度自我完善和发展，进一步解放和发展社会生产力、继续充分释放全社会创造活力，要求全面深化改革。解决我国发展面临的一系列突出矛盾和问题，实现经济社会持续健康发展，不断改善人民生活，要求全面深化改革。"② 全面深化改革与以往的改革相比，有两个新的特点。第一，改革涉及的领域、覆盖面更广。过去的改革重点只是在经济领域，而全面深化改革是涉及经济、政治、文化、社会、生态文明、国防和军队改革、党建等各个方面。无论系统性还是深刻性，这次改革都是明显的突破。第二，首次提出了全面深化改革的总目标，即完善和发展中国特色社会主义制度、推进国家治理体系和治理能力现代化。中国特色社会主义的最大优势是制度，只有通过完善和发展制度，才能使我们的制度优

---

① 《习近平谈治国理政》，外文出版社2014年版，第68页。
② 习近平：《在中共中央召开的党外人士座谈会上的讲话》，《人民日报》2013年11月14日。

势充分发挥出来，突破利益固化的藩篱。小至组织大到国家都存在一个治理的问题，治理是"结构与过程的现代化"①，包括治理主体、治理客体、治理结构、治理机制等多个方面。一方面，通过完善治理体系，提高治理能力，从而顺利地完成社会转型；另一方面，遵循中国特色社会主义发展的内在规律，把握社会主义制度"变"与"不变"的辩证统一，"顶层设计和摸着石头过河相结合，整体推进和重点突破相促进"②。

二 "四个全面"战略布局深化了对共产党执政规律的认识

共产党执政规律的基本要求是围绕全心全意为人民服务这一根本宗旨，加强党的执政能力建设，实现依法治国、从严治党。"三个代表"重要思想科学回答了"建设什么样的党、怎样建设党"的问题，"始终代表中国先进生产力的发展要求，始终代表中国先进文化的前进方向，始终代表中国最广大人民的根本利益"是一个原则性的总体要求，而怎么保证"三个代表"的真正落实，则是治国理政实践中的现实问题。在市场经济发展中，个别党员干部脱离了人民群众，在工作中不求实效，专断独行，追求个人享受，铺张浪费，甚至以权谋私，腐化堕落，这严重损害了中国共产党的良好形象。"全面依法治国""全面从严治党"正是对这一重大现实问题的当代回答。

习近平同志明确指出："我们要实现党的十八大和十八届三中全会作出的一系列战略部署，全面建成小康社会、实现中华民族伟大复兴的中国梦，全面深化改革、完善和发展中国特色社会主义制度，就必须在全面推进依法治国上作出总体部署、采取切实措施、迈出坚实步伐。"③简短的论述阐明了全面依法治国在党和国家战略部署中的重要地位。全面依法治国与以往的依法治国相比，有三个新的特点。第一，建设法治

---

① Corson John, *Governance of colleges and Universities*, New York, McGraw-Hill, 1960, p. 1.
② 《中共中央关于全面深化改革若干重大问题的决定》，人民出版社2013年版，第7页。
③ 《人民代表大会制度重要文献选编》第4卷，中国民主法制出版社2015年版，第1787页。

体系。党的十八届四中全会提出了五个方面,即完备的法律规范体系、高效的法治实施体系、严密的法治监督体系、有力的法治保障体系、完善的党内法规体系,这是"全面依法治国"的前提。第二,树立法治权威。党的十八届四中全会指出,坚持依法执政首先是要坚持依宪执政。要把权力关进制度的笼子,确保权力在法治的框架下运行,坚持用制度管权管事管人,这是"全面依法治国"的关键。第三,运用法治思维。法治思维是指按照法治的理念、原则、精神和逻辑对所遇到的问题进行分析的思想认识活动或思想认识过程,这是"全面依法治国"的诉求。我们要强化法治观念,加强对法治的学习,树立对法治的信仰,保持对法治的敬畏,牢记法律红线不可触、法治底线不可越。要坚持知行合一,把运用法治思维和法治方式想问题、作决策作为一种常态,自觉做到决策于法有据、行为依法进行。

新一届中央领导集体坚持反腐倡廉,以八项规定为切入点,积极开展群众路线教育实践活动,首次提出了"全面从严治党",强调坚持思想建党和制度治党紧密结合,保持党的先进性和纯洁性,保持中国特色社会主义事业的领导核心。全面从严治党既是战胜精神懈怠、能力不足、脱离群众、消极腐败的"四大危险"的内在要求,又是应对执政、改革开放、市场经济、外部环境"四大考验"的必然选择。我们党历来高度重视党的自身建设,纪律严明是党的光荣传统和独特优势,"腐败问题对我们党的伤害最大"[1]。习近平指出,全面从严治党,核心问题是始终保持党同人民群众的血肉联系。全面从严治党,体现了标本兼治的双管齐下、自律和他律的统筹兼顾,深化了对共产党建设规律的认识。全面从严治党与以往的从严治党相比,有三个新的特点。第一,严肃党内政治生活,严明党的纪律,坚定不移惩治腐败,清除党组织中的蛀虫。正如列宁所言:"徒有其名的党员,就是白给,我们也不要。"[2]重点是从严管理党员干部,切实把从严治吏作为一项基础性工作。第二,开展群众路线教育实践活动,发挥人民监督作用,持续深入改进作

---

[1] 《习近平关于党风廉政建设和反腐败斗争论述摘编》,中央文献出版社 2015 年版,第 7 页。

[2] 《列宁选集》第 4 卷,人民出版社 1995 年版,第 51 页。

风,集中解决形式主义、官僚主义、享乐主义和奢靡之风,增强全体党员干部特别是领导干部的服务意识。第三,坚持两点论和重点论的统一,"严以修身、严以用权、严以律己、谋事要实、创业要实、做人要实"重点针对县处级以上领导干部,"学党章党规、学系列讲话,做合格党员"则在全体党员中实施。

三 "四个全面"战略布局深化了对人类社会发展规律的认识

人类社会发展规律的基本要求是围绕人的解放这一根本诉求,自觉把握时代潮流和世界变革的大趋势,拓宽人类文明发展大道。科学发展观科学回答了"建设什么样的党、怎样建设党"的问题,相继提出了全面建设小康社会、全面建成小康社会的奋斗目标。尽管"全面建成小康社会"这一项不是最新的,但将它和"全面深化改革""全面依法治国""全面从严治党"放在一起作为新时期的战略布局却是全新的。

"四个全面"的治国理政要求,丰富和发展了科学发展观的内涵。科学发展的要求融汇在"四个全面"的战略布局中,"四个全面"的治国理政要求正是推动科学发展的现实途径。小康社会落实到每个民众的小康、每个民众的发展,这体现的正是以人为本,"全面建成小康社会"正是对以千千万万具体人为本的系统集成。要"全面建成小康社会",必须推进科学发展以充实小康社会的物质基础,这正是发展是第一要务的直观体现。要实现全面协调可持续的发展,需要通过"全面深化改革"化解发展制约;"全面深化改革"既是要夯实科学发展的制度保障,又是要提高统筹兼顾的能力和水平。"全面建成小康社会"体现的正是最广大人民的根本利益。

习近平指出:"中国已经进入全面建成小康社会的决定性阶段。实现这个目标是实现中华民族伟大复兴中国梦的关键一步。"[①] 这一论断首次把全面建成小康社会的阶段目标与实现中华民族伟大复兴的长远目标结合起来,明确了全面建成小康在实现中华民族伟大复兴的历史进程

---

① 习近平:《弘扬丝路精神,深化中阿合作》,《人民日报》2014年6月6日。

中所具有的重要意义。一方面，全面小康体现在覆盖人群的全面性，不分地域，不分民族，决不能让一个人、一个地区掉队。习近平强调："全面建成小康社会，最艰巨最繁重的任务在农村、特别是在贫困地区。没有农村的小康，特别是没有贫困地区的小康，就没有全面建成小康社会。"① 习近平在东西部扶贫协作座谈会上发表重要讲话，对于打赢脱贫攻坚战发出了总攻令。努力解决贫富差距，就是让全体人民逐步建成小康、走向共同富裕。另一方面，全面小康体现在涉及领域的全面性，包括经济建设、政治建设、文化建设、社会建设、生态文明建设"五位一体"。不容忽视的是，在经济发展新常态下的今天，发展仍然是解决当代中国一切问题的总钥匙。全面建成小康社会的战略目标，抓住发展中存在的突出矛盾，关注民生问题，注重经济、社会和文化的全面提升，体现的正是中国特色社会主义的根本属性和必然要求。在全面建成小康社会的时代背景下，加强民生建设已经成为中国目前的突出任务。中国共产党坚持马克思主义为指导，始终把解决民生问题作为"全心全意为人民服务"的重要内容。党的十八大以来，习近平总书记在一系列重要论述中多次阐述自己的民生思想，"美好生活""生活幸福""人民幸福""民生福祉"等词语出现频繁，让广大人民群众感受到了温暖和力量。民生建设不但是一个国家和社会发展的根本问题，而且世界各国政党治国理政的首要任务。从人类命运共同体的角度，中国梦是和平、发展、合作、共赢的梦，反映了世界各国人民的美好愿望和不懈追求。

四 "四个全面"战略布局的理论和实践意义

"四个全面"战略布局宣示了以习近平为总书记的新一届中央领导集体治国理政总体框架，是中国共产党把马克思主义基本原理同中国具体实践相结合的重大创新成果。"四个全面"战略布局体现了马克思主义唯物论和辩证法的世界观和方法论，对于坚持和发展中国特色社会主义、实现中华民族伟大复兴具有极其重要的理论和实践意义。

---

① 习近平：《做焦裕禄式的县委书记》，中央文献出版社 2015 年版，第 16 页。

第一,"四个全面"战略布局体现了马克思主义唯物论和辩证法的世界观和方法论。中国共产党始终是以科学理论武装发展的马克思主义政党,始终坚持以马克思主义唯物论和辩证法的世界观和方法论作为自己的理论指导,"四个全面"战略布局作为党治国理政的大思路,其内容闪耀着马克思主义中国化的精髓。实现马克思主义中国化,关键在于坚持马克思主义的立场、观点和方法。一方面,"四个全面"战略布局体现了马克思主义唯物论关于一切从实际出发,实事求是的观点。我们想问题、办事情要立足于客观实际。三十多年的改革开放成果显著,但社会主义初级阶段的基本国情仍然是我们面对的客观实际。新时期以来,世情、党情、国情发生了深刻变化,机遇和挑战前所未有。以习近平为总书记的新一届中央领导集体,立足当前中国的需要和人民群众的期待,为解决现实中的突出矛盾和问题,提出了"四个全面"战略布局。另一方面,"四个全面"战略布局体现了马克思主义辩证法关于联系的观点。联系的观点是辩证法的基本观点,这要求我们看问题、办事情要立足联系的普遍性、客观性,坚持全面的观点,反对形而上学孤立的观点。建设中国特色社会主义现代化事业,需要各个领域、各个部门、各个方面的密切合作,共同努力,这就要求我们在推进中国特色社会主义事业的过程中,既要坚持全面,又要抓住重点,"四个全面"战略布局相互联系、相辅相成、相得益彰,鲜明地体现了整体与部分、二点与重点的辩证法观点。

第二,"四个全面"战略布局丰富和发展了中国特色社会主义理论体系。马克思说:"理论在一个国家实现的程度,总是决定于理论满足这个国家的需要的程度。"[①]"四个全面"战略布局植根于改革开放事业和社会主义现代化建设实践,与邓小平理论、"三个代表"重要思想和科学发展观一脉相承。基于新的实践基础和时代特点,"四个全面"战略布局可以有机地融入中国特色社会主义理论体系之中,并为这座理论大厦再造基石。当今世界正处于变革和转型时期,中国共产党作为中国特色社会主义事业的领导核心,不断地进行理论创新,占领理论高地。"四个全面"战略布局深刻回答了治国理政的一系列重大理论和实践问

---

① 《马克思恩格斯选集》第1卷,人民出版社1995年版,第11页。

题，丰富和发展了中国特色社会主义理论体系，是马克思主义中国化的最新成果。一方面，"四个全面"战略布局对中国特色社会主义理论体系注入了新的内涵，提升了对中国特色社会主义的认识，进一步坚定了道路自信、理论自信、制度自信和文化自信。将中国特色社会主义事业"四位一体"提升到"五位一体"，充分体现了中国特色社会主义理论与时俱进的品格。另一方面，"四个全面"战略布局对中国特色社会主义各领域进行了新的阐释。首先，坚持市场在资源配置中的决定性作用，全面正确履行政府职能，加快形成企业自主经营、消费者自由选择、商品自由流动的现代市场体系，建立开放透明的市场规则。其次，坚持党的领导、人民当家作主、依法治国有机统一，积极构建程序合理、环节完整的协商民主制度，加快建设公正高效的社会主义司法体系，建立权责统一的行政执法体制。最后，坚持保障和改善民生，畅通人民群众的利益诉求，促进社会公平正义，创新社会治理方式，建立诉求表达、心理干预、矛盾调处、权益保障机制，提高科学执政、民主执政、依法执政水平。"四个全面"战略布局是一次从理论到实践的重大突破，使中国特色社会主义理论体系朝着更加务实管用的方向发展。

第三，"四个全面"战略布局为实现伟大复兴"中国梦"提供了行动指南。习近平指出："积极推进全面建成小康社会、全面深化改革、全面依法治国、全面从严治党的战略布局。这是中国在新的历史条件下治国理政方略，也是实现中华民族伟大复兴中国梦的重要保障。"[①]"全面建成小康社会"准确把握了我国发展客观实际，清晰地表达了中国人民的美好夙愿，顺应了人民对美好生活的向往，以更加全面、更多和谐、更可持续的发展，为实现伟大复兴"中国梦"打好坚实基础。"全面深化改革"立足于新的历史起点上，更加注重系统性、协调性、整体性，勇于突破利益固化的藩篱，冲破思想观念的障碍，进一步解放和发展社会生产力，为实现伟大复兴"中国梦"提供强大动力。"全面依法治国"弘扬法治精神，建设和完善中国特色社会主义法治体系，为实现伟大复兴"中国梦"奠定法治保障。"全面从严治党"注重思想建

---

① 习近平：《在会见博鳌亚洲论坛理事会成员时的谈话》，《人民日报》2015年3月30日。

设和制度建设，确保党始终是中国特色社会主义事业的坚强领导核心，为实现伟大复兴"中国梦"引领正确方向。"四个全面"战略布局相互联系，相辅相成，构成了一个有机统一的整体。作为治国理政的顶层设计，"四个全面"战略布局对于推进党和国家各项事业发展具有重要的作用，有利于引导广大人民群众为共同目标而奋斗。

（作者单位：北京邮电大学马克思主义学院）

人民幸福：五大发展理念的价值追求[*]

张荣华　陶 磊

党的十八届五中全会正式提出"创新、协调、绿色、开放、共享"的五大发展理念，它是新一届中央领导集体治国理政的又一伟大理论创新；是准确把握我国现阶段发展特征，解决当前面临诸多棘手问题的有力武器；也是经济发展步入新常态之后，突破全面深化改革进程瓶颈的智慧结晶；还是根植于时代要求，指导"十三五"规划并取得全面建成小康社会决胜阶段最终胜利的核心理念；更是积极回应人民期盼，实现全体人民共同富裕和中华民族伟大复兴梦想的行动指南。理解和认识五大发展理念有不同的角度，除了逐一而解、深挖细辨、分别贯彻之外，有必要从整体性的角度进行宏观的理解和把握，此举有利于我们更为科学全面地认识五大发展理念。因为五大发展理念不是简单的发展方式叠加或组合，它是一个符合并揭示现代社会发展规律，具有缜密内在逻辑关系的有机整体。这个逻辑关系就是共同的价值追求，它是将五种发展方式串起来形成统一整体的一条主线。"价值追求是对一定的价值目标的执着向往并力图达到此目标的强烈驱动倾向。"[①] 那么五大发展理念的价值追求是什么呢？回答该问题我们必须知道：激发创新为了谁？坚持协调为了谁？为了谁与自然和谐相处而倡导绿色？又为了谁与世界积极融合而不断开放？毫无疑问都是为了人民；压轴之作的共享究

---

[*] 本文系2014年度中央高校自主创新科研计划项目"中国共产党人民幸福思想研究"（14CX05084B）、2015年度中央高校基本科研业务费专项资金资助项目"马克思主义中国化专题研究"（15CX08013A）阶段性成果。

[①] 王伦光：《论价值追求》，《社会科学辑刊》2006年第2期。

竟又是为了让谁共享？显然更是为了人民、为了中国人民一个不少地拥有获得感。① 这与中国共产党坚持人民主体地位的执政宗旨是一致的，始终围绕的是"人民对美好生活的向往"。② 因此，五大发展理念的价值追求可以凝练为四个字：人民幸福。

一 创新发展：激发活力追求人民幸福

创新是一个国家、一个社会、一个民族永葆生机与活力的重要方式；是提升创新能力，增强国际竞争力的重要指标；是确保"五位一体"总布局顺利实施，建构中国道路话语体系的必经之路；最终是中国共产党实现人民幸福价值追求的高效引擎。党的十八届五中全会提出：必须把创新摆在国家发展全局的核心位置，不断推进理论创新、制度创新、科技创新、文化创新等各方面创新，让创新贯穿党和国家一切工作，让创新在全社会蔚然成风。③ 中央为何要提创新呢？

人民幸福是以强大经济基础为根本保障的，没有经济作为支撑，追求人民幸福将是困难重重。1978年改革开放至2012年初，我国创造了长达34年经济平均增长9.8%的世界奇迹，其主要发展动力有：一是依靠劳动力和土地的低成本优势、科学技术的后发优势；二是因居民收入及消费水平不断提高和基础设施建设加快带来的巨大内需市场；三是对外开放带来的巨大外需市场。但是从2010年我国成为世界第二大经济体，人均国民收入步入中等国家行列起，经济发展的阶段性特征逐步凸显，支持经济高速增长的传统动力渐显颓势。④ 随着城市基础设施建设的逐步完善，公民私有财产法权意识的逐渐增强，过去经济发展的优势也渐渐失去了活力，如果还依靠传统的经济动力提升经济总量，那么提升的空间已非常狭窄。此外，科技发展虽取得了长足进步，但与国外

---

① 任理轩：《关系我国发展全局的一场深刻变革——深入学习贯彻习近平同志关于"五大发展理念"的重要论述》，《人民日报》（理论版）2015年11月4日。
② 《习近平谈治国理政》，外文出版社2014年版，第3页。
③ 《中国共产党第十八届中央委员会第五次全体会议公报》，《人民日报》2015年10月30日。
④ 尹汉宁：《以多维视角认识把握五大发展理念》，《人民日报》（理论版）2016年1月12日。

发达国家仍有较大差距，比如：每年申请的专利大多局限于外观设计等核心科技不高的种类。现有经济、文化、教育、医疗等众多领域的理论及制度对创新发展的约束也逐步凸显。总之，我国正面临着前所未有的经济下行压力，导致其他领域的发展受到严重影响，核心在各领域都缺乏有效的发展动力，一系列的发展阶段性现象表明：我国经济发展已步入新常态。适应新常态成为我国今后一段时期内必须解决的重要议题，对此，十八届五中全会及时提出创新发展的理念，着力解决各领域发展动力不足的问题；通过激发创新活力，不断增强新常态下的经济发展动力，实现各领域发展都能平稳换挡。

随着创新发展的逐步深入，我国亟须形成尊重创新、善于创新、利用创新的新风尚。尊重创新，首先就是要尊重创新的主体，不限创新主体的形式，无论创新主体是人还是物；不限创新主体的身份，无论是知识分子、大众精英还是普通工人、农民，甚至是小学生；不限创新主体的来历，无论是中国人还是外国人。其次要尊敬创新的客体，不限创新客体的形式，无论是有形的还是无形的；不限客体的功能，无论用途广泛还是狭窄，甚至暂时没用；不限创新客体的实效，无论是历史的还是现在的，抑或是将来的。目的就是让个人、家庭、组织形成尊重创新的自觉，在全国、全社会甚至全世界营造尊重创新的氛围，树立创新理念。善于创新，就是要在任何时候、任何地点都以创新理念为指导，善于用创新的思维处理工作、学习、生活的难题；在孤独寂寞时、冷嘲热讽下把创新作为获得成功的希望，始终把创新坚持下去；要善于向历史学习、向他人学习、向他国学习，总结经验、吸收精华，内化为自己的创新资本；要善于向书本学习、向社会学习、向自然学习，积累知识、融会贯通，外化为自己的创新实践。利用创新，就是要懂得去伪存真，不是所有的创新都具有科学性，也不是所有的创新都对人类有益；要主动祛除那些反人类、反自然，打着创新的旗号从事非法活动的所谓创新；要合理利用好那些有益于国家、社会，有益于人类、自然的创新成果，而且要大力提倡、有序引导、积极转化，让创新在全社会蔚然成风。唯有如此，我们才能不断激发创新活力，最终实现人民幸福。可见，创新发展既是为了解决当前存在的创新活力不足的问题，特别是经济发展动力不足的问题，更是中国共产党人民幸福价值追求的内在要求。

二 协调发展：优化结构追求人民幸福

协调是一个组织、一个国家、一个社会健康发展和可持续发展的重要保证；是铸就协调能力，增强全面发展后劲，提升综合实力的重要手段；是保障平衡发展，建构人人平等政治话语体系的必择之法；最终是中国共产党实现人民幸福价值追求的平衡器。党的十八届五中全会提出：必须牢牢把握中国特色社会主义事业总体布局，正确处理发展中的重大关系，重点促进城乡区域协调发展，促进经济社会协调发展，促进新型工业化、信息化、城镇化、农业现代化同步发展，在增强国家硬实力的同时注重提升国家软实力，不断增强发展整体性。① 中央为何要强调协调呢？

人民幸福是全体人民实现幸福，不仅仅是多数人实现幸福，更不是少数人实现幸福，没有协调促进发展的全面化，追求人民幸福将会变质、变味。经过30多年的高速发展，我国各领域发展成效令世界瞩目，但发展不平衡、不协调现象也很明显。由于区位各异、自然条件、人口素质、政策导向等诸多因素叠加，我国区域经济发展的"东强西弱""城富乡贫"的二元结构仍旧严峻。《2014年中国统计年鉴》相关数据显示：2013年全年东部地区的GDP达37.8万亿元、是西部地区的3倍，人均GDP达6.7万元、是西部地区的1.9倍；半数以上的贫困人口集中于西部地区。《2015年中国统计年鉴》相关数据显示：2014年城镇居民人均可支配收入、农村居民人均纯收入分别为28844元和9892元，实现了城乡居民收入比首次破3，虽然该数值自2009年起呈现逐年递减的趋势，但典型的城乡二元结构依然存在。《中华人民共和国2015年国民经济和社会发展统计公报》显示：2015年我国经济产业结构仍没有达到合理区间。具体表现为：全国一、二、三产比重结构仍有待优化。以北京、上海为代表的发达地区，其三产比重已超过70%，甚至超过欧美最发达国家；其三次产业结构优化率远远超过其他地区，

---

① 《中国共产党第十八届中央委员会第五次全体会议公报》，《人民日报》2015年10月30日。

尤其是欠发达地区，甚至形成了新的产业经济结构区域布局不协调的问题。① 此外，"四化"的发展也极其不平衡，信息化发展较快，城镇化发展最慢，出现了"四化四跑道""快慢不均各领各道"的现象。国家硬实力在经济强大推力的作用下成就十分显著，与之相反，软实力的发展则处于初级水平，国民总体素质不高就是亟须解决的问题之一，适应新常态国家需要花大力气打造"硬、软、巧"三大实力共同发展的格局。总之，经济是发展了，但发展不协调的问题也变多了；如果仍维持传统的发展方式，那么不协调的问题和由此带来的其他问题会进一步恶化。对此，十八届五中全会及时提出协调发展的理念，着力解决经济发展不平衡、不协调的问题；通过优化结构，实现产业升级和结构重组，逐步破除各领域发展不协调带来的弊端，实现整体发展的健康和可持续。

伴随协调发展理念的贯彻和落实，它必将深入人心、渗透到全社会，做好这篇大文章需要我们不断树立全面健康发展的思想、科学处理发展中的重大关系、在加强薄弱领域中增强发展后劲。树立全面健康发展的思想，就是要牢记协调发展的理念，始终把握全面小康是全体人民的小康、人民幸福是全体人民的幸福；优先特殊发展是战术、全面健康发展才是战略，优先特殊发展是为全面健康发展做铺垫，只有把各种优先特殊发展协调好，才能最终实现真正意义上的全面健康发展。科学处理发展中的重大关系，就是要处理好部分与整体的关系，弄清什么是主要矛盾、什么是次要矛盾，什么是矛盾的主要方面、什么是矛盾的次要方面，始终用协调发展的理念为指导，做到既要部分地发展、更要整体地发展，牢记部分的发展永远代替不了整体的发展；要处理好优势与短板的关系，牢记木桶理论，既要扬长避短、更要补齐短板，要学会优势转化、不能为了短板而放弃优势。要处理好长远与近期的关系，加强顶层设计，协调好长远发展与近期发展的关系，处理好近期与长远的角色转换，不能故步自封，也不能好高骛远。在加强薄弱领域中增强发展后劲，就是要充分考虑发展进步的空间，必须清醒地看到：城乡分离、区

---

① 陈金龙：《五大发展理念的多维审视》，《思想理论教育》2016 年第 1 期。

域差异的根源是生产力有所发展但又发展不足①，对发展不足的要多思考、多下功夫、多实践，将劣势转化为后发优势；要在薄弱领域和薄弱环节中寻找发展出路，分析原因、优化配置、迎难而上，不能挑肥拣瘦、浅尝辄止，要对症下药、刮骨疗伤，践行全面发展、可持续发展。唯有如此，我们才能实现真正优化结构，解决畸形发展的问题，最终实现人民幸福。可见，协调发展既是为了解决当前发展中存在的不协调问题，特别是区域发展不协调和缺乏整体发展的问题，更是中国共产党人民幸福价值追求的本质属性。

三 绿色发展：天人和谐追求人民幸福

绿色是每个人、每个国家、每个民族繁衍生息和永续发展的重要保证；是提高人类生存能力，增强自然净化能力的单一向度；是实现天人和谐梦想，建构美丽中国的必用之术；最终是中国共产党实现人民幸福价值追求的重要考核指标。党的十八届五中全会提出：必须坚持节约资源和保护环境的基本国策，坚持可持续发展，坚定走生产发展、生活富裕、生态良好的文明发展道路，加快建设资源节约型、环境友好型社会，形成人与自然和谐发展现代化建设新格局，推进美丽中国建设，为全球生态安全作出新贡献。② 中央为何近年来屡提绿色呢？

人民幸福不仅需要增加收入、提高生活质量，还需要安全舒适的生活空间；没有良好的生活环境，经济再发达，人民也不会幸福，甚至会家破人亡、人类消失。新中国成立初期，随着工业化的起步，产生的环境问题大多为局部性的环境污染和生态破坏；改革开放后，我国将工作重心转移到经济建设上来，提出要大力发展生产力，这就不可避免地要加大对自然资源的开发力度，出现资源掠夺式开采与低技术式浪费并存的现象，造成对自然资源的过度索取及生态破坏。③ 经过 20 世纪八九

---

① 赵东明、白雪秋：《城乡协调发展的理论基础及启示》，《经济纵横》2015 年第 4 期。
② 《中国共产党第十八届中央委员会第五次全体会议公报》，《人民日报》2015 年 10 月 30 日。
③ 张荣华、赵国营：《生态文明建设纳入总体布局的必然逻辑——不同视阈下党对生态建设问题认识的演进》，《山东社会科学》2013 年第 2 期。

十年代的粗放式发展，生态瓶颈开始浮出水面，资源浪费成为常态，在制约人民生活水平和质量提升的同时，严重影响着人类的生存与发展，甚至危害到社会的安定团结。例如：2005年11月松花江发生重大水污染事件、2015年11月东北地区大面积雾霾爆发事件；国际上时有发生的核泄漏核污染事件、原油泄漏污染海洋事件；以及生活中经常遇见的垃圾随意丢弃随地焚烧、汽车尾气排放量居高不下、砍伐森林泥石流频发、"不关水""通宵电""舌尖上的浪费"等现象。一系列事件和现象让人民群众感情上难以接受而又束手无策，对此感到恐惧和害怕，渴望尽快摆脱这种情感困境。于是生态建设就迈进到社会视阈中成为一个攸关民生和可持续发展的社会问题。中国共产党在十七大报告中首次提出了生态文明和"两型社会"建设的任务；到十八大报告，正式在政治视阈中将生态建设提升到了事关中国特色社会主义事业兴衰成败的政治战略高度。经过这几年的生态建设与发展，中国共产党进一步认识到：仅仅是单一的生态建设难以达到人民幸福的标准，需要更高层次、更高要求的生态建设思想。对此，十八届五中全会及时提出绿色发展的理念，着力解决环境破坏、生态恶化、资源浪费等问题；通过传播绿色理念、提倡天人和谐的行动自觉，逐步改变盲目式、粗放型、污染化发展带来的各种弊端，实现人与自然和谐共生。

用绿色发展的理念描绘美丽中国的宏伟蓝图，追求人民幸福，需要我们培育绿色观念、实践绿色行动、建构绿色价值。培育绿色观念，就是要教育、宣传和引导人民群众自觉形成绿色观念、养成绿色习惯，特别要注重青少年的绿色思想教育，学习和认识这个美妙无比而又切合实际的新理念，做到绿色教育从娃娃抓起，一代传一代，让绿色观念内化于心；要树立全民环保的意识，从个人、家庭、组织、社会逐步扩展开来，从保护环境、修复生态、提倡绿色逐步深入下去。实践绿色行动，就是要将形成的绿色观念和养成的绿色习惯外化于行，以实际行动彰显自我绿色意识；要把绿色行动推广到各行各业、不同领域、方方面面，除了绿色环保、绿色生态之外，还需要实践绿色政治、绿色经济、绿色文化、绿色社会，甚至是绿色军队，总之，要把绿色行动深入到每一个角落。建构绿色价值，就是要让全民、全社会感受到天人和谐带来的价值，处处彰显绿色价值，人人享受绿色价值；要传承"道法自然"的宗旨，承认世界万物遵循的自然规律，共同遵守自然而然的状态，重视客观规律，在承认人类是自然一部分的同时，应突出人类的主观能动性，把"天人和谐"的道家精华进一步融入其中，更好地突出中国特色。① 唯有如此，我们才能解决发展"黑色化"的问题，营造人与自然和谐共处的生活环境，最终实现人民幸福。可见，当前生态恶化、资源浪费现象频发，已经到了非解决不可的地步；因为中国共产党在追求人民幸福价值的进程中逐步意识到：缺乏绿色，人民不会幸福，只有通过绿色发展实现天人和谐，人民幸福才能坐实。

四 开放发展：深融世界追求人民幸福

开放是每个人、每个国家、每个民族与时俱进、永葆前进的重要保证；是破除封闭和扩大交往能力，增强吸收和适应能力的重要方法；是提高我国综合国力，提升国际地位，建构中国特色社会主义道路自信、理论自信、制度自信话语体系的必由之路；最终是中国共产党实现人民幸福价值追求的战略选择。党的十八届五中全会提出：必须顺应我国经济深度融入世界经济的趋势，奉行互利共赢的开放战略，发展更高层次的开放型经济，积极参与全球经济治理和公共产品供给，提高我国在全球经济治理中的制度性话语权，构建广泛的利益共同体。② 改革开放至今已近40年，中央为什么还要再提开放呢？

人民幸福所要求的开放不仅仅是言论自由、出行方便，还需要进一步深融世界、感知世界，提高国际地位的同时让世界感知中国、感知中国人民的幸福生活。1978年中央以务实的精神，用改革开放开启了中国发展的新大门，通过逐步深入的开放，我们取得了巨大的成就。但随着我国经济体量的不断增大，人民生活与世界生活交集的日益扩大；加之国际地位的不断提升，需要处理的国际事务越来越多，卷入世界发展的领域越来越广，已有的开放形式、程度、深度渐显吃力；集中表现在

---

① 孙蕾、张荣华：《生态文明建设背景下我国生态文化的作用及发展战略选择》，《广西社会科学》2014年第3期。
② 《中国共产党第十八届中央委员会第五次全体会议公报》，《人民日报》2015年10月30日。

人民幸福：五大发展理念的价值追求

国内和国际两大市场。一方面，国内有庞大的市场，人民对高新科技产品的需求日益旺盛，国内市场却难以满足，只能期盼国际市场的进驻，可惜条条框框让国人只能望洋兴叹；另一方面，国内已有的大量初级产品积压，无法消化，又未能及时或者无力调整产品结构满足国内需求，只好"坐以待毙"。与此相反，一方面，发达国家早就对中国市场垂涎三尺，怀抱高端产品，不惜使用各种手段，甚至是非法手段，也要挤占中国市场，却始终不能如愿；另一方面，欠发达国家却在为缺少生活日用品而束手无策，期盼通过大量进口解决问题，可惜能够走出去的中国企业和中国产品仍屈指可数。于此局面，中国人民和中国企业的处境可谓既矛盾又尴尬。此外，在"走出去"融入全球经济的过程中，由于不懂规则，没有全球经济治理的制度性话语权，我们吃了很多亏，走了不少弯路。对此，十八届五中全会及时提出开放发展的理念，着力解决开放层次不高、国内外市场联动不力等问题；通过更高层次的开放，逐步扭转我国在世界经济改革和游戏规则制定中的被动局面，实现全方位、多层次、宽领域的复合型开放战略。

开放发展是经过实践检验的有效理念，将其深入持续下去需要我们打造中国形象、建构广泛的利益共同体、把握全球经济发展的制度建设话语权。打造中国形象，就是要树立一个"亲诚惠容"的大国形象，以亲切的、"走亲戚"式的、真诚的、不怀恶意的、互惠的、不独享的、包容的、不霸权的姿态走向世界；要树立一个有责任、敢担当，爱好和平、乐于助人的东方大国形象，以谦逊、严谨、有爱的态度走向世界；让世界认识、感知、认同、接纳中国形象。建构广泛的利益共同体，就是要秉承"你中有我、我中有你"的理念，以互利共赢、双赢、多赢的思想为指导，赢得世界的赞同和支持，更好地与世界发展互动；要以"一带一路"为契机，用更高层次的开放促进深层次的改革、多领域的发展、全方位的创新、多渠道的建设，实现深融世界，开创出互利合作的格局，打造成为开放型的强国。把握全球经济发展的制度建设话语权，就是要变被动为主动，既要参与游戏，更要参加游戏规则的制定，切实解决好发展内外联动的问题；要善于传播中国思想、发出中国声音、分享中国经验，积极参与全球经济治理和改革、参与全球公共产品生产和供给；要充分把握好世界经济发展的拐点，建构积极的制度建设话语权，引领经济全球化的浪潮；要以开放为契机，进一步释放国内市场活力，以创新驱动为导向，变制造为创造、变速度为质量、变产品为品牌，不断提高外贸出口竞争力。唯有如此，我们才能深化开放、深融世界，实现更高层次的开放，最终实现人民幸福。可见，现今的开放还不能达到人民所期望的程度，也达不到世界所期盼的程度，这并非无病呻吟，而是迫在眉睫，更是中国共产党实现人民幸福价值追求的迫切需要。

五 共享发展：人人富裕追求人民幸福

共享是中国共产党、中国特色社会主义、中国人民实现中华民族伟大复兴梦想的重要举措；是提升人民获得感，增强中国特色社会主义制度优越性的具体表现；是确保全面建成小康社会取得成功，建构全面深化改革路径的关键一招；最终是中国共产党实现人民幸福价值追求的内在要求。党的十八届五中全会提出：必须坚持发展为了人民、发展依靠人民、发展成果由人民共享，作出更有效的制度安排，使全体人民在共建共享发展中有更多获得感，增强发展动力，增进人民团结，朝着共同富裕方向稳步前进。[①] 中央为何要在此时提共享？

人民幸福不但要国家繁荣富强，还要人民富足自豪，更要人人富裕，让每一个人拥有实实在在的获得感。新中国成立以来，特别是改革开放以来，历经几十年艰苦卓绝的顽强奋斗，我们相继取得了革命、建设、改革的伟大胜利，尤其是取得了经济总量世界第二的奇迹。我们同时也经历了从一穷二白到吃饱穿暖再到建设小康的不同阶段，以至今天我们昂首阔步地迈入全面建成小康社会的新阶段；每一个阶段既有中国共产党的浴血奋战、英明领导，又有全国人民的紧密跟随、无私奉献，才取得了如此辉煌的成就；没有人民，我们难以取得成就，即使取得了成就，没有人民，也终将毫无意义。然而，如今的诸多分享不均、共享不足的问题已经绕不过去了，集中体现在民生建设不足等问题。比如：

---

① 《中国共产党第十八届中央委员会第五次全体会议公报》，《人民日报》2015 年 10 月 30 日。

收入不均、贫富悬殊已暴露多年：受诸多因素的影响，我国仍有 7000 多万的居民生活在贫困线以下，而发达地区的居民已享受小康生活多年，有的甚至超过了发达国家的生活水平；全国有"东西"收入差距，各地有"东西""南北"收入差距，民居有"城乡"收入差距。发展不平衡带来的获得感不同问题也很明显：基础设施建设参差不齐，城市出行方便快捷、山村出行步履维艰；社会保障良莠不齐，发达地区社会保障项目琳琅满目、落后地区则屈指可数；个人发展机会不均等，城市青年发展机会多、老少边穷青年发展机会则相对较少。资源配置不均、不合理，难以满足人民日常生活需求也是一大问题，由此带来了一连串的入学难、看病难、就业难、住房难、出行难，等等……有的甚至升级为社会群体性事件，引发骚乱。民生问题无小事，如果这些与人民生活息息相关的问题解决不好，那么分享发展成果就只能成为一种口号，甚至会影响国家发展的战略大局。此外，中国发展已离不开世界、世界发展更离不开中国，中国需要获得更多的与世界各国共同发展的机会、世界各国也同样渴望获得与中国共同发展的机会。对此，十八届五中全会及时提出共享发展的理念，着力收入不均、贫富悬殊等问题；通过共享的实际行动，逐步释放改革红利，与每一个人分享发展果实，与世界共享发展机遇。

　　共享发展理念一经提出便得到广大人民群众的积极拥护和热切期盼，做好共享发展这件大事需要我们深化共享意识、丰富共享理论、建立共享制度体系。深化共享意识，就要从中央到地方到基层，从党员到干部到群众，从浅到深、由表及里，正确理解、全面把握、牢牢树立共享意识；要把共享意识传播开来，不仅在国内，在世界也要发出人人富裕的中国共享声音，阐述人人富裕的中国共享理念，让世界感受中国共享的自觉。丰富共享理论，就要从政治、经济、文化、社会、生态等各个领域不断丰富和完善共享理论，让共享扎根于各行各业、让共享遍布中华大地；要创造出能说服人、感化人、教育人的共享理论，让全民认同、世界认同。建立共享制度体系，就是要始终牢记发展依靠人民、发展成果由人民共享，努力践行发展生产力、消灭剥削、消除两极分化、最终达到共同富裕的社会主义本质要求；要制定和确立一整套共享制度体系，为践行共享发展保驾护航；要加快收入分配制度改革，确保改革红利、发展成果真正惠及每一个人,同时确保发展机遇与世界共享。唯有如此,我们才能解决收入不均、贫富悬殊的问题,建构人人富裕的公平社会环境,最终实现人民幸福。可见,共享发展是一个有魅力的大国应具备的核心理念,是社会主义国家必须牢固武装头脑的重要思想,是中国共产党兑现"一切为了人民"承诺的最好体现;因为这是中国共产党人民幸福价值追求的最终落脚点。

(作者单位:张荣华,中国石油大学(华东)马克思主义学院;
陶磊,普洱市社会主义学院)

"共享"理念的马克思主义政治经济学论纲

胡立法

中共十八届五中全会提出的"创新、协调、绿色、开放、共享"五大发展理念。其中,"共享"发展理念,核心是劳动者能够共享社会劳动成果,使人民群众有获得感,最终实现共同富裕目标。从马克思主义政治经济学角度看,由于生产资料的私有制,资本主义条件下,劳动者和劳动产品之间存在截然对立现象;而实现生产资料公有制的新社会中,劳动者共享劳动成果则是新社会的内在要求。共享发展理念,坚持了社会社会主义本质要求,体现了中国特色社会主义的时代要求和未来愿景,是中国化的马克思主义政治经济学发展的新篇章。

一 劳动者和劳动产品之对立是资本主义私有制社会的内在必然

(一)资本主义私有制造成了劳动者和劳动产品的对立

资本主义私有制下,劳动者和劳动产品之间存在对立现象。劳动者创造出来的劳动产品不为劳动者所用,反而却与劳动者相对立,甚至转过来支配和奴役劳动者,这就是劳动者和劳动产品之间的异化或对立。《1844年经济学哲学手稿》中,马克思从国民经济学普遍承认的私有财产前提出发,认为劳动、资本和土地的互相分离,工资、资本利润和地租的互相分离,导致了工人降低为商品,而且降低为最贱的商品,资本则在少数人手中积累起来,整个社会分化为有产者阶级和没有财产的工人阶级。于是,"工人生产的财富越多,他的生产的影响和规模越大,他越贫穷。工人创造的商品越多,他就越变成廉价的商品。物的世界的增值同人的世界的贬值成正比"。① 这一事实表明,劳动者生产的劳动产品是作为一种异己的存在物,同劳动相对立。劳动产品表现为物化劳动,就是劳动的对象化。《1844年经济学哲学手稿》中马克思使用了黑格尔的"现实化"和"非现实化"及其对立统一方法,将"劳动的现实化"视为劳动的对象化。而私有财产下,劳动的现实化则表现为工人的"非现实化"即异化,也就是说,工人的产品表现为对象的丧失和被对象奴役。由于资本和劳动相互分离,原本由劳动者创造和生产出来的劳动产品,却不为劳动者所有,反而却被其奴役,以致工人到饿死地步,工人被剥夺了最必要的对象——不仅是生活的必要对象,而且是劳动的必要对象。显然,"工人对自己的劳动产品的关系既是对一个异己的对象的关系。因为根据这个前提,很明显,工人在劳动中耗费的力量越多,他亲手创造出来的反对自身的、异己的对象世界的力量就越强大,他自身、他内部世界就越贫乏,归他所有的东西就越少。"② 由劳动者亲手创造出来的劳动产品却不归劳动者所有,反而成了劳动者的对立物而存在。

劳动者和劳动产品之间对立的根源是资本主义的私有制。《1844年经济学哲学手稿》中,马克思认为,正是资本主义私有财产运动的结果产生了异化劳动,而劳动者和劳动产品的相互异化,是异化劳动的一个方面。私有财产和异化劳动之间是一种相互作用的关系。"尽管私有财产表现为外化劳动的根据和原因,但确切地说,它是外化劳动的后果,……后来,这种关系就变成相互作用的关系。"③ 私有财产导致了异化劳动,而异化劳动反过来强化了私有财产关系。马克思认为,私有财产和异化劳动化之间的相互关系,只是发展到资本主义社会才会彻底暴露出来。他说,"私有财产只有发展到最后的、最高阶段,它的这个秘密才重新暴露出来,就是说,私有财产一方面是外化劳动的产物;另

---

① 《马克思恩格斯文集》第1卷,人民出版社2009年版,第156页。
② 同上书,第157页。
③ 同上书,第166页。

一方面又是劳动借以外化的手段，是这一外化的实现。"① 资本主义社会是实行彻底财产私有的社会，也是私有制社会最高和最后阶段。机器大生产技术条件下，资本主义社会的资本家凭借对全部生产资料和劳动者劳动力使用权的占有，会尽可能多地生产剩余产品，因而异化劳动比其他私有制社会表现突出。恩格斯在《社会主义从空想到科学的发展》中也指出，"从前，劳动资料的占有者占有产品，因为这些产品通常是他自己的产品，别人的辅助劳动是一种例外，而现在，劳动资料的占有者还继续占有产品，虽然这些产品已经不是他的产品，而完全是别人劳动的产品了。"② 中世纪时期，个体生产者占有生产资料，并且用自己的手工劳动制造产品，所以他们能够占有自己的产品。但资本主义生产资料私有制下，资本家占有生产资料而不付出劳动，却占有雇佣劳动者的产品，从而造成了劳动者和劳动产品之间的对立。

（二）资本主义私有制下劳动者和劳动产品的对立会不断加深

马克思认为，生产资料私有制不仅造成了劳动者和劳动产品的对立，而且这种对立还会不断加深。《1844年经济学哲学手稿》中，马克思认为，工人对自己的劳动产品的关系就是一个异己的对象关系。而正是因为如此，"工人在他的对象中的异化表现在：工人生产得越多，他能够消费的越少；他创造的价值越多，他自己越没有价值、越低贱；工人产品越完美，工人自己越畸形；工人创造的对象越文明，工人自己越野蛮；劳动越有力量，工人越无力；劳动越机巧，工人越愚笨，越成为自然界的奴隶。"③ 工人将自己的生命投入对象，但现在这个对象已不再属于他而属于对象了。因此，工人生产越多，工人就越丧失对象，他自身的东西就越少，工人和劳动产品之间的对立就严重。

《资本论》中，马克思通过对资本主义生产特点、生产动机、生产特征、资本积累及其趋势阐述，阐述了生产资料私有制条件下劳动者和劳动产品之间对立如何不断加深现象。马克思认为，资本主义生产过程

---

① 《马克思恩格斯文集》第1卷，人民出版社2009年版，第166页。
② 《马克思恩格斯文集》第3卷，人民出版社2009年版，第550页。
③ 《马克思恩格斯文集》第1卷，人民出版社2009年版，第156页。

有两个特点：其一，工人是在资本家的监督之下劳动，他的劳动属于资本家；其二，产品是资本家的所有物而不是直接生产者工人的所有物。由于生产资料属于资本家所有并且他在劳动力市场上购买到了劳动力的使用权，所以，"劳动过程是资本家购买的各种物之间的过程，是归他所有的各种物之间的过程。因此，这个过程的产品归他所有，正像他的酒窖内处于发酵过程的产品归他所有一样"。① 资本主义生产中，生产商品不是资本主义生产的最终目的，资本主义生产的最终目的是实现资本的增殖。"资本主义生产过程的动机和决定目的，是资本尽可能多地自行增殖，也就是尽可能多地生产剩余价值，因而也就是资本家尽可能多地剥削劳动力。"② 绝对剩余价值的生产和相对剩余价值的生产是资本家生产剩余价值的两种方法。在阐述绝对剩余价值生产和相对剩余价值生产关系时，马克思认为，当劳动者为了自己的生活目的对自然物实行个人占有时，他是自己支配自己的。但在生产资料私有下，工人不是为自己生产，而是为资本生产，工人和劳动产品之间包含着特殊的、历史地产生的关系即资本主生产关系。"这种生产关系将个人变成资本增殖的直接手段。所以，成为生产工人不是一种幸福而是一种不幸。"③ 其实，不仅资本主义生产关系造成了劳动者和劳动产品之间的相分离，劳动生产力也变为资本的生产力。"同历史地发展起来的社会劳动生产力一样，受自然制约的劳动生产力也表现为合并劳动的资本的生产力。"④ 共同为资本增殖服务的资本主义生产关系和资本的生产力，它们相互作用，使资本主义社会在不断生产剩余产品的同时，也在不断促使劳动者和劳动产品之间的分离，劳动者和资本家之间也就越不能共享劳动产品。由于资本的目的是为了获得更多剩余价值，这决定了资本主义生产的特征是扩大再生产。为此，必须将剩余价值资本化才能实现扩大再生产并带来更多的剩余价值。而剩余价值的资本化就是资本积累。资本积累最初表现为资本量的扩大，它是通过减少可变资本而不断增加不变资本实现的。随着总资本增大，可变资本部分减少速度不断加快，

---

① 《马克思恩格斯文集》第5卷，人民出版社2009年版，第216页。
② 同上书，第384页。
③ 同上书，第582页。
④ 同上。

形成资本主义条件下的相对过剩人口。"过剩工人人口是积累或资本主义基础上的财富发展的必然产物,但是这种过剩人口反过来又成为资本主义积累的杠杆,甚至成为资本主义生产方式存在的一个条件。"① 因为,资本积累在不断生产出剩余价值同时,也在不断生产出资本积累本身;而资本积累导致的相对过剩工人人口又可以形成一支可供支配的产业后备军,他们绝对地从属于资本家,为不断变化的资本增殖创造出随时可供剥削的人身材料,从而为生产出更大的资本积累创造条件。因此,社会的财富执行职能的资本越大,它的增长的规模和能力越大,从而无产阶级的绝对数量和他们的劳动生产力越大,产业后备军就越大。"产业后备军越大,官方认为需要救济的贫民也就越多。这就是资本主义积累的绝对的、一般的规律。"② 在马克思看来,一切生产剩余价值的方法同时就是资本积累的方法,而积累的每一次扩大又反过来成为发展这些方法的手段。不管劳动者的报酬如何,其状况必然随着资本的积累而恶化。因此,在资本积累中,"在一极是财富的积累,同时在另一极,即在把自己的产品作为资本来生产的阶级方面,是贫困、劳动折磨、受奴役、无知、粗野和道德堕落的积累。"③ 资本生产的财富越多,生产资本的劳动者就越贫困,劳动者和劳动产品之间的对立呈扩大化趋势。

二 共享是实行生产资料公有制的新社会内在要求

"活动和享受,无论就其内容或就其存在方式来说,都是社会的活动和社会的享受。"④ 人的本质是社会人,社会活动离不开全体人的参与,社会成果也应该由参与社会劳动的全体劳动者享有。但资本主义私有制下,由于劳动和资本、土地的分离,作为社会人的劳动者却不能享有劳动成果。在实行生产资料公有制的新社会中,由于生产资料和劳动者的结合,作为社会人的劳动者能够享有劳动成果。

---

① 《马克思恩格斯文集》第 5 卷,人民出版社 2009 年版,第 728 页。
② 同上书,第 742 页。
③ 同上书,第 743—744 页。
④ 《马克思恩格斯文集》第 1 卷,人民出版社 2009 年版,第 187 页。

（一）建立生产资料公有制的新社会，是实现共享的社会制度前提

资本主义私有制是造成劳动者和劳动产品相对立的根源，在此条件下，劳动者根本不可能会共享社会劳动成果。而劳动者能否有获得感并且共享社会劳动成果，取决于生产条件本身也即生产方式本身。重建生产资料公有制的新社会，就是要建立不同于资本主义生产方式的新生产方式，唯有如此才能实现劳动者共享社会劳动成果。"如果生产的物质条件是劳动者自己的集体财产，那么同样要产生一种和现在不同的消费资料的分配。"[1] 资本主义社会，由于生产资料的资本主义私人所有制的存在，因此，资本主义社会的所谓"公平"的分配是不存在的。生产资料的资本家私人占有条件下，资本主义社会的"公平"的分配是有利于资产阶级的分配，而在劳动者看来，则是不公平分配，劳动者不能公平享有劳动成果，没有获得感。在《哥达纲领批判》中，马克思就批判了"公平的"分配是超阶级的历史唯心主义观点。社会生产方式尤其是社会经济关系决定着分配是否"公平"。因此，实现劳动者共同享有自己的劳动产品，必须重建个人所有制。重建个人所有制的途径是剥夺剥夺者，就是剥夺剥削许多工人的资本家，使以剥削他人劳动为基础的私有生产资料转为公共的生产资料，从而建立一个崭新的社会——共产主义社会。在生产资料公有制新社会中，私有制较公有制而言，"前者是少数掠夺者剥夺人民群众，后者是人民群众剥夺少数掠夺者"。[2] 所以，新社会中，劳动者能够享有社会劳动成果就有了可能。《哥达纲领批判》中，马克思第一次将共产主义社会区分为共产主义社会第一阶段和共产主义社会高级阶段。列宁后来将前者明确称之为社会主义社会、后者为共产主义社会。共产主义社会第一阶段，是在经过长久阵痛刚刚从资本主义社会产生出来的。而在共产主义社会高级阶段，不仅不存在雇佣劳动制度，脑力劳动和体力劳动的对立随之消失，而且在劳动产品的分配上，"劳动已经不仅仅是谋生手段，而且成了生活的第一需要之后；在随着个人的全面发展，他们的生产力也增长起来，而

---

[1]《马克思恩格斯文集》第3卷，人民出版社2009年版，第436页。
[2]《马克思恩格斯文集》第5卷，人民出版社2009年版，第874—875页。

集体财富的一切源泉都充分涌流之后,只有在那个时候,才能完全超出资产阶级权利的狭隘眼界,社会才能在自己的旗帜上写上:各尽所能,按需分配!"① 恩格斯在《社会主义从空想到科学的发展》中认为,"一旦社会占有了生产资料,商品生产就将被消除,而产品对生产者的统治也将随之消除"。② 产品对生产者的统治,就是产品和生产者的对立,它将随着生产资料公有制的实行而消除,即生产资料公有制的社会能确保生产者享有劳动产品。而且恩格斯认为,在实行生产资料的新社会,能够保证一切社会成员有富足的和一天比一天充裕的物质生活,也就是说,社会主义社会不仅能够保证劳动者享有劳动成果而且还能实现共同富裕目标。列宁在《告贫苦农民》中也认为,只有社会主义社会才能实现劳动者共享社会发展成果和实现共同富裕。他说,"我们要争取新的、更好的社会制度:在这个新的、更好的社会里不应该有穷有富,大家都应该做工。共同劳动的成果不应该归一小撮富人享受,应该归全体劳动者享受。关于这个社会的学说就叫社会主义"。③

(二) 新社会的共享特征

劳动者享有平等权。享有平等的政治和社会地位,是共享劳动成果的前提。资本主义生产方式决定了资本主义的占有方式,那就是剥削和压迫,这是对人的自然权利——平等权的剥夺。资本主义私有制下,工人创造的劳动成果却不能为自己所享有,而资本家却能做到不劳而获,工人完全是处于被剥削和被压迫地位,无基本的平等权,当然也就无所谓享有劳动成果。能否共享劳动成果是人的自然权力的重要体现。在《反杜林论》中,恩格斯在批判杜林的公平理念时,指出了现代平等理念的特征。他说,"这种平等要求更应当是从人的这种共同特性中,从人就他们是人而言的这种平等中引申出这样的要求:一切人,或至少是一个国家的一切公民,或一个社会的一切成员,都应当有平等的政治地位和社会地位。"④ 在新社会中,劳动者首先必须有平等的政治地位和

---

① 《马克思恩格斯文集》第3卷,人民出版社2009年版,第436页。
② 同上书,第564页。
③ 《列宁全集》第7卷,人民出版社1986年版,第112页。
④ 《马克思恩格斯文集》第9卷,人民出版社2009年版,第109页。

社会地位。在此基础上,劳动者必须在参加劳动的条件下才能共享劳动成果,这是每一个有着平等政治地位和社会地位的公民的必然结果。没有平等,也就谈不上共享。在享有平等政治和社会地位下,劳动者能够共享社会劳动成果,是每一个公民价值和尊严的体现,也是最终实现个人自由而全面发展的前提。

劳动者共享生活资料、享受资料和一起资料。恩格斯为马克思《雇佣劳动和资本》写的1891年单行本导言中,描绘了新的社会制度下(共产主义社会)劳动者共享劳动成果的特征,即劳动者享有生活资料、生产资料和其他一切资料。他说,新社会中,"人人也都将同等地、愈益丰富地得到生活资料、享受资料、发展和表现一切体力和智力所需的资料"。[①] 在马斯洛的需要层次理论中,人的需要被分成了生理需要、安全需要、爱和归属感需要、尊重和自我实现需要等五个依次递进的层次,更高一级层次需要产生于低一级需要满足后。劳动者作为个体,首先是自然存在物,为此,要维持自身的存在,必须解决吃、穿、住、行等基本生理需要,在此基础上才能发展自己乃至"创造历史"。《德意志意识形态》中,马克思在批判费尔巴哈、鲍威尔和施蒂纳所代表的三种不同类型哲学基础上,从"现实人"基本前提出发引出了唯物史观的基本原则,即,"我们谈的是一些没有任何前提的德国人,因此我们首先应当确定一切人类生存的第一个前提,也就是一切历史的第一个前提,这个前提就是:人们为了能够'创造历史',必须能够生活。但是为了生活,首先就需要吃喝住穿以及其他一些东西。因此第一个历史活动就是生产满足这些需要的资料,即生产物质生活本身,而且,这是人们从几千年前直到今天单是为了维持生活就必须每日每时从事的历史活动,是一切历史的基本条件"。[②] 这一唯物主义基本原则表明,人要生存,就要维持基本生活以及维持生活的生产和发展。资本主义私有制下,工人作为劳动者,本应享有劳动产品,但由于除了自己劳动力外,一无所有,只能受雇于资本家,其创造的价值被资本家无情剥夺了,只能获得为了实现资本增殖所需要的劳动力生产的那部分生活资

---

① 《马克思恩格斯文集》第1卷,人民出版社2009年版,第709—710页。
② 同上书,第531页。

料。而且，资本为了获得更多剩余价值，还会通过绝对或相对延长剩余劳动时间，降低劳动力价值，剥夺工人的剩余劳动产品，不仅使人的劳动力由于被夺去了道德上和身体上正常的发展和活动的条件而处于萎缩状态，而且使劳动力未老先衰和过早死亡。在新社会中，由于实现了生产资料公有制，劳动者共同劳动，当然也就能共享劳动成果。新社会中，劳动者共享其生存和发展的一切资料的特征，体现了新社会对劳动者基本生存权的尊重，也就是对生存权中首要的人权的尊重。

人的自由而全面发展是未来新社会共享的最高形式。《共产党宣言》中，马克思和恩格斯是以人的自由而全面发展来定义未来的共产主义社会的，它也是未来社会的终极价值和最高目标。"代替那存在着阶级和阶级对立的资产阶级旧社会的，将是这样一个联合体，在那里，每个人的自由发展是一切人的自由发展的条件。"[①] 在共产主义社会低级阶段（社会主义社会），由于劳动还是人谋生的手段，不同形式的差别和对立还一定范围内存在，因此，共享理念着重强调劳动者享有平等的政治地位和社会地位并在此基础上共享劳动成果，使人有获得感。但在未来共产主义社会中，由于物质产品极大丰富，又实行"各尽所能，按需分配"原则，因此，共享的特征不仅仅限于享有劳动成果，更重要的是在此基础上的人的自由而全面发展。所以，人的自由而全面发展是未来共产主义社会的基本特征，也是未来社会共享的最高形式。《1844年经济学哲学手稿》中，在批判了私有制下异化劳动以及扬弃异化劳动的途径后，马克思通过对未来共产主义社会本质特征的描绘，描绘了人的自由发展思想。"共产主义是对私有财产即人的自我异化的积极的扬弃，因而是通过人并且为了人而对人的本质的真正占有；因此，它是人向自身、也就是向社会的即合乎人性的人的复归，这种复归是完全的复归，是自觉实现并在以往发展的全部财富的范围内实现的复归。这种共产主义，作为完成了的自然主义，等于人道主义，而作为完成了的人道主义，等于自然主义，它是人和自然界之间、人和人之间矛盾的真正解决，是存在和本质、对象化和自我确证、自由和必然、个体和类之间的斗争的真正解决。它是历史

[①] 《马克思恩格斯文集》第2卷，人民出版社2009年版，第53页。

之谜的解答,而且知道自己就是这种解答。"① 通过扬弃人的异化而真正发展人,对物的占有是通过人并且为了人,从而实现人的自由发展,实现向人的本质的复归。人的衣食住行的需要并不是人的本质,但人的本质离不开衣食住行等需要。因此,必须占有物,从而满足人的需要,人的需要能够得到全面满足是人自由而全面发展的重要内容。所以,从这个意义上来说,未来社会共享的最高形式是在共享劳动成果基础上的人的自由而全面发展。

(三) 新社会实现共享的路径

在马克思和恩格斯看来,大力发展生产力,是新社会中实现共享的物质技术前提。马克思和恩格斯设想的未来新社会是一个建立在高度发达生产力基础上的个人自由而全面发展的"自由人联合体"。未来新社会,首选必须要有高度发达的生产力,这是实现劳动者共享劳动成果的物质技术前提。没有高度发达的生产力,就不会有富裕的社会财富,当然也就无所谓共享。马克思在《政治经济学批判(1857—1858年手稿)》中也说道,工人能够占有自己的剩余劳动而不被资本所束缚时,"社会生产力的发展将如此迅速,以致尽管生产将以所有的人富裕为目的……因为真正的财富就是所有个人的发达的生产力。"② 恩格斯在《共产主义原理》中也论述了未来社会实现共享的方法。他说,"把生产力发展到能够满足所有人需要的规模;结束牺牲一些人的利益来满足另一些人的需要的状况;彻底消灭阶级和阶级对立;通过消除旧的分工,通过产业教育、变换工种、所有人共同享受大家创造出来的福利,通过城乡的融合,使社会成员的才能得到全面发展。"③ 显然,没有高度发达的生产力,劳动者共享劳动成果就是无源之水和无本之木。

劳动者必须参加劳动并以劳动为尺度享有社会劳动成果,这是共享的衡量手段。《共产党宣言》中,马克思认为未来的共产主义社会中,工人可以凭借自己的劳动享有和支配自己的劳动产品,而这样的劳动产

---

① 《马克思恩格斯文集》第1卷,人民出版社2009年版,第185—186页。
② 《马克思恩格斯文集》第8卷,人民出版社2009年版,第200页。
③ 《马克思恩格斯文集》第1卷,人民出版社2009年版,第689页。

品绝不是资本主义社会中仅限于实现资本增殖所需要的劳动力生产的那部分劳动产品。"在资产阶级社会里，活的劳动只是增殖已经积累起来的劳动的一种手段。在共产主义社会里，已经积累起来的劳动只是扩大、丰富和提高工人的生活的一种手段。"①《资本论》第1卷中，马克思提出了未来社会以劳动时间作为衡量个人消费品的分配尺度。共产主义社会低级阶段，由于劳动依然还是谋生手段，个人劳动是社会总劳动的组成部分，因此，个人劳动成果的分配只能以"劳动"为尺度进行。"生产者的权利是同他们提供的劳动成比例的；平等就在于以同一尺度—劳动—来计量。"②恩格斯也认为，在人人都必须劳动的条件下，人人都将同等地获得生活资料及其他促进个人发展的一切所需要的资料。人人共享社会成果并且使每个社会成员有获得感，显然不包括"搭便车"现象。劳动者需要参加劳动，并以劳动为尺度计量劳动成果，不劳而获、劳而不获，均不是社会主义社会的共享要求。在劳动基础上，"每一个生产者，在作了各项扣除以后，从社会领回的，正好是他给予社会的。他给予社会的，就是他个人的劳动量。"③当然，以劳动为社会成果分配的计量手段，依然需要遵循等价交换的原则，这就又排除了私有制社会中劳动产品和劳动者之间的异化现象，确保了参与劳动的劳动者通过等价交换而又获得感，因为它是一种形式的一定劳动量与另一种形式的一定劳动量之间的交换。"这里通行的是调节商品交换（就它等价的交换而言）的同一原则。……即一种形式的一定量劳动同另一种形式的同量劳动相交换。"④根据劳动尺度来共享劳动成果，并不排除不同的劳动者有不同的劳动能力差异，也就是说，必须默认"劳动者的不同等的个人天赋，从而不同等的工作能力，是天然特权"⑤。所以，在共产主义社会的初级阶段，以劳动为尺度共享劳动成果只是形式上的平等，在内容上实际是不平等的。而实现形式和内容上的同时平等，必须进入共产主义社会高级阶段，到那时，劳动不仅仅是谋生手段而且还是生活的第一需

---

① 《马克思恩格斯文集》第2卷，人民出版社2009年版，第46页。
② 《马克思恩格斯文集》第3卷，人民出版社2009年版，第435页。
③ 同上书，第434页。
④ 同上。
⑤ 同上书，第435页。

要，也才能实现"各尽所能，按需分配"。

三 "共享"发展理念——中国化的马克思主义政治经济学发展的新篇章

（一）坚持社会主义本质要求是"共享"发展理念提出的基点

"社会主义的本质，是解放生产力，发展生产力，消灭剥削，消除两极分化，最终达到共同富裕。"① 这是邓小平对社会主义本质的精辟概括。

按照马克思的设想，社会主义社会应当建立在生产力高度发达的资本主义社会基础上，但现实的社会主义恰恰都是在相对落后的国家取得了胜利，而"较低的经济发展阶段解决只有高得多的发展阶段才产生了的和才能产生的问题和冲突，这在历史上是不可能的。……每一种特定的经济形态都应当解决它自己的、从它本身产生的问题；如果要去解决另一种完全不同的经济形态的问题，那是十分荒谬的"。② 1987年中共十三大提出了社会主义初级阶段理论，并指出，社会主义初级阶段的主要矛盾是人民群众日益增长的物质文化需要同落后的社会生产之间的矛盾。据此，中国共产党人提出了在社会主义初级阶段必须将发展生产力作为全部工作中心的论断。在这样的背景下，1993年中共十四届三中全会提出了个人收入分配的体现效率优先，兼顾公平原则。这一原则在2002年的中共十六大报告中得到了进一步明确。中共十六大报告指出，坚持效率优先，兼顾公平；初次分配注重效率，发挥市场的作用，再分配注重公平，加强政府对收入分配的调节职能，调节差距过大的收入。初次分配中坚持效率优先原则和再次分配中兼顾公平原则，前者体现了社会主义初级阶段发展生产力的紧迫性、极端重要性以及马克思主义政治经济学关于社会主义社会应该有高度发达生产力的论断，也暗含着只有在发展生产力基础上才能共享劳动成果的马克思主义政治经济学论断。

随着改革开放的不断深入，我国的综合国力不断提高。但在分配领

---

① 《邓小平文选》第3卷，人民出版社1994年版，第373页。
② 《马克思恩格斯文集》第4卷，人民出版社2009年版，第458—459页。

域，出现了收入分配差距过大、贫富分化的趋势日益显著和社会矛盾随之凸显现象，这并不符合马克思主义政治经济学关于新社会劳动者应当共享劳动成果的论断。2004年中共十六届四中全会强调，注重社会公平，合理调整国民收入分配格局，切实采取有力措施解决地区之间和部分社会成员收入差距过大的问题，逐步实现全体人民共同富裕。2006年中共十六届六中全会更是强调，在经济发展的基础上更加注重社会公平。2007年中共十七大报告对收入分配原则作出了新的概括，强调：合理的收入分配制度是社会公平的重要体现；初次分配和再分配都要处理好效率和公平的关系，再分配更加注重公平；把提高效率同促进公平结合起来。此时，分配领域的效率和公平关系则是相互并重的关系。2012年的中共十八大报告进一步提出，推动经济更有效率，更加公平。该论断是强调公平和效率要上一个新台阶，这表明，虽然大力发展生产力依然是社会主义的根本任务，但从公平角度说，必须使更多的人享受改革开放红利，才能不断缩小收入差距，消除贫富分化现象。

经济进入新常态后，2015年中共十八届五中全会提出了"创新、协调、绿色、开放、共享"五大发展理念。五大理念之间存在内在辩证关系，"创新是动力，协调是方法，绿色是方向，开放是战略，共享是归宿"。① 作为发展归宿的"共享"理念，在创新驱动提高生产力发展水平基础上，强调全体劳动者共享发展成果，使人民群众不断有获得感，最终实现共同富裕目标，它集社会主义本质要求全部要义于一身，是社会主义的本质要求的集中体现。从这个意义上说，坚持社会主义本质要求，是共享发展理念提出的基点。

（二）"共享"发展理念体现了中国特色社会主义社会的时代要求和未来愿景

一方面，共享发展理念是中国特色社会主义的时代要求。"过去的一切运动都是少数人的，或者为少数人谋利益的运动。无产阶级的运动是绝大多数人的，为绝大多数人谋利益的独立的运动。"② 改革开放以

---

① 秦宣：《五大发展理念的辩证关系》，《光明日报》2016年2月4日。
② 《马克思恩格斯文集》第2卷，人民出版社2009年版，第42页。

来,作为劳动人民利益代表的中国共产党人,带领劳动人民不断开拓进取,中国特色社会主义事业取得了卓越成就,国家整体经济实力不断提高,已跃居世界第二大经济体。此背景下,共享发展理念主张发展是为了人民,发展需要依靠人民,发展成果理所当然地也应当由人民共同享有,使全体人民在共建共享发展中有更多的获得感,这是共享发展理念体现的中国特色社会主义社会的时代要求。进一步地说,通过时代要求,就是要使人民群众增加社会主义制度的优越感和自豪感,最终有社会主义制度"获得感"。

另一方面,共享发展理念也代表着中国特色社会主义社会未来愿景。共享发展理念的提出也深刻地预示着,需要持续推进中国特色社会主义事业向前发展,创造更多的物质和精神财富,不断夯实共享的物质和精神基础,才能实现让人民群众共享中国特色社会主义事业建设成就的美好愿望,才能使人民群众在此基础上最终实现个人自由全面发展。"当人们还不能使自己的吃喝住穿在质和量方面得到充分保证的时候,人们就根本不能获得解放。"[①] 没有生产力的巨大发展和物质产品的极大丰富,人民群众共享劳动成果就是"无源之水、无本之木",劳动者个人自由而全面发展就是空中楼阁,共产主义社会也就无法实现。因此,共享发展理念的提出,也深刻昭示着中国特色社会主义的未来愿景,那就是,通过全面深化改革,进一步大力发展社会主义社会生产力,不断满足人民群众的共享需求,最终迈入共产主义,从而实现个人自由而全面发展的终极价值和最高目标。

总之,共享发展理念提出,坚持了社会主义本质要求,在此基础上,不仅体现了实行生产资料公有制的中国特色社会主义事业成果理应由全体人民共享的时代要求,而且还体现了中国特色社会主义的未来愿景,即通过创新驱动进一步发展生产力,不断满足人民群众的物质和精神需要,消除一切差别和两极分化现象,最终迈入共产主义社会,从而实现个人自由而全面发展的终极价值和最高目标。由此可见,共享发展理念的提出是中国化的马克思主义政治经济学发展史上的新篇章。

---

① 《马克思恩格斯文集》第 1 卷,人民出版社 2009 年版,第 527 页。

参考文献

[1] 苗瑞丹:《论马克思恩格斯发展成果由人民共享思想及其现实启示》,《求实》2013年第7期。

[2] 张宇、王亚玄:《书写当代马克思主义政治经济学的新篇章》,《马克思主义与现实》2016年第1期。

[3] 卫兴华:《怎样准确把握"效率与公平"的演变与内涵》,《人民论坛》2013年第18期。

[4] 陈刚:《马克思人的自由全面发展观及其当代意义》,《江苏社会科学》2005年第6期。

(作者单位:扬州大学马克思主义学院)

五大发展理念的实践路径探析

何龙群

中国共产党十八届五中全会提出的"创新、协调、绿色、开放、共享"的五大发展理念,深刻揭示了实现更高质量、更有效率、更加公平、更可持续发展的必由之路,指明了未来中国的发展方向,是统领当下或更长时间我国社会经济发展前行的战略抉择,开拓了马克思主义发展观的新境界。如何使五大发展理念在中国特色社会主义发展进程中落地生根,切实得到实施践行并取得惠及广大人民的实际成效,关系国家的发展全局和民族命运,需要探讨明晰五大理念的实践路径,设计各项相互联系、相互影响的制度措施,推动五大理念在实际的运用和实现。本文侧重从实践与操作层面对此进行探究和分析。

一 以规划目标作引领

五大发展理念针对的是我国发展中的突出矛盾,回答的是中国当前最为紧迫的现实问题,必然要求通过规划目标的引领来落实解决。我国"十三五"规划的总目标是全面建成小康社会,它承载的任务极为繁重艰巨,小康社会的标准是一个立体多元的体系,需要通过多层次多方面具有定量指标的分目标来落实,既要将五大发展理念融入国家、区域、地方的发展新战略,又要融入各层级各领域发展目标中,相互依存、相互促进。

从国家层面看,2016年全国人大第十二届四次会议通过的《中华人民共和国国民经济和社会发展第十三个五年规划纲要》,已在目标体系上融入和体现了五大发展理念。"十三五"规划的总体目标是全面建成小康社会。其分目标包括经济目标、创新目标、协调目标、生态目标、开放目标和民生目标等,这种设计从分目标名称上就突出了五大发展理念,在目标内容中还进一步通过定量指标呈现出五大发展理念要求的细化。[1]

经济目标,保持经济中高速增长,推动产业迈向中高端水平。"十三五"经济增长预期目标6.5%—7%,更重视经济发展质量而不是一味强调速度。这与全面建成小康社会目标相衔接,与推动结构性改革的需要相吻合,有利于稳定和引导市场预期,有利于保就业,惠民生。

创新目标,强化创新引领作用,为发展注入强大动力。以移动宽带网用户普及率为例,中国要从2015年的57%提高到2020年的85%,提高了28个百分点。这是巨大的飞跃,是创新引领的重要体现。

协调目标,推进新型城镇化和农业现代化,促进城乡区域协调发展。缩小城乡区域差距,既是调整经济结构的重点,也是释放发展潜力的关键。"十三五"规划在城镇户籍人口规模方面提出了达到45%的水平。户籍人口指标的提高,强化了以人为中心的城镇化,更注重城镇化质量的提升,对地方具有很大的约束。

生态目标,推动形成绿色生产生活方式,加快改善生态环境。从具体指标看,新增建设用地规模设定一条红线,全国平均增速不超过3256万亩,这就要求提高建城区空间利用效率,包括合理增加人口、经济密度等。"万元GDP用水量下降",口径从原来万元工业增加值拓展到万元GDP,这涉及农业增加值、服务业增加值的计算,也就是要求全面高效率使用水资源。

开放目标,对外开放深度广度不断提高,全球配置资源能力进一步增强,进出口结构不断优化,国际收支基本平衡。奉行互利共赢的开放战略,发展更高水平的开放型经济,顺应了我国经济深度融入世界经济的趋势。

民生目标,持续增进民生福祉,使全体人民共享发展成果。具体指

---

[1] 《中华人民共和国国民经济和社会发展第十三个五年规划纲要》,《人民日报》2016年3月18日。

标包括劳动年龄人口平均受教育年限增长 0.57 年，以及创造就业、减贫养老、城镇棚户区改造、人均预期寿命等，要求抓好就业、增收、扶贫以改善民生三件大事，共享理念从中得到充分体现。

可见五大发展理念通过国家规划予以落实，贯穿于"十三五"经济社会发展的各领域各环节。相比以往五年规划是一突出的特点，体现了国民经济和社会发展的新常态、新理念、新发展和新要求。

从地方层面看，地方各级规划也在国家目标的框架内，确立体现五大发展理念并切合当地实际的目标体系，引领推动各地经济社会科学发展。应该说，各地规划由于经济社会发展基础和条件不同而关注点有所不同，如民族地区更关注区域性整体脱贫、基础设施建设、产业结构转型升级、生态保护和生态补偿、"一带一路"战略实施等，但走创新发展、协调发展、绿色发展、开放发展、共享发展的道路是共同的，把五大发展的方方面面变成系统、全面、科学的规划，是落实引领地方发展的基础前提和前进方向。从 2016 年初全国各地人代会通过的当地"十三五"规划看，与国家规划的精神是吻合的，体现了社会主义中国全国一盘棋的格局。这是中国相比世界其他国家更有力量和更为自信的优势和特点。

二 以政策措施衔接相支撑

中国共产党一贯重视政策的研究。毛泽东指出："政策和策略是党的生命，各级领导同志务必充分注意，万万不可粗心大意。"[①] 有了明确的目标和思路仅是第一步。规划落实需要通过政策去释放社会活力，让群众心热起来，行动起来，众志成城去实现确定的目标。

一个政党和国家的政策是一个立体的相互联系、相互依赖、相互作用的结构体系。从纵向看，有中央政策和地方性政策，总政策、基本政策和具体政策之分；从横向看，包括经济、政治、社会、文化、生态各个领域、各个部门的政策，每个领域、每个部门政策中又细分为许多方面的政策，如我国现阶段的经济政策就包含基本产业政策、农业政策、

---

① 《毛泽东选集》第 4 卷，人民出版社 1991 年版。

工业政策、商业政策、外贸政策、金融政策、财税政策、价格政策、收入分配政策、土地政策、人口政策、生态环境保护政策等等，纵横交错，相互交织。因此，五大发展理念的落实，需要在纵向关系上注意政策上下衔接和上下配套，保持政策与中央要求相一致并真正落到实处；在横向关系上注意政策的平衡和协调，同一层次的各项政策之间一定要相互适应、相互配合，绝不能相互抵触，更不能相互抵消，要从政策系统的整体性出发来考虑部门政策和地方政策，以充分发挥政策在落实五大理念中的最佳效力。

三　以体制机制创新为基石

通过全面深化改革形成有利于落实新理念的体制机制。是取得增强创新能力、推动平衡发展、改善生态环境、提高开放水平、促进共享发展新突破的基石和关键。当前，我国已经进入了改革的深水区，深层次问题开始浮出水面，必须系统、全面地思考这些盘根错节的问题和矛盾，需要加大改革力度，直面经济发展新常态下面临的矛盾和挑战，对准瓶颈和短板，精准对焦，协同发力，为五大发展理念的落实提供条件，扫除障碍。2016年3月中央全面深化改革领导小组第22次会议，审议通过的《关于健全生态保护补偿机制的意见》《关于建立贫困退出机制的意见》《关于加强儿童医疗卫生服务改革与发展的意见》《关于深化投融资体制改革的意见》《关于建立法官检察官逐级遴选制度的意见》等等，就是聚集瓶颈和短板，创新体制机制的努力。

事实上，这种努力改革开放38年来中国共产党一直在进行，在不断深化经济体制改革的同时，不断深化政治体制、文化体制、社会体制和其他各方面体制的改革，不断形成和发展符合当代中国国情、充满生机活力的体制机制，保障了国家的快速科学发展。但随着改革进入攻坚期和深水区，改革的难度加大，风险加大，改革的复杂性、艰巨性前所未有。党的十八届三中全会提出经济体制、政治体制、文化体制、社会体制、生态文明体制和党的建设制度6大方面15个领域330多项较大的改革举措，重在"一分部署，九分落实"，中央成立了全面深化改革领导小组，负责改革总体设计、统筹协调、整体推进、督促落实。下设了6个专项小组，形成了相互联系的工作机制。这在党的历史上是全新的机构，体现了当届中央领导对国家和人民事业的巨大担当和迎难而上的极大的胆略和勇气。

6大方面15个领域改革之间紧密联系，相互交融，任何一个方面和领域的改革都会牵动其他方面和领域，需要其他方面和领域改革的配合。需要处理好上下左右各种关系，需要改革措施的前呼后应、配套组合、系统集成、形成整体。改革形成的体制机制与五大发展理念的落实是相辅相成的，需要持之以恒，抱有再难也要向前推进的信念和信心，持之以恒地抓下去，"加快形成崇尚创新、注重协调、倡导绿色、厚植开放、推进共享的机制和环境"。①

四 以时机把握为策略

邓小平在1990年12月党的十三届七中全会召开前同中央负责同志谈话时要求"善于把握时机来解决我们的发展问题"②。所谓时机，指的是一种有利的境遇和机会。对于一个国家来说，就是在国际上有相对平和的周边环境或有利的地位，在国内有一个比较稳定的社会环境，最关键的是有一个团结有力的领导核心，从而为国家改革发展提供保障和有利条件。当前我们正处于这样一个境遇中。同时，在机遇期中，还要关注各项改革和各项政策出台的时机。践行五大发展理念要坚持统筹兼顾，稳中求进。要在保持改革发展稳定的均衡点上展开，把改革的力度、发展的速度和社会可承受的程度统一起来，要提高抗风险能力，努力做到各项改革推进的时机把握适当、节奏把握合理、措施把握适度。首先要认清形势。明确改革发展的有利因素和条件，审时度势，做好准备，把握时机，及时运作。其次要用好时机。要依靠改革理顺各种政治经济关系，调动各方面的积极性和创造性，解放和发展生产力，使广大

---

① 习近平：《在庆祝中国共产党成立95周年大会上的讲话》，《人民日报》2016年7月2日。
② 《邓小平文选》第3卷，人民出版社1994年版。

人民群众共享改革开放成果。否则机遇会稍纵即逝。最后要珍惜机遇。不折腾，不任性，依照社会发展的客观规律，在党中央领导下，齐心协力、脚踏实地地落实每一项改革措施，目的让中国特色社会主义实现更好的发展。把握住这一点，才是真正利用了时机，解决了问题。

五　以责任考核相督促

党的十八届四中全会《决定》明确提出要建立重大决策终身责任追究制及责任倒查机制，对重大决策中乱作为（严重失误）和不作为（依法应该及时作出决策而久拖不决）的责任追究条件、承担责任主体等作出了原则性规定。这是针对近年来一些官员随意决策造成重大损失、片面追求经济发展而造成环境污染和生态破坏、安全意识不强造成重大安全事故等突出现象提出的，这成为构建官员重大决策终身负责制的指导性原则。认真落实这一制度，需要考虑法律依据、追责时效、归责原则、追责主体、责任主体、追责程序、责任大小、责任形式等因素，架构完善的制度，以约束公共权力的滥用。2016年7月，中共中央印发了《中国共产党问责条例》，这既是全面从严治党的又一制度创新，也是落实五大发展理念的重要利器。有权必有责，有责要担当，失责必追究。权责一致是现代文明国家一个普遍的法制原则，需要在实施五大发展理念中切实坚持，精准定责，精准监督，精准问责，确保权力在正确的轨道上运行，确保决策的科学性和民主性。只有压实责任，才能久久为功。

要将责任与严格考核结合起来。围绕落实五大发展理念，抓住领导干部这个"关键少数"。一是将五大发展理念教育作为理论武装、党性锤炼和作风养成的重要内容。突出抓好各级领导干部特别是地方党政正职、重要部门和关键岗位领导干部教育培训工作，切实提升教育培训实效；二是用好政绩考核"指挥棒"。按照五大发展理念的新要求，细化具体指标、加大权重分配，建立可衡量、可落实、可比较的考核指标体系。完善平时了解办法、年度综合考核办法和任职深度考察办法，探索运用专门考核工具，使考评结果客观公正，经得起实践检验、历史评判；三是强化履职过程监督，通过党内、人大、政协、媒体、群众多元渠道，有针对性地加强监督，着力解决一些干部不担当、不负责、不作为、乱作为的问题，唤醒干部的担当意识，敢于负责，善于作为，保证落实五大发展理念的持续性与正能量。

六　以系统化的法律实施为保障

全面深化改革离不开全面依法治国的保障支持，五大发展理念的实施同样需要法治的保障支持。一是通过立法予以具体化和制度化，如2015年全国人大提出了立法法修正案，完善立法体制机制，增强了立法的系统性、及时性、针对性和有效性。全面修订大气污染防治法、及时修订食品安全法、人口与计划生育法、促进科技成果转化法、教育法、高等教育法、种子法、野生动物保护法、电影产业促进法、中医药法等，制定了慈善法、深渊海底区域资源勘探开发法等，并带动地方立法科学性、可操作性和可执行性的明显增强，使其成为人们可以具体遵守的行为准则，这是对落实五大发展理念的法律回应。二是通过高效的法治实施体系、严密的法制监督体系、有力的法治保障体系和法治文化的培养和健全，使法律得到严格遵守和在全国范围内得到普遍实施，真正将国家、政府、各种社会组织的工作、活动纳入法治的轨道。法治保障是现代文明的普遍规律，落实五大发展理念实践中我们要重视和遵循这一规律。

在具体践行五大发展理念过程中，除明晰其实践路径外，还需要认真处理好几个关系：

一是五大发展理念之间的相互关系。五大发展理念中的五个词汇并不是孤立的五个概念，它们之间具有系统、整体的全局性关系。其中，"创新"注重的是解决发展动力问题；"协调"注重的是解决发展不平衡问题；"绿色"注重的是解决人与自然和谐的问题；"开放"注重的是解决发展内外联动的问题；"共享"注重的是解决社会公平正义问题。虽然问题指向不同，但其中哪个问题解决不好，都会影响其他问题的解决，因此，在实践中，不能顾此失彼，需要建构起系统、整体、协同的实践格局。

二是全局与局部、实行统一政策与尊重各地不同实际的差别化政策的关系，坚持实事求是，不搞硬性的"一刀切"。我国幅员辽阔，各地自然环境、历史文化、发展情况各具特色，贯彻落实各项政策措施应当更好体现当地特点，不能简单地把一个地方的经验和做法搬到另一个地方，即使是同一地方，随着时代的发展，一些政策措施也需要与时俱进。马克思主义基本原理要与中国实际结合才有生命力，同样，五大发展理念及中央各项政策措施也必须与不同地区的实际相结合才有实效和活力。这是我们落实理论推进实践的灵魂所在。

三是长远与短期、显绩与潜绩的关系。习近平总书记指出，新发展理念要落地生根，变成普遍实践，关键在各级领导干部的认识和行动。五大发展理念落实的成效，不可能一蹴而就，有的成效在任期内可能难以体现出来，需要扎扎实实从基础做起，需要长期的努力和积累，这就要求树立正确的政绩观，既要重视显绩，又要重视潜绩，只要利于长远的可持续发展，而不是光顾眼前利益，就能经得起实践和人民的检验。因此，在考核、评价、监督各地工作绩效时要有科学尺度和客观标准，切忌千篇一律。

中国的发展历程，就是不断把马克思主义基本原理与中国实际相结合，创新和运用新理念在实践中发现和解决问题的过程。五大发展理念正是以现实问题为牵引，以解决中国当代问题、实现"四个全面"战略部署为目的，体现了马克思主义中国化的根本经验。相信在新一轮马克思主义基本原理与中国当代具体实际结合中，马克思主义中国化新的理论成果经过实践的检验将产生又一次新的飞跃。

(作者单位：广西民族大学马克思主义学院)

在五大发展理念引领下加强大学生环境道德教育方式探析

郝卫全

近年来，伴随着我国全面建设小康社会的不断深入推进，我国资源和环境问题也越来越突出，环境问题也得到了前所未有的高度重视。从党的十七大报告首次把"生态文明"上升为国家战略开始，党的十八大又进一步将生态文明建设纳入"五位一体"的总体布局之中，确立了我国生态文明建设与精神文明建设、社会文明建设、物质文明建设和政治文明建设之间形成了相辅相成、共同促进发展的关系。2015年11月，党的十八届五中全会准确把握我国经济社会发展大局大势，创造性地提出了"创新、协调、绿色、开放、共享"五大发展理念，提出要牢固树立绿色发展理念，加快推进生态文明建设的进一步深化。这五大发展理念，是"十三五"乃至更长时期我国发展思路、发展方向、发展着力点的集中体现，它不但是实现中华民族伟大复兴中国梦的思想武器，而且是对人类文明进步有重大作用的重大理念。

十八届五中全会对生态建设作出重大部署，将生态环境保护放在更加重要的位置，在目标上，将生态环境质量总体改善作为全面建成小康社会新的目标要求，体现了党和国家要在未来5年解决全面建成小康社会最大短板的决心；在理念上，生态文明建设首次写入"十三五"时期我国发展的指导思想，作为十八届五中全会公报提出的五大发展理念之一，绿色发展上升为党和国家的意志，正式成为党和国家的执政理念；在环境治理领域，明确了以提高环境质量为核心，实行最严格的环境保护制度，这是国家环境保护战略和总体工作思路的重大转变。五大发展理念提出以来，引起了各界的高度关注、深入研究和持续热议，一致认为五大发展理念不但是引领实现我国"两个百年"奋斗目标、实现中华民族伟大复兴中国梦的思想武器，而且是对人类文明进步有重大作用的重大理念，具有鲜明的世界意义。

从20世纪中叶起，世界各国特别是发达国家，在环境教育理论和实践领域进行了广泛和深入的研究。20世纪90年代以来，随着可持续发展思想的深入人心，环境教育也从单纯强调人与自然相依存相和谐转向以环境与发展为核心，强调生态价值观和环境伦理观的教育。国际环境教育的蓬勃开展，带动了世界各国的环境道德教育。我国的环境道德教育起步较晚，相对于中小学环境教育和专业环境教育来说，非环境专业大学生环境道德教育理论与实践还缺乏系统的研究，尤其对于环境道德教育的教育模式、具体方法还缺少深入的研讨。目前，在环境问题日益受到高度重视的今天，高等学校非环境专业大学生的环境道德教育无论从教育理念、教育目标、教育形式、教育内容都必须以五大发展理念为引领，全面更新升级，为实现我国生态文明建设及绿色发展战略做人才上的保障。如何开展对大学生的环境道德教育，是摆在我们教育工作者面前的一个重大课题。

教育学是研究教育现象，探讨教育规律的一门教育科学的基础科学。环境道德教育是借助于教育手段使人们认识环境，了解环境问题，获取治理环境污染和防止新的环境问题产生的知识和技能，并通过上述环节达到受教育者在人与自然环境关系上树立正确的态度，树立起环境道德意识，最后通过社会成员的共同努力来保护人类环境的教育活动。

一 在我国大学生的环境道德教育中无论是教育者还是受教育者必须以五大发展理念为引领

"创新、协调、绿色、开放、共享"五大发展理念独具特色、内涵鲜明，是着眼"两个百年"战略目标、放眼中华民族伟大复兴中国梦的发力点，相辅相成、相得益彰、有机统一，是全面建成小康社会时期经济社会发展新的理念先导，是续写社会主义生态文明建设的新篇章，在大学生的环境道德教育中，无论是教育者还是受教育者必须以五大发展理念为引领，科学把握绿色发展的着力点来进行，正全面、深刻理解对五大发展理念，要进头脑进书本进课堂。

坚持创新发展。全会提出，坚持创新发展，必须把创新摆在国家发展全局的核心位置，推动新技术、新产业、新业态蓬勃发展。

坚持协调发展。坚持协调发展，必须牢牢把握中国特色社会主义事业总体布局，重点促进城乡区域协调发展，促进新型工业化、信息化、城镇化、农业现代化同步发展，塑造资源环境可承载的区域协调发展新格局。生态文明建设与经济建设、政治建设、文化建设和社会建设构成"五位一体"社会主义事业总体布局。在把握总体布局中坚持协调发展，就要将生态文明建设融入经济建设、政治建设、文化建设和社会建设。如果说在这个问题还需提升认识，那就是全社会都要意识到，环境问题不仅是经济问题，也是社会问题；不仅是社会问题，也是政治问题。从促进城乡区域协调发展视角看，城乡发展一体化与区域结构均衡化是生态文明建设不可逾越的历史任务。要推动城乡发展一体化，逐步缩小城乡区域发展差距，促进城乡区域共同繁荣。

坚持绿色发展。坚持绿色发展，必须坚持节约资源和保护环境的基本国策，加快建设资源节约型、环境友好型社会，形成人与自然和谐发展现代化建设新格局，推进美丽中国建设，为全球生态安全作出新贡献。总结改革开放30多年来我国环境问题的一个基本教训，就是大部分地方对生态环境造成破坏的原因是对资源的过度开发、粗放型使用。建设生态文明必须在节约资源上做加法，把节约资源作为根本之策；在能源消费总量上做减法，推动节能降耗。

坚持开放发展理念。坚持开放发展，必须构建广泛的利益共同体，积极承担国际责任和义务。

新时期高等学校的教育者和受教育者都应当认真学习深刻领会和全面掌握五大发展理念的科学内涵，以五大发展理念为引领来进行环境道德教育，同时又要体现环境道德教育的特点，体现教育的本质。要把环境道德教育作为环境科学与教育学结合的新领域，应视其为一种有理念、有目标、有特点、有内涵的教育活动，五大发展理念为大学生环境道德教育提供了新的教育思路，丰富了环境道德教育的思想理论基础，指明了环境道德教育的方向。

二 大学生环境道德教育应从人类同其周围环境之间的关系出发,重点解决环境与发展问题、解决人在绿色发展中的作用问题

对大学生进行环境道德教育是针对目前日益严峻的环境危机和大学生自身环境道德素质不高提出来的。适应国际可持续发展战略的要求和国内发展的新理念新思维,大学生环境道德教育必将在推进可持续发展方面起重要作用。因此,环境道德教育目标应定向于可持续发展战略,要帮助大学生对整个环境及其相关问题有所认识和感受。大学生环境道德教育的目标是培养具有与自然界共存、保护自然环境素质和具有主体意识的人。通过环境道德教育,改变人们只着眼于个人利益的狭隘眼界,让人们能够为人类的共同生存和发展采取积极行动,将保护环境与寻求人与自然和谐发展作为自身内在约束力的要求,并努力上升到伦理自觉,只有这样人类的前景才有希望。大学生作为未来社会的主人,他们的环境道德观念和环境道德行为直接影响着我国生态文明建设的进程,关系着社会主义和谐社会的发展和进步。所以,要及时有效地对大学生进行环境道德教育。不断提高大学生的环境道德意识、环境知识和环境技能,在人与环境关系上树立正确的态度,以便通过社会成员的共同努力保护人类环境。

按照马克思主义自然观的理解,自然(界)是人类生存和活动的自然条件的总和,包括原始(生)自然和人工(化)自然,亦即环境科学所说的自然环境和社会环境。从原始生态学上看,生态是指生物(包括人)与其周围环境的关系,此处的环境主要是指生态环境。因此可以说,环境科学中的"环境"、马克思主义自然观中的"自然(界)"、生态学意义上的"生态环境"是一致的概念,也正是环境教育中之"环境"。从逻辑学上讲,概念的内涵就是概念所反映的事物的特有属性。科学、完整、全面地揭示和理解概念的内涵,是为进一步进行理论探讨奠定基础。环境教育的内涵是一种旨在提高人处理其与环境相互依存关系的能力的教育活动。具体来讲,环境教育从人与环境相互依存的关系出发,通过对受教育者实施环境知识、环境问题等方面的环境

教育内容，以促进受教育者的环境意识、环境心理，提高其预见和解决环境问题的知识和技能。环境道德教育是在进行环境认识、环境防治、环境政策三个层面教育的基础上，上升到树立正确的生态价值观与环境伦理观、可持续发展观，为实现人类与环境的和谐发展提供各种帮助，促使人们由传统思维向生态思维转变，从而倡导生态文明的教育活动。正如联合国环境署执行主席伊丽莎白·多德斯韦尔指出：环境和可持续发展问题最终是一个道德问题，是一个道德责任问题，全球道德及全球人道主义是创造一个世界新秩序的道德标准。

一 借鉴发达国家环境道德教育课程的组织模式

从国外经验看，国外高校在大学生环境道德教育中，普遍采用渗透课程和单一学科课程两种组织模式，在教学中发挥各自的特点和优势进行互补。我们应结合我国高校的实际情况，完善大学生环境道德教育的组织模式。在学校方面。学校不断完善教学内容、改进教学方式、提升教师的素质、建立规章制度和评价体系，努力打造绿色大学，提高大学生的环境道德素质。在家庭方面。通过家长的言传身教，引导大学生树立正确的消费观念和生活方式，亲近自然、热爱自然。在社会方面。通过发挥社会媒体和各职能部门的作用，做好环境保护宣传和立法执法工作，发展环境文化产业并且落实在环境教育方面的投资，为大学生环境道德教育创造良好的氛围。通过学校、家庭、社会的相互配合，使大学生的环境道德教育更加有效。高校进一步完善充实大学生环境道德教育体系，从而促进大学生环境道德素质的提升和生态人格的塑造，使其能够承担保护环境、建设生态文明的历史重任，为实现可持续发展和构建社会主义和谐社会贡献自己的力量。

（一）渗透课程组织模式

渗透课程组织模式（infusion model），也称多学科模式（multidisciplinary model），是依据课程目标，将适当的环境道德教育内容深入到各门学科课程之中，通过在相关的学科教学中进行环境科学知识、技术能力以及环境价值观、环境伦理观的教育，从而实现环境道德教育的目标。这种教育的途径在各国采取的比较普遍。其特点是：该模式既可以避免增加学生的学业负担，也不需要专门的环境科学专业的师资力量，适合环境教育的跨学科性。但是该模式也有一定的缺憾，它对各学科间的协调性有很高的要求，否则环境道德教育便会被各学科分割得支离破碎，教学内容也会出现重叠甚至相互矛盾，难以有效地激发学生的环境道德意识和培养正确牢固的环境态度和价值观，此外由于涉及学科门类过多，综合评价难度较大。渗透课程组织模式还存在的一个问题是由于教师对渗透概念把握不准，导致在现行学科内容中硬性插入许多相关的环境知识，使原学科内容大大增加，一方面，冲击了现行的学科的教学目标；另一方面，环境教育的实施仍然停留在知识本位的层次上。

（二）单一学科课程组织模式

单一学科课程组织模式（single subject model），又称跨学科模式（inter-disciplinary model），是从各个领域中先取有关环境科学的概念、内容方面的主题，将它们结合一体，发展成为一门独立的课程。其特点是：在专业教学计划中，通过增加环境道德教育课程板块，将环境道德教育引入教学环节中，以系统化的方式将环境科学的知识教授给学生，再配以多种形式的教学手段，使学生能较全面地了解环境科学及其相关体系的知识并在此基础上形成正确的环境道德观和环境伦理观。此种方式的优点是比较容易系统地、具有针对性地组织各部分内容，比较容易进行课程综合评价，但需考虑授课时间和时数，需要专门的师资，对受过专门训练的教师在数量上要求较高。

（三）两种组织模式的争议

自 20 世纪 70 年代初期，人们便一直在争论环境教育是一门独立的学科，还是整个课程的一个领域。到了 20 世纪 70 年代以后，人们逐步地意识到，采用单一学科课程组织模式有明显的不足，因为虽然它具有知识系统性和易于进行综合评估的优点，但却需要在已拥挤的课表中增加一门学科，也为学生增加更重的学业负担。

20 世纪 80 年代以后，渗透课程组织模式逐渐成为主流，人们试图利用任何一个学科领域，将环境道德教育的目的、问题结合于现行的学校规划之中，以此实现环境教育的目标。

笔者认为：环境道德教育是通过传授环境知识和技能，以培养受教育者环境道德意识为目标，这就决定了它是一个教育活动，需要教育理念和新型的人才培养观。它需要教育工作者与时俱进，首先要深刻领会全面理解五大发展理念对环境道德教育的引领作用，树立为我国为人类的健康发展而进行环境道德教育的思想。渗透课程组织模式是环境道德教育课程发展的趋势，应重点研究，科学地普及应用。单一学科课程组织模式开展起来也有其优势，在我国大学生环境教育的起步阶段，能在较短时间内达到提高学生环境道德意识的目的。总之，我们应当普及渗透课程组织模式，保证单一学科课程组织模式，双管齐下，科学运用。

二　实施建议

"德者，本也。"蔡元培先生说过："若无德，则虽体魄智力发达，适足助其为恶。"道德之于个人、之于社会，都具有基础性意义，做人做事第一位的是崇德修身。我们的用人标准是德才兼备、以德为先。德是首要、是方向。一个人只有明大德、守公德、严私德，其才方能用得其所。在大学生的道德教育中，我们过去比较强调重视人与人、人与社会的道德，忽视了人与自然关系中的道德。在新的历史发展时期我们要补齐短板，把五大发展理念和可持续发展理论、人口、资源与发展的关系作为环境道德教育的基本指导思想贯穿于整个教学过程中。不论是采用单一学科课程组织模式还是渗透课程组织模式，都要注重以基本指导思想为主线进行环境知识的讲述及大学生生态人格的塑造。

1. 在各专业开设公共必修课。将单一授课型环境教育课程模式列入环境道德教育课程的主渠道。加拿大的 MACMASTER 大学就明确将环境教育课程列入核心（必修）课程中，并将相应的知识面扩大，兼容文理各方面的知识体系。在讲授过程中注意与先修及后续课程的衔接，为学生日后将环境科学的知识与专业相结合建立基础。帮助他们树立正确的生态价值观和环境伦理观，为大学生养成良好的环境道德习惯创造良好的氛围。目前有些大学的非环境类专业已开设该课程并定为必修课。例如：清华大学在创建"绿色大学"各方面措施中，在教学上就是以开设《可持续发展的环境》的公共课程板块来实施普及式环境道德教育。但在教学实践中，应加强教学管理上必要的保障，克服在教学计划的过程中，经常因教学调整等原因被调整或删除的现象，保证课程的学时。

2. 大力普及渗透型环境道德教育。在我国的大学生环境教育中，可以在公共基础课和技术基础课以及专业课中渗透环境道德教育。但在采用渗透式教育时，需对渗透教育的课程名称、章节（知识点）及建议学时把握准确。坚持文理渗透、理工结合、精练教学内容等原则进行设置。在综合性大学中应结合本校各专业学科的特点，应针对从低年级到高年级逐步加强渗透环境道德教育的教学内容。在授课内容及要求上，因学生对各学科知识的要求和吸收，不同于本专业课程的学习，他们既希望得到知识又渴望轻松的学习，针对他们希望以本学科的知识和能力为基础去学习其他专业知识的特点，在安排课程内容时，首先要考虑学生从日常生活中了解到国际国内所关注的环境形势和常发生的环境问题，也可以了解自己身边的环境状况、环境变化及对人类和其他生物的影响，在讲授时，从环境科学基本知识点上讲解并进一步引向深入。在安排授课内容时，从系统论的角度出发，从分析环境问题入手，围绕环境问题产生与发展，全面分析自然界中各种环境要素，从普及环境知识到提升环境道德意识再到转化为环境道德行为。

3. 面向全校各专业开设公共选课程。在综合性的大学里，有多学科的群体优势、专业优势和教师资源的优势，由学校统管开设的公选课也越来越多，拓宽了学生的选择面，丰富了学生的专业知识。目前已开设的课程涉及文化、经济、法律、艺术、信息、生物、环境科学、娱乐、书法等多学科领域中，门类较为齐全，在这些学科中环境学科也越来越引起学生们的重视。当代大学生对环境科学知识的渴望，也正是在当前全球环境问题被各国政治家、科学工作者和公众所日益重视和关注的背景下产生的。如何有效地引导这种发展势头，吸引更多地非环境专业类的本科生对环境学科的选修要求，加强大学生环境教育工作，合理安排和设置环境道德教育课程，值得深入研究与探讨。

4. 针对不同环境问题的热点，开展专题讲座。专题应围绕政治、经济、法律、工程技术、管理等方面对环境保护工作进行阐述，适合于文、理工科专业的学生自由选择，灵活性较大，授课内容要切合实际。

参考文献

［1］习总书记十八大以来重要系列讲话。

［2］我国《国民经济和社会发展第十三个五年规划纲要》。

［3］柴艳萍、王利迁、王维国：《环境道德教育理论与实践》，人民出版社2016年版。

［4］张家斗、吴芳、尹德志：《"互联网+"时代下的大学生环境道德教育研究》，《法制博览》2016年第5期。

［5］刘晓红：《生态文明视域下的大学生环境道德教育》，河北师范大学，2014年。

（作者单位：西安科技大学马克思主义学院）

"四个全面"战略布局的深刻意蕴

杜奋根

党的十八大以来，以习近平同志为总书记的党中央勇于开拓、深谋远虑，以坚持和发展中国特色社会主义为主题，以全面建成小康社会为目标，以全面深化改革、全面依法治国、全面从严治党为举措，提出了"四个全面"战略布局。从每一个"全面"的提出，到"四个全面"合一，形成一个战略布局，关键在"合一"。闪耀着党面对中国特色社会主义新实践的智慧之光，彰显了中国特色社会主义理论体系的张力，形成了马克思主义中国化的最新理论成果。"四个全面"战略布局既是理论又是实践；既是传承又是开创；既是方略又是行动。认真学习、领会"四个全面"战略布局的深刻意蕴、主要特征，是当前和今后一个时期的重大战略任务。

一　强烈的问题意识：直面中国全面发展的矛盾和问题

问题是时代的声音，每个时代都有每个时代的问题，只有树立强烈的问题意识，才能实事求是的对待问题，才能找到引领时代进步的路标。如果没有问题意识，不敢正视问题，不善意提出并关注问题，如果遇到深层问题皱眉头，碰到复杂问题绕道走，那么分析问题和解决问题也就无从谈起。中国特色社会主义事业是一个发现问题、解决问题的过程。在坚持和发展中国特色社会主义伟大事业的征途中，问题无处不在、无时不有。为实现"两个百年"奋斗目标、实现中华民族伟大复兴的中国梦，我们将面临一系列突出的矛盾和问题。可以说，"四个全面"战略布局，是坚持问题导向、直面重大矛盾、敢于攻克前行障碍的战略布局。

"全面建成小康社会"的提出，是面对发展不全面、不平衡的"小康"状态的积极回应。我国经济总量已跃居世界第二位，但"块头大不等于强，体重大不等于壮，有时是虚胖。"发展中不平衡、不协调、不可持续问题依然突出；人口、资源、环境压力越来越大；农业还是"四化同步"的短腿，农村还是全面建成小康社会的短板。我们需要解决这些问题。

"全面深化改革"的提出，是面对全面发展问题，勇于冲破思想观念障碍、勇于突破利益固化藩篱的责任担当。"中国改革经过三十多年，已进入深水区，可以说，容易的、皆大欢喜的改革已经完成了，好吃的肉都吃掉了，剩下的都是难啃的硬骨头。"改革需要有壮士断腕的勇气。

"全面依法治国"的提出，是面对法治建设问题提出的更高要求。当前，有法不依、执法不严、违法不究现象在一些地方和部门依然存在；关系人民群众切身利益的执法司法问题还比较突出；一些公职人员滥用职权、失职渎职、执法犯法甚至徇私枉法严重损害国家法治权威；公民包括一些领导干部的法律意识有待提高。这些问题与国家治理体系现代化建设目标很不相称。

"全面从严治党"的提出，是面对权力运行和行使方面存在的问题作出的郑重承诺。一些基层组织软弱涣散，不能发挥战斗堡垒作用；一些党员干部作风问题比较突出，享受做官当老爷的"尊荣"；一些领域消极腐败现象易发多发，把权力变成牟取个人或少数人私利的工具，搞权钱交易。这些问题必须引起我们高度警觉，管党治党一刻不能放松。

习近平总书记强调："要有强烈的问题意识，要以重大问题为导向，抓住关键问题进一步研究思考，着力推动解决我国发展面临的一系列突出矛盾和问题。"其实问题并不可怕，人类认识世界、改造世界的过程，就是一个不断发现问题、解决问题的过程。中国特色社会主义事业前无古人，没有可供学习的现成经验，必然遭遇许多困难和问题。只要我们有强烈的问题意识，正视问题、发现问题，协调推进"四个全面"战略布局，我们站在社会主义事业新的历史起点上，所遇到的问题和矛盾将被一一化解。

二 鲜明的目标导向：蕴涵中华民族复兴的历史必然

每一个历史时代都有属于自己的奋斗目标和理想追求，如果没有目标，缺乏追求理想的动力，找不到实现目标的道路、发展方式，历史的车轮就会停止向前，甚至倒退。近代以来，实现中华民族的伟大复兴，是中华民族最伟大的梦想，是每一个中华优秀儿女的共同期盼。从那时起，为了实现中华民族伟大复兴，无数仁人志士奋起抗战，但一次又一次地失败了。中国共产党成立后，继续带领人民群众顽强拼搏，终于建立了新中国，确立了社会主义制度，并顺应时代发展要求，开创了中国特色社会主义道路，找到了实现中华民族伟大复兴的康庄大道。今天的中国，比历史上任何时期更加接近梦想，正在朝着梦想一步步靠近。"距离目标越近，越不能懈怠，越要加倍努力。"可以说，"四个全面"战略布局，是坚持目标导向，蕴涵中华民族伟大复兴历史必然的战略布局。

"全面建成小康社会"这一宏伟目标，是实现中华民族伟大复兴的关键一步。我国仍处于并将长期处于社会主义初级阶段，仍属于世界最大的发展中国家，在前进的道路上仍会遇上许多难以预料的问题。"道路不可能一帆风顺，蓝图不可能一蹴而就，梦想不可能一夜成真"，我们只有胸怀理想、脚踏实地，为全面建成小康社会把各项工作落到实处，才能一步一个脚印接近梦想的彼岸。

"全面深化改革"这一顶层设计，是实现中华民族伟大复兴的不竭动力。改革开放只有进行时没有完成时。改革开放既是决定当代中国命运的关键一招，又是决定实现"两个百年"奋斗目标、实现中华民族伟大复兴的关键一招。我们只有认清形势，不停顿不倒退，全面深化改革，才能为全面建成小康社会、实现中华民族伟大复兴的中国梦提供动力源泉。

"全面依法治国"这一基本方略,是实现中华民族伟大复兴的法治保障。"法令行则国治,法令弛则国乱。"我们只有坚持科学立法、严格执法、公正司法、全民守法,坚持依法治国、依法执政、依法行政,努力推动形成办事依法、遇事找法、解决问题用法、化解矛盾靠法的法治环境,才能为全面建成小康社会、实现中华民族伟大复兴的梦想提供法制基础。

"全面从严治党"这一集中概括,让实现中华民族伟大复兴的领导核心更加坚强。"打铁还需自身硬。"党只有坚持党要管党、从严治党,凝心聚力、直击积弊、扶正祛邪,只有不断补足共产党人精神上的"钙",才能为"中华号"这艘巨轮乘风破浪、顺利前行,为中国梦的实现掌舵护航。

空谈误国,实干兴邦。只要我们协调推进"四个全面"战略布局,"到中国共产党成立100年时全面建成小康社会的目标一定能实现,到新中国成立100年时建成富强民主文明和谐的社会主义现代化国家的目标一定能实现,中华民族伟大复兴的梦想一定能实现"。

三 坚定的人民立场:彰显执政为民的价值追求

每一个学说、一个政党都有属于自己的价值追求。不同的价值追求,也就成了区分不同学说、不同政党的基本依据。中国共产党自成立起,把马克思主义写在了自己的旗帜上,把"全心全意为人民服务"作为立党宗旨,彰显了坚定的人民立场这一价值追求。在领导中国革命、建设和改革的不同历史时期,立足国情、面对实际,提出许多为人民服务的具体要求,推动了党的事业的发展。站在实现"两个百年"奋斗目标、实现中华民族伟大复兴中国梦的新的历史起点上,协调推进"四个全面"战略布局,就是要坚守人民主体立场,让全体人民焕发劳动热情、释放创造潜能,以劳动创造铺就梦想之路。可以说,"四个全面"战略布局,是贯穿马克思主义群众观点、人民立场,彰显中国共产党立党为公、执政为民价值追求的战略布局。

"全面建成小康社会",内含着人民对美好生活的向往。民生无小事,枝叶总关情。人民"期望有更好的教育、更稳定的工作、更满意的收入、更可靠的社会保障、更高水平的医疗卫生服务、更舒适的居住条件、更优美的环境，期盼孩子们能成长得更快、工作得更好、生活得更好。"我们需要抓住人民最关心最直接最现实的利益问题，实现好、维护好、发展好最广大人民根本利益。

"全面深化改革"，内含着人民对全面改革成效作出判断的尊重。改革领域、改革对象的确定，改革方案、改革措施的设计，改革的力度和强度，改革成效的评估都是以人民"拥护不拥护""赞成不赞成""高兴不高兴""答应不答应""满意不满意"等为依据。全面深化改革是"啃硬骨头""涉险滩"，必须获得最广大人民群众的支持和肯定。

"全面依法治国"，内含着人民群众对司法公正公开的关注和期待。"理国要道，在于公平正直。"如果人民群众通过司法程序不能保证自己的合法权利，那司法就没有公信力。我们要"努力让人民群众在每一个司法案件中都能感受到公平正义，决不能让不公正的审判伤害人民群众感情、损害人民群众权益"。

"全面从严治党"，内含着人民群众对党的建设的热切期待。一些党员干部作风问题比较突出，有的严重脱离群众，对群众疾苦不闻不问，甚至欺压群众、侵害群众利益；形式主义、官僚主义问题较为普遍低存在，发生在群众身边的腐败现象较多存在，严重影响党在人民群众心目中的地位和形象。人民期待党要以改革创新精神推进党的建设。

"人民对美好生活的向往，就是我们的奋斗目标"。"四个全面"战略布局的协调推进，内含着坚定的人民立场，内含着坚持发挥人民群众主体作用，维护人民群众的权益和利益，把增进人民福祉作为工作出发点和落脚点的价值追求。这也意味着党的事业将继续得到人民群众的支持，并创造无愧于历史的辉煌业绩。

四　宏大的理论张力：奏响当代中国发展的华彩乐章

理论来源于实践并指导实践。改革开放以来，党始终保持着与时俱进的精神状态，不断开拓马克思主义理论发展的新境界。从邓小平理论到"三个代表"重要思想，再到科学发展观，中国特色社会主义理论体系得到了极大丰富和提升。"四个全面"战略布局的提出,顺应了中国特色社会主义实践发展的需要,以实现"两个百年"奋斗目标和中华民族伟大复兴的中国梦为背景,以"什么是民族复兴、怎样实现民族复兴"这样的基本问题为主线,形成了一个逻辑严密、内容完整的理论体系。标志着我们党坚持和发展中国特色社会主义进入新的发展阶段,治国理政达到新的时代高度。可以说,"四个全面"战略布局的提出,具有鲜明的理论创新特征,显示了宏大的理论张力,奏响了当代中国发展的华彩乐章。

"全面建成小康社会"的提出,是对中国特色社会主义现代化建设总体布局的充分展现。从"总体上的小康"到"全面建设小康",再到"全面建成小康",标志着中国特色社会主义事业在不同发展阶段的阶段性奋斗目标的跃升。全面建成小康社会的"全面",既体现在覆盖的人群是全面的,也体现在经济建设、政治建设、文化建设、社会建设、生态文明建设是全面协同的。"除了经济持续健康发展之外,还包括人民民主不断扩大,文化软实力显著增强,人民生活水平全面提高,资源节约型、环境友好型社会建设取得重大进展等一系列要求。"是对"五位一体"总布局的具体展现。

"全面深化改革"的提出,是对中国特色社会主义改革内在规律的深刻揭示。现在推进改革的复杂程度、敏感程度、艰巨程度,一点都不亚于30多年前。我们必须与时俱进地把握和处理好全面深化改革的一些重大关系:处理好解放思想和实事求是的关系;处理好整体推进与重点突破的关系;处理好全局和局部的关系;处理好顶层设计和摸着石头过河的关系;处理好胆子要大和步子要稳的关系以及处理好改革发展稳定的关系。这些关系,深刻揭示了改革的内在规律,是总结我国30多年改革开放实践得出的重要结论。

"全面依法治国"的提出,是对中国特色社会主义法治建设的系统推进。法治是国家治理体系和治理能力的重要依托。全面推进依法治国,是解决党和国家事业发展面临的一系列重大问题,增强社会活力、促进社会公平正义、确保党和国家长治久安的根本要求。为此,必须全面推进科学立法、严格执法、公正司法、全民守法,坚持依法治国、依法执政、依法行政共同推进,坚持法治国家、法治政府、法治社会一体建设，不断开创依法治国新局面。

"全面从严治党"的提出，是对中国特色社会主义事业领导核心地位的巩固。中国特色社会主义事业是党领导的伟大事业，党坚强有力，事业才能兴旺发达。"如果管党不力、治党不严，人民群众反映强烈的党内突出问题得不到解决，那我们党迟早会失去执政资格，不可避免被历史淘汰。这决不是危言耸听"。"全面从严治党"的提出，就是要高度重视党的自身建设，确保党始终走在时代前列，不断增强党的创造力、凝聚力和战斗力，为中国特色社会主义事业提供根本保证。

"四个全面"不是简单并列，而是一个内容丰富、内在统一的整体。"四个全面"中的每一个全面统一于中国特色社会主义的伟大实践之中，统一于党的建设的伟大工程之中，统一于中华民族伟大复兴的梦想之中。我们唯有投身于伟大的社会实践之中，才能把握"四个全面"战略布局的真谛。

（作者单位：广东财经大学马克思主义学院）

坚持党的领导是社会主义法治的根本保证

郭　鹏　潘建湘

党的十八届四中全会通过的《中共中央关于全面推进依法治国若干重大问题的决定》（以下简称《决定》）指出，党的领导是中国特色社会主义最本质的特征，是社会主义法治最根本的保证。习近平同志系列重要讲话精神也指出"党和法的关系是一个根本问题，处理得好，则法治兴、党兴、国家兴；处理得不好，则法治衰、党衰、国家衰。"因此，必须站在党和国家兴衰存亡的高度，正确回答党的领导与法治的关系问题。正如《决定》中指出的那样，坚持党的领导，是社会主义法治的根本要求，是党和国家的根本所在、命脉所在，是全国各族人民的利益所系、幸福所系，是全面推进依法治国的题中应有之义。

一　坚持党的领导是实现社会主义法治的根本政治保障

十八届四中全会《决定》公布之初，关于"党大还是法大"的命题随之出现在舆论场中。"党大还是法大"是一个伪命题，对此已经有不少专家学者进行了有利论证，"党和法本来就是不同性质的事物，不同性质的事物之间不能、也不应该进行比较"。更有甚者，有的西方媒体评论"由于四中全会的决定过于强调党的领导，这是中国法治的一次倒退。"① 这是对党的领导下社会主义法治的怀疑，甚至否定。这种错误命题和观点背后有着不可告人的政治目的，在其本质上已经超出了针对社会主义法治和法律体系进行讨论，而是借这些错误命题和观点的炒作，故意混淆视听，故意挑起党群关系的紧张，进而否定党对法治的领导，质疑党所领导下的社会主义政治制度，从而挑战中国共产党的执政地位。

党对社会主义法治的领导强调的是政治上的领导，《决定》中明确了党对于社会主义法治的政治上的领导体现在执政党的领导地位，意识形态的领导，行使国家主权的法律权力。党对法治建设的全面政治领导，体现在立法、法律实施、法律遵守和法律监督的全面法律运行领域，但是在具体法律规范的操作层面，尤其是司法活动中，某些滥用党与政府公权力的个人对于法律运行的干预则被排除出党的领导的范畴。

坚持党的领导是实现社会主义法治的政治保证，这是由法治的社会历史性和中国的法治实践所决定的。

首先，法治具有社会历史性的显著特征，在法治的特殊性和普遍性的统一中探寻的中国特色法治道路，必须坚持党的政治领导。任何国家、民族在法治建设的任何阶段都在一定的社会历史阶段，受到一定的社会历史条件的制约。特殊性方面，在人类历史上，法治在不同国家、不同发展阶段的表现不尽相同，所谓"普世"的法治模式是不存在的。妄图利用西方国家的法治架构、宪法理念和法治历程，作为衡量我国社会主义法治领导核心的评判标准，作为社会主义法治是否进步的评判标准，必然得出"党的领导是凌驾于国家常规权力之上的领导权"，"过于强调党的领导是中国法治倒退"等谬论。

普遍性方面，政党领导法治进程，从而保障法治的最终实现是各国普遍的经验总结。一定社会历史条件下，每个国家和民族的法治之路总是在从自发到自觉的发展过程中，产生出某种领导力量，带领民众，朝着他们认为的公平正义之路奋斗前行。任何国家法治的确立都不是在一盘散沙的状态下随随便便建立起来的，而是必须有坚定有力的集中统一领导和部署，任何国家的法治进程都须有相应的政党或者政治集团的领

---

① 蒋保信：《江平：在沉闷的空气里总得有人喊两声》，《财经文摘》2014年第12期。

导与引领。中国共产党成为领导核心是由中国特殊的政治、经济和文化环境所决定的历史选择；是中国人民的选择，体现人民性的根本价值观；在法理上和现行《宪法》及法律中都有能充分证明其合法性，由法律所确证。因此，中国共产党成为了中国建设社会主义法治国家的领导力量，党的领导成为了社会主义法治的根本政治保证。

其次，中国的法治实践决定了必须坚持党的政治领导。把党的领导贯彻到依法治国全过程和各方面，是我国社会主义法治建设实践的基本经验。在近现代至今的社会历史的发展进程之中，党的领导不是自封的，也不是一蹴而就的，而是大浪淘沙，经过长期的实践检验，所得到的宝贵财富，最终凝结于宪法之中。我国宪法因此以国家根本法的形式反映了党领导全国人民进行革命、建设和改革所取得的成果，确立了在社会历史条件和普通民众选择中形成的中国共产党的领导地位。依法治国的首要任务是依宪治国，党的领导在宪法中得以明确，这是依照宪法来治国理政的基本原则，所有的党政机关管都必须遵守的一条铁律，违反宪法的错误行为都应当摒弃。习近平同志强调："对于这一点，要理直气壮讲、大张旗鼓讲。要向干部群众讲清楚我国社会主义法治的本质特征，做到正本清源、以正视听。"[①]

社会主义法治实践是一个动态的发展过程，现阶段的法治还不是终极意义上的，还处于发展过程之中，《决定》推进的全面依法治国的伟大事业亦是刚起帷幕。党对法治的领导是在实践中得出的历史经验，随着法治实践进程的向前发展，在实践中加强和改进党的领导，推进由中国特色社会主义法治的最终实现，依然任重而道远。

二 党的领导与社会主义法治的价值基础相一致

人民性是中国共产党的领导与成为执政党的价值基础，也是中国特色社会主义法治的价值基础，党的领导与社会主义法治的价值基础相一致，统一到实现人民当家作主的价值追求。这种价值的一致性体

[①] 习近平：《关于〈中共中央关于全面推进依法治国若干重大问题的决定〉的说明》，《人民日报》2014年10月29日，第1版。

现在人民主体地位是社会主义法治的价值出发点和价值归宿；体现在人民当家作主是党的领导的合法性基础，党的领导是人民当家作主的政治保障；还体现在党领导下的社会主义法治是人民当家作主的终极制度保障。

第一，人民是社会主义法治建设的主体，是社会主义法治的出发点和基本归宿。历史唯物主义认为，社会历史发展有着自己的客观规律，社会历史发展的一个根本规律就是人民群众决定社会历史发展。主体是人，也只能是人，人民群众是历史的主体与创造者。中国共产党在追求民族独立和复兴、人民解放和自由、人的全面发展的过程中，经过战争、建设和改革的实践检验和经验总结，逐渐将人民主体地位作为一项原则，党的历届代表大会报告虽表述不同，但均对这一原则予以明确。人民又是社会主义建设的基本归宿，科学社会主义所预设的共产主义社会的最终理想，将每个人自由而全面的发展作为终极的价值目标和价值归宿。

第二，人民当家作主是党的领导的合法性基础，党的领导是人民当家作主的政治保障。人民当家作主和党的领导是统一的。一方面，党的领导离不开人民当家作主，离开人民的主体地位，党长期执政就丧失了合法基础。人民民主不是"为民做主"，而是"人民当家作主"。[①] 中华人民共和国的一切权力属于人民，党代表着最大多数人民的利益，对宪法和法律进行解释，行使具体治国理政的权力，党的领导权力必须来自于人民群众。另一方面，人民当家作主政治权力的实现也离不开党的领导，离开党的领导，人民的政治主体地位也无法得到保障。加强和改善党的领导需要强调人民民主的政治改革方向，正确处理执政权力的正当性要求与人民内部实际权力结构的矛盾，从根本上保障人民民主在实质意义上的实现。

第三，党领导下的社会主义法治是人民当家作主的基本制度保障。人民当家作主内在要求国家和社会治理，必须遵循符合最广大人民群众根本利益的规范规制，实行"法治"代替"人治"，用法定规范制度的力量，把权力关进制度的笼子，降低权力滥用所带来的风险，保障人民

[①] 张卓明：《人民主体地位对法治建设的指导意义》，《社会主义研究》2015 年第 1 期。

主体地位的基本实现。法律的制度保障是强制性的"维护公平正义的最后一道屏障",社会主义法治无法实现人民民主全方位、全领域的制度保障,这是由法律最低限度规范和干预的特性所决定的,但是对于权力滥用的风险规制与预防却是刚性的强制性约束,是对于人民民主地位的基本制度保障。四中全会《决定》就是要求通过"推进法治中国建设","把权力关进制度的笼子里",攻克权力的恣意和腐败,维护人的尊严和自由,保障人民主体地位的实现。

法治建设强调制度的规范作用,法律制度的建立和完善是法治的必然要求。现实的法律制度虽有一定改革和完善的空间,但是新中国成立以来,特别是改革开放以来,已经基本建立了一套党领导下的相对成熟完善的制度系统,这个系统就是有中国特色的社会主义法律体系,其核心就是坚持党的领导。任何对其建构基础的改变,将在相当长时间内直接影响到制度的基本稳定,影响到人民当家作主的权利与价值实现。

三 党的领导是社会主义法律价值实现的根本保证

法律的价值在于保障与实现社会的正义与秩序、自由与平等以及社会的经济效率。党的领导能够从根本上保障社会主义法治以上三个方面价值的实现。

首先,党的领导保障社会的正义与秩序。在中国社会当前的政治文化环境之中,离开党的领导,社会必定陷入不公与混乱,社会的正义与秩序更是无从谈起。社会主义法治具有人民性,在人民的宏观社会范畴下,正义原则要求每个个体对于所有人所拥有的最广泛平等的基本自由体系相容的类似自由体系都应有一种平等的权利。人民内部构成及其利益诉求异常复杂,维护全面深化改革过程中社会秩序的相对稳定状态的任务异常艰巨,加之虽然社会发展与人民福祉正相关,但是在中国当前社会发展的现实中如何进行协调却考验着执政党的政治智慧,没有一个稳定强大,以人民作为基本价值诉求的领导核心,社会的公平正义与社会秩序注定只能是空谈。

其次,党的领导维护社会的自由与平等。马克思认为"法典是人民自由的圣经"①，自由是法律的基本内容，法律应当是自由的法律。党的领导不是排除和压制自由，而是保障了人民自由选择的效能，自由的权利。自由不代表任性妄为，法律的自由离不开对自由的限制，社会主义自由观正是将受限的自由落到实处，这为实现每个人普遍自由而平等的社会宏愿提供了前提。党领导下的社会主义法治建设过程中，人民的政治权利义务与公民的法律权利义务相共鸣，保障了不同民族、种族、性别、宗教信仰、家庭出身、财产、教育程度的人，不同法人代表、资本构成、行业背景、出资数额的法人，享有同等的权利承担同样的义务和责任。反腐败、简政放权等一系列党和政府对自身权利的约束和规范的核心范畴，也在于反对特权与歧视，让所有的社会主体都享有平等的社会权利。

最后，党的领导促进了社会发展的效率，实现了公平与效率的对立统一。社会主义法律已经全面渗透到当代社会政治经济生活的各个领域，法律负担着实现资源最大限度地优化使用与配置的社会目标。② 党的领导能够保证优化利用与调动各方优势资源，谋求较大经济效益与社会福利，"集中力量办大事"，最大限度优化资源配置以实现社会目标的法律效率。由于党领导的价值基础，更好地协调正义与效率之间的矛盾，克服市场调节的盲目性和社会自发调节所导致的两极分化，既保证公平的权利，又保证较有效率的发展。党的领导也促进了社会主义法治建立和完善的发展效率，党的十八届四中全会所设计的改革总目标以及深改小组"一揽子"改革具体目标的设计与强力执行，使社会主义法治建设以前所未有的速度向前推进，这也证明了党的领导保证了社会主义法治本身的发展效率。在当今中国社会，也只有中国共产党才有如此大的动员力量和领导能力。

（作者单位：西安科技大学马克思主义学院）

---

① 《马克思恩格斯全集》第 1 卷，人民出版社 1995 年版，第 71—72 页。
② 李龙：《法理学》，武汉大学出版社 1996 年版，第 157 页。

论共享发展理念与中国特色社会主义

董朝霞

发展是人类社会永恒的主题，发展以什么为价值指向，即实现什么样的发展、怎样发展，发展成果由谁享有，一直是中国共产党领导中国革命、建设与改革一以贯之的主题和目标。人人共建、人人共享，是经济社会发展的理想状态。基于对国内改革与发展目的性层面的经验反思与系统总结，以及对国际社会经验教训的借鉴，以习近平为总书记的党中央以高度的理论自觉指出了我国全面深化改革的根本方向和突破口。"十三五"规划建议指出："共享是中国特色社会主义的本质要求。必须坚持发展为了人民、发展依靠人民、发展成果由人民共享，作出更有效的制度安排，使全体人民在共建共享发展中有更多获得感，增强发展动力，增进人民团结，朝着共同富裕方向稳步前进。"共享理念是体现社会主义本质和中国共产党宗旨、科学谋划人民福祉和国家长治久安的重要发展理念。以共享发展理念指导"十三五"规划，推动中国特色社会主义发展转型，旨在通过全面深化经济体制、政治体制、文化体制、社会体制、生态文明体制改革，实现改革开放成果人民共享。本论文以马克思主义平等观为视角，探讨全面深化改革历史新时期，共享发展理念对中国特色社会主义政治、经济、文化、社会、生态各领域的价值构建。

一 共享发展理念指导中国特色社会主义实现经济利益共享

中国共产党以马克思主义为指导思想，在其领导下的社会发展不是"为发展而发展",更不是"为少数人发展"。① 实现经济利益共享是马克思主义平等观对中国特色社会主义市场经济建设的价值取向。马克思主义认为,离开经济基础,无从谈起共享发展问题。只有坚持和巩固社会主义经济制度,特别是生产资料公有制,才可能获得人人共同创造财富、享有财富的机会和权力。建立在唯物史观基础上的马克思主义公平观,以生产力的极大发展和有利于公平分配的生产关系为前提。马克思主义认为,"分配本身是生产的产物,不仅就对象说是如此,而且就形式说也是如此。就对象说,能分配的只是生产的成果。"② 马克思曾在《1857—1858 年经济学手稿》中指出:未来新社会"社会生产力的发展将如此迅速,……生产将以所有的人富裕为目的,"③ 这样的社会"把生产发展到能够满足所有人的需要的规模;结束牺牲一些人的利益来满足另一些人的需要的状况"④。党的十八届五中全会突出强调"以人民为中心"的发展思想以及"坚持人民主体地位"的发展原则,即是为了人人有机会、有条件共享发展成果。以共享发展理念为指导,深化经济体制改革的价值取向则是完善所有制及分配制度;创新各种经济主体平等参与市场竞争的体制机制;创新劳动关系协调机制,进而使人人在社会主义市场经济中得到自由而全面的发展。

改革开放 30 多年,我国经济社会发展取得了举世瞩目的伟大成就,但是也存在发展成果共享性不够、受益不平衡的问题。一部分人有"获得感",一部分人有"失落感",或者"被剥夺感"。社会各阶层、群体或不同民族、不同地域之间发展不平衡,甚至引发纷争的现象时有发生。这严重有悖于中国执政者的首要使命。而且,社会主义的本质是解放生产力,发展生产力,消灭剥削、消除两极分化,最终实现共同富裕。是否以共同富裕为价值目标,是社会主义与资本主义的根本区别所在。将共享发展理念作为科学发展理念,进一步明确了发展与共享的过程性与目的性的统一、物质财富共享与精神财富共享的统一,是对共同

---

① 辛鸣:《以发展新理念开拓发展新境界》,《北京日报》2015 年 11 月 9 日。
② 《马克思恩格斯选集》第 2 卷,人民出版社 1995 年版,第 13 页。
③ 《马克思恩格斯全集》第 46 卷(下),人民出版社 1980 年版,第 222 页。
④ 《马克思恩格斯选集》第 1 卷,人民出版社 1995 年版,第 243 页。

富裕这一社会主义根本原则的丰富和发展。中国特色社会主义经济建设与发展的价值目标和本质要求是利益共享。当下中国，贫困人口脱贫已成为全面建成小康社会最艰巨的任务、促进共享发展最基本的要求。全面建成小康社会的决胜阶段，确保到 2020 年我国现行标准下农村贫困人口实现脱贫，是我们党向人民作出的郑重承诺。因此，在共享发展理念指导下的经济建设与改革，需要最大化地激发社会生产活力，破除所有制和分配制度上的体制弊端。党的十八届三中全会指出："全面深化改革，……进一步解放思想、解放和发展社会生产力、解放和增强社会活力，坚决破除各方面体制机制弊端，努力开拓中国特色社会主义事业更加广阔的前景。"[①] 当下，市场经济的竞争法则、人的逐利本性以及社会利益结构的分化，对共享经济提出了挑战。但是，理性应对新矛盾新问题，中国共产党继承和发展马克思主义关于"共产主义革命就是同传统的所有制关系实行最彻底的决裂"[②] 的思想，创新实践了"坚持和完善公有制为主体、多种所有制经济共同发展"的基本经济制度，并坚定两个"必须毫不动摇"，即必须毫不动摇地巩固和发展公有制经济；必须毫不动摇地鼓励、支持、引导非公有制经济发展。相应地，在分配领域，实现以按劳分配为主体多种分配方式并存的分配制度，让劳动、资本、技术、管理等生产要素按贡献参与分配。这是广大人民群众共享发展成果的根本制度保障。针对舆论领域大规模私有化的主张，以发展混合所有制经济为目标的国有企业改革在实践中沦为私有化的趋向，尤其需要牢牢地坚持两个"必须毫不动摇"，唯有此，才能贯彻落实共享发展理念。

从 1978 年党的十一届三中全会召开到 2002 年党的十六大召开，中国特色社会主义以改革开放求发展的第一阶段。因长期短缺经济状态的压力，中国人民急切期望物质财富增长这一现代化的基础性尺度，倾向于片面强调经济增长和生产力的迅速提升，而导致社会发展领域诸多的矛盾冲突，出现贫富差距和两极分化的现象。从 2002 年

---

① 《〈中共中央关于全面深化改革若干重大问题的决定〉辅导读本》，人民出版社 2013 年版，第 2—3 页。

② 《马克思恩格斯选集》第 1 卷，人民出版社 1995 年版，第 293 页。

党的十六大召开到 2012 年党的十八大召开，中国改革开放进入第二阶段，这一阶段，党和政府对经济、政治、文化、社会、生态等各领域的全面、协调、可持续发展的意识日益增强。但是，这一阶段的发展中，人与人的关系、人与自然的关系没有达到理想的和谐状态。从 2012 年党的十八大召开至今，在以习近平同志为总书记的党中央领导下，中国发展进入了改革开放以来第三阶段。新的历史时期，经济社会发展的结构性问题迫切需要新的发展理念引领。"四个全面"战略布局和五大发展理念应运而生。如今决胜全面建成小康社会，推进扶贫脱贫，缩小收入差距，改掉一部分人"被小康"而损害全面小康价值底色、降低全面小康的实际成色，这成为当下党和政府向人民群众的庄严承诺。因此，必须按照共享发展理念谋篇布局，坚持把增进人民福祉、促进人的全面发展、朝着共同富裕方向稳步前进作为经济发展的出发点和落脚点。在当下市场经济条件下，就需要围绕经济体制改革的核心问题——正确处理政府与市场的关系，更好地发挥政府职能，创新各市场主体平等参与竞争的体制机制，以弥补市场不能自发实现公平的缺陷。党的十八届三中全会明确规定："国家保护各种所有制经济产权和合法利益，保证各种所有制经济依法平等使用生产要素、公开公平公正参与市场竞争、同等受到法律保护，依法监管各种所有制经济。"另外，要实现经济利益共享，还需在全面深化改革中，规范平等就业制度，创新劳动关系协调机制。"每个人的自由发展是一切人的自由发展的条件"是未来美好社会的基本原则。中国特色社会主义市场经济在完善与发展中，务必通过全面深化经济体制改革，"规范招人用人制度，消除城乡、行业、身份、性别等一切影响平等就业的制度障碍和就业歧视……创新劳动关系协调机制，畅通职工表达合理诉求渠道"[①]。唯有此，才能以推进社会公平正义为前提，让市场主体平等参与、平等发展，推进扶贫脱贫、缩小收入差距，进而推进共同富裕目标的实现。

---

① 《〈中共中央关于全面深化改革若干重大问题的决定〉辅导读本》，人民出版社 2013 年版，第 44、45 页。

二 共享发展理念指导中国特色社会主义实现政治权益共享

共享发展理念是中国共产党的性质和宗旨在新的历史时期的体现，是党中央坚持全心全意为人民服务、"立党为公，执政为民""必须坚持人民主体地位"、以人民为中心的发展思想和执政理念的创新性表达。从马克思主义平等观的视角观之，共享发展理念指导下的中国特色社会主义民主政治，就是要实现中国特色社会主义民主政治共享式发展。这就需要站在国家和人民立场上，从社会系统整体入手，发展社会主义民主、架设社会主义发展国家、构建现代国家治理体系，为共享发展提供制度基础和决策支持。马克思、恩格斯早在《共产党宣言》中就指出，"工人革命第一步就是使无产阶级上升为统治阶级，争得民主"[1]，然后根据民主原则建设社会主义社会。当下中国，正值全面深化改革的历史新时期，以共享发展理念指导政治体制改革，其价值取向表现为：坚持社会主义民主的本质和核心，完善民主政治制度体系；在政治体制改革中创新国家治理体系，实现治理能力民主化、现代化。

马克思主义民主政治理论逻辑及其中国化历史逻辑的有机结合，必然发展为共享式的中国特色社会主义民主政治。实现中国特色社会主义政治共享式发展，首先，坚持社会主义民主，不断健全和完善民主政治制度体系。党的十七大报告明确指出："要坚持中国特色社会主义政治发展道路，坚持党的领导、人民当家作主、依法治国有机统一，坚持和完善人民代表大会制度、中国共产党领导的多党合作和政治协商制度、民族区域自治制度以及基层群众自治制度，不断推进社会主义政治制度自我完善和发展"[2]。"坚持人民主体地位，推进人民代表大会制度理论和实践创新，发挥人民代表大会制度的根本政治制度作用"[3]，这为人民共享政治权益提供了政治制度前提和保障。再如，为了在政治领域更

---

[1] 《马克思恩格斯选集》第1卷，人民出版社1995年版，第293页。
[2] 《十七大以来重要文献选编》（上），中央文献出版社2009年版，第22页。
[3] 《〈中共中央关于全面深化改革若干重大问题的决定〉辅导读本》，人民出版社2013年版，第28页。

好地体现群众路线，中国人民在中国共产党领导下推进协商民主广泛多层制度化发展，充分发挥协商民主的独特优势，更好地发挥统一战线在新时期的重要法宝作用，这也彰显了中国特色社会主义民主政治权益共享的理念。

其次，实现共享式政治发展，要推动国家治理能力建设的创新和完善，通过国家治理体系和治理能力的民主化、现代化，让人民群众平等享有政治权益。特别是当下社会主义市场经济深入发展和改革攻坚的复杂条件下，如何在政府、市场和社会这三驾马车之间保持理性和良性的互动，发挥政府作用，填补市场处理不好公平问题的缺陷，让政府更好地承担起规范市场、平衡利益、促进公平的职能，这是当代中国民主政治、行政管理效能、政府职能改革问题上共同的价值诉求。再如，在法治中国建设中，如何保护公民合法正当权益问题上，党的十八届三中全会强调指出，要"深化司法体制改革，加快建设公正高效权威的社会主义司法制度，维护人民权益，让人民群众在每一个司法案件中都感受到公平正义"①。这表明，法治中国建设，让共享式民主政治发展成为可能。共享发展理念在民主政治领域的贯彻落实，需要法治强有力的保障。

三 共享发展理念指导中国特色社会主义实现文化权益共享

马克思主义关于人的本性认为，参与社会生产生活实践的"现实的个人"，在"生产物质生活本身"的实践过程中，是不可能缺少"文化的本质"的。人的社会属性的重要组成部分就是文化属性，而文化属性的实现程度，取决于经济政治社会历史条件。根据马克思主义社会有机体理论，社会有机体在政治、经济、文化各领域的发展是相互制约、相互影响的。"一定的文化（当作观念形态的文化）是一定社会的政治和经济的反映，又给予伟大影响和作用于一定社会的政治和经济；

---

① 《〈中共中央关于全面深化改革若干重大问题的决定〉辅导读本》，人民出版社2013年版，第32页。

而经济是基础，政治则是经济的集中表现。这是我们对于文化和政治、经济的关系及政治和经济的关系的基本观点"。① 在追求经济利益公正、政治权益平等的地方，必然有着对文化权益共享的追求。中国共产党以马克思主义文化理论为指导，领导中国人民在不同历史时期建设与发展的文化，都是为满足绝大多数人民群众精神文化生活需要的文化。在民主革命时期，新民主主义的文化是"民族的、科学的、大众的"；在社会主义时期，社会主义的先进文化始终是为人民服务、为社会主义服务的，并且是贴近实际、贴近群众、贴近生活的。改革开放30多年导致的贫富悬殊、两极分化现象，或多或少体现在精神文化生活领域。因此，全面深化改革的历史转型期，党和政府面临着不仅要从物质利益领域突破利益固化的藩篱，还必须从文化领域突破利益固化，实现精神文化的平等发展、平等享有，即文化权益共享。以共享理念指导中国特色社会主义文化体制改革，实现文化权益共享，旨在实现社会主义先进文化的"大众化"、以实现公共文化服务均等化为目标的体制机制创新。

"文化为什么人"的问题，是马克思主义指导下的中国共产党政党文化的首要的基本的理论问题。推进社会主义先进文化"大众化"，满足人民群众精神文化需求，是中国特色社会主义先进文化发展的价值追求。全心全意为人民服务是无产阶级政党的宗旨。中国共产党领导的文化与发展，以推动社会主义先进文化大众化、群众化、生活化为目标，以丰富人民群众精神世界、提高人民群众思想道德素养和科学文化素质为价值取向。新民主主义革命时期，毛泽东曾在《在延安文艺座谈会上的讲话》中提出"文艺为人民服务，首先是为工农兵服务"。新民主主义文化为全民族中百分之九十以上的工农劳苦大众服务，"为一般平民所共有"而非"少数人所得而私"。② 新中国成立后社会主义建设初期的十年"文化大革命"中，由于受"左"的思想影响，这一时期的文化更多地凸显其政治服务功能，而在大众化的价值取向上出现过偏差。经过党的十一届三中全会全面拨乱反正后，在文化建设的历史经验基础上，中国共产党更加坚定了社会主义先进文化的前进方向，始终坚

---

① 《毛泽东选集》第2卷，人民出版社1991年版，第663—664页。
② 《毛泽东选集》第3卷，人民出版社1991年版，第1058页。

持社会主义先进文化发展"为了人民,依靠人民,发展成果由人民共享"的理念。党的十八届三中全会《决定》强调:"建设社会主义文化强国,增强国家文化软实力,必须坚持社会主义先进文化前进方向,坚持中国特色社会主义文化发展道路,培育和践行社会主义核心价值观,……坚持以人民为中心的工作导向。"[①] 这为共享发展的理念指导文化体制改革明确了行动指南。

实现文化权益共享,体现在制度保障层面,需要创新公共文化服务体制机制,为实现文化权益共享所需要的物质基础和条件提供制度保障。改革开放以来,中国共产党不断探索如何实现教育公平、如何更好地维护人民群众文化资源共享的问题,积累了不少经验。党的十七届六中全会特别针对中国特色社会主义先进文化大发展大繁荣的目标,作出了深化文化体制改革的重要决定,力求通过创新公共文化服务体系建设协调机制,更好地实现人民群众文化权益平等,更多更公平地满足人民群众精神文化需求。党的十八届三中全会提出建构现代公共文化服务创新体系,指出要"建立公共文化服务体系建设协调机制,统筹服务设施网络建设,促进基本公共文化服务标准化、均等化"。再如,当下基层文化建设中,建立群众评价和反馈机制,推动文化惠民项目与群众文化需求有效对接,就充分体现了文化共享的发展理念。我们有信心认为,新时期的诸多新举措,必将使共享发展理念在社会主义文化大发展大繁荣中共得到贯彻落实,更好地保障人民群众文化权益共享。

四 共享发展理念指导中国特色社会主义实现公共服务共享

共享发展理念是中国特色社会主义的终极价值关怀,也是马克思主义的终极价值关怀。从马克思主义关于生产力与生产关系、经济基础与上层建筑辩证运动历史规律和未来美好社会的科学预见看,中国特色社会主义的未来状态,是"以每个人的全面而自由发展为基本原则的社

[①] 《〈中共中央关于全面深化改革若干重大问题的决定〉辅导读本》,人民出版社2013年版,第38—39页。

会形式。"① 这样的社会在"人与自然之间"（体现为"生产力"）、"人与人之间"（体现为"生产关系"）的关系上，都趋于平等、和谐与共享。和谐是人类社会美好追求，社会和谐是中国特色社会主义的本质属性。和谐的基本前提是利益权益共享，共享发展理念把中国特色社会主义导向社会和谐。党的十八届五中全会有针对性地提出了关于公共服务供给、脱贫攻坚、教育质量、就业创业、收入差距、社会保障制度、健康中国建设、人口均衡发展等方面实现权益共享的部署，明确了共享发展在社会建设领域的主要着力点，并对相关制度建构与完善作出了规定。共享发展理念引领社会体制改革的价值取向，在当下表现为：促进和谐社会人人共建共享，实现民生权益平等；形成科学有效地社会治理体制，促进基本公共服务均等化，实现社会成员发展权益平等。

恩格斯曾在《反杜林论》中指出："平等应当不仅是表面的，不仅在国家的领域中实行，它还应当是实际的，还应当在社会的、经济的领域中实行。"② 这些"社会的、经济的领域"中的问题，很大程度上指民生问题。正如习近平总书记指出的："我们要随时随刻倾听人民呼声、回应人民期待，保证人民平等参与、平等发展权利，维护社会公平正义，在学有所教、老有所得、病有所医、老有所养、住有所居上持续取得新进展，不断实现好、维护好、发展好最广大人民的根本利益，使发展成果更多更公平惠及全体人民，在经济社会不断发展的基础上，朝着共同富裕方向稳步前进。"③ 改革开放之初，为了尽快改变贫穷落后面貌，由于急迫于快速增长物质财富和经济 GDP 而导致经济社会发展中重效率轻公平、重城市轻农村、重 GDP 轻民生、重"做大蛋糕"轻"分好蛋糕"等问题。因此，全面深化改革历史新时期，改革攻坚的重点和难点就在于从制度、价值层面到具体决策、行动层面如何体现公平正义要求、符合共享发展方向。共享发展理念指导下的改革攻坚，其主要着力点在于维护和实现公正的制度化安排。比如，建立和完善均等化公共服务体系、阶层利益表达机制、收入分配调节机制和社会保障机制

---

① 《马克思恩格斯选集》第 2 卷，人民出版社 1995 年版，第 239 页。
② 《马克思恩格斯选集》第 3 卷，人民出版社 1995 年版，第 448 页。
③ 习近平：《在第十二届全国人民代表大会第一次会议上的讲话》，《人民日报》2013 年 3 月 18 日。

等方面；再如，推进东中西部之间、城市与农村之间基本公共服务均等化，实现基本公共服务全覆盖，让全国各地基本均等、全体人民普遍受惠等方面建立起以权力公平、机会公平、规则公平为基点的社会公平保障体系，构筑起共享发展的制度保障。推动中国特色社会主义和谐社会人人共建共享，实现民生权益平等，是社会主义和谐社会发展的价值目标。党的十八大强调指出："必须坚持促进社会和谐。社会和谐是中国特色社会主义的本质属性。要把保障和改善民生放在更加突出的位置，加强和创新社会管理，正确处理改革发展稳定关系，团结一切可以团结的力量，最大限度增强和谐因素，增强社会创造活力，确保人民安居乐业、社会安定有序、国家长治久安。"① 还比如，在教育资源共享问题上，党中央出台新的要求，指出要"大力促进教育公平，健全家庭经济困难学生资助体系，构建利用信息化手段扩大优质教育资源覆盖面的有效机制，逐步缩小区域、城乡、校际差距"② 等创新举措，为社会领域人人共享提供制度机制的保障。

共享发展理念指导中国特色社会建设，其中一项重要内容是实现公共服务普惠性、保基本、均等化、可持续。当今党和政府高度重视基本公共服务均等化问题，把加强和优化公共服务作为促进社会公平正义的重要抓手。实现区域、城乡社会公共服务均等化和利益共享，要有创新的社会管理制度，以科学的社会治理体制保障人民平等享有社会发展的成果。如果说马克思主义平等价值观在当时历史时代"是对明显的社会不平等，对富人和穷人之间、主人和奴隶之间、骄奢淫逸者和饥饿者之间的对立的自发反应"③，那么，当下中国特色社会主义和谐社会建设，就是对改革发展中出现的城乡二元结构矛盾、地区发展差距、经济社会发展不协调等不和谐因素的"自发反应"。基于当下利益冲突的实际问题，党的十八届三中全会强调指出，要"实现发展成果更多更公平惠及全体人民，必须加快社会事业改革，解决好人民最关心最直接最

---

① 《十八大报告辅导读本》，人民出版社 2012 年版，第 15 页。
② 《〈中共中央关于全面深化改革若干重大问题的决定〉辅导读本》，人民出版社 2013 年版，第 43 页。
③ 《马克思恩格斯选集》第 3 卷，人民出版社 1995 年版，第 448 页。

现实的利益问题，努力为社会提供多样化服务，更好满足人民需求。"①"紧紧围绕更好保障和改善民生、促进社会公平正义深化社会体制改革，改革收入分配制度，促进共同富裕，推进社会领域制度创新，推进基本公共服务均等化，加快形成科学有效的社会治理体制，确保社会既充满活力又和谐有序。"② 可见，共享理念指导下，中国特色社会主义和谐社会建设，需着眼全体人民，从解决人民群众最关心最直接最现实的利益问题入手，致力于薄弱地区、困难群体，努力实现基本公共服务全覆盖，让全体社会成员共享基本公共服务，消除贫富悬殊、避免两极分化。唯有此，才能实现马克思主义的未来美好社会——每个人自由而全面地发展。

五 共享发展理念指导中国特色社会主义实现生态权益共享

共享式发展，在生态领域必然体现为生态文明建设，因为，生态、绿色、环保体现的就是最大的公平，最大的共享。根据马克思主义自然观，人类生存其中的"自然界是人为了不致死亡而必须与之处于持续不断地交互作用过程的、人的身体。"③ 人的肉体生活（即物质生活）和精神生活（即政治文化生活）始终同自然界相联系。保持人与自然的和谐、保证人民群众公平享有自然资源和生态文明发展的成果，是发展和完善中国特色社会主义的核心要义。恩格斯曾有过这样的警示："人们必须牢牢地记住：人们统治自然界，决不像站在自然界以外的人一样——相反地，我们连同我们的肉、血和头脑都属于自然界，存在于自然界的。"④ "我们不要过分陶醉于我们对自然界的胜利，对于每一次这样的胜利，自然界都报复了我们。"⑤ 为了实现同时代的每个人平等，以及不同时代的代际平等，应该人人遵循绿色理念，自觉树立生态文明

---

① 《马克思恩格斯选集》第 3 卷，人民出版社 1995 年版，第 42 页。
② 同上书，第 4 页。
③ 《马克思恩格斯选集》第 1 卷，人民出版社 1995 年版，第 45 页。
④ 《马克思恩格斯选集》第 4 卷，人民出版社 1995 年版，第 383—384 页。
⑤ 同上书，第 381 页。

意识和践行生态价值观，节约自然资源，保护绿色地球家园。以共享理念指导生态文明体制改革，推进中国特色社会主义"五位一体"总布局的协调发展，推动生态文明建设实现生态权益公平，是中国特色社会主义制度完善、道路拓展和体系创新的根本。

马克思主义指导下的中国社会发展，始终追求政治、经济、文化、社会与自然生态之间的协调、可持续发展。这不仅源自马克思主义关于人与自然和谐的生态思想，也源自中国传统文化中人伦和谐与天人合一思想的历史传承，而且还是基于对国际社会可持续发展经验的借鉴。生态文明建设是中国特色社会主义"五位一体"总布局的重要组成部分，实现全面深化改革的协调性、系统性和整体性，必然要致力于生态文明建设和生态权益人人共享。2003年10月14日，党的十六届三中全会通过的《中共中央关于完善社会主义市场经济体制若干问题的决定》提出科学发展的指导思想，即"坚持以人为本，树立全面、协调、可持续的发展观，促进经济社会和人的全面发展"。① 可见，科学发展观的提出，充分体现了马克思主义平等价值观。而共享式发展理念又是科学发展观的创新性表达。经过改革开放30多年的实践探索，中国人民在科学发展观指导下走上了一条绿色发展道路，逐渐改变了那些尽管能够带来物质财富增长但却造成生态环境恶化和自然资源分配不均的做法和方式。在绿色中国发展模式的探索中，人们渐渐明白，绿色发展就是生态文明建设、实现生态权益共享的科学理念和重要路径，其核心就是人对自然的改造要更加符合人生存和发展的需要。"十三五"规划明确指出："绿色是永续发展的必要条件和人民对美好生活追求的重要体现。"生态公平，是最大的公平。无论在何种领域，要实现人人共建、人人共享，都必须要有制度保障和制度环境。人类历史发展实践经验得出的结论就是，哪里有不利于人民共享改革发展成果的问题，哪里有不利于实现社会公平正义的问题，哪里就需要通过创新制度安排来保障人人参与、人人尽力，以便实现人人享有改革发展成果。

伴随工业化进程和生产方式的转变，党的执政能力在处理人与自然和谐问题上，也越发经受挑战和考验。改革攻坚期，在实现生态权益平

---

① 《十六大以来重要文献选编》（上），中央文献出版社2005年版，第465页。

等问题上，问题倒逼改革。党和政府急需在共享发展理念指导下提出新思路、新举措，凡事以共享为标杆，以影响共享发展的障碍为问题导向，使自然资源、生态环境的绿色发展更具有公平性和普惠性，让全体社会成员在绿色中国的道路上有更多获得感、更强幸福感。推动生态文明体制机制的完善，是实现和维护生态权益共享的必由之路。改革开放30多年的实践，是不断推动人类文明螺旋式上升发展的中国特色工业化进程。这一进程是中国共产党秉承马克思主义平等观的终极人文关怀（生态伦理思想是其中内涵之一）。至今，中国特色社会主义比较成功地走出了一条既不同于苏联模式，也不同于现代西方工业化发展模式的绿色中国模式。当下，中国人民正在建设资源节约型、环境友好型社会的创新实践中贯穿落实共享发展理念，坚持绿色发展的中国道路，力求实现和维护生态权益共享。伴随改革进入深水区，生态文明建设将继续考验着我们党和政府的政治智慧。在共享发展理念的价值导向下，新一届中央领导政府以从未有过的力度，加快生态文明制度体系构建，致力于建立资源节约型的国民经济体系和公平消费、绿色消费的生活体系；致力于探索源头保护制、损害赔偿制、责任追究制、生态修复制等保护生态环境的体制机制。这些创新举措，给实现和维护生态权益平等提供了充分而必要的制度性保障。同时体现了当代中国执政党和政府对实现绿色、共享发展理念的理论自觉和行为自觉。

  发展理念是发展行动的先导。伟大的奋斗目标需要科学的发展理念。在全面建成小康社会，实现中华民族伟大复兴中国梦的历史新时期，急需科学发展理念指导。习近平总书记曾经指出："发展理念搞对了，目标任务就好定了，政策举措也就跟着好定了。"[①] 共享发展理念是对科学发展观的丰富和发展。科学发展观强调发展的科学性，共享发展理念强调发展的价值性，体现出发展过程与成果共享的辩证统一。以共享的理念和价值观引领中国新发展，关系到"两个百年"奋斗目标的实现，关系到中华民族伟大复兴中国梦的实现。今天的中国，虽然已是世界第二大经济体，但是人均 GDP 水平与发达国家比较还很有差距，

---

① 习近平：《关于〈中共中央关于制定国民经济和社会发展第十三个五年规划的建议〉的说明》，《人民日报》2014 年 11 月 4 日。

而且资源共享还很不够。"大鹏之动,非一羽之轻也;骐骥之速,非一足之力也。"在全面实现小康社会的决胜阶段和改革开放攻坚期,十三亿多中国人民还需继往开来,拔钉抽楔、披荆斩棘,在共同奋斗中推动共建共享!习近平同志提出的五大发展理念,把共享作为发展的出发点和落脚点,为完善和发展中国特色社会主义指明了发展的价值取向。我们有信心,在中国共产党的坚强领导下,在全国人民都积极培育和践行共享价值观的进程中,协调推进"四个全面"战略布局,以共享发展理念指导中国特色社会主义"五位一体"的改革、建设与发展,无疑会更好地实现和维护社会公平正义,走向中国特色社会主义制度的更加完善!中国人民也必将在共建共享中增强中国特色社会主义道路自信、理论自信和制度自信。

(作者单位:四川师范大学马克思主义学院)

共享发展理念的内涵及其价值探讨

梁伟锋

一 共享发展理念的提出

人们总是在一定的理论指导下开展活动，这是人类社会进入文明时代以来的鲜明特征。因此，理论是行动的先导，有什么样的理论，就会产生什么样的行动，而理念是理论的内核，决定了理论的内容、性质和发展方向，从而也就在根本上规定了行动的内容和发展方式，所以，有什么样的发展理念，就有什么样的发展道路和发展模式。在党的十八届五中全会上，通过了《中共中央关于制定国民经济和社会发展第十三个五年规划的建议》，在这次会上创造性地提出了共享发展的理念，指出："共享是中国特色社会主义的本质要求。必须坚持发展为了人民、发展依靠人民、发展成果由人民共享，作出更有效的制度安排，使全体人民在共建共享发展中有更多获得感，增强发展动力，增进人民团结，朝着共同富裕方向稳步前进。"共享发展理念作为当前党的最新的核心发展理念之一，指出了当前和今后我们的发展的目标、途径和道路，为我们的发展指明了方向，也提供了发展的方法。

马克思主义认为实践决定认识，认识是实践的反应，共享发展理念的提出有着深刻的现实背景和理论渊源，既是对过去正反两方面的发展经验、发展理论的深刻总结，也是针对当前处在发展新阶段出现的新情况、新问题而提出的最新思考。

从思想渊源来看，共享发展的理念吸收了古今中外的合理的思想内核，表现如下：

一、中国传统文化里就有共享的思想基因，如孔子提出的"不患寡而患不均"，《吕氏春秋》的"治天下也，必先公"。《礼记》里的"大道之行也，天下为公"。到了近代，资产阶级革命的先行者孙中山先生，提出了民主、民生、民权的"三民主义"，由此可以看出，共享是中国传统思想文化里生发出的思想结晶。

二、马克思主义的人民共享理念，马克思主义认为社会主义有一个内在的逻辑，就是通过所有制的改造，克服资本对劳动的统治，使劳动者成为生产和劳动的主人，也就是说，公有制确保了全体劳动者共享资本和劳动果实，从而实现每个人全面而自由地发展。

三、共享理念吸收了最新的世界发展理论的有益思想成果，从20世纪60年代到现在，世界发展理论经历了单纯追求经济增长数量的"做大蛋糕"理论、强调经济、政治、社会配套改革的协同发展理论、强调人与自然协调发展的可持续发展理论到强调人的全面发展的人本理论，我国在中国特色社会主义现代化建设的不同发展阶段，都不同程度地吸收借鉴了世界发展理论，包括从强调效率优先的"做大蛋糕理论"到强调人与自然和谐发展的构建资源节约型、环境友好型的两型社会的发展理论，尤其是最新的共享发展理论，强调了把人作为发展的目的，借鉴了最新的世界发展理论关于发展的全面评价指标，把人的幸福指数、人均寿命、受教育水平等指标引入了发展评价体系，摒弃了过去的"GDP中心主义"。

从现实背景来看，共享发展的理念主要是针对过去发展存在的问题和当前发展存在的现实挑战而提出来的：

一是过去发展的实践经验带给我们党的启示，这个启示既有正面的经验也有反面的教训。从正面的经验来看，共享理念实现了革命和公有制改造的成功，共享是革命理论的内核，我们党正是因为坚持了共享的理念，创造和发展了人民民主的理念和发展道路，才动员了最基层的人民群众，先后取得了新民主主义革命和社会主义革命的伟大胜利，共享理念也是公有制改造得以顺利进行的思想基础，正是因为广大人民群众相信这样一种制度安排下，能从根本上实现平等，所以我们党顺利完成了对农业、手工业和资本主义工商业的社会主义改造，国家形态也从新民主主义社会进入到社会主义社会；从反面的教训来看，我们在进行公有化改造后，把共享理念等同于平均主义，实行了绝对平均的"大锅饭"的分配制度，严重挫伤了劳动者的积极性，加之实行高度集中的计划经济，使社会主义发展的动力机制匮乏，到了70年代，这种体制就遭遇了严重的危机，共享主义不是平均主义，根据马克思主义的政治经济学理论，共享也不仅仅是分配问题，还包括生产、交换、消费等环节的问题，实现共享，需要以生产为基础，在生产的基础上，合理分配，然后才有交换和消费，经济发展只有完成了生产、分配、交换、消费这样一个完整的过程，才能真正实现经济发展的总体的这样一个运行规律，所以这次中央全会提出共享理念时，特别强调"人人参与、人人尽力、人人享有"，由此可见，共享理念既是分配领域坚持的原则，也是生产领域要坚持的原则。

二是当前发展进入了新阶段，呈现了很多阶段性特征。改革开放以来，我们借用了世界文明的先进成果，就是发展市场经济，取得了经济社会发展的巨大成就，我们从改革开放之初的占世界经济比重的2.5%到现在的10%，在总量上成为世界第二大经济体，但是也存在很多问题，我们的人均经济指标在世界上还比较靠后，社会的贫富差距较大，出现了尖锐的社会矛盾和问题，虽然是人民内部矛盾，但是如果解决不好，肯定会影响人民的团结稳定，近些年出现的群体性事件，显示了如果人民内部矛盾解决不好的话，社会矛盾会越来越严重，政府曾一度被逼上"维稳"道路，这就要求我们一定要调整和完善发展思路，对这个问题进行合理解决，要求我们对过去的发展思路进行反思和总结。改革开放之初，因为存在区域差异、各地区思念观念开放与保守在内的各方面差别，决定了不可能同步同时富裕，加之当时，中国与世界发达国家之间的巨大差距，决定了我们必须采取效率优先的发展取向，争取尽快赶上世界发展潮流，所以当时提出的发展理念是让一部分人、一部分地区先富起来，先富带动后富，最终实现共同富裕，对此，在1978年，改革开放总设计师邓小平同志提出了"两个大局"的战略思想：一个是沿海地区加快对外开放，较快地先发展起来，内地要顾全这个大局；另一个是沿海地区发展到一定时期，拿出更多地力量帮助内地发展，沿海地区也要顾全这个大局。如果说过去讲效率优先，兼顾公平，那么经过这些年的发展，我们已经具备了一定的物质基础，就要更多地注重公平和正义，因此共享发展的理念呼之欲出，这个理念可以说是对过去发展的实践经验的反思和提升。

三是根据当前的新情况、新问题，提出了共享发展的理念。正如习近平总书记指出的，"十三五"时期，我国发展面临许多新情况新问题，最主要的就是经济发展进入新常态，新常态下，我们发展的条件、环境等都发生了变化，经济发展的速度与质量都与过去不同，可以说，在经过30多年的高速经济增长后，我们达到了一个很高的经济总量，这么高的经济总量每增长一个百分点，都要求创造出很大的经济成果来，经济总量不同，决定了越大的经济总量，其增长率的实现就越艰难，这是符合经济发展规律的，而在这个阶段，最难的事情就是调整产业结构，培育新的经济增长点，要实现经济发展的顺利转型，不仅需要政府的力量，更需要市场和社会的力量，需要各方面因素能共同发挥积极作用，促成经济结构的顺利调整，这就需要"大众创业、万众创新"为代表的社会力量的充分发挥，需要调动各行业，而只有共享理念下，"人人参与、人人尽力、人人享有"的共赢发展，才能调动各阶层的人民群众的积极性，共享理念也因此而成为这个发展阶段最新的指导思想，决定了我们今后相当长一段时间内的发展思路、发展方向。改革开放以来，我们党和政府实施了经济、政治和社会等各方面的改革，在当时的历史时期都发挥了积极作用，但是这些改革的政策和措施，随着时间的推移，其边际效应逐渐衰减，可以说我们的改革遵循了先易后难的思路，过去改革涉及的简单的事情都基本做完了，越到后，改革越难，需要深层次的调整和改革，这就是我们所说的改革进入了深水区，当前改革的复杂程度要超出此前的改革，因为现在的一些问题，是过去改革不彻底遗留下的问题，是逐步累积而成的，换句话说，就是现在的一些问题，并不仅仅是当前才形成的问题，它是以前一直没有很好解决，一直遗留到现在的问题，所以现在进行改革，不仅需要很大的勇气，更需要智慧，现在的发展需要在党的领导下，"人人尽力、人人尽责、人人享有"，才能取得新时期新阶段更大的发展。可以说，共享发展理念是在总结和反思我国改革开放30多年来的发展经验的基础上，提出的最新发展的理念，它反映了我们党对于经济社会发展规律和社会主义建设规律的最新认识和思想成果。

四是共享发展理念根据全面建成小康社会决胜阶段面临的新形势新任务提出的，必须以新的发展理念来领导这次深刻的改革，才能推动当代中国健康发展，迈过"中等收入陷阱"，建成全面小康的社会。全面小康，一方面指的是社会发展程度，要让政治、经济、社会等各方面都得到均衡的改革和发展，全面改革；另一方面要实现区域、各阶层人民群众的共同富裕问题，平衡好效率与公平问题，做到"以人为本"，实现人的全面发展，而这需要共享理念来实现这种平衡，尤其是需要共享理念下的对于社会弱势群体的保障，如建立完善的社会保障制度，实现住房、医疗、教育等事关人民群众最直接、最现实、最关切的现实利益的各项改革，最大程度地实现教育公平、社会保障公平等，解决好社会不公、阶层收入差距、城乡发展不平衡等问题，而这需要全面深化改革，使改革的任务非常艰巨，尤其是实现公平和正义问题，涉及利益结构调整在内的改革，会遭遇不少阻力，只有得到最广大人民群众的支持，才能推行下去，所以只有坚持共享理念，分好经济发展的"蛋糕"，才能得到人民群众的支持，使各项改革事业欣欣向荣，建成更高水平的全面小康社会，只有让人民群众有实实在在的获得感，才能得到人民群众的拥护，使我们的全面建成小康社会的目标建立在坚实的社会和民意基础之上，从而党和政府也会得到人民群众的内心认同和拥护。

二 共享发展理念的内涵探析

当前我国经济社会发展进入新阶段，这个新阶段是在"十三五"的开局之年，是在经济运行进入新常态，经济社会发展进入深度调整和变革的新阶段，这个新阶段明确提出"两个百年"的奋斗目标和全面建成小康社会的任务，共享发展理念在这样的一个大背景下提出来，从理论与实践的关系看，它的提出具有明显的针对性，是要解决一系列发展中的重大问题，涉及经济、政治和社会各个方面，其内涵和外延非常的丰富，需要我们深刻理解和准确把握，并内化为我们的思想意识，才能对当前和今后的发展有正确的认识，才能坚定我们的道路自信，制度自信和理论自信，才能坚持和发展好中国特色的社会主义道路。

(一) 从政治维度来理解共享发展的理念

共享发展首先反映了社会主义的内在逻辑。共享发展体现了人民的主体地位，社会主义的内在逻辑就是通过对资本进行公有制的改造，克服资本对劳动的统治，人民成为劳动的主人，在自由的基础上重新结成自愿的联合，共同成为社会的主人，所以广大人民群众共享改革发展成果，天然的就是社会主义的本质属性使然，是社会主义的本质要求。共享发展理念体现了中国特色社会主义的本质要求，解决的是为了谁的问题，只有广大人民群众共享发展成果，才能真正体现我国的国家政权性质，中国特色社会主义的本质特征是共同富裕，而共享发展体现了这一本质要求，中国特色社会主义能否成功，从根本上取决于广大人民群众能否共享改革发展成果，这同时也是中国特色社会主义优越性的鲜明特征。正如习近平总书记强调的检验改革是否成功的标准是人民是不是共同享受了改革发展成果。

共享发展鲜明体现了马克思主义的群众观，生动地回答了发展依靠谁，发展为了谁的问题。共享发展追求的是人民的发展，造福于民，坚持发展为了人民，发展依靠人民，发展成果由人民共享，使全体人民在共建共享中有更多的获得感，从而使我们的发展建立在深厚的人民拥护的基础之上，我们的发展也由此获得最强大的发展动力，这一发展理念实现了发展的目的与发展的动力的有机统一，既解决了发展的动力问题，那就是人人参与，人人尽责，也解决了发展的目的问题，就是实现人人享有，从而为当前和将来的发展提供最深厚的民心支持和最直接、最强劲的发展动力。

共享发展理念体现了中国共产党的先进性，与西方的政党不同，西方的政党总是代表部分人的利益，中国共产党是代表了最广大人民群众的利益，是中华民族和整个中国人民的先锋队，中国共产党从成立的那天起就以实现人民利益为宗旨，把近代中国的转型发展之路引入到人民参与和积极支持的道路上，赢得了广大人民群众的拥护和支持，也正是因为广大人民群众的拥护和支持，我们党才能够带领人民推翻"三座大山"的压迫，实现国家独立和人民解放，正是因为坚持全心全意为人民服务，我们才能够先后完成新民主主义革命和社会主义革命的胜利,并取得改革开放的巨大成就,共享理念是改革开放新时期的党的宗旨的体现,与全心全意为人民服务宗旨一脉相承,并与时俱进的发展,增加了新的时代内容。

共享发展理念体现了现代政治文明的伟大成果,体现了现代政治文明的基本价值。现代政治文明的基本价值就是追求公平和正义,共享发展理念强调增强人民群众的获得感,也只有解决好"做大蛋糕"的经济发展过程中的"分蛋糕"问题,解决好分配差距、区域差距、城乡差距、收入差距等方面的问题,克服实现社会公平正义的体制机制障碍,建立实现人民群众共享改革发展成果的制度机制,才能实现人民对美好生活的向往,才能把建设中国特色社会主义上给建设好,才能得到人民群众的真正拥护,才能体现出中国特色社会主义的感召力影响力,才能增强人民群众的团结和向心力。正如"十三五"规划建议所提出的,"十三五"时期,坚持共享发展,必须把人民生活水平和质量是否普遍提高作为全面建成小康社会的主要衡量标准,坚持从解决人民最关心最直接最现实的利益问题入手,逐步建立以权利公平、机会公平、规则公平为主要内容的社会公平保障体系,让全体人民朝着共同富裕方向稳步前进。

(二) 从经济维度来理解共享发展的理念

共享发展理念是经济运动的总体规律决定的,马克思主义认为经济发展是一个总体,由生产、分配、交换、消费四个环节构成,生产是第一个环节,依次经过分配、交换环节到最后的消费环节,其中生产是基础,提供物质基础,支配了其他环节,而消费决定着生产,使经济发展又开始新一轮的运动。马克思揭示的生产、分配、交换、消费四个环节之间的必然的本质联系,构成了一般经济运动的规律,经济要获得持续稳定的发展,就要实现好生产、分配、交换和消费环节之间的支配和互动关系,这四个环节中,最直接的关系是生产和消费的关系,生产提供物质基础,消费决定生产的目的,所以这一经济发展规律决定了只有实现好生产与消费的关系,才能实现经济的健康持续发展,社会主义条件下的生产,内在地规定了人民共享的理念,公有制决定了人民是生产资料的主人,发展提供了人民共享的物质基础,但是只有发展,没有共享，就失去了生产的目的，只有让人民共享发展成果，才能让人民群众能够消费生产的物质成果，才能体现人民群众参与发展的主体地位，人民群众才能积极参与发展，并通过消费，让生产真正为人民的需要服务，从而也就找到了经济发展的动力，由此可见，共享发展理念体现了鲜明的马克思主义政治经济学立场。

共享发展理念体现了社会主义基本经济规律，社会主义基本经济规律就是由社会主义社会的主要矛盾引发的经济运动，社会主义社会的主要矛盾是人民群众日益增长的物质文化需要同落后的社会生产的矛盾，这一主要矛盾决定了社会主义经济运动规律的主要方面，就是如何满足人民群众的需求和提升人民群众解决自身需求的能力，让人民群众的需求建立在解决需求的能力的现实基础之上，人民群众共享发展成果意味着人民群众不是抽象的概念，而是具体的个人的消费能力，也就是说人民群众共享发展成果，最大量、最艰巨、最复杂的是个人的消费层次上，这是最现实的问题，也是实现人民群众共享发展成果的最直接的问题，要解决好这个问题，就要处理好效率与公平的关系，效率是生产领域的问题，没有效率就不能提供社会主义发展所需要的丰富的物质基础，而没有公平，就失去了社会主义生产的目的，实现共享发展，关键在于要解决一些重大矛盾问题，加快分配制度改革、缩小收入差距，是实现共享发展的重中之重，也是难点所在。全会提出，要坚持居民收入增长和经济增长同步、劳动报酬提高和劳动生产率提高同步，这"两个同步"指明了今后改革要坚守的原则，那就是发展成果由人民共享，但要深刻认识到共享发展不是平均主义，在生产领域需要大家人人尽力，坚持按劳分配为主体，坚持按劳动贡献率大小进行分配，而在再分配领域，通过转移支付、社会保障、公益救助等制度和机制来最大程度地实现社会公平，尤其是对贫困地区和社会弱势群体的救助，从理念上确立把共享发展作为其他发展理念的出发点和归宿，超越现有的各种发展模式和发展理念，实现效率与公平的有机统一，在生产领域和分配领域实现良性互动，从而实现经济的健康持续发展。

（三）从社会维度来理解共享发展的理念

共享发展理念，是构建和谐社会的内在要求，社会和谐的基础在于人与人之间利益的和谐，人与人之间的利益的和谐就是共享发展理念在社会领域的具体体现，过去30多年的改革开放，我们的经济发展处于赶超世界发展的现实处境下，效率优先成为改革开放之初的指导思想，在现实发展层面，政府都过度注重了效率，包括对经济增长的过度追求，经济发展指标成为衡量政府执政效能的核心指标，甚至是唯一指标，所以我们在取得经济发展巨大成就的同时，社会矛盾也越来越多，地区之间、城乡之间、社会阶层之间的发展差距在拉大，有些领域显失社会公平，近些年群体性事件集中爆发的领域都是利益冲突激烈，利益差距多大的领域，所以针对这些突出的问题，必须有新的发展理念，让社会利益的矛盾冲突在一个合理的范围内得到解决，也就是说只有利益和谐的问题真正得到解决了，在利益的实现上，更加注重公平和正义，才能构建和谐社会。

实现社会的和谐稳定，共享发展理念就不仅仅是一个抽象的理念，而是有着更多具体的制度安排和规划，全面回应了人民对美好生活的向往，揭示了改革开放以来长期奉行的部分人、部分地区先富起来的政策取向，将真正转向以共同富裕为追求目标的共享发展新阶段，共享就是给人民实实在在的利益，体现在具体的民生领域的制度的改革和完善，如合理的住房制度、医疗制度，公平的教育制度，对于贫穷地区和人群的精准扶贫等政策和措施的出台等，这对于化解以往发展进程中存在的发展差距、利益失衡及利益失衡带来的社会矛盾问题有着最直接的效应。党的十八届五中全会提出共享发展理念，注重解决社会公平正义问题，将改善民生作为推动发展的基石，充分体现了我们党增进人民福祉的决心，彰显着人民至上的价值取向。中国特色社会主义是亿万人民自己的事业，我们只有牢固树立并切实贯彻共享发展理念，坚持发展为了人民、发展依靠人民、发展成果由人民共享，才能使全体人民共享改革发展成果，顺利完成全面建成小康社会的目标任务。

共享发展理念是对实现共同富裕的社会发展道路的新发展，只有各个社会阶层的人民共享发展，才能凝聚社会共识，团结社会力量，全面建成小康社会，有了共享的发展理念，共同富裕的道路才可能变得清晰，相关制度安排才不会迷失方向。共享发展理念不仅是中国特色社会主义的鲜明体现，也是现代文明社会发展道路的总趋势和方向，只有坚持共享发展理念,坚持走中国特色社会主义的共同富裕道路,我们才能在自己力量的基点上,实现中华民族的伟大复兴,才能让我们的制度自信、道路自信、理论自信建立在现实的社会发展基础之上,才能实现"人人尽力、人人参与、人人共享"的一个和谐发展道路。

三 共享发展理念提出的价值意义

首先,共享发展的理念是对过去关于发展的思想和理论的超越。

共享发展理念创造性地提出要实现共享与发展的有机统一,生产与分配的有机统一,通过人人参与的共享获得发展的动力机制,通过人人享有的共享实现发展的目的和归宿,也就是说通过共享来获得发展的动力,通过发展来实现共享的物质基础,两者是有机统一的,这是对人类历史上的关于发展理念、发展理论的创造性思想成果,也是在发展到了一定阶段后,对新的实践发展经验和发展要求的理论总结。在过去的发展的实践和理论认识上,共享与发展是一对矛盾,要么是牺牲共享,实现发展,那就是以美国为代表的自由市场经济发展模式,带来了两极分化;要么是注重共享,影响了发展,如欧洲的福利国家模式。在我国社会主义制度建立后,以改革开放为界,我们也经历了两种发展模式:一种是改革开放前,过于注重平均的发展模式,结果带来了发展的低效率,物质发展成果有限,实际上是共同贫穷;另一种是改革开放以来,过于注重效率,如果说改革开放之初,特别注重效率是当时的历史阶段的一种客观要求,通过注重效率,赶超发达国家,但是这种指导思想在经过30多年的发展后,需要调整了,因为现在我国的两极分化也开始了,贫富差距在拉大,所以无论从横向的比较视角还是我们自身的发展的经验总结,都要求我们对这些发展模式进行反思和总结,解决过去发展中存在的问题,建立在发展实践基础上的理论的反思和创造也体现了马克思主义的辩证法,那就是事物在发展中通过否定之否定的规律实现螺旋式的发展。在解析共享发展理念上,我们有必要厘清思想认识,准确界定出共享发展的内涵。首先,共享发展理念,涉及两个基础性概念,一是共享;一是发展。共享的概念从马克思主义政治经济学的理论上来理解的话,其性质就是分配。马克思主义政治经济学把社会的经济运动看成是生产、分配、交换、消费四个环节的动态运行过程，共享的概念发生在分配领域，注重的是社会公平；而发展则更主要的发生在生产环节，它注重效率，通过发展提供社会的物质基础，在过于古今中外的发展实践中，总是把两者对立起来，要么是注重效率的发展，要么是注重平均的分配，那么从社会主义的发展逻辑来看，两者实际是有机统一的，社会主义条件下，克服了资本对劳动的统治，人人都是生产的主人，所以人人参与、人人享有，是社会主义的内在的理论逻辑，也是社会主义的本质要求。

在社会主义条件下，发展与共享是统一的，在社会主义条件下，发展与共享是统一的，人民群众既是社会财富的创造者，也是社会财富的拥有者。发展的出发点和落脚点都在于人民。必须坚持发展为了人民、发展依靠人民、发展成果由人民共享，作出更有效的制度安排，使全体人民在共建共享发展中有更多获得感，才能够增强发展动力，增进人民团结，朝着共同富裕方向稳步前进。只有共享理念下，"人人参与、人人尽力、人人享有"的共赢发展，才能调动各阶层的人民群众的积极性，共享理念也因此而成为这个发展阶段最新的指导思想，决定了我们今后相当长一段时间内的发展思路、发展方向。

其次，共享发展理念是我党基于理论自觉，形成的最新的关于中国特色社会主义建设的思想成果。

共享发展理念不仅是中国特色社会主义的鲜明体现，也是现代文明社会发展道路的总趋势和方向，只有坚持共享发展理念，坚持走中国特色社会主义的共同富裕道路，我们才能在自己力量的基点上，实现中华民族的伟大复兴，才能让我们的制度自信、道路自信、理论自信建立在现实的社会发展基础之上，才能实现"人人参与、人人尽力、人人共享"的一个和谐发展道路。

当前我们经济社会发展进入新阶段，面临的问题和任务更加艰巨和复杂，如何形成共识，凝聚发展力量，获得发展动力，需要一个科学的理念来作为指引。共享发展理念立足当前中国现实国情和发展实践，针对新情况新问题，提炼和总结了中国特色社会主义经济社会发展实践的规律性成果，是新时期我们党对马克思主义政治经济学基本原理和方法论的灵活运用和发展，对当前经济发展的理论和实践问题进行了科学的解答和应对，有利于我们把握社会经济发展规律，提高驾驭社会主义市场经济能力，更好地促进我国的经济和社会发展。因此共享发展理念既指出了我们发展的动力，也提供了我们发展的目的和归宿，能够引导最广大的人民群众合力奋斗为实现中华民族的伟大复兴而提供强大的精神动力。

再次，共享发展的理念符合人类发展的客观规律，符合中国的实际发展需求，也鲜明地体现了中国共产党的执政理念。

共享发展符合人类发展的客观规律。人类发展的趋势是消灭各种差别，实现人的全面发展，共享发展理念强调了"人人参与、人人尽力、人人共享"，既符合了人类发展的趋势，也指明了人类发展的现实道路。

共享发展符合中国当代发展的现实需求，当前我们要建成全面小康社会，实现"两个一百年"的奋斗目标，需要每个人的齐心协力奋斗，这是实现中华民族伟大复兴最深厚的民众基础，一方面，需要把共享发展的理念内化到人民群众的观念中，被人民群众掌握；另一方面，需要人民群众切身享受到经济社会发展的成果，才能最广泛地调动人民群众的力量。共享发展理念既强调了"人人参与、人人尽力"，又强调了"人人享有"，把发展的动力和发展的目的有机统一起来，成为全党、全国人民的共识和团结奋斗的思想基础。

共享发展理念鲜明地体现了中国共产党的执政理念。全心全意为人民服务是中国共产党的宗旨，共享发展理念强调了人民在发展中的主体地位，是党的性质和宗旨的生动体现，共享发展理念强调了"人人共享"，又体现了中国共产党在新的时代条件下作为中国人民和中华民族先锋队的自觉的执政理念，体现了党的先进性。

最后，共享发展理念在五大发展理念中居于最高地位。

在党的十八届五中全会上提出了"创新、协调、绿色、开放、共享"的发展理念，这五大发展理念是有一条内在的主线，共同回答了社会主义条件下如何实现发展，实现什么样的发展和发展为了谁的问题。共享发展理念强调了发展的目的和归宿，强调了发展的目的和归宿是实现人人共享，其他四大发展理念强调了如何发展的问题，主要体现在发展的动力和手段，即如何通过这些手段实现人人共享。

创新发展，既是发展的动力，也是为了实现更高质量和更高品质的发展；协调发展，注重的是平衡发展问题，要解决好区域差距、行业差距、经济社会发展差距等问题，注重的是整体的发展；绿色发展注重的是人与自然的关系问题，发展要处理好人与自然关系的和谐；开放发展注重的是中国与外部的关系问题，强调了当代条件下的发展的世界性、开放性，强调发展与整个世界的互联互通；共享发展注重的是更加公平、更加正义。坚持共享发展，将为其他四种发展提供伦理支持和动力。在这五大发展理念中，前面四个发展理念是解决如何发展，怎么样发展的问题，共享发展则是回答了发展为了谁的问题，可以说坚持共享发展，是坚持其他四种发展的出发点和落脚点。一切的发展，都是为了人的发展。

（作者单位：吉林大学马克思主义学院）

绿色发展理念下高校思想政治教育创新研究

李　洁　贾风珍

20世纪以来，伴随着科学技术和工业的革命，世界经济有了迅猛发展，然而，各种环境问题也日益凸显。人们为经济发展欢呼的同时，却不得不重新审视人与自然的关系。人们在为层出不穷的公害事件、气候变化、资源枯竭等环境问题忧虑时，不得不摒弃"人类中心主义"思想，重视人与自然和谐共生。建设一种新的文明——生态文明成为世界大多数国家的战略选择。胡锦涛主席在党的第十七次全国代表大会上的报告中明确提出："使生态文明观念在全社会牢固树立。"刚刚召开的党的十八大提出了"经济建设、政治建设、文化建设、社会建设、生态文明建设五位一体战略"，更是将生态文明建设提升到了举足轻重的地位。近期，党和国家提出了"创新、协调、绿色、共享、开放"五大发展理念，为此必须加强全社会生态文明教育。大学生肩负着国家经济建设的重任，是我国社会倡导生态保护的生力军。思想政治教育作为传播文明的有效途径无疑是提升人类文明进步的重要力量。从绿色发展的新视阈，将生态文明观纳入大学生思想政治教育的范畴，不仅将有效推进我国实现可持续发展，还将有利于人类生态文明建设及生存发展。

一　高校思想政治教育加强大学生生态文明的必要性分析

（一）大学生的生态文明意识淡薄

目前，大学生的生态意识比较薄弱，笔者对西安市5所高校2014

级和2015级大学生进行了随机抽样调查（分别从2个年级的9个系各抽取40个学生，共调查问卷720份）调查结果显示：大学生对生态文明的含义不太清楚或不知道的占18%，对生态道德的内涵不太清楚或不知道的占25.5%，对森林资源有限不太清楚或不知道的占23%，对气候大会的内容不太清楚或不知道的占54%。在问到你是否做到了把垃圾按能否回收利用的类别分袋包装时，肯定回答的占31.5%，持没有必要这一否定回答的8.5%，认为有必要但做不到的占60%。在问到你能否做到不吃野生动物和不使用一次性筷子时，持肯定回答的占14.5%，不能保证且很难做到的占85.5%。从调查问卷所显示的结果表明，当代大学生生态文明的知识匮乏，讲求生态道德、保护生态环境的意识淡薄，为环保作贡献的责任和义务感不强，自我约束力较差。笔者在此问卷的基础上对学生进行了深入的个别访谈和几个班级的集体讨论，总体感觉是，当代大学生普遍欠缺对生态文明的正确认知，生态道德意识淡漠，他们的价值观念、思维形式、行为习惯和生活方式等都存在与生态文明的基本要求相背离之处，对生态环境在个人和社会发展中的基础性地位尚未形成应有的共识；他们没有意识到环境问题的严重性；他们更没有觉察到他们一些不经意的行为正事与愿违地破坏着生态环境；他们并没有强烈地感受到保护生态环境就是在保护人类的生存家园。

生态文明建设关键在于人具有先进的思想观念。大学生是生态文明建设的宣传者和生力军，所以针对大学生的生态文明意识薄弱的现状，加强大学生的生态文明教育，应当成为高校思想政治教育的一个重要而紧迫的任务。

（二）生态文明教育是思想政治理论课教育教学的重要组成部分

从思想政治理论课应具备的教育功能和价值旨归来看，有必要把大学生培养成具有生态伦理道德的文明人。高校思想政治理论课是实施德育教育的主阵地，是教书育人的主渠道，为此，将生态文明教育纳入思想政治理论课教育教学，就显得尤为重要。对大学生进行生态文明教育，就是使大学生能够正确处理人与自然的关系，正确评价与调整自己的行为，可见，生态文明教育是新时期赋予高校思想政治教育的历史重任。

从思想政治理论课的学科内容看，生态文明渗透在多方面的内容之中。高校"两课"中有不少内容都从不同的角度以不同的视角直接或间接地阐述了生态文明理念。如科学发展观、和谐社会、新型工业道路以及中国特色社会主义文化等。为此，把生态文明教育纳入高校思想政治理论课的教学体系也是思政课内容本身的题中应有之义。

从思想政治理论课所具有的社会功能看，思想政治教育是党的优良传统和政治优势，是革命和社会主义现代化建设顺利进行的重要保证。现阶段，思想政治教育仍然是我国宣传和教育的最直接、最有效和最广泛的方式，具有举足轻重的地位。"思想政治教育面临新科技革命所带来的人类生存的新危机，面临自身领域所发生的新变化，必须冲破原有的价值局限，除了为物质文明、政治文明、精神文明建设服务外，还可以也应该为生态文明建设服务"。思想政治教育的生态文明教育不仅是思想政治教育与时俱进，适应新时代的发展需要，也是当前我国生态文明意识培养的最重要途径。它将使生态文明教育获得全社会最广泛和系统的宣传教育资源和对象范围，有效地促进生态文明观念在全社会的牢固树立，为我国生态文明建设奠定不可或缺的人的基础。

（三）大学生的生态文明素质关乎全社会生态文明建设的推进

生态文明建设的首要目标是形成资源节约型、环境友好型的产业结构、经济增长方式和消费方式，改变过去以牺牲环境和无节制地消耗能源为代价的高投入、低产出的生产方式，这就需要我们进行技术创新，坚持科学发展理念。但一旦缺少智力和技术支持，生态环境的改善和人民福祉的建设，将成为一句空话。大学生是青年中的优秀分子，是掌握新知识、新科技的主要群体，是国家极其宝贵的人力资源，他们处于时代的最前沿，思想先进，思维活跃，是新事物的接受者和推广者。他们更是祖国未来建设的生力军，是民族未来的希望。只有充分调动他们生态文明建设的积极性，为社会主义生态文明建设献计献策，贡献自己的力量，才能真正完成生态文明建设的目标和任务。

高校是培养社会英才的基地，是社会先进文化、思想的孵化器。在生态文明建设中，高校应充分发挥其特有的辐射功能和示范作用，要用科学发展观和生态文明观念教育好大学生，使大学生成为实践和传播生态文明的生力军、主力军，从而带动和推进全社会生态文明建设。

二 高校思想政治教育中开展生态文明教育的内容

（一）生态意识教育

生态意识的强弱，直接决定着大学生的生态行为。对大学生进行生态意识教育，就是要使大学生意识到自己是整个自然界的一分子，应当主动追求并建立起人与自然的和谐关系。

首先是忧患意识教育。在当前生态环境问题日益严峻的形势下，生态意识教育最基础部分就是帮助人们真正了解生态环境问题的严重性，使其树立忧患意识和生态危机意识。要使公众认识到，如果不坚持可持续发展理念继续过度开发利用资源和污染环境，其后果将威胁人类自身的生存和发展。

其次是主体意识教育。目前我国公众环保意识和行为总体上都差强人意，主要根源于公众生态文明建设的主体意识不强，普遍存有"搭便车"心理。生态教育的主体意识就是要让大学生们明确，保护自然就是保护人类自己，生态文明建设没有局外人，"今天你环保了吗"应当深入每个人的心里。正如《中国生态文明建设高层论坛——广州宣言》所倡议："每个公民都要争做生态文明建设的积极倡导者、热心宣传者和忠实践行者。汇细流以成江海，积小善以成大德，为生态文明建设作出自己应有的贡献，以我们的行动和智慧创造生态文明建设的美好未来。"

（二）生态法治教育

生态文明建设不仅需要道德力量的推动、行政手段的约束以及经济措施的制裁，也需要具有强制约束力的法律、法规加以约束和引导。近年来，我国生态立法得到了进一步加强。思想政治教育加强生态法治教育，促进生态的法律法规的功能发挥，能够有效将生态文明建设落到实处。

首先是生态法治意识的教育。学法才能懂法，知法才能守法。加强生态法律和法规的普及教育，提高公众的生态法律意识，使人人懂法、守法、护法。这不仅有利于规范人们生产和生活中的日常行为，也有利于打击各种破坏生态环境的违法犯罪行为，杜绝各种浪费资源和破坏生态环境的现象。

其次是生态维权教育。生态文明的事业本质上是公众的事业。这在生态的法律法规体现为承认和支持公众的环保方面的知情权、参与权和监督权等权利。如《中华人民共和国环境保护法》第六条规定："一切单位和个人都有保护环境的义务，并有权对污染和破坏环境的单位和个人进行检举和控告。"提高公众的生态维权意识，有助于促进公众参与生态的立法、执法，从而提高生态立法的质量和执法的效果。

（三）绿色消费教育

马克思认为，消费是人的基本需要。但是在生态文明理念的指引下，在环境友好型、资源节约型社会的要求下，我们在生活中要讲求绿色消费，即符合"三 E"原则：即讲究经济实惠（Economic）、符合平等人道原则（Equitable）、讲求生态效益（Ecological）。它涉及人们衣食住行的各个方面，要求我们每一个消费者自觉选用绿色产品，选择绿色服务；自觉抵制各种浪费资源、污染环境的商品。同时，我们还要讲究适度消费。我国传统文化中的勤俭节约、艰苦朴素的精神，反对铺张浪费的思想观念，对于培养人们的绿色消费观具有重要的借鉴意义。过度的消费对自然资源造成巨大浪费，攀比心理、错误的消费观念无情地威胁着千百万物种的生存，使许多地方生态严重失衡。所以大学生要培养环境友好的消费方式，养成绿色消费的好习惯。

三　生态文明视野下高校思想政治教育创新的路径构想

（一）加强生态文明理论教育

第一，依托第一课堂教育，使之成为生态文明教育的重要阵地。高校政治理论课是各专业学生的必修课。在实际教学中，应当各门课都应从自身的特点出发，从不同角度、不同侧面、各有重点、互相渗透地加强对大学生的生态文明教育。在《马克思主义基本原理概论》课教学中要加强马克思恩格斯生态哲学思想的教育。马克思唯物主义地阐明了人与自然之间的关系，提出了人类发展与生态持续相统一的协调发展思想，而且还从生产和社会制度方面提供了解决人与自然之间的矛盾、实现人与自然和谐发展的途径。在《毛泽东思想、邓小平理论和"三个代表"重要思想概论》课教学中要突出体现毛泽东、邓小平、江泽民思想中有关可持续发展的思想，特别是要引导学生深刻认识科学发展观的内涵和要求。我们在课堂教学中要把十八大报告的最新精神结合进去，加强对生态文明的教育。在《中国近现代史纲要》课教学中应恰当合理地补充有关生态的历史材料。在《思想道德修养与法律基础》课教学中要加强大学生生态文明行为的养成教育和生态环境法治教育。

第二，依托校园文化平台，大力开展生态文化建设活动。通过校园文化倡导绿色行为，鼓励学生争做绿色使者，以无形统率有形，培养学生良好的生态素养，让他们学会关注生命、尊重自然和保护自然，自觉成为生态文明的倡导者和传播者。比如，通过开展生态文明系列讲座、开展绿色环保、绿色消费知识竞赛等活动，以世界水日、世界地球日、世界环境日为契机，大力开展环保宣传教育活动、开展绿色文明标兵评选活动、开展循环经济征文等形式多样的活动，强化大学生的环保意识和家园意识。

（二）积极开展生态文明实践活动

实践价值是思想政治教育的出发点和归宿。经合组织经过18个月的调查，总结说：中国的经济在向发达国家迅速靠拢，但环境水平却与世界上最贫穷的国家近似。中国的生态危机仍然十分严重。这就更需要理论与实践相结合，引导大学生走入社会这个思想政治教育的大课堂，把生态文明理念内化为自觉行动。首先，可以让学生参与生态环境相关科学研究。教师可以让学生参与相关课题的调研、数据统计工作。学生借此机会，可以深刻地了解到当前环境污染和生态破坏的状况，增强生态危机感。其次，教育者应在课堂的生态文明教育的基础上，积极组织大学生参加生态文明教育实践活动。比如，开展校园美化活动；去秦岭清理垃圾活动以及废旧电池回收活动等。最后，应建设相应的生态教育基地，增强大学生的生态实践能力。教育者应当让学生尽快融入自然生态系统内部，直接参与到生态基地建设中去，从而提高大学生的生态实践能力。总之，将生态意识、生态思想融合渗透到实践活动中，将家庭、学校、社区等都作为环保的实践单位，从身边做起，从小事做起，更能展现出当代大学生以天下为己任、与时代共呼吸的精神境界。

参考文献

[1] 刘丽红、张忠：《高校生态文明教育的哲学思考》，《教育评论》2016年第3期。

[2] 王希群：《对生态文明的哲学思考》，《北京林业大学学报》2016年第1期。

[3] 林美卿、苏百义：《生态文明建设的人性思考》，《山东社会科学》2016年第4期。

[4] 张耀灿、郑永廷、刘书林、吴潜涛等：《现代思想政治教育学》，人民出版社2001年版。

[5] 王克群、许军振：《坚持绿色发展，推进生态文明体制改革》，《理论与现代化》2016年第2期。

（作者单位：西京学院）

议题三

中国道路与马克思主义中国化研究
真学、真懂、真信、真用研究

传统与民族：马克思主义中国化的时代蕴含

武永亮　杨　玢

马克思主义中国化现实指谓马克思主义与中国历史演进及中国现实境遇具体结合基础上实现马克思主义的本土化、传统化与民族化。"理论在一个国家实现的程度，总是决定于理论满足这个国家的需要的程度。"[①] 马克思主义与中华传统价值及民族现实发展的视阈交融与利益汇聚在一定程度上唤醒着中华民族的文化自觉与文化诉求，表征着中华民族群体的价值认同与价值抉择，其中国化的实现过程也自然生成为马克思主义实现自我完善与发展的过程。

一　传统化与民族化——马克思主义中国化的本真意蕴

作为一种意识形态，马克思主义本质表征为特定的文化模式与价值体系，马克思主义中国化的现实实现要求价值主体必须深刻反思与理解当代中国社会的文化需要与价值诉求。中华文化的现实发展必须以马克思主义为指导，马克思主义中国化的真正实现与时代发展也必然要求赋予其本土化与民族化的内容与模式，中国化的马克思主义也承贷成为中华文化的特殊组成部分并将生成为民族文化的当代价值旨

---

① 《马克思恩格斯选集》第1卷，人民出版社1995年版。

趣，因此，以中华文化为支撑与条件、于中华文化境遇下并在当代中国现实场域中丰富发展马克思主义，实现马克思主义的传统化与民族化，体现马克思主义的世界性与发展性，是马克思主义中国化的时代命题与本真之义。

　　马克思主义的传统化指谓表征特定价值体系的马克思主义与中华文化传统价值的契合与融通并于此基础上实现马克思主义的本土化与通俗化。特定价值体系的存在模式使马克思主义与中华文化传统价值两种相异价值体系之间通过对话与沟通达成某种程度之契合与交融。作为一种充分彰显政治价值体系的马克思主义，民族群体对其的认同与选择既要传承民族国家历史形成与演进过程中生成发展之文化意义与价值传统，又要考虑民族社会当代发展中之主流价值需求与时代价值准则，因此，"在马克思主义与中国传统文化相结合中，应该防止两种错误倾向，既要反对文化虚无主义，也要防止文化复古主义。"[①]立于历史虚无主义之上的文化虚无主义过分夸构作为意识形态的马克思主义与中华文化所内蕴之传统价值之间的矛盾，主张两者绝无共存共融之可能，认为"去传统化"是真正实现马克思主义中国化的前提条件与必然趋势，与此相反，文化复古主义则过分强调文化传统与传统价值的绝对影响力与主导力，截然否认马克思主义的先进性与科学性，两种倾向的片面化与绝对化显而易见，均不可取。传统规范着人类社会的生存秩序与价值意义，同样，中华文化本身不仅涵盖文化传统，而且也是对当代中国社会文化价值体系的反映与表征，在历史发展长河中最终保留并于现代社会得以传承与发展创新的传统文化始终体现着社会群体的价值抉择与价值旨归，无论何时马克思主义价值体系绝对不会也不可能简单取代中华民族的价值传统，恰恰相反，中华文化所表征之价值传统与价值标准更有助于当代马克思主义中国化的现实实现，与此同时，马克思主义的中国化赋予中华民族新的机遇去自觉重申自身文化的矛盾机理并从而进行有效整合。于当前价值多元的现实境遇中，深刻反思与理解当代中国社会的文化需要与价值诉求，挖掘马克思主义价值观与中华文化传统价值的契合点与融汇点，

[①] 《北京日报》2010年9月20日第18版。

彰显马克思主义的本土化与通俗化，不失为马克思主义中国化的现实意义本质所在。

马克思主义的民族化指向作为一种指导理论的马克思主义与中华民族的历史以及现状紧密结合基础上实现马克思主义的时代化与发展化。"马克思主义中国化，从根本上说民族化。民族的历史和民族的现状、民族的形式和民族的内容是很难割裂的。"[①] 马克思主义中国化首先彰显于马克思主义普遍原理与中国社会文化观念相结合，即把马克思主义基本理论与民族的文化特质、思维模式、价值取向、行为方式结合起来，使之民族化。民族性是文化体系的本质特性，作为一种文化价值体系存在的马克思主义也不例外，马克思主义与中国当代实际相结合既要体现马克思主义民族化的特征，又要顾及马克思主义时代化的特点，马克思主义的中国化既要发挥马克思主义理论对中国实际的指导功能，又要实现马克思主义价值体系在中国现实境遇中的丰富发展，因此，形塑马克思主义的民族化模式与内容也正是马克思主义当代中国化的意指表征。作为一种价值体系存在的马克思主义，实质上是以一种源于西方的先进文化形态登上中华民族生存发展的历史舞台的，因此，实现马克思主义的民族化丰富与时代化发展本质而言其实是中西方异质文化价值标准的碰撞与交融，而这一交融与碰撞的最终结果必然导致马克思主义价值蕴含与中华民族现实价值诉求与价值利益达成某种程度的妥协甚至一致，马克思主义的中国化必须要能够体现中华民族的整体利益并有助于其价值利益的实现，因为"利益（物质的与理念的），而不是理念，直接控制着人的行动"。[②] 马克思主义理论体系既含普遍性又存特殊性，其普遍性根本彰显于所诠释社会发展规律适用之世界性，而特殊性则集中表征于其与不同国家社会发展状况相结合之民族性，因此，于中国现实境遇中实现马克思主义的民族化并非仅仅投射马克思主义与中国历史及中国社会的结合形态，更为指征马克思主义理论体系于中国当代场域中的丰富创新与时

---

① 《北京日报》2010年9月20日第18版。
② ［德］马克斯·韦伯：《儒教与道教》，王容芬译，商务印书馆2003年版，第19—20页。

代发展，这一发展创新既是现阶段马克思主义中国化的理论总结，又是新阶段马克思主义中国化的理论基础。

当代中国社会场域中马克思主义中国化的真正实现不仅要求赋予其传统化与民族化的内容与模式，而且马克思主义与传统价值及民族蕴涵的汇聚与整合也更能够引导群体正确的价值取向与价值准则并进而对民族国家的稳定发展作出贡献，因此，无论是马克思主义的传统化抑或是民族化实现均充分彰显出其对当代中国社会发展以及中华民族群体的利益诉求与价值意义所在。

二 中国"化"马克思主义——价值意蕴的传统化与民族化

中国"化"马克思主义本质指谓探寻传统价值传承发展需要以及当代社会价值诉求与价值利益与马克思主义价值观的契合点与交汇处，赋予马克思主义最易于民众所能接受、理解并认可的合理模式与价值蕴涵，从而增强民族群体对马克思主义价值观的认同与自觉内化。

中国"化"马克思主义首先表征于马克思主义价值意蕴的传统化。中华传统价值体系从根本上影响着当代中国价值主体的价值评判与价值抉择，伴随着马克思主义中国化的过程也不断催生着新的马克思主义传统，发展着的马克思主义价值体系从根本上影响着当代中国主流价值体系与多元异质价值体系间的交融与博弈。毋庸置疑，中华传统价值体系在阐释自身优点之时又不可避免地凸显其片面性与局限性，因此，传统价值与马克思主义价值传统在当代中国社会发展场域中必然有冲突与碰撞，探寻两者之间价值表征与价值内涵的聚合点与相通处从而赋予马克思主义传统化的价值认知与价值意义无疑为马克思主义中国化的基础条件。马克思主义所主张之实践思维模式与中华文化所推崇之知行合一观达成高度的认知统一与践行融合：传统价值"实用主义"主张与马克思主义的实践论观点、传统价值"重人轻神"论与马克思主义的唯物主义无神论、传统价值"民本主义"思想与马克思主义的人们历史观以及传统价值"以人为本"观与马克思主义人的全面发展观等等诸多契合点让两者在现实境遇中的整合与融合具备了实现之价值基础。马克思主义价值意蕴的传统化也必然要求赋予马克思主义价值体系传统化的价值表达形态与通俗化的社会展演模式,使马克思主义价值理念以民族群体喜闻乐见的复合民族传统的形式表征并得以现实展演,"马克思主义中国化在最简单的层次上包括使用普通中国人易于接受的语言,用大众化的谚语和有声色的成语使之生动活泼,间或引经据典予以强调。"[1] 展演方式的传统化与通俗化有助于受众群体的接受与认可从而增强民族群体对马克思主义价值观念的认同与自觉内化。无论是价值内涵层面的传统化抑或是价值表达方式的传统化,其根本标的集中指涉作为价值体系存在的马克思主义毫无疑问与中华民族历史生成并现实传承的价值利益与价值诉求存在高度的契合与相通,这也为当代马克思主义中国化的真正实现铺设了不可或缺的价值语境与现实价值场域。

中国"化"马克思主义其次投射于马克思主义价值意蕴的民族化。民族性是文化价值体系的本真特性,作为一种特定的价值体系模式,通过民族形式表达的具体的马克思主义不仅表征着其自身的价值内涵与价值意义,而且彰显着符合民族传统与时代精神的价值利益与价值诉求,并以价值导向与精神引领的方式服务于社会主体与民族国家。马克思主义价值意蕴的民族化充分体现马克思主义价值理念与中华民族价值体认与价值利益的紧密相通与高度一致,尽管马克思主义对社会发展规律的诠释在某些方面与中国社会历史现实演进存有差异,但马克思主义价值认知与价值主张较大程度上契合着中华民族救亡图存、崛起振兴之当代价值体认与现实价值诉求。马克思主义实质为一种源于西方的先进文化形态,其中国化过程中首先须实现其价值意蕴的民族化,必须与民族文化所传承之价值精华与价值意义密切相通,使其从价值蕴涵层面具备民族特质与民族形态,并且能够日渐发展成为民族群体文化传统与价值体认的主导力量与核心构成。在当前文化多元与价值碰撞愈加激烈的现实境遇下,马克思主义价值意蕴民族化的实现过程无疑更加复杂与不易,如何实现马克思主义价值蕴涵与中华文化所表征价值体系的价值汇聚与

---

[1] Stuart R. schram, "Chinese and Leninist Components in the Personality of Mao Tse-Tung". Asian Survey, 1963 (6): 259–273.

价值糅合从而赋予马克思主义科学的符合民族传统的且具备民族特质的价值逻辑与价值特质？马克思主义价值体系所诠释之价值真谛与价值蕴涵最本质地表达并代表着当代人类社会发展进程中最先进也最普适的价值准则与价值意义，与中华文明所一贯推崇之价值理念与价值体认存高度契合与集聚，充分发掘并大力弘扬马克思主义价值理念与中华文化价值体系相通之处与汇聚支点，更易于民族群体接受并认同马克思主义并进而内化为自身的价值践行导向与准则，也正为马克思主义价值意蕴民族化的实现之义。

马克思主义中国化本质上就是一种复杂的文化价值发展现象，其现实生成重要的文化意义与价值体征，实现马克思主义价值观念与中华文明价值体系的价值对接与价值集聚，赋予马克思主义价值意蕴传统化与民族化的逻辑构成与存在态势，是马克思主义中国化的本真体现与现实逻辑。

三 马克思主义"化"中国——实践路径的传统化与民族化

马克思主义"化"中国指谓以马克思主义意识形态为基本价值准则引导并整合中华传统价值与民族文化蕴涵，密切结合中国发展历史与当代社会实际，吸收采纳马克思主义理论方法并于此基础上客观认识、分析、评价且以符合民族传统和民族特质的思维方式与行为逻辑去顺利解决诸多社会现实问题。"哲学家们只是用不同的方式解释世界，而问题在于改变世界。"[①] 马克思主义的最终旨归为"改变世界"而非"解释世界"，因此，马克思主义中国化的当代内涵现实投射马克思主义普遍原理同中国社会实践相结合，实现理论指导的具体行为化与实践操作化，给予马克思主义中国化传统化与民族化的实践路径。

马克思主义"化"中国首先指向以马克思主义的视野与态度去揆褚当代中国社会实际，实现马克思主义与中国历史及中国传统的

---

① 《马克思恩格斯选集》第 1 卷，人民出版社 1995 年版。

密切结合，赋予马克思主义中国化传统化的实践路径。马克思主义的中国化必然要求以历史唯物主义的观点去分析当代中国实际，不能隔断中国历史，"人们自己创造自己的历史，但是他们并不是随心所欲地创造，并不是在他们自己选定的条件下创造，而是在直接碰到的、既定的、从过去继承下来的条件下创造。"① 中国当代社会实际正是基于对中国历史的继承与发展之上，中国拥有悠久文明的历史，蕴涵丰富的文化传统与历史传统长期浸淫并渗透于社会的各个方面，不仅构成着中国历史的重要社会机理，而且自然生成并现实发展为当地中国与未来中国不可或缺的社会内容，无论今天的中国抑或未来的中国，都将注定是中国历史的发展阶段，因此，马克思主义和中国具体实际相结合的一个重要内容，就是实现其与中国具体的历史传统及文化传统相结合，并且现实发展为中国历史文化传统和社会生活的有机构成，以传统化的路径模式实现马克思主义对当代中国实际的指导功能与践行导向。于国家层面而言，识主导与价值引领的顺利实施"必须研究中国历史上治国理政的经验和中国传统文化，尤其是儒家学说中注重社会和谐和民本的治国理政的智慧，研究如何立德兴国、教民化民"②。于个人层面而言，任何一种价值观在主体认同的前提下必须通过现实场域中主体的实践活动方能实现价值导向与引领之功能作用。源于西方的马克思主义意识形态与中国历史传统与文化传统的结合本质表征为中西方异质价值体系与价值准则之间的碰撞与交融，但无论是历史传统抑或是文化传统，否并非仅仅反映价值传统，也同时彰显历史演进与文化传承的传统性形态与规律性模式，因此，马克思主义的当代中国化实现不仅要求其价值体系涵化中华历史传统与文化价值传统，而且承需赋予其实践路径传统化与合理化的现实模式。

马克思主义"化"中国其次指涉以马克思主义的思维与立场去形塑当代中国实际，实现马克思主义与民族历史及民族传统的紧密契合，给予马克思主义中国化民族化的实践路径。民族化的马克思主义

---

① 《马克思恩格斯选集》第2卷，人民出版社1995年版，第122页。
② 陈先达：《马克思主义与中国传统文化》，《光明日报》2015年7月3日。

中国化实践路径本质上表现为马克思主义与民族历史及民族传统的密切结合，赋予马克思主义体现民族特征并符合民族作风的现实实践模式去辨析和解决当代中国社会实际诸多问题，因为"马克思主义必须通过民族形式才能实现。没有抽象的马克思主义，只有具体的马克思主义。所谓具体的马克思主义，就是通过民族形式的马克思主义。"①以民族形式景观呈现的马克思主义即是要凸显其民族特色与民族本性，实现马克思主义的民族化丰富与时代化发展。马克思主义的中国化实质为中西方异质文化价值标准的博弈与糅合，其结果必然导致两者基于价值主体的现实利益而达成某种程度的妥协甚至一致，这就要求马克思主义在其中国化过程必须能够表征并彰显中华民族整体的价值诉求与价值利益，只有代表并有助于实现中华民族整体利益的马克思主义价值体系才能够发挥其对民族群体的价值主导与价值引领功能，但中华民族的多元构成与现实发展境遇复杂，多元化的价值认知与价值抉择汇聚为民族整体的价值诉求与价值旨趣，这就使马克思主义的中国化不仅需要于价值层面对接与糅合民族蕴含与民族意义，而且于路径层面呈现民族多样化的现实形态与展演模式，必须在马克思主义中国化的实践过程中充分考量民族的历史发展与现实演绎。在当前中国社会多元价值并存与主流价值彰显的现实语境中，必须充分挖掘马克思主义价值体系与中华民族传统价值体系的契合之处，以民族化的实践模式实现马克思主义与民族传统及民族历史的结合、整合与融合从而具体发挥马克思主义意识形态对价值主体与民族国家的价值引领与价值导向作用，是马克思主义"化"中国的民族体系与民族意义所在。

马克思主义中国化本质表征为复杂的文化发展现象，其过程中不仅包含对传统文化的扬弃而且内蕴对中华文化的创新，因此，揆诸马克思主义中国化命题决不能割裂其传统化与民族化双重意蕴。马克思主义中国化并非仅仅为实现传统马克思主义理论体系的中国化，更需要实现马克思主义价值体系在当代中国化过程中的发展与创新，赋予

---

① 中央档案馆编：《中共中央文件选集》第 11 卷，中共中央党校出版社 1986 年版，第 202 页。

马克思主义意识形态传统化与民族化的价值内涵与价值意义，给予马克思主义中国化、传统化与民族化的现实形态与展演模式，以经过实践检验证明的中华价值体系与民族价值蕴含丰富发展马克思主义，不失为马克思主义当代中国化的根本路径与现实旨归。

（作者单位：青海大学马克思主义学院）

中国传统文化之于中国道路的浸润与滋养

马朝琦　王元琪

绪　论

党的十八大报告强调:"道路关乎党的命脉,关乎国家前途、民族命运、人民幸福。"十八大以来,习近平总书记在各种不同的场合都曾就道路问题有过鞭辟入里的论述。[①] 中国道路是中国特色社会主义道路、中国特色社会主义理论体系、中国特色社会主义制度"三位一体"构成的。它不仅是现实的选择,更是历史的发展的必然要求,而且具有深厚的历史渊源和广泛的现实基础。正如习近平所言:中华优秀传统文化是我们最深厚的文化软实力,也是中国特色社会主义植根的文化沃土……解决中国的问题只能在中国大地上探寻适合自己的道路和办法。数千年来,中华民族走着一条不同于其他国家和民族的文明发展道路。我们开辟了中国特色社会主义道路不是偶然的,是由我国历史传承、文化传统和具体国情决定的。因此,与其说中国道路具有深厚的历史文化内涵,毋宁说是中国传统文化浸润和滋养了中国道路。

[①] 2013年1月5日,习近平在新进中央委员会委员、候补委员学习贯彻党的十八大精神研讨班上明确指出,"道路问题是关系党的事业兴衰成败第一位的问题,道路就是党的生命"。同年,在中共中央政治局第七次集体学习时,他再次强调:无论搞革命搞建设、搞改革,道路问题都是最根本问题。

一　中国传统文化是中国道路的民族基因

　　优秀传统文化凝聚着中华民族自强不息的精神追求和历久弥新的精神财富，是发展社会主义先进文化的深厚基础，是建设中华民族共有精神家园的重要支撑，更是中国道路的民族基因。改革开放以来，尤其是党的十八大以来，我们在推进社会经济、政治、文化、社会、生态等建设的过程中，始终不忘重视和学习传统文化。并着力强调了传统文化之于中国道路民族基因的重要意义。

　　2013年3月，习近平在中央党校80年校庆时的讲话中指出：中国传统文化博大精深，学习和掌握其中的各种思想精华，对树立正确的世界观、人生观、价值观很有益处。同年8月，习近平在全国宣传思想工作会议上指出：中华文化积淀着中华民族最深沉的精神追求，是中华民族生生不息、发展壮大的丰厚滋养；中华民族创造了源远流长的中华文化，中华民族也一定能够创造出中华文化新的辉煌。2014年9月24日，习近平在出席纪念孔子诞辰2565周年国际学术研讨会上指出：中国优秀传统思想文化体现着中华民族世世代代在生产生活中形成和传承的世界观、人生观、价值观、审美观等，其中最核心的内容已经成为中华民族最基本的文化基因，是中华民族和中国人民在修齐治平、尊时守位、知常达变、开物成务、建功立业过程中逐渐形成的有别于其他民族的独特标识。大致说来，以习近平为代表的党和国家领导人，在论述中国传统文化时：首先深刻揭示了中华传统文化的历史定位；其次系统论述了传统文化的时代价值；最后科学阐明了弘扬传统文化的态度和基本原则。

　　现代社会的发展证明了如下一个简单的认识：一个民族、国家的强盛，总是以文化兴盛为支撑的，总是体现着本民族、本地区深厚的民族基因。中国道路不仅体现了中国在经济、政治、社会等方面巨大发展，同时也凸显了先进的社会主义文化的作用和意义。作为社会主义文化硬核的社会主义核心价值观，其理论体系建构的思想源泉无疑是中国优秀传统文化。社会主义核心价值观纳入了中国传统文化的核心价值观的基本要素，因此具备了鲜明的中国文化特色。这种中国特色或者中国风格，不仅仅在形式上使用了中国人民喜闻乐见的语言文字和表达习惯，而且在思想内容上汲取了中国传统文化的精华。从这个意义上来说，中国传统文化就是中国道路最深沉的民族基因。

二 中国传统文化是中国道路的智力支撑

在中国共产党发展壮大过程中，李大钊、毛泽东、邓小平等老一辈无产阶级革命家都接受过中国传统文化的长期熏陶，善于用中国传统文化的精髓促进马克思主义中国化。中国文化中的"天下兴亡，匹夫有责""民为贵，社稷次之""己所不欲，勿施于人""舍生取义""厚德载物""自强不息"等传统思想的精华，经过他们的改造和发展，成为了勉励自己，教育党员的鲜活事例，也是马克思主义中国化理论成果结晶的温床。

在当下快速发展和转型的社会背景下，文化焦虑、社会治理危机以及国际社会角色转变等一系列危机（亦包括机遇），对于未来中国的发展影响甚巨。伴随着信息时代而来的全球化、现代化进程虽然将中国带入了一个开放的、物质财富极大丰富的经济社会，但仅仅物质上的富足显然无法为一个十几亿人口且有着悠久历史文化底蕴的民族共同体提供终极的精神意义，提供一种持续奋斗的精神价值。精神层面归属感的缺失，将在很大程度上增大社会溃败的风险。在此背景下出现的权力寻租、环境恶化、食品安全、药品安全、生产安全事故、贫富两极化以及各种社会矛盾引发的群体性冲突，包括日甚一日的"道德滑坡"，不仅揭露了中国社会治理危机的普遍性，还在更深层次方面深刻暴露了对生活意义、身份认同、价值取向等较高层次文化诉求的巨大分野。在当代人们的意识和价值观日趋多元和复杂的情势下，如何增强社会群体凝聚力，如何满足社会成员的精神需求成为当下中国所亟待解决的大问题。与此同时，随着中国的崛起，世界格局必将面临深刻的调整。这种变化不仅限于中国内部，还涉及亚洲的邻居乃至世界其他国家，而由此带有的反应自然百人百口，莫衷一是。同样，放眼世界，这样的困局或者困境并非发展中的中国所独自遭受。处于发展中的世界各国，无一例外都在遭受着这样的困局。而就世界范围而言,同样亦是如此。

而中国传统文化中的君子文化、尚贤文化、礼仪文化、忠孝文化以及人道主义精神、和平交往、和谐思想等等,这些无疑都为上述问题的解决提供了某种可资借鉴的思想资源,因而也为人类文明的发展进步提供了有力的智力支持。

三 中国传统文化是中国道路的国际名片

长久以来,中国传统文化中的"和而不同"原则,不仅是用来指导国内民众的基本准则,更是协调华夏文化与外来文化紧张冲突的基本指导思想。众所周知,汉代以来,由于中原王朝疆域的不断拓展,其与周边少数民族以及异族的交往日益频繁,由此也带来了政治、经济以及文化上的交流与融合。两汉时期,经由西域传来的佛教开始在中国流行,经过南北朝的发展,至隋唐时开始进入鼎盛时期。儒释道相互交汇,最终在唐时佛教形成了中国化的理论成果——禅宗。而从唐中叶的韩愈、李翱开始,儒佛融合趋势开始显现,最终经过北宋学者的努力,形成了新儒学,亦即理学。同时,由于经济上的自给自足和"戒勤远略"的历史教训,虽然强大如汉唐,也并不曾多见侵犯邻国的征伐之战。这其中,"国虽大,好战必亡"的箴言既具有历史的意义,又有非常强烈的现实意义。关于这种现象,钱穆有过一段有见地的论说。他指出:"在中国史上,我们可以说,他既没有不可泯灭的民族界限,同时亦没有不相容忍的宗教战争。……在中国文化史里,只见有吸收、融和、扩大,不见有分裂、斗争与消灭。"[①] 宾四先生所论,洞见史实背后的文化实质,实是对中国"和"文化经由"和而不同"以至"大同"的精辟阐释和精到解读。相比于"天人对立论""文明冲突论"等说法,中国传统文化中关于"和"的思想无疑具有更鲜明地历史意义和现实意蕴。

中华人民共和国成立后,以"和平共处"为核心思想的"五项基本原则"成为处理国际关系的基本准则,并在国际社会产生了极大的

---

① 钱穆:《中国文化史导论》,商务印书馆1994年版,第152页。

反响。改革开放以来，我们党对国际形势有着清醒的判断和认识：和平与发展是主流。传统文化中的"和"思想再次凸显。

党的十八大以来，习近平借助传统文化在不同的场合先后阐释过对外交往的"和平"理念。2014年5月15日，习近平出席中国国际友好大会暨中国人民对外友好协会成立60周年纪念活动并发表讲话。他说：中华文化崇尚和谐，中国"和"文化源远流长，蕴涵着天人合一的宇宙观、协和万邦的国际观、和而不同的社会观、人心和善的道德观。这一提法，从民族传统文化意识的视角阐释了中国坚持和平发展的民族基因。习近平指出，走和平发展道路，是中华民族优秀文化传统的传承和发展，也是中国人民从近代以后苦难遭遇中得出的必然结论；在当今全球化、多元化的世界格局下，零和思维已经过时，我们必须走出一条和衷共济、合作共赢的新路子。

走和平发展道路是中国人民对实现自身发展目标的自信和自觉。有着5000多年历史的中华文明，始终崇尚和平，和平、和睦、和谐的追求深深植根于中华民族的精神世界之中，深深融化在中国人民的血脉之中。正如费孝通所说：我提出"各美其美，美人之美，美美与共，天下大同"的设想，表达了中国传统文化对于未来社会的理想追求以及要实现这一理想的手段。"如果人们真的做到'美美与共'，也就是在欣赏本民族文明的同时，也能欣赏、尊重其他民族的文明，那么，地球上不同文化、不同民族、不同国家之间就达到了一种和谐，就会出现持久而稳定的'和而不同'。"[①] 从这个意义上来说，中国传统文化无疑就是中国道路的国际名片。

四　中国传统文化是中国道路的信心源泉

众所周知，中华文明绵延数千年，并且是世界上唯一一个未曾中断过的文明国家。在数千年的历史发展长河中，中华民族创造了灿烂的物质文明和精神文明，为世界的发展作出了卓越的贡献。中华优秀传统文化已经成为中华民族基因，植根于中国人内心，潜移默化影响

[①] 费孝通：《费孝通集》，中国社会科学出版社2005年版，第481页。

着中国人的思维方式和行为方式。由此也推动了中国社会数千年不断持续的前进和发展，形成了中国历史上规模恢宏的"文景之治""贞观之治""开元盛世""康乾盛世"等，并成为了东亚文明圈的核心。钱穆先生曾从学术史角度对中国传统学术思想的发展演变有过一段精辟的论述。他说：中国思想史、学术史上的每一次大转换，都是对原有思想和学术的继承和创新，在实质上都是一种进步与进化①。以此观照中国社会的历史发展之路，我们可以这样说：中国社会发展过程中的每一次大转型，都是在原有基础上的继承和创新。中国道路的形成演进离不开中华文化的滋养，同样，当代中华文化的发展也依赖于中国道路。

早在新民主主义革命时期，毛泽东就曾指出："学习我们的历史遗产，用马克思主义的方法给以批判的总结，是我们学习的一个重要任务……从孔夫子到孙中山都应当给以总结，承继这一份珍贵的遗产"，用以帮助指导当时的革命实践②。中华人民共和国成立后，我们立足于国情、世情，通过千年中华文明浸润与滋养，改变了近代以来落后挨打的局面，提升了国人的生活形态。中国文化也再次得到了转型和发展。正如习近平说道："要理解中国人为什么那么执着地为民族复兴而努力……必须了解中国人对古代文明的那种自豪感，这是激励现代人去振兴民族的历史动力。"中国历史社会的发展，尤其是近代以来的从孙中山、毛泽东、邓小平到当今的党和国家领导人，都有着强烈的民族复兴信念，体现了中华文化自强不息的精神。十八大以来，我们在着力推进"五位一体"，着眼于全面建成小康社会、实现社会主义现代化和中华民族伟大复兴征途中，尤其重视发挥中国传统文化的优势，提高民族自信心，进而增强中国特色社会主义的道路自信、理论自信和制度自信。从根本上说，中国传统文化不仅是中国道路的底色，更是中国道路的自信。因此，我们要坚定理论自信、道路自信、制度自信，最根本的还要加一个文化自信。中华民族历来有很强的文化自豪感，只是到了鸦片战争时期，在西方的坚船利炮下，中国沦为殖民地半殖民地，文化自信被

---

① 钱穆：《中国学术思想史论丛》第八卷，安徽教育出版社 2004 年版，第 359 页。
② 《毛泽东选集》第 2 卷，人民出版社 1991 年版，第 534 页。

严重损害。随着新中国成立后中国各项建设事业的次第展开，尤其是改革开放后中国社会的发展，中国道路越来越散发出迷人的光彩，而传统文化无疑就是中国道路民族自信皇冠上最璀璨的明珠。

鉴古知今，在当今全球化、信息化的时代背景下，中华文化以自身所具有的独特优势，通过对世界文化精华创造性吸收和转化，必将为中国道路提供强有力的文化支撑，展示中国道路所特有的文化气息，增强中国道路的民族自信！

结　　语

30多年经济持续、高速地发展，使中国的国际影响与日俱增，中国独特的发展道路也被外界解读为"北京共识""中国模式"。事实也确实如此，走出国门的国人无不由衷地感慨：只要会说汉语，走遍世界都不怕。虽是戏言，却也客观真实地反映了中国的世界影响力。但与此同时，国际社会对国人的诟病却日甚一日，"中国威胁论""土豪"粗鲁等等不雅之词成了西人贴给我们的标签。而在国内，贫富差距的拉大、社会风气的乖离（"马加爵事件""药家鑫事件""黄洋、林森浩事件"[①]"魏则西事件"等等）、贪污的普遍化以及对规则、制度的漠视等等，都说明了社会的发展并不能仅仅单纯依靠经济的推动，必须借由政治、文化、生态等协调推进。文化作为一种精神力量，能够在人们认识世界、改造世界的过程中转化为物质力量，对社会发展产生深刻的影响。现代化进程的深入使人们越发意识到"我是谁"的重要性。对民族文化、本土文化的眷顾，以及对优秀传统文化的传承，越来越成为文化现代化的重要组成部分，越来越成为大众的文化认同基础。人们对一系列传统文化符号的看重，其实是对其背后的价值与意

[①] 人之将死，其言也善。林森浩二审前的一段告白，深刻反映了文化缺失对现代社会的伤害。他说道："当我还在自由世界里的时候，我在思想上是无家可归的。没有价值观，没有原则，无所坚守，无所拒绝。头脑简单的人生活在并不简单的世界里，随波逐流，随风摇摆，兜不住的迷茫。要成为一个什么样的人，对我而言，是很不清晰的。"正是由于精神生活的缺失，导致对人生价值、意义的迷惘。"林森浩事件"虽是个案，但警示意义却足够重要。如何能让我们的思想政治教育契合社会公众的需要、如何能让身处在变动不息的社会中人的精神世界找到安全的港湾和拥有终极的归属感，这正是文化的意义！

义的认同。那些滋养了中华民族几千年的传统文化,仍在滋润着当代和未来中国人的心灵,并将在国人实现民族复兴的伟大征程中,更为显著、扎实、持久、有效地发挥自己特有的推动和促进作用。

(作者单位:西北大学马克思主义学院)

中国启蒙与社会主义核心价值观*

吴春梅　张贻龙

"从西方的经验来看，现代性在一定程度上是启蒙思想的产物，或者说启蒙理想反映着现代性的基本要求，而中华民族近代以来的伟大历史使命就是实现现代化。"[①] 对于仍处于现代化语境中的中国来说，有关启蒙的讨论，不仅涉及对资本主义启蒙思想的认识和中国的启蒙历程，还要指涉中国现代化建设进程中马克思主义启蒙的发展历程。如果不将启蒙简单置于西方启蒙的话语体系中，就会发现中国启蒙的主流是超越资本主义启蒙的马克思主义启蒙，启蒙的未来出路在于深化马克思主义启蒙并彰显其时代价值。反观中国启蒙的历程，由于受到救亡图存的窘迫形势和谋求经济发展过程中不免功利的价值取向等因素的影响，时至今日依然存在马克思主义启蒙不彻底的缺陷，伴生了新时期的价值多元化困境，凸显了社会主义核心价值观的马克思主义启蒙意义。培育和践行社会主义核心价值观，是铸就兴国之魂的关键，以社会主义核心价值观凝聚和引领社会成员进行社会主义现代化建设，强化价值内核的功能，有利于实现马克思主义启蒙对资本主义启蒙和中国近代以来两次启蒙运动的双重超越，促进人的自由全

---

* 本文系国家社会科学基金一般项目"理性选择视阈下农民的社会主义核心价值观认同研究"（14BKS092）、教育部人文社会科学研究规划基金项目"社会化路径下新生代农民工主流意识形态的认同研究——以马克思主义大众化为目标"（13YJA710046）和湖北省高校马克思主义中青年理论家培育计划（第一批）资助课题"农民的公共精神与文化生活研究"（14zd041）的阶段性成果。

① 马德普：《论启蒙及其在中国现代化中的命运》，《中国社会科学》2014 年第 4 期。

面发展，最终走向国家富强、民族振兴、人民幸福。

一 资本主义启蒙与中国启蒙的衍生

作为一场反封建、反教会的资产阶级思想解放运动的启蒙运动，可以视为狭义上的启蒙，是指发生在 18 世纪欧洲以法国为中心的启蒙运动。启蒙运动是承继"文艺复兴""宗教改革"运动以来欧洲近代的肯定人的尊严与价值，提倡个性解放、个人自由，反对封建束缚和宗教禁欲主义，歌颂人的智慧和人类理性的时代主题的继续和发展。在东西方的几个发达国家进入现代化的过程中，都经过了人类理性获得巨大解放的思想启蒙时期。作为一种完整的理论形态和价值体系，它是资本主义迅速发展的必然产物。

对广义启蒙最精练的回答源于康德的《答复这个问题："什么是启蒙运动？"》。他在文中写道："启蒙运动就是人类脱离自己加之于自己的不成熟状态。不成熟状态就是不经别人的引导，就对运用自己的理智无能为力。当其原因不在于缺乏理智，而在于不经别人的引导就缺乏勇气与决心去加以运用时，那么这种不成熟状态就是自己加之于自己的了。Sapere aude! 要有勇气运用你自己的理智！这就是启蒙运动的口号！"[1] 据此，启蒙就是人依据自身的理性走出精神上的不成熟状态，其关键在于要有足够的勇气运用自身的理智从而实现人类理性的自觉。因此，启蒙最重要的就是能否自觉秉持理性主义，也可以说理性主义就是启蒙的代名词和合法性依据，"在自然知识和人类事务等一切领域，理性乃是最高的原则"[2]。他特别推崇自由，将"自由"视为启蒙运动的最高价值，"这一启蒙运动除了自由而外并不需要任何别的东西"[3]，而这里的"自由"指的"就是在一切事情上都有公开运用自己理性的自由"[4]，即实现理性批判指引下的自由。简言之，启蒙就是

---

[1] 康德：《历史理性批判文集》，商务印书馆 1990 年版，第 22 页。
[2] 韩水法：《启蒙的第三要义：〈判断力批判〉中的启蒙思想》，《中国社会科学》2014 年第 2 期。
[3] 康德：《历史理性批判文集》，商务印书馆 1990 年版，第 22 页。
[4] 同上书，第 24 页。

通过理性烛照人们的思想，使人从一切禁锢中解放出来而让自身的理性发挥作用的过程和状态。

依照这种一般性的规定，启蒙就是人类的必经阶段，而这个阶段在西方社会的发展与现代化的历程相互砥砺。启蒙主义以其推崇理性，倡导科学、民主、自由、人权等，扫除一切黑暗、腐朽的封建残渣余孽，成为现代化的指导思想。人类的现代化过程整体表现为一个由西到东、由北向南的历时性过程，中国与其他东方国家的现代化过程无不起点于西方文化的强势影响下。伴随着资本主义的世界性扩张和西方文化的向外输出，曾经开辟了人类资本主义新时代的启蒙思想，也随着鸦片战争后中国国门的打开而开启了中国的文化启蒙历程。启蒙所倡导的思想、观念和口号之所以能够迅速获得中国先进知识分子的回应，恰恰在于它是近代中国时处传统社会向现代社会转变开端时期的客观需要。思想的有效性和社会的发展变迁之间存在内在一致性，因为问题的提出必然是对时代发展要求的呼应。启蒙精神以其反映现代化基本要求的强大生命力，在不断冲击传统文化的同时，也使肇始于西方资本主义的自由、平等、民主、科学精神渐为国人所了解和认识。启蒙的"祛魅"作用，在审视传统文化的同时也以批判和超越陈旧思想观念而激荡着中国人的灵魂，作为价值追求逐渐深入内心。由此观之，不难理解，为什么中国需要启蒙和启蒙为什么会在中国发生。

然而，启蒙之于中国却并非完全意义上西方启蒙运动发生和发展过程的复制，而是一开始就展现出救亡图存与启蒙思潮的多重变奏。更重要的是，五四运动尤其是"中国共产党诞生以后，马克思主义引领中国的启蒙思潮发生了重大的分野和转向"[①]，直到新中国成立都表现为民主主义者、自由主义者的资本主义启蒙和马克思主义启蒙两种启蒙运动并列发展的态势；新中国成立后，中国的启蒙便走上了独立的马克思主义启蒙道路。

---

① 刘基、闫立超：《建党九十年以来马克思主义启蒙的历史经验》，《理论探讨》2012年第2期。

二 中国近代以来的两次启蒙运动

"中国现代史上,大规模的启蒙运动发生过两次,一次是 20 世纪初的五四运动,一次是 20 世纪 80 年代的'思想解放运动',或者说'新启蒙'运动。"[①] 一般认为中国的现代化探索之路可以回溯到 19 世纪 60 年代,大致经历了从器物层面到制度层面再到文化层面的变革过程。鸦片战争的爆发,带给中国人的是一个"千年未遇之变局",被西方列强的船坚炮利惊醒的一些有识之士,意识到了中国古老的传统文明与西方现代文明的差距。为国家民族计,他们开始了采撷西方文明成果,通过引进西学的方式实现"救亡图存"的艰苦历程。从洋务运动的"自强""求富"到戊戌变法的"百日维新"进而到辛亥革命的"振兴中华",这些本就充满民族主义政治目的的运动"在探求应对危机办法的过程中,启蒙运动的一些构成因素在逐步积累。"[②] 随着眼界的逐渐开阔,急于寻找救国之道、实现国家富强的先进知识分子开始超越单纯的技术追求,转而寻求政治体制的变革和促使社会转型的道路,并逐渐意识到进行文化革新、思想解放的必要性。这个过程中交织着西方文明以其科学、文明、进步的面貌对封建守旧中国的传统观念、顽固心态的松动,中国人对于现代化道路的探索也上升到改造国民性的精神文化层面的变革,其起点正是启蒙运动。

启蒙思想家怀着对西方资本主义文明的景仰,认为西方的民主与科学是推动中国现代化的文化旗帜,并把它们作为重估、审视一切价值的标准,他们乐观地认为解决中国一切社会问题的关键在于把民众从封建蒙昧的枷锁中解救出来,在于思想启蒙。因此高举"民主""科学"两面大旗的文化派,以前所未有的广度和深度揭露、批判以封建礼教为核心的中国传统文化,将中国的启蒙运动从器物和政治层面推进到思想文化层面。急于从旧文化中挣脱出来的先进知识分子将批判的锋芒对准了

---

① 邓晓芒:《20 世纪中国启蒙的缺陷》,《史学月刊》2007 年第 9 期。
② 闫润鱼:《论中国近代启蒙运动的历史规定性》,《中国人民大学学报》2006 年第 2 期。

封建伦理道德，进而对整个传统文化进行批判直至触及民族文化心理结构，提出改造国民性的"灵魂的救治"的历史任务。这场思想启蒙运动首先推动了青年学生的觉醒，继而促成五四运动的爆发，而学生的爱国运动进一步推动国民的觉醒。自此，这场以德、赛二先生救治中国积弱弊病的启蒙运动，伴随着文学革命将启蒙思想深入至普通民众，这种知识分子经世致用的理想也照进了人们日常生活的现实，从而成为全民族的觉醒运动。

五四运动作为中国文化启蒙的第一波高潮，其特殊性在于：俄国革命的一声炮响，为我们送来了马克思主义。新文化运动后期，一些先进的知识分子意识到资本主义的"科学万能"的迷梦并不能解救中国于水火，转而寻求"第三种文明"，畅言"为救世界之危机，非有第三种文明之崛起，不足以渡此危涯。"① 恰在此时，以唯物史观解释人类发展历程的马克思主义所倡导的"社会主义文明"被新文化运动的倡导者所接受。马克思关于人类发展的理想学说，在同样落后的俄国取得革命胜利的示范作用下，对于一直以西方为师、寻求救国之道而屡遭失败的中国先进知识分子具有格外的吸引力。接受了马克思主义学说的中国共产主义者，开始了以俄为师改造中国的进程，走上了一条不同于西方启蒙的马克思主义启蒙的道路。"中国早期的马克思主义者运用唯物史观的武器，深刻地揭示了封建思想文化的社会根源。他们把反封建主义斗争的立足点和出发点，从争取个人的个性解放上升到争取人民群众的社会解放的高度；把反对封建主义斗争的方式，从由少数人进行的宣传工作，发展到主要由人民群众进行的革命实践，从而推动中国人的思想在更广大的范围内和更深刻的程度上获得解放"②，因此是一种"更高层次的启蒙，是新文化运动的继续和发展"③。马克思主义以其揭示人类发展规律的科学性给中国人民指出了民族解放的美好前景，指引人民科学地认清本国国情，发动和团结最广大人民进行彻底的反帝反封建的新民主主义革命，通过国家和民族的救亡实现人民当家作主，实现人民

---

① 《李大钊文集》第 2 卷，人民出版社 1999 年版，第 205 页。
② 胡绳：《中国共产党的七十年》，中共党史出版社 1991 年版，第 18 页。
③ 宋小庆：《关于五四运动评价中的几个问题》，《求是》1996 年第 13 期。

解放和个人自由,在中国土壤上具备了实践上的可能性和实现的必然性。而寄希望于各种文界、学界、小说界革命的方式实现启蒙并实现民族独立的希望只能是幻想,加上当时统治者或者主政的党派,把救亡和启蒙对立起来,"用所谓的'救亡'来压制人民的民主、自由、人权的诉求"[1]。总之,资产阶级意义上的启蒙运动在中国复杂的社会环境里,骤然兴起又快速陨落,虽然仍有一批知识分子为之努力,却没有能力实现他们的理想。五四运动后的启蒙,不仅要完成资产阶级的"启"封建传统文化之"蒙"的任务,还需要通过救亡图存来推动启蒙,实现启蒙运动的一大转向[2],随后开始了中国共产党将马克思主义启蒙与反帝反封建的革命实践相结合的历史进程。

"上个世纪80年代的'新启蒙'是继'五四'之后的又一次具有划时代意义的启蒙高潮。"[3] 1978年5月11日发表的《实践是检验真理的唯一标准》一文引发了"一场规模宏大、内涵丰富、影响深远的关于真理标准问题的大讨论"[4],它冲破了"两个凡是"的严重束缚,推动了全国性的马克思主义思想解放运动,成为实现改革开放伟大转折的思想先导。"真理标准问题的讨论对我国社会转型所具有的启蒙意义,怎么评价都不会过分"[5],它"既是一场对何谓社会主义之认识拨乱反正的政治启蒙,又是一场推动我国理论界开始独立研究的学术启蒙,还是一场破除迷信,引导人们追求社会主义的自由、民主、平等的价值启蒙。"[6] 正如"启蒙真正有价值的地方不仅在于它带有科学主义色彩的理性精神,而更在于它的反思批判精神,在于对迷信和教条的质疑态度"[7],"启蒙

---

[1] 汤一介:《启蒙在中国的艰难历程》,《北京大学学报》(哲学社会科学版)2012年第2期。
[2] 李慎之:《不能忘记的新启蒙》,《炎黄春秋》2003年第3期。
[3] 张光芒:《论八十年代"新启蒙"的科学观念》,《江汉论坛》2007年第10期。
[4] 胡锦涛:《在纪念真理标准讨论二十周年座谈会上的讲话》,《求是》1998年第10期。
[5] 高惠珠:《论真理标准问题讨论的启蒙意义》,《武汉大学学报》(人文科学版)2013年第3期。
[6] 同上。
[7] 马德普:《论启蒙及其在中国现代化中的命运》,《中国社会科学》2014年第4期。

的精神于是在'解放思想,实事求是'中得以复兴"①。之后,学术界又掀起关于人道主义和异化问题的讨论,这与当时"伤痕文学"针对"文化大革命"时期人性漠视与践踏的反思有关,也与改革开放本身对于重新解放和尊重公民独立人格、重新恢复马克思主义人道主义传统提供了契机和动力有关。这些讨论极大地促进了人们思想的解放,使人们摆脱了思想僵化、迷信盛行的状况,在全社会掀起了一股宣传科学、民主、人道主义的热潮,迎来了人们观念的变革和文化的繁荣。

"新启蒙"思潮始于马克思主义之人道主义讨论,出于对历史的反思和对教条的马克思主义的批判,文化界要求重新回归五四运动所倡导的民主、科学、法制、人道等价值观念,并超越五四运动,坚持改革。著名学者王元化倡议创办的《新启蒙》论丛,成为这种呼吁的主要阵地,在创刊号上发表了夏衍、邵燕祥、高尔泰等八人的"新启蒙笔谈",以"阐述何谓'新启蒙'"②,其中,夏衍强调"'新启蒙'要重提科学与民主,迎接新时代的挑战,不能错过了目前这个千载难逢的好机会"③。但同时,自拨乱反正开始就存在少数宣扬资产阶级自由化的所谓"精英",追求西方资本主义启蒙理念,利用思想解放的"东风"并打着"新启蒙"的旗号在喧嚣,而实质是否定四项基本原则以实行全盘西化,因而偏离了王元化等人运用马克思主义对五四运动所倡导的价值观念进行再认识、再估价的原意,失去了"新启蒙"的真正意义。20世纪90年代后,随着社会主义市场经济的逐步建立和不断完善,改革的热点转向经济领域,"新启蒙"思潮逐渐衰落。"新启蒙"没有真正完成马克思主义启蒙的历史使命,便匆匆结束,这与之后的价值观念多元化和多样化社会思潮的出现有一定的关联。

三 马克思主义启蒙在当代中国的价值

西方资本主义启蒙思想作为一个完整的理论形态和价值体系,是对

---

① 姜义华:《人的尊严:启蒙运动的重新定位——世界化现代化进程中的中国文化变迁》,《复旦学报》(社会科学版) 2003 年第 5 期。
② 李锐:《王元化与新启蒙》,《炎黄春秋》2010 年第 9 期。
③ 同上。

资本主义经济制度下平等自由原则的理论表达，对整个资本主义历史发展具有根本的价值引导和行为规范作用。这种价值引导所指向的就是"三位一体的目标：独立的经济人格、独立的政治人格和独立的精神人格"①，即"以物的依赖性为基础的人的独立性"。依据社会关系的历史发展和人的发展的内在联系，马克思在《1857—1858 年经济学哲学手稿》中对人的自由全面发展的历史过程作了具体分析，将人的发展分为三个阶段：人的依赖关系占统治地位的阶段、以物的依赖性为基础的人的独立性的阶段，以及建立在个人全面发展基础上的自由个性的阶段②。人的依赖性阶段与自然经济相适应，人的独立性以商品经济为基础，人的自由个性即是共产主义社会形态中人的历史形态。毫无疑问，自由个性阶段的发展必然要以人的独立性阶段为前提，"第二个阶段为第三个阶段创造条件"③，人的独立性为人的自由个性的发展创造条件和提供实现路径，这种划分正可说明人的自由发展价值理想生成的历史客观性和作为社会主义最高价值的坚实基础，同时也指出实现人的独立性是历史的必经阶段。

马克思主义认为，资产阶级启蒙提出了自由、平等、博爱、民主等一系列价值观念，形成了一套完整的理论体系，完成了马克思在《论犹太人问题》中所说的政治解放。然而，"政治解放本身并不就是人的解放"④，资产阶级的自由、平等、博爱是虚伪的和不真实的，基于抽象人性论和经济地位不平等基础上的资产阶级价值观是不可能实现其所宣扬的自由与平等。与启蒙思想不同，马克思主义从一开始就追求的是人的解放，是实现人民群众在经济、政治、思想各方面的自由、平等和解放。它将历史发展的根本动力竖立在物质资料生产方式的牢固基础之上，认为人民群众是历史的创造者和推动社会发展的决定性力量，人们认识和改造世界的终极目的就是摆脱自然和社会的必然性对自身的束缚，实现人的自由全面发展，从而完成"人类从必然王国进入自由王

---

① 孙正聿：《崇高的位置》，吉林人民出版社 2007 年版，第 202 页。
② 《马克思恩格斯全集》第 30 卷，人民出版社 1995 年版，第 107—108 页。
③ 同上书，第 108 页。
④ 《马克思恩格斯文集》第 1 卷，人民出版社 2009 年版，第 38 页。

国的飞跃"①。马克思主义"人的自由全面发展"和"人类解放"的价值理想，彻底超越了资本主义启蒙思想的理论表达。科学社会主义是较启蒙运动更具深远指向的现实运动，它以实现"每个人的自由发展是一切人的自由发展的条件"②为目标指向，追求实现人的彻底解放，这从根本上超越了资本主义启蒙思想价值观的视野和境界。

因此，马克思主义是对资本主义启蒙思想的扬弃，它将基于理性专断和抽象"人性论"的资本主义启蒙思想推向前进。正像恩格斯在《反杜林论》引论中所说的那样："现代社会主义（科学社会主义——引者注），就其内容来说，首先是对现代社会中普遍存在的有财产者和无财产者之间、资本家和雇佣工人之间的阶级对立以及生产中普遍存在的无政府状态这两个方面进行考察的结果。但是，就其理论形式来说，它起初却表现为18世纪法国伟大的启蒙学者们所提出的各种原则的进一步的、似乎更彻底的发展。"③马克思、恩格斯终其一生，都是围绕认识和批判资本主义来展开他们的理论和革命实践活动。他们创立的马克思主义也是旨在批判、揭露和推翻资本主义的过程中，开展社会主义运动，实现工人阶级和全人类的解放，最终达至"每个人的自由发展是一切人的自由发展的条件"的共产主义社会。马克思在批评启蒙思想的同时又继承了它的合理因素：对人类历史向前发展的乐观主义精神和美好未来的憧憬；符合人类长久发展过程中对应然状态要求的人道、人权、民主、法治、自由、公平、正义等价值理念；对不合理现状的批判精神。

对比西方启蒙的历程，中国启蒙具有明显的特殊性。第一，启蒙任务的历史局限性。中国自鸦片战争以来到新中国成立的百年历史过程中，始终贯穿着的时缓时急的民族危机，致使救亡图存成为当时中国必须面对的根本问题，期间的启蒙必然要立足于救亡图存而以政治诉求为内核。而资本主义启蒙所倡议的基于人的独立性的民主、自由、个性解放等口号的全面启蒙在中国往往要让位于政治启蒙，因而很容易转入低

---

① 《马克思恩格斯选集》第3卷，人民出版社1995年版，第758页。
② 同上书，第719页。
③ 《马克思恩格斯文集》第2卷，人民出版社2009年版，第53页。

潮。第二，资本主义启蒙的夭折。资本主义经济发展的不充分以及支撑中国传统文化数千年的三大动因：小农经济基础的经济动因、封建宗法制的政治动因和集体无意识的民族文化心理结构的社会动因，使中国的资本主义启蒙缺乏现实基础和历史根基。受制于中国近代以来的国内外环境而短暂发生的资本主义启蒙运动，没有能力完成自身的历史使命，便转入了马克思主义的更高层次的启蒙，从结果层面看可以视作资本主义启蒙在中国的缺位。第三，马克思主义启蒙的不彻底。实现"人的自由全面发展"，必须建立在"以物的依赖性为基础的人的独立性"之上，同时超越其历史局限。在这一条件不具备时，马克思主义启蒙在中国往往存在不彻底性。由于资本主义在中国发展的不充分，五四运动至新中国成立前的马克思主义启蒙，直接承担起指导中国反帝反封和革命实践的历史任务，无力在经济和社会领域去体现启蒙主张的价值，期间存在不同程度的照抄照搬苏联模式和曲解马克思主义本意的倾向。新中国成立至改革开放前逐渐形成的高度集权的政治体制和僵化的经济体制，发挥了社会主义价值观念的优越性，但也使"以物的依赖性为基础的人的独立性"的历史作用受到抑制，启蒙精神尤其在十年"文化大革命"期间被严重虚化。改革开放后，在中国特色社会主义理论体系的指导下，出现了"中国奇迹"，但同时也伴生了生产方式、分配方式和价值观念的多元化，以马克思主义理论来超越五四启蒙精神的马克思主义启蒙的历史任务并没有完成。

中国马克思主义启蒙的不彻底，源于较长时期商品经济的不发达和重制度轻价值的取向。中国马克思主义启蒙是在资本主义启蒙任务未完成的背景下衍生和发展的，在革命时期依附于救亡图存；在改革开放前的建设时期往往受制于对社会主义的本质认识的不清，尤其是一度以阶级斗争为纲所引致的偏差；改革开放后的建设时期虽回归至以经济建设为中心，但存在重制度而轻价值的取向。"马克思社会主义学说的各个部分都是围绕着人的自由全面发展这一最高价值观展开的，社会主义价值观是马克思主义的社会主义思想体系的内核。"[1] 社会主义作为一种思想体系，也是一种价值体系，思想体系引导社会主义运动和社会主义

---

[1] 吴向东：《价值观：社会主义本质之维》，《马克思主义研究》2007 年第 12 期。

建设，社会主义实践亦应遵循社会主义价值观的指引，以彰显社会主义价值。马克思主义启蒙的意义在于，用先进的、符合历史发展潮流的和反映大多数人利益要求的社会主义的价值理念，来祛除蒙蔽了人们头脑中旧思想的禁锢，引导和推动人们以自己的实践来实现自身的解放和人类历史的进步。

中国马克思主义启蒙的不彻底伴生了新时期的价值多元化困境，培育和践行社会主义核心价值观并为实现中国梦提供价值引领和精神支撑的历史任务再现，这是启蒙精神在中国奇迹发生后的再次回归。以社会主义核心价值观为内核的新时期马克思主义启蒙，应致力于在中国实现马克思主义与启蒙思想精华的有机契合，以人的自由全面发展为目标指向，重塑中国特色社会主义建设的根本价值指引，推动马克思主义在中国启蒙的深化。

四 马克思主义启蒙视阈下的社会主义核心价值观

马克思主义启蒙在当代中国具有旺盛的生命力，对其所追求的人的自由全面发展，已开始进入实质性突破的关键时期，无论是制度的深层次变革还是价值内核的探寻，都是马克思主义启蒙在当代中国的具体展现。探寻中国化的马克思主义启蒙道路，既要面向未来，以人的自由全面发展为目标指向；亦要直面现实，致力于摆脱价值多元化等困境。社会主义市场经济制度建立所伴生的"中国奇迹"，夯实了"以物的依赖性为基础的人的独立性"和人的自由全面发展的物质基础。建立在经济平等和经济发展基础上的社会主义民主政治制度，为重现马克思主义启蒙的生机与活力提供了根本保障。社会主义核心价值观的深入人心及其对实现中国梦的价值引领与精神支撑，为推动马克思主义启蒙思想的具体内化指明了方向。培育和践行社会主义核心价值观，成为马克思主义启蒙实现历史性突破的关键所在。

社会主义核心价值观的先进性在于，其作为社会主义意识形态的本质体现，是对人的自由全面发展这一最高价值目标的具体地、历史地展开。它从国家、社会和个人三个层面确立了社会主义最基本和最核心的价值目标、价值追求和价值准则，它根植于中国特色社会主义现代化建设实践，是对马克思主义价值学说的一大理论创新，既承继了科学社会主义的价值源本，又契合中国特色社会主义的价值现实，也融合了中华优秀民族文化的价值传统。社会主义核心价值观立足于把握人类社会发展规律，观照社会主义现代化的实践进展，着眼于未来社会的发展方向，比以往和现存社会中任何其他核心价值观都更具有历史进步性、内容全面性和实践前沿性。因此，培育和践行社会主义核心价值观，不仅能够增强社会主义国家的民族凝聚力和向心力，为社会主义现代化建设提供价值引领和精神动力，同样也关乎每个人精神风貌的提升、理想信念的塑造和个体行为的选择。用社会主义核心价值观凝聚和引领全体社会成员继续完成社会主义现代化建设的宏伟目标，实现全国各族人民的共同理想，并在实现现阶段共同理想的过程中将共产主义最高理想转化为现实的实践活动，最终必将完成中国化马克思主义启蒙的历史任务。

在应对新时期价值多元化困境中，马克思主义启蒙意义上的社会主义核心价值观具有不可替代的历史作用。启蒙的价值在于它的反思批判精神，马克思主义启蒙的批判精神充分体现在其对资本主义启蒙精神的继承和超越中。在中国化马克思主义启蒙的实践过程中，这种反思批判精神一度因过度重物质轻精神而出现了某种程度的虚化，亟待回归。在中国转型的关键时期，面对国际竞争日趋激烈和国内经济体制深刻变革、社会结构深刻变动、利益格局深刻调整的新形势，人们的价值观念日趋多元化、异质化，彼此之间的矛盾和冲突加剧，亟待寻求不同群体之间的核心价值共识和先进文化认同，形成共同的理想信念和精神家园，以增进群体凝聚力和民族向心力。这就需要借助与社会主义现代化建设实践相适应、体现社会主义本质、符合马克思主义最高价值观方向的核心价值观，来引领社会思潮，抵制各种错误思潮；需要借助反映人类社会发展潮流的核心价值观，来掌握群众，并指引人民在践行过程中实现对落后愚昧专制的摒弃，推进人自身的现代化；需要借助既能承接优秀传统文化、人类文明成果亦能揭示社会主义价值追求的社会主义核心价值观，来带领人民共同努力实现社会主义最高价值理想。改革开放的巨大成就显示，中国已进入由国富向民富、共富转变的历史阶段，马克思主义追求的人的解放与自由全面发展的最终价值目标理应受到更多的重视，并成为社会主义的根本价值内涵。培育和践行社会主义核心价值观,有利于凝聚体现全国各族人民核心利益和共同愿望的价值内核,引导和规范人的价值观念和行为;有利于实现物质财富和精神财富的平等共享,发展更加全面的人的自由、民主、权力、发展与幸福,提升个体的思想道德素质,以走出价值多元化困境。

中国特色社会主义是一条属于中国人民自己的马克思主义启蒙之路,为凸显社会主义核心价值观的启蒙意义提供了实现路径。马克思主义作为西方启蒙思想精华的继承和发展,追求的不仅仅是国家的独立和民族的平等,其最终的价值指向是实现人类解放和每个人自由全面发展。中华民族已经实现了中国启蒙先驱们孜孜追求的民族解放和国家独立,正在沿着中国特色社会主义道路,努力实现作为马克思主义启蒙物质基础的民族复兴和国家富强。以中国特色社会主义核心价值观为指引,团结和带领全国各族人民继续沿着中国特色社会主义道路进行现代化建设,创造更加丰富的物质财富和精神财富,实现中国特色社会主义共同理想。同时坚持以人为本,关注个人的利益诉求和价值愿望,促进人的自由全面发展,必将在实践中实现马克思主义的最高价值理想,以彰显社会主义核心价值观的启蒙意义,尽快实现国家富强和民族振兴基础上的人民幸福。

(作者单位:华中农业大学马克思主义学院)

思想政治教育文化生态优化培育的当代意义与维度[*]

胡菊华

思想政治教育是贯穿于中国共产党领导的革命、建设和改革伟大实践历程的"生命线"。经济全球化主导下的当今世界正处在大发展大变革大调整时期，多种思想文化的交流交融交锋日益增强，我国思想文化领域的变革日趋广泛而深刻。古今中西交汇，机遇风险互生，多元多样、变动不居的文化态势成为当代思想政治教育无可脱逃的时代场域。如此，思想政治教育当如何创新发展以彰显时代价值？这不仅需要从文化与生态、历史与现实、理论与实践等多重维度全面审视当代思想政治教育，而且还要立足现实，以科学有效地实践策略培育优化思想政治教育文化生态，这是推进社会主义文化强国建设的战略选择。

一 思想政治教育文化生态培育的当代意义

马克思说："问题就是公开的、无畏的、左右一切个人的时代声音。问题就是时代的口号，是它表现自己精神状态的最实际的呼声。"[①]直面并回答时代问题，服务于当代中国社会发展和人的发展需要，这是思想政治教育创新发展的意义所在和价值追求。

---

[*] 本文为黑龙江省社会科学规划基金项目"社会转型期道德文化培育研究"（项目编号：13D038）和黑龙江省高校人文社科项目"思想政治理论课教学协同创新育十八大精神'三进'研究"（项目编号：12542138）的阶段性成果。

[①] 《马克思恩格斯全集》第40卷，人民出版社1982年版，第289—290页。

(一) 当代中国意识形态建设的战略考量

早在 40 多年前,毛泽东就敏锐地指出:"我国社会主义和资本主义之间在意识形态方面的谁胜谁负的斗争,还需要一个相当长的时间才能解决……如果对于这种形势认识不足,或者根本不认识,那就要犯绝大的错误,就会忽视必要的思想斗争。"① 当今世界,经济全球化的衍生效应在政治、文化等多个领域已经显现出来,经济一体化、政治多极化、文化多元化已成为当今世界的客观事实存在和突出时代特征。肇始于 20 世纪 70 年代末期的改革开放是当代中国主动融入经济全球化浪潮、努力实现中华民族伟大复兴梦想的时代抉择。30 多年的艰辛探索和共同奋斗使中国特色社会主义的巨大优越性和强大生命力得以彰显,构筑了道路自信、理论自信和制度自信的实践基础、精神命脉和力量源泉。然而,我们也清醒地认识到,滔滔的市场经济洪流并未掩盖意识形态领域的暗流涌动,西方发达国家凭借其科技、经济和文化优势并以更为灵活隐蔽的方式全面加强了对社会主义国家的思想文化渗透,他们称为"静悄悄的文化输出",是对社会主义国家的"软化战争",文化"软实力"以其潜移默化的功效悄然改变着世界格局。萨义德宣称:文化"甚至可以成为一个战场,各种力量在上面亮相,互相角逐。"② 这并非耸人听闻。苏联以及东欧社会主义国家的巨变事实历史性地印证了"一定的意识形式的解体足以使整个时代覆灭"③ 这一唯物史观的科学论断。改革开放初期的中国也曾遭遇了前所未有的挑战。邓小平深刻指出:"十年最大的失误是教育,这里我主要是讲思想政治教育,不单纯是对学校、青年学生,是泛指对人民的教育。"④

塞缪尔·亨廷顿认为:"21 世纪是作为文化的世纪开始的,各种不同文化之间的差异、互动、冲突走上了中心舞台,这已经在各个方面变得非常清楚。在一定程度上,学者、政治家、经济发展官员、士兵和战

---

① 《毛泽东文集》第 7 卷,人民出版社 1999 年版,第 231 页。
② [美] 爱德华·W. 萨义德:《文化与帝国主义》,生活·读书·新知三联书店 2003 年版,第 4 页。
③ 《马克思恩格斯全集》第 46 卷(下册),人民出版社 1980 年版,第 35 页。
④ 《邓小平文选》第 3 卷,人民出版社 1993 年版,第 306 页。

略家们都转向把文化作为解释人类的社会、政治和经济行为最重要的因素。"① 应该也可以肯定的是，改革开放以来，面对国内外复杂多变的局势，思想政治教育对维护我国改革、发展、稳定的大局发挥了重要作用。但转型期的当代中国文化领域的本土与全球、传统与现代、精英与大众等多重文化冲突已经深刻地改变了思想政治教育赖以依存的社会文化生态，思想道德领域出现一些突出问题。"从意识形态的维度看，社会上的道德感衰退和诚信失落乃在于核心价值观的迷失，而其根源则在于文化的失衡和人文精神的萎缩。"② 当前，意识形态领域渗透与反渗透的斗争日趋尖锐复杂。习近平总书记在 2013 年 8 月 19 日召开的全国宣传思想工作会议讲话中明确指出，意识形态工作是党的一项极端重要的工作。当前抓好意识形态工作是应对意识形态领域新挑战的必然要求。因此，思想政治教育必须主动增强文化生态自觉意识，以整体、动态、关联、共生的思维审视我国当代社会文化生态状况，科学有效地应对意识形态领域出现的新挑战，着力提升社会主义意识形态的吸引力和凝聚力，构筑思想意识形态的安全屏障，这是为顺利推进中国特色社会主义建设、实现中华民族伟大复兴的必然选择。

（二）当代思想政治教育创新发展的价值诉求

实效性是当代思想政治教育理论创新和实践发展的核心命题和根本价值指向。经济全球化、政治多极化、信息网络化在为思想政治教育开辟了广阔发展空间的同时，也提出了诸多现实问题和挑战，社会文化和人们思想观念的多元复杂与思想政治教育一元主导间的矛盾和冲突凸显。囿于传统思维理念、被动应对的模式方法和自身文化性的缺失，思想政治教育在一定程度上难以适应多元文化生态现实、满足人们的精神发展需求。对多元、多样、多变的思想价值观念和社会思潮缺乏系统有效的整合和引领，对当前我国经济社会和人的发展出现的现实问题还不能作出科学透彻的阐释；在社会各领域的政治导向和精神动力功能弱

---

① [美] 塞缪尔·亨廷顿：《再论文明的冲突》，《新华文摘》2003 年第 5 期。
② 顾友仁：《中国传统文化与思想政治教育的创新》，安徽大学出版社 2011 年版，第 182 页。

化，影响了思想政治教育现实作用的发挥和价值实现，思想政治教育陷入现实发展困境。如此，以创新突破困境、实现发展是当代思想政治教育的必然选择。

如何创新？如何发展？基于当代的现实境遇，思想政治教育必须积极转换思维方式，自觉增强文化和生态意识，系统考察思想政治教育文化生态的当代变迁，探索其生成衍化的内在机理和规律，挖掘自身的文化品性和生态特性，明确文化生态定位和文化发展路向，以创新驱动发展，以"思想文化新觉醒、理论创造新成果、文化建设新成就"推进思想政治教育学科的理论和实践创新，优化培育思想政治教育文化生态，提升当代思想政治教育的现实生命力，为推进社会主义文化强国建设、实现中华民族伟大复兴发挥积极的价值引领和导向作用。

（三）当代中国人精神世界建构的主体自觉

文化是人类社会一种符号化的表意系统，其主旨就是建构意义世界。德国社会学家马克斯·韦伯提出，"人是悬在由他自己所编织的'意义之网'中的动物"。考察人类文明的演进历程，这也是一个人们不断探寻生命的意义支撑以扩大自身的生存和发展空间、从而提升生命品质的历史实践过程。与动物相区别，人不仅是一种物质性存在，更是一种精神性存在，精神世界承载着人的意义归属和价值依托。30多年的改革开放不仅历史性地改变了当代中国人的生存状态，也影响和生成着每个人的精神世界。"从上个世纪80年代末起，在文化领域出现了马斯洛热、弗洛伊德热、尼采热、海德格尔热、罗尔斯热，'热'的东西都是西方文化的。自五四以来，很多情况下中国的文化状况就是西方刮什么风，中国就下什么雨，文化的屋顶一旦掀掉，只要风云变化，倾盆大雨就会长驱直入，无遮无挡。如此，中国人的精神，好像没有'屋顶'，没有归宿。"[①] 当前，我国的改革发展进入关键时期，经济体制深刻变革，社会结构深刻变动，利益格局深刻调整，人们思想活动的独立性、选择性、多变性、差异性日益彰显，同时理想失落、信仰迷茫、道德失范、诚信缺失、价值观念扭曲等问题的泛化也反映出人们的

---

① 樊浩：《文化与安身立命》，福建教育出版社2009年版，第108页。

精神贫乏和思想混乱，精神世界出现了一定程度的危机。究其原因，有学者认为，"在相当长的一个时期中，那种政治高于一切、压倒一切甚至等同一切、取代一切的唯政治思维盛行，认为强制性的政治灌输和宰制性的政治命令可以解决人们的'思想问题'，使得人们自觉服从，没有注意区分政治意识、政治觉悟、政治服从与安身立命之道的区别，没有认识到精神家园对于安身立命的重要性，因而疏于建设。"① 党的十七大提出"弘扬中华文化，建设中华民族共有精神家园"，这展现了当代中国文化建设的主体自觉。因此，重建当代中国人的精神世界是当代中国建设实践提出的一个紧迫而重要的问题，也是当代思想政治教育必须深入研究探讨的时代课题。

思想政治教育作为社会文化领域的一种主流文化现象，其本质是"一种改造人的思想政治品德的精神生产实践活动"② 理应自觉承担起满足最广大人民群众精神生活需要、建设当代中国人精神世界的任务，而这也恰巧是思想政治教育的时代价值所在。德国哲学家卡尔·雅斯贝尔斯曾说："教育的原则，是通过现存世界的全部文化导向人的灵魂觉醒之本源和根基，而不是导向由原初派生出来的东西和平庸的知识。"③ 辩证地看，当今社会的"精神危机"正是当代人主体意识迷失中的自我觉醒和内在诉求。美国著名未来学家约翰·奈斯比特在其著作《2000年大趋势》指出："人们在被变革困扰之时，寻求精神寄托的愿望便加强了。"因此，思想政治教育既要充分了解广大人民群众的精神困惑和文化需求，又要充分尊重其在精神世界建构中的主体地位，要以丰富的文化蕴涵丰富人民精神世界，增强人民精神力量，满足人民精神需求，增强对人精神成长的积极引领和有效建构作用，彰显思想政治教育在维系人的精神命脉和提升人的生命质量上应有的人文情怀，引导人们自觉求真、向善、崇美，并作为一种文化积淀长久存留于人的精神世界，为其成长为精神自觉的独立个体提供深厚久远的意义支撑。

---

① 李宗桂：《十年来的文化发展与精神困扰》，《北京大学学报》（哲学社会科学版）2011年第6期。

② 邓艳葵：《对思想政治教育本质的认识》，《光明日报》2010年7月14日第11版。

③ ［德］雅斯贝尔斯：《什么是教育》，邹进译，生活·读书·新知三联书店1991年版，第3页。

二 思想政治教育文化生态优化培育的三重维度

思想政治教育文化生态的优化培育需要立足于当代中国的社会文化生态现实,以系统性、整体性、协同性的思维从自觉、融合和创新等多个维度展开。

(一) 自觉:思想政治教育文化生态优化培育的理性之维

自觉是一个历久弥新的词汇,如今在多学科多领域广泛使用,出现频率很高。《现代汉语词典》给出的基本词义有两个:一是自己感觉到;二是自己有所认识而觉悟。早在我国古代"觉"即有"觉悟、省悟""使觉悟、省悟"之义。如《荀子·富国》:"君人也,亦可以觉矣。"《孟子·万章上》:"天之生此民也,使先知觉后知也。"儒家注重从道德的角度论述人性自觉,如孔子所言"我欲仁斯仁至"、孟子的"万物皆备于我""人人皆可为尧舜"都是自觉"自我"为道德实践的主体。王阳明传承并发展了儒家的人性自觉思想,明确提出了"自觉良知"的概念。认为"良知"是一种先验的道德意识,是一种内在于己的道德判断力,同时也是主体的自觉性。到了近代,自觉的内容扩展到了政治、文化、人格等多个方面。当代文化学者汪晖认为,所谓"'自觉',在我的解释中,就是意识到道统的中断、文统的中断,总之,全部传统的中断,并把对自身命运的理解与这个'中断'的意识关联起来。"[①] 如今,自觉已成为众多学科的研究范畴,如哲学自觉、文化自觉、生态自觉、主体自觉、理论自觉、实践自觉、教育自觉等等。笔者认为,自觉是人的一种理性意识,是基于现实的自我反思和自我觉醒。思想政治教育作为一种以"人"为主体的教育实践活动,"自觉"也是题中之义。当代思想政治教育的自觉具体表现为文化自觉、生态自觉和主体自觉。

第一,文化自觉

语义层面的文化自觉就是对文化的自我觉悟。考察社会的文化变迁

---

① 汪晖:《现代中国思想的兴起》,生活·读书·新知三联书店2008年版,前言。

历程，"文化自觉"意识萌发于多元文化、异质文化的交会碰撞和冲突，是对本民族文化的历史省思和现实体认，更是对文化传承和发展的当代使命的理性追求。1997年在北京大学举办的第二届社会学人类学高级研讨班上我国著名学者费孝通先生正式提出"文化自觉"并阐明其义："文化自觉是指生活在一定文化中的人对其文化有'自知之明'，明白它的来历，形成过程，所具的特色和它发展的趋向，不带任何'文化回归'的意思，不是要'复旧'，同时也不主张'全盘西化'或'全盘他化'。自知之明是为了加强对文化转型的自主能力，取得决定适应新环境、新时代时文化选择的自主地位。"[1] 这一论断为诸多学科深化"文化自觉"研究奠定了理论基础。党的十七届六中全会通过的《中共中央关于深化文化体制改革、推动社会主义文化大发展大繁荣若干重大问题的决定》从国家发展战略的层面提出"培育文化自觉和文化自信，努力建设社会主义文化强国"，这标志着我党对文化建设的认识达到了一个新的理性高度。有的学者认为，"文化自觉是一种内在的精神力量，是对文明进步的强烈向往和不懈追求，是推动文化繁荣发展的思想基础和先决条件"。[2] 也有的学者认为，处于转型期的当代中国，"文化自觉"的内涵必须把握三个基本的维度：对文化传统的自觉、对全球化的文化影响力的自觉、对中国现代化进程之特殊矛盾的自觉。[3] 这些论述为当代思想政治教育的理论研究和实践发展明确了创新路向和基本理念。

思想政治教育的文化自觉是文化自省意识、文化融合意识和文化建构意识的统一。思想政治教育是以人为教化对象的社会实践活动，文化性是其内蕴的基本属性之一。但是，长期以来思想政治教育对政治性的高扬遮蔽了其文化性，失去文化依托和承载的思想政治教育面对多元文化的现实挑战难以有效应对、发挥其主导和引领作用。因此，思想政治教育的文化自觉首先体现在对思想政治教育与文化内在关联的深刻认

---

[1] 费孝通：《反思·对话·文化自觉》，《北京大学学报》（哲学社会科学版）1997年第3期。
[2] 云杉：《文化自觉 文化自信 文化自强——对繁荣发展中国特色社会主义文化的思考》（上），《红旗文稿》2010年第15期。
[3] 李萍、童建军：《论文化自觉的三个维度》，《道德与文明》2011年第5期。

识，表现为对文化性缺失的自我觉察和醒悟，继而要从建设文化强国的战略高度重新审视和确认自身的文化属性，增强文化育人意识，提升其文化影响力，以文化影响人、改变人、塑造人。德国文化教育的代表人物普斯格朗说过："所谓教育就是有意识的文化活动。也就是借助自身的真正志操及力量，去把握并形成人类所能达到的文化世界的意蕴和道德内涵的、有目的的、有助于个体发展的援助。"[1] 其次，思想政治教育的文化自觉在实践层面体现为对多元文化的融合与建构。应对全球一体化的发展所带来的文化问题是费孝通先生提出"文化自觉"的初衷。"文化自觉"一方面体现在为对自己国家和民族文化的觉醒；另一方面还要正确认识并处理好与其他国家和民族文化的关系。思想政治教育的"文化自觉"首先体现在正视自身所处的多元文化交流交融交锋的现实境况，对自身所受到的影响要进行全面的评估分析，在确定自身在文化总体格局中的定位和文化发展路向的基础上，坚持以本民族的优秀文化为根基，努力探寻不同民族文化的共通性，广泛吸纳其有益成分丰富自身的文化蕴含。同时要增强文化鉴别和批判意识，对消极的甚至是敌对的思想文化渗透保持警觉并加以批判抵御，使思想政治教育成为社会主义文化建设中的主流文化，发挥其主导和引领作用。

第二，生态自觉

生存环境的不断恶化促使人类反思"主客体二元对立"的"人类中心主义"思维方式，重新建构人与自然的关系，"生态"也从一个实体性的生物学科概念转换跃迁成为一种思维方式及至世界观，"生态思维揭示了生态系统的整体统一性、丰富多样性和开放循环性，它倡导一种全方位的生态关怀，强调人与社会、人与自然的和谐相济，开启了一种新的整体论思维方式。"[2] 这标志着人类理性认识的不断深化和提升。思想政治教育对"生态"概念的借鉴应用正是基于这一层面，展现的是一种生态自觉。

思想政治教育的生态自觉源于对其现实境遇的反思及其生命力的诉求。实效性是思想政治教育现实生命力的表征。一段时期以来，思想政

---

[1] 仲启泉等：《西方德育原理》，陕西人民教育出版社1998年版，第79页。
[2] 樊浩：《"德"—"育"生态论》，《东南大学学报》1999年第2期。

治教育的传统"首位"优势不再,"低效""弱势"一度成为当代思想政治教育的现实表征,如何提升实效以走出困境成为关乎思想政治教育存续和发展的首要问题。有学者认为"教育的无力问题的解决应该成为中国道德教育首先必须做出的突破,应认识到决定德育效力的因素是多方面的,但最重要的不是任何单个教育因素,而是与特定道德精神相匹配的,也就是这种道德教育所必需的最重要的因素构成的'德'—'育'生态"。[①] 也有论者指出:"从学科研究的角度来看,一个很大的原因在于我们一直以来过分热衷于对思想政治教育'环节'本身的探讨,缺乏'整体性'的眼光或视角来观照整个思想政治教育及其现实的'空间'与'土壤'。"[②] 生态思维是一种把人与自然、生命与环境作为相互依赖、相互作用的有机整体来加以认识的科学思维,为我们考察分析思想政治教育在社会发展整体态势中的现实定位提供了新的视角。依据生态学的相关理论,由于人的存在,政治、经济、文化和教育等的相互关联使社会成为一个庞大而复杂的社会生态系统,思想政治教育作为子系统而存在于其中,社会生态系统的有序平衡、和谐共生是思想政治教育提升实效的生态性保障。

思想政治教育的生态自觉表现为自身对当代社会发展趋向的积极顺应。生态思维是当代社会的一种发展思维,生态化发展是人类力图走出现代化发展困境的现实选择和未来趋向。党的十八大报告强调,"要把生态文明建设放在突出地位,融入经济建设、政治建设、文化建设、社会建设各方面和全过程。"这需要当代思想政治教育以生态思维指导自身的变革发展,建立符合生态理念的思想政治教育理论和实践体系,为推进社会的和谐进步和可持续发展发挥思想主导和价值引领作用。

思想政治教育的生态自觉表现为对当代人生存和发展需要的现实关照。余治平认为:"生态实质是一种生生的存在方式,保持着与生存、生命、生产的密切关联。"[③] 据此,张洪春进一步阐释:"生态的观点从

[①] 樊浩:《"德"—"育"生态论》,《东南大学学报》1999 年第 2 期。
[②] 杨增崠:《生态学方法:思想政治教育研究的一种视野》,《理论与改革》2010 年第 5 期。
[③] 余治平:《生态概念的存在论诠释》,《江海学刊》2005 年第 6 期。

根本上就是生命的观点、有机的观点、内在联系的观点,生命是主体性的存在,生命可以依据自身力量获得自我生存和自我超越,生命应当成为生态的存在主体。"① 这为当代思想政治教育确证并实现人的主体地位、实现"物本"价值向"人本"价值转向开启了生态化路向。思想政治教育要以具体的、现实的、社会的人为主体,不仅要尊重受教育者的主体性,关照其生存和发展的现实需要,而且要坚持发挥教育者的主导作用,建构主体间性的思想政治教育模式,以互动共生的教育生态机制实现教育者与受教育者全面而自由的发展。

第三,主体自觉

哲学意义上的主体是与客体相对应的存在,是指对客体有认识和实践能力的人。马克思指出,"人的需求的全面性决定了人的本质的全面性,自由自觉的生命活动是人最根本的属性;人的劳动创造是按照主体与客体统一,合规律性与合目的性统一的原则进行的;人的创造物(亦即广义的文化)是'人化的自然界'、'人的本质力量的对象化'。"② 马克思对人的本质与文化本质的合一性阐释确立了人在文化发展实践中的主体性存在,这是主体自觉的必要前提。而主体自觉就是人对自己作为主体存在的感知和觉悟,是人把"自己的生命活动本身变成自己意志的和自己意识的对象"。③ 这是一个从感性自觉到理性实践的过程,目标指向人的全面自由发展。

李德顺认为,就文化而言,主体性是其根本特性之一。他具体阐述:"主体性是说,现实中不同的人群(民族、国家、阶层、行业等)有不同的文化,每一文化都呈现其主体的生活样式,关系着主体的权利和责任……我们一方面必须理解并尊重世界上多元主体的文化权利和责任;另一方面必须增强自己的主体意识,自觉地担当起对自己文化的权利和责任。所谓文化自觉,本质上是一种主体意识的清醒和执着。"④

---

① 张洪春:《论思想政治教育生态思维的价值向度》,《社会科学家》2009年第4期。
② 马克思:《1844年经济学哲学手稿》,人民出版社2000年版,第120、57、58、184页。
③ 《马克思恩格斯文集》第1卷,人民出版社2009年版,第162页。
④ 李德顺:《简论文化及文化建设》,《马克思主义哲学论丛》(总第6辑,2012年秋季号),第217页。

文化生态语境中的主体自觉表现为文化并不在人之外独立存在，反之，人也不能在文化之外而存在。人本身既存在于现实的社会文化生态之中，受其规定、影响和制约，同时也是现实文化生态构成的主体要素，是文化生态的现实建构者。对此，人要有清醒的意识自觉和行动自觉。在多元文化冲突、碰撞、交融的当今世界，对本民族文化的历史、现实和未来发展要有清醒的自知，自觉认识到自身的文化主体责任，并以一种主动、自觉的文化生存状态推动文化生态系统的优化和繁荣。

思想政治教育文化生态视域下的主体自觉表现为文化主体意识在整个思想政治教育工作中的彰显。具体表现在多个层面：微观层面，思想政治教育要彻底打破将教育者与受教育者界定为主客体的传统思维定式，尊重每个个体的文化主体地位和文化个性，建构一种平等共生的生态关系，在真诚的沟通中进行思想、道德、心理等的引导和提升；中观层面，思想政治教育要明确自身作为一种"观念形态的文化"在整个文化生态系统中的应然定位，要增强文化自觉意识和自身文化特性的挖掘和打造，改变过去将自身分立于文化生态系统之外、只是被动接受各种文化影响的现实状况，积极主动地融入当代社会文化生态系统的运行中，以自身的创新和发展优化文化生态，推进中国特色社会主义文化建设；宏观层面，思想政治教育要认清文化在当今世界各国综合实力竞争中的作用，认清在全球化进程中不同民族文化的演变态势，认清自身在多元文化的博弈和制衡中所应担负的文化担当，在积极抵御西方文化的消极甚至是有预谋的精神侵蚀的同时，努力提升思想政治教育文化的输出力和影响力，掌控意识形态领域的优势地位和话语权。

（二）融合：思想政治教育文化生态优化培育的现实之维

在当代中国，传统文化与现代文化、西方文化与东方文化、精英文化与大众文化等文化的共时性存在交汇构成多元多样多变的现实文化生态，积极的与消极的、优秀的与腐朽的、高雅的与低俗的，等等。各种文化并非都是同质同向的。文化对思想政治教育的作用因其方向不同可分为三种情形：一是它沿着教育的正确方向起同向促进作用；二是它沿着教育的相反方向起反向阻碍作用；三是它可以阻碍思想政治教育沿着某些方向走，而给思想政治教育规定另外的方向。① 作为主流文化的思想政治教育当如何发挥主导作用？这不仅需要理性维度的文化自觉、生态自觉和主体自觉，更需要在现实维度上积极探寻以实现文化间的会通融合。

人类文化的多元多样是文化的形成、发展的自然形态，文化间的差异性和同质是客观存在的。因其差异，文化的现实世界既丰富多彩也相互冲突，因其同质，文化间的交流和融合也才有可能。回溯人类社会文化的演进历程，不同民族、不同国家的文化在彼此融合演化中不断生成新的文化形态。这是文化发展的客观规律。当代德国学者海因里希·贝克曾言："绝对的多元主义，无论作为一种知识态度，或作为一种生活方式，因其只是各种独特文化的简单共存，也是淡薄了人性的。那唯一的和平，根本上将以人道的方式'和平着'，更多的是对立两极端的中和；如同一种智能的有机体，在其中，个体成员表现出一定的独立性和自主权，也表现出一定的互补性和相互依存的需要。只有在相互补充完善的关系中，个体成员才能获得他们所向往的'存在的完整性'，并从中找到自己的完整身份。"② 事实上，不同的文化形态之间相互契合的程度越高，就越容易形成全社会共同的价值观念和理想信仰。同时，只有鼓励多元多样文化的共同发展，才能使社会保有发展和创造的活力。

思想政治教育文化生态的优化培育要立足当代中国的多元文化现实，认同不同文化在同一时空存在的现实合理性，着眼于中国特色社会主义文化建设的整体性要求，梳理分析不同文化间的同质性，在尊重其差异性的基础上求取"最大公约数"，达成文化共识，如认同中华民族几千年来的发展历史、认同社会主义制度、认同改革开放30多年所取得的伟大成就、认同中国特色社会主义的道路选择等，这是实现文化融合的基础。在加强主流文化的主导作用的同时，发挥精英文化、大众文

---

① 冯书生：《多元政治文化对思想政治教育的挑战及对策研究》，《求实》2007年第3期。

② [德]海因里希·贝克等：《文明：从"冲突"走向和平》，吴向宏译，中国社会科学出版社1998年版，第7页。

化面向不同社会群体的积极效用,使之形成文化合力。"要允许不突破稳定底线、不诉诸政治行为的多元多样发展,在这种发展中形成中国特色社会主义文化的'整体性'或'总体性'。"① 同时,思想政治教育还要加强不同文化间的对话交流,最大限度地减少或消除因其文化差异而引发的文化对抗甚至是意识形态层面的敌对意识。

(三) 创新:思想政治教育文化生态优化培育的动力之维

当代中国社会多元文化的共时性存在是思想政治教育文化生态优化培育的现实起点,以创新实现多元文化的融合共生是思想政治教育文化生态培育的动力机制。只有不断创造出新的文化因子来实现文化肌体的新陈代谢,才能促进其良性发展。

文化创新要以中华民族的优秀传统文化为根基。优秀传统文化是一个国家、一个民族传承和发展的根本,创新必须根植于中华民族几千年来涵养而成的文化血脉。"文化虽然永远在不断变动之中,但是事实上却没有任何一个民族可以一旦尽弃其文化传统而重新开始。"② 中华民族的优秀传统文化是人类文明的重要组成部分,蕴含着丰富的民族智慧和科学的文化精神,注重和谐、兼容并包、经世致用等文化智慧不仅是当代中国在实现中华民族伟大复兴进程中的精神资源,而且对解决全球化进程中不同国家、民族间的文化冲突,遏制文化殖民和文化霸权的蔓延也具有积极的启示。因此,我们不仅要在现实生活中增强对传统文化的自觉体认和传承,而且要着眼于实现中华民族文化的当代复兴和未来引领意义,对传统文化进行系统化的梳理,坚持古为今用、推陈出新,有鉴别地加以对待,有扬弃地予以继承;从问题出发发掘优秀传统文化的现实意义和价值,批判摒弃怠惰陈腐的消极文化因素,努力实现传统文化的创造性转化、创新性发展,使优秀传统文化焕发生机和活力,为思想政治教育文化生态的优化培育提供深厚的文化滋养。

---

① 杨凤城:《新时期中国文化发展的几个宏观问题研究》,《当代中国史研》2005 年第 5 期。

② 余英时:《文史传统与文化重建》,生活·读书·新知三联书店 2004 年版,第 429 页。

文化创新要广泛吸纳世界多元多样文化的有益成分。他山之石，可以攻玉。毕生致力于阐释中国文化的梁漱溟早就注意到："东方各国，凡能领受接纳西方化而又能运用的，方能使它的民族、国家站得住；凡来不及领受接纳西方化的即被西方化的强力所占领。"① 当代中国处于世界多元多样文化并存交融的时代，文化创新既要立足中国实际，又要有宽广的视野和胸怀，要以平等、理性、包容的心态，积极学习借鉴世界各国各民族文化中的有益成分，构造融入中华文化体系之中，使我们的文化发展与当代文化发展趋势相适应、与中国社会现实相协调。对此，党的十六大报告强调指出："立足于改革开放和现代化建设的实践，着眼于世界文化发展的前沿，发扬民族文化的优秀传统，汲取世界各民族的长处，在内容和形式上积极创新，不断增强中国特色社会主义文化的吸引力和感召力。"思想政治教育是世界各国普遍存在的教育活动，在全球化时代如何开展民族国家认同、社会道德教育和价值整合等是各国面临的共性问题，通过对话交流、比较鉴别，我们可以学习先进的教育理论和行之有效的经验做法。

文化创新要充分调动和发挥人的主体能动性。张东荪曾指出："我年来默察中国的情形，实在有些令人悲观，觉得对于西方文化不但不能消化，直并承受的能力亦渐渐衰退了。其原因不在西方文化不适于中国，乃只在中国人已缺少了吸取他族文化的'主体'的资格。"② 人是文化的创造者，也是文化传承和再创造的主体力量。主体能动性的发挥是思想政治教育文化创新的关键。传承传统文化不是代际之间的简单复制，学习西方文化也不是不要自我的模仿移植，而是对古今中西文化的融合创造。其动力源自人对思想政治教育文化生态现实的理性分析和为思想政治教育培育良好文化生态的现实需要。卡西尔说过："即便青年是在鲜活的现实中，如果把他们限制于一种实际的、单纯的、有限的教育形式（模式）中，青年就真正死亡了，即他们内在的复活的原则就真正死亡了。青年必须不断自我创新，必

---

① 梁漱溟：《东西文化及其哲学》，上海人民出版社 2006 年版，第 12 页。
② 张耀南：《知识与文化——张东荪文化论著辑要》，中国广播电视出版社 1995 年版，第 410 页。

须通过一个持续不断的自我创新辩证过程发展到崭新的形态和阶段；而只有在所有这些形态的构成中，他们才能获得其真正的现实性。"[1]当前我国思想政治教育的文化创新要着力突破传统的灌输模式，打造新的话语体系。

(作者单位：哈尔滨师范大学马克思主义学院)

---

[1] [德] 恩斯特·卡西尔：《符号·神话·文化》，生活·读书·新知三联书店1988年版，第66页。

马克思主义与中国传统文化
——马克思与老子不期而遇

张玉清

马克思已经远离我们一百多年了,他的时代过去了吗？1999年英国BBC公开海选"千年第一思想家"：马克思、爱因斯坦上了榜首；再问老子过时了吗？威尔·杜兰特［Will Durant, 1885—1981,美国著名学者,普利策奖（1968）和自由勋章（1977）获得者］在《世界文明史》一书中盛赞道："在人类思想史中,它（指《道德经》）的确可称得上是最迷人的一部奇书",他称赞"老子是孔子之前最伟大的哲学家"。英国李约瑟博士是闻名遐迩的中国科技史专家,他尊崇老子,并起中文名为"李约瑟",以与老子李聃同姓为荣。国外翻译出版《道德经》的各种译本已多达140余种,新译新注还在不断出现。其译本之多,不仅居世界之冠,仅英译本就多达40余种,已经超过了除《圣经》之外的任何书籍。

所以,马克思、老子从时间上已离我们久远,但他们给出的救治世界的"药方"仍然具备当代价值,两者之所以能在今天邂逅,意味着马克思中国化老子世界化的成效；马克思的"劳动异化"、老子的《自组织理论背后的道德逻辑》不期而遇的契合；马克思的"卡夫丁峡谷"和老子的"三绝"都标志着以他们哲学家、思想家的睿智提出的划时代的问题意识,时时提醒我们在道路的选择、制度的完善过程中务必汲取并保留人类优秀的文明智慧与成果；总之,"凡益之道,与时偕行"。

一 马克思与老子的问题意识——
如何避免"卡夫丁峡谷"

从"卡夫丁峡谷"典故缘由，它代表一个问题意识的符号。这要从马克思 1867 年《资本论》出版说起，1881 年 2 月 16 日，俄国女革命家维·伊·查苏利奇写信给马克思，她讲述了《资本论》在俄国大受欢迎的情况，"很多人对其进行了认真地阅读和研究；最近以来常听到一种意见，说农村公社是一种腐朽的形式，科学社会主义已经断定这种腐朽形式的必然灭亡。而这一个观点的持有者自称是'马克思主义者'，因此您会理解，您对这个问题的意见会使我们感到多大的兴趣，要是您肯定对俄国农村公社可能遭到的各种命运发表自己的观点，要是您肯定对那种认为由于历史必然性，世界上所有国家都必须经过资本主义生产的一切阶段的理论阐述自己的看法，那么您会给我们多大的帮助啊。"[①] 查苏利奇困惑我们现在的生活状态不是很好吗，为什么要那万恶的资本主义？她的问题是，如果历史可以选择，俄国能不能从社制度直接过渡到社会主义？马克思从 1881 年 2 月底至 3 月初写了复信的四份草稿，马克思并没有做出肯定回答，提到"卡夫丁峡谷"只是说，俄国农村公社吸收到资本主义生产方式的肯定成果，"就有可能发展并改造它的农村公社的古代形式，而不必加以破坏"[②]，"有可能不通过资本主义制度的'卡夫丁峡谷'"[③]。马克思恩格斯本来设想社会主义将首先在英、法、德、美等西方发达国家实现，可是没想到在他去世以后的 20 世纪在俄国、中国等东方落后国家却首先实现了社会主义；要知道马克思是深深受到德国经典哲学浸润洗礼的思想家，神秘的东方距离他太遥远了，但是他仍然留下了重要的思考，就是一个民族在发展的进程中道路的选择无论如何必须满足一个条件，保留资本主义的成果，有可能避免资本主义制度的"卡夫丁峡谷"；肯定的成果是什么？马克思

[①] 《马克思恩格斯与俄国政治活动家通信集》，人民出版社 1978 年版。
[②] 《马克思恩格斯全集》第 19 卷，人民出版社 1963 年版，第 444 页。
[③] 同上书，第 438 页。

《共产党宣言》中说："资产阶级在它不到一百年的阶级统治中所创造的生产力，比过去一切世代创造的全部生产力还要多，还要大。自然力的征服，机器的采用，化学在工业和农业中的应用，轮船的行驶，铁路的通行，电报的使用，整个整个大陆的开垦，河川的通航，仿佛用法术从地下呼唤出来的大量人口，——过去哪一个世纪料想到在社会劳动里蕴藏有这样的生产力呢？"……可以这么说，马克思肯定的是资本主义问世以来的给人类带来的文明果实，痛斥的是它在发展过程中出现的及"卡夫丁峡谷"指代的一切社会弊病。这些弊病是针对任何社会体制都需要克服的。

在马克思主义没有来到中国之前，人们一直是从中国古代哲学中汲取养分用来人生定位、解决时代问题。

作为中国古代哲学的创造者老子在《道德经》第 67 章提出了"三宝""三绝"。"三宝"即"慈""俭""不敢为天下先"。"三绝"即"绝圣弃智，民利百倍；绝仁弃义，民复孝慈；绝巧弃利，盗贼无有。此三者，为文不足，故令有所属：见素抱朴，少私寡欲。"面对哲人所处时代的复杂问题、各种危机，老子的问题意识是，要想避免争名夺利、虚假浮夸、铺张浪费、虐杀、坑蒙拐骗，就要以三宝治理天下、慈善、节俭、不居功、素朴、无私……如果或许能有一个清净的社会，还黎民百姓一个民自化、民自富的健康生活；"天之道，其犹张弓与！高者抑之，下者举之，有余者损之，不足者与之，天之道损有余而补不足。人道则不然，损不足，奉有余。孰能有余以奉天下？其唯有道者。"[①] 老子的"道"是什么？它不是文字学上的意义，在老子哲学层面它有四层意义：一是人类所追求的境界；二是自然的规律；三是人的具体道德行为；四是自然而然的人的精神本质。他的道是人类进步的标杆。

二 马克思异化理论与老子自组织——背后的道德逻辑

马克思在《1844 年经济学哲学手稿》写在 1844 年 4—8 月，作于

---

① 老子：《道德经》第七十七章，中华书局 2011 年版。

巴黎，也称《巴黎手稿》，发表于 1932 年，最初出版者为德国右翼社会民主党人，他们在导言中称此文为马克思主义的"新的福音书""真正的马克思主义的启示录"。书中首次提出的概念。又称"劳动异化"。马克思用它来概括私有制条件下劳动者同他的劳动产品及劳动本身的关系。

劳动（自由自觉的活动）是人类的本质，但在私有制条件下却发生了异化。其具体表现是：①劳动者同自己的劳动产品相异化。②劳动者同自己的劳动活动相异化。③人同自己的类本质相异化，即人同自由自觉的活动及其创造的对象世界相异化。④人同人相异化。马克思从人的异化出发对资本主义社会批判。他认为："一个种的全部特性、种的类特性就在于生命活动的性质，而人的类特性恰恰就是自由的自觉的活动。生活本身却仅仅成为生活的手段。"

词源，异化的德文词 entfremdung 是英文词 alienation 的翻译，而 alienation 又源于拉丁文 alienatio。在神学和经院哲学中，拉丁文 alienatio 主要揭示两层意思：（a）指人在默祷中使精神脱离肉体，而与上帝合一；（b）指圣灵在肉体化时，由于顾全人性而使神性丧失以及罪人与上帝疏远。异化"在德国古典哲学中被提到哲学的高度；生活是什么和生活应该是什么？"马克思认为："共产主义是私有财产即人的自我异化的积极扬弃，因而是通过人并且为了人而对人的本质的真正占有。这是作为人的完全的、自觉的复归的共产主义，这种复归为作为社会的即人的存在的人自身保存了以往发展的全部财富。共产主义作为完成了的自然主义就是人道主义，而作为完成了的人道主义就是自然主义。"①"劳动为富人生产奇迹般的东西，但为工人生产赤贫；劳动创造宫殿，但给工人创造贫民窟；劳动创造了美，但使工人变成畸形；劳动用机器代替了手工劳动，但使一部分工人回到野蛮的劳动，并使另一部分工人变成机器；劳动生产了智慧，但给工人生产愚钝和痴呆。"处在底层的工人太苦了！他指出："一个种的全部特性、种的类特性就在于生命活动的性质，而人的类特性恰恰就是自由的有意识的活动。"这样的论述还有："没有自由，特别是没有言论自由，对人说来就是一种真正的致

---

① 马克思：《1844 年经济学哲学手稿》，人民出版社 2000 年版。

命的危险。""人们最大的罪恶——伪善——是同没有自由分不开的"。

中国的老子在两千多年前为民呐喊,《道德经》第75章曰:"民之饥,以其上食税之多,是以饥。民之难治,以其上之有为,是以难治。"《道德经》第64章曰:"为者败之,执者失之。是以圣人无为故无败,无执故无失。"老子对当时社会掠民的状况给予痛斥;第57章"天下多忌讳,而民弥贫,民多利器,国家滋昏,人多伎巧,奇物滋起,法令滋彰,盗贼多有"。故圣人云:我无为而民自化;我好静而民自正;我无事而民自富;我无欲而民自朴。

三 马克思的自由发展与老子的无为而治

马克思主义追求人的解放、自由人、自由人联合体的愿景与道家追求的无为而治、无为自化、自然放任等在本质上是相融的;"道常无为而无不为,侯王若能守之,万物将自化。化而欲作,吾将镇之无名之朴。镇之以'无名之朴',夫亦将不欲,无欲以静,天下将自定"。(《道德经》第57章)英国中国科学技术史学者李约瑟博士说,"道家所适合的是合作共产社会。道家的经典也正是歌咏这个社会的诗歌……道家所梦寐以求的,就是能够再度实现这种社会的理想,但他们却不知道,人类重新实现这个理想已经是几千年以后的事了"。

1845年2月15日,恩格斯在《在爱尔非特的演说》中,强调指出,"我们谈的是为所有的人创造生活条件,以便每个人都能自由地发展他的人的本性"。恩格斯1847年在《共产主义信条草案》中,进一步谈道:"把社会组织成这样,使社会的每一个成员都能完全自由地发展和发挥他的全部才能和力量,并且不会因此而危及这个社会的基本条件。"1846年马克思《德意志意识形态》一书,描述共产主义社会"每个人自由发展"的情景:"在共产主义社会里,任何人都没有特殊的活动范围,而是都可以在任何部门内发展,社会调节整个生产,因而使我有可能随自己的兴趣今天干这事,明天干那事,上午打猎,下午捕鱼,傍晚从事畜牧,晚饭后从事批判,这样就不会使我老是一个猎人、渔夫、牧人或批判者。"这背后实际上马克思强调的是在未来理想社会的状态,社会物质高度的丰富、并且保留了过往的社会的一切文明成果，到那时的人们自由平等的、自主的、自觉的参加社会实践活动，把大地上的生活改变。老子《道德经》第 37 章"道常无为而无不为。侯王若能守之，万物将自化。化而欲作，吾将镇之以无名之朴。无名之朴，夫亦将无欲。不欲以静，天下将自定"。"侯王若能守之"，从这一句设想，它是针对领导层治理国家者而言，我们中国共产党的十八大会议的核心就是"行大道，民为本，立天下"。所以，在公开的场合引用老子的《道德经》"我无为而民自化，我无事而民自富"。德国总理施罗德说："每个德国家庭手中都应该有一本道德经，以解决我们思想上的困惑。而马克思对理想国家的愿景《共产党宣言·第四章》结尾'无产者在这个革命中失去的只是锁链'。他们获得的将是整个世界"。

《共产党宣言·第二章》他说，最先进的国家几乎都可以采取下面的措施其中第 9 条"把农业和工业结合起来，促使城乡对立逐步消灭"。第 10 条"对所有儿童实行公共的和免费的教育。取消现在这种形式的儿童的工厂劳动。把教育同物质生产结合起来，等等"。结尾是"代替那存在着阶级和阶级对立的资产阶级旧社会的，将是这样一个联合体，在那里，每个人的自由发展是一切人的自由发展的条件"。解读概括其内涵，第一，打破僵化局限的锁链，解放思想，放眼世界；第二，以人为本，关注人的生存状况；第三，弥合社会的不平等，还人有尊严的生活。《道德经·第三十五章》"执大象，天下往。往而不害，安平泰"。"甘其食，美其服，安其居，乐其俗"。"邻国相望，鸡犬之声相闻，民至老死，不相往来"。（同上 80 章）一幅安详、生长、和谐的生存状态图景，是不是人类为之自强不息向往的……

1894 年，瑞士日内瓦一本宣传社会主义的周刊改名《新纪元》，希望恩格斯为他的周刊找一段简明扼要的题词，以概括未来社会主义新纪元的本质。恩格斯在回信说："我打算从马克思的著作中给您找出一则您所期望的题词。除了《共产党宣言》里中的下面这句话，我再也找不出合适的了……"恩格斯在回信中，挑选了《共产党宣言》中"每个人自由发展是一切人自由发展的条件"这句话，来概括未来社会主义新纪元的本质。

老子之道"仁慈"节俭"正义""和平"；万物并育不相害；功成

不居，素朴；以德报怨，泯除怨仇，邻里相处之道"鸡犬相闻，老死不相往来"反对攻伐，为万世开太平。

因此，从某种角度说，马克思、老子之所以在今天邂逅，是因为马克思中国化以及中国文化国际化的驱使。马克思主义可以看作是对《道德经》的现代诠释，他们救治世界的药方依然具备当代价值。

（作者单位：河南中医药大学）

以趣促智，内化于意，外显于行[*]
——《思想道德修养与法律基础》课如何提升有效性避免仪式化的思虑

赖雄麟

今年是高校思想政治理论课（以下简称"理论课"）"05方案"实施的十周年。在"05方案"中，《思想道德修养与法律基础》（以下简称"基础"课），因其自身的特殊性，具有独特的地位。本文试图通过对"基础"课教学实践基本规律的探寻，提出提升"理论课"实效性的管见，供同仁们参考，并以此纪念"05方案"实施十周年。

一 分析思想政治理论课教学实践认识存在的几个误区

中共中央、国务院《关于进一步加强和改进大学生思想政治教育的意见》（中发〔2004〕16号）对高校"理论课"教学给出基本估计是："学校思想政治理论课实效性不强"[①]，指出了"理论课"长期存在的症结之所在。"05方案"实施后，尽力提升"理论课"教学的实效性，成为从业教师具有一定政治意义的重要任务。经过十年的努力，"理论课"的实效性有明显的提升，这既是"理论课"改革取得的成

---

[*] 本文为国家社科基金研究项目"马克思主义思想政治教育时代化的理论形态建构研究"（项目编号：12XKS040）阶段性成果。

[①] 中共中央文献研究室：《十六大以来重要文献选编》，中央文献出版社2006年版。

效，也与广大"理论课"教师的艰辛努力分不开。但也应看到，"理论课"教学还有不尽人意之处，特别是一些教师对"理论课"教学的重要意义、教学规律等方面认识不到位，甚至存在着某些误区。正是这些认识误区的长期存在，影响着教师对"理论课"基本规律的准确把握，进而也必然影响"理论课"的实效性。因此，矫正这些认识误区十分必要的。

（一）过分追求课堂效果并不等于实现了思想政治理论课实效性的提升

"理论课"的实效性并不能与思想政治理论课的课堂效果画等号。"理论课"由于长期受到教学实效性的质疑，使教师在承受这种质疑的心理压力下，千方百计地试图通过提升课堂效果来回应这一质疑。于是，部分"理论课"教师在教学中过度使用多媒体等教学辅助工具，把课堂变成课件展示会，教师被淹没于课件之中；有的为了增强趣味性，在课件中过多穿插着带有故事情节的影像资料，实际上使"理论课"变相为影视欣赏大观；更有甚者，以说唱等表演形式吸引学生，将课堂变相为演唱会；[①] 有的教师为了追求所谓的"抬头率"，滥用情节案例，使课堂沦为故事会；等等。

（二）思想政治理论课的理论性特点与大学生心智发育水准相吻合，应以追求理论之趣为本，避免过度趣味化、低俗化倾向

高校"理论课"与基础教育同类型课程基本任务相同，但教学的内容设置和展开方式并不相同。就大学生而言，因其处于成年阶段，心智发育已趋于成熟，具有较强的理论思维能力。因此，高校"理论课"不会也不可能重复中学阶段的基本内容，而转向以解决大学生世界观人生观道德观等重大人生问题的基本理论为主，这是教育对象发展特点和教育的基本规律所决定的。高校思想政治理论课的称谓，就指向其内容是以解决相关理论问题为主旨的。如果任意的将其降低为

[①] 朱建华、杨友麟：《五成到课率"逼"副教授说唱授课》，《长江日报》2012年10月30日第13版。

基本知识的传授，不仅不可能提升教学实效性，反而因其课程内涵重叠，会因其吸引力的丧失而无法引起学生任何兴趣，教学效果只能更差。理论易难程度，与教学的通俗化和趣味性之间并不存在正负相关的联系的，因为理论不是以趣味化吸引人的。理论的通俗化则是因对象的理解力不足的关照要求，通俗化要求一般是对普通群众而言的，从这个意义上讲，作为具有一定的理论理解力的理论课对象的大学生，并不适合于与普通群众等同，这是因为，通俗是为了易懂，这个"懂"是处于知识层面的。对于大学生而言，对"理论课"知识之知，是不存障碍的，真正的障碍在于对理论之知，而理论之知的核心，在于理论的"旨趣"。从这个意义上讲，高校"理论课"过分通俗化的倾向是不可取的，因为它是以一种外在的形式吸引对象，而被吸引的对象所获取的，只能停留在知识层面的理解，而无法进入理论的内核，甚至会因为外在形式的某些绚丽而丧失对知识把握的兴趣。

二 一个经典案例的现象透视

2012年10月30日，《长江日报》第13版，发表题为"五成到课率'逼'副教授说唱授课"一文，报道武汉某职业学院一名副教授，上课时带着小喇叭又说又唱代替讲课。该教师称，说唱的目的是为了调动学生听课兴趣。报道的主旨，是在表扬这名教师如何努力提升"理论课"的生动性，吸引学生的兴趣。但其先抑后扬的写法，却在实际上对整个思想政治理论课形象有所贬损。至于该报道的这种负面铺垫，究竟会对高校"理论课"造成多大的损伤，还需评估，但这不是本文的主旨，暂且不论。

（一）该报道的真实性值得质疑

标题以"五成到课率"作为铺垫，文中则明白写道"到课率仅50%"。这是值得质疑的：这是处于什么样的课堂纪律和什么样的教学管理？用"废弛"二字可一言以蔽之。问题是，在什么样的情况下学校会长期容忍只有50%的到课率，是教学管理不到位？还是教师未尽责？因为50%的到课率是不能保证教学秩序的正常运转。如果所提"五成到课率"事实存在，那么该校如何能够通过"理论课"建设标准验收呢？进而还可以追问，该校的其他课程教学也是这样吗？还是仅有"理论课"一家？如是，那其主管部门是否应被追责？据此，我们可以判断，所谓"五成到课率"，以及上课后学生的普遍表现，有新闻报道夸张的成分，而非真实情况。

（二）高校思想政治理论课被"仪式化"现象及其原因分析

报道所暗示的高校"理论课"正在被"仪式化"现象，使我们不得不予以关注。所谓"仪式化"，即在名义上高校"理论课"被放置于较高的地位，但在实际上却被置于可有可无的境地。高校"理论课"就像某种规定性礼仪仪式一样，是一种程序必须的过程。至于课程是否上好、是否管用，则无关宏旨。应该指出：该报道所暗示高校"理论课"可能发生、甚至已经发生的这种"被仪式化"的情况，是我们不能不予以关注的。究其原因，主要有三：第一，部分高校领导及管理部门的认识有偏差。应该说，在功利化日益浓厚的社会氛围下，高校间的竞争在很大程度上讲的是实力的比拼，尤其是实力相当规模相近的高校，这种比拼尤为激烈。从这个意义上讲，这些因素不能不影响高校领导将主要的注意力更多放在学校硬实力建设之上。对相对属于软指标的"理论课"，则可能在口头上强调重视与加强，在实际支持上则是另一回事。第二，是"理论课"教师自身的问题。依逻辑而言，"理论课"教师作为从业者，应该最为重视其本职工作，也是这项工作最可依赖的对象。事实上由于长期受理论课教学效果的困扰，部分教师会因此丧失对教学的兴趣，进而失去对业务水准提升的积极性。这种情况在马克思主义理论学科成立之前，因无学科依托而压缩了教师学术研究的空间，教师个人学术水准提升的意愿在整体上肯定是不强烈的。学科的成立之后学术共同体问题得以解决，极大提升了"理论课"教师学术水准提升的积极性。但一些已经形成的习惯也非能在短时期更改，部分教师的职业感不强，只是将其作为谋生的手段，自然不可能有很强的敬业精神。据称，有些教师上课时只照着多媒体课件念稿，整节课甚至头都不抬，因此也就难怪学生不来上课,来上课的因教师不管,看手机、打瞌睡也就成为常态。第三,学生的原因。首先,在智能手机的普及,以及在此基础上所形成的"自媒体"风潮,迅速占有青年人并将之改造为被称为"手机控"一代,这种现象对高校课堂秩序有较大的影响。据报,上课玩手机现象在基础教育课堂上更为普遍。应该指出的是,所谓"注意力经济"的注意力,多指无意注意。而"理论课"因其包含较复杂内容,是需要对象以有意注意予以持续关注,方能产生教学效果的。因此,包括"理论课"在内的其他课程教学,均需对象保持一定长度的有意注意。在两相比较之下,课程教学不具有吸引力优势。也正是这个原因,"理论课"教学在手机近乎泛滥的情境下,有可能使之沦为一种"仪式"。其次,目前的在校生,基本属于所谓的"90 后",属于独生子女一代,或是受独生子女文化影响的一代。独生子女作为中国当代社会的一种现象,其独特性在于对家庭结构和家庭心理依赖的彻底改变,颠覆了以往子女对父母依赖的心理特点,使独生子女本身成为父母心理依赖对象。这种家庭心理依赖结构的改变,在生活中,迟滞了子女心智发育的过程,使其自我意识和独立承担精神发育被延迟了,自我约束能力弱化。就使大学生们的自我完善的欲求需要更多的启迪,方能够激发出来,方能够使他们认识到"理论课"对他们自我完善的作用,因而产生兴趣,培养出有意后注意。

(三) 被"逼"出来的"说唱授课"实效性分析

这种"说唱授课"是否能够真正解决"理论课"的实效性?回答是否定的。对于通过革新教学方法提升"理论课"的实效性的尝试,我们应报以支持的态度。不过,必须有两个前提:即尊重"理论课"作为课程的基本要求和基本规律,有利于最大化地实现"理论课"教学目的。如果从这两方面来衡量,这个"说唱授课"并不能称为真正的革新。首先,必须认识到"理论课"的意识形态特性,是由教学形态表达出来的。这就要求任何教学改革,必须尊重课程的基本特点和要求。"理论课"是高校思想政治教育的主渠道,其任务就是通过理论讲授与阐述,使大学生掌握马克思主义理论,从而树立正确的世界观、人生观、政治观、道德观、价值观。这一教学目的的实现,需要分两步走。如果我们把高校"理论课"的内容概括为思想教育、政治教育、道德教育以及法治教育等。那么,第一步,"理论课"必须实现对象的态度认同和理论的认知,这是"理论课"教学目的的基本要求。因为其一,从政治上讲,态度认同即是政治认同,政治认同是一种政治支持的表达,这是执政合法性所需的刚性要求,也是"理论课"意识形态特性的基本要求;其二,"理论课"实现意识形态目的,是通过大学生的思想品德培育来达到的,而人思想品德的发生及发展规律,被描述为知、情、意、行四个环节,知,即认知是其第一个环节。第二步,从认知出发,促进大学生将认知内化,升华为思想意志,使之转化为约束行为的动机。这个过程,就是"理论课"所追求的"知识体系向信仰体系的转化",也可以理解为"理论课"教学目的最高要求。也就是说,"理论课"始终都是要通过促进学生思想品德修养,来实现其政治认同、思想认同、道德认同的基本目的,进而追求政治、思想、道德上的信仰体系的建立,使之成为合格的建设者和接班人。那么,"说唱授课"是否能够实现其教学目的呢?显然是不能的。说唱方式并不能承载理论阐述的,这样,通过授课让学生明理的希望就落空了,剩下的只是蜻蜓点水的概念印象,而这些早在中学阶段学生已经经历过了。不能通过理论阐述明理,就不能使学生获得理论的旨要,也就不能激起学生对理论的兴趣。没有了对理论的兴趣,也就不会对其旨趣的探究,理论知识被内化的可能性也就不存在了。这种授课方式,表面上热热闹闹的,也能吸引学生的抬头率,但却无有任何的实际教学效果。更严重的是,如果对这种教学实验的任何鼓励,必将误导理论课教师,搁置学科理论的学习和钻研,专事投学生所好的技巧。届时,"理论课"不仅会沦为"说唱课",也会是"故事会""电影周",甚至更甚,那恰恰导致其"仪式化"。

三 以趣引情,以情导意,激发学生探寻
理论的旨趣,铸就智慧人生

前文分析了"理论课"可能或者已经遭遇到被"仪式化"现象的各种原因,我们更应关注的是如何破解。

（一）思想政治理论课被"仪式化"现象可否避免

"理论课"这种可能被"仪式化"现象是否能避免？如何避免？回答是肯定的。如何避免的答案在于对课程形态的"理论课"规律的掌握，按照马克思给出的路径，即可实现"理论课"的以趣引情，以情导意的良好效果。马克思指出："理论只要说服人，就能掌握群众；而理论只要彻底，就能说服人。所谓彻底，就是抓住事物的根本。"[①] 在思想政治教育的语境里，马克思关于理论彻底的论述，可解读为两层含义：首先，是指"理论课"所要阐述的理论，它的蓝本，即马克思主义理论本身，以及而经过重新梳理阐述形成可供教学应用的文本，即教材。必须指出，作为"理论课"文本理论之源的马克思主义理论，其所具有的彻底性是毋庸置疑的；而作为教学文本的理论是否彻底，则含有是否真实反映出马克思主义理论的根本要义，以及是否抓住教学所要解决问题的"事物的根本"，则是需要实践检验的。"理论课"教材基本上每年都在修订，恐怕是基于对此的考虑。其次，指的是直接以理论"说服人"的教师的理论的彻底，这个彻底更多指的是教师的基本修养和对文本的洞悉程度。教材作为教学使用的理论文本形态，有教材自身的规定性，在理论阐述上，表现为若干前提性理论问题的省略，以及理论叙述的一定程度的跳跃。这就要求教师必须掌握完整的理论，在教学中将这些省略和跳跃，在理论逻辑链条中将之补齐。这种彻底性的获得，就奠定了上好"理论课"的基础。

（二）思想政治理论课为什么具有理论的彻底性就能说服人呢

从思想政治教育角度回答这个问题，当然绕不开"人之为人"这个主题。也就是说，尽管时代变化了，市场化、信息化挟持着现代性的所谓碎片化，对以往的意识形态宏观叙述产生颠覆性的作用；但是，青年人需要磨砺个性、完善自我、融入社会、印证本质的这一人性需求并未改变。时代向前发展，但"娱乐至死"的迷思，不会让社会将人性拉回到自然粗粝状态。思想政治教育对人性基础的把握，是坚信"理

[①]《马克思恩格斯文集》（第一卷），人民出版社2009年版。

论课"一定能说服学生掌握学生的重要判断。因为磨砺个性、完善自我、融入社会、印证本质，必须从认识社会、内化社会规则开始，从对政治、思想、道德的认同开始。对于学生来说，起于人之为人之问，终于印证本质，实现自我价值最大化，这中间隔着个性磨砺这一关。为什么要磨砺个性？不可以"越名教而任自然"吗？任自然之性，只能以自然的生活方式生存，而非人的生存方式。人只能生活在一定的政治、经济、道德条件下，那些表现为社会政治的、价值的、道德的要求，是人融入社会的门槛，你不可以不了解，不可以不认同。反过来说，人融入社会的最大问题，是何以安身立命？也就是说如何处理各种社会关系？安身立命问题，在具体上，表现为进退取舍的人生问题，进退取舍作为人生哲学的命题，既是一种人生境界，却往往表现为人生智慧。当进则进，是一种责任，一种担当；当退则退，是一种对时机判断的智慧；当取则取，取之有道，既是一种道义，也是一种仁义；当舍则舍，割舍就是放弃，就是战胜自我，既是一种大智慧，也是一种大仁义，因为，舍，也是一种牺牲精神。所谓正确的人生观，就表现在正确对待进退取舍这四个字。那么，对于大学生来说，有谁会拒绝自我人生智慧的提升呢？这个道理清楚了，剩下的，就是如何破解迷思，将所掌握的彻底理论转化为教学形态，以说服、掌握大学生。

（三）掌握课程规律，化"无用"为"无用之用"

在教学形态中说服学生、掌握学生，是以课程讲授形式展开理论的过程，这个过程，既体现了教师对理论的理解深刻程度和掌控技能，又体现了教师对课程理解的深刻程度和掌控能力。而对课程理解和掌控，是建立在对课程规律的把握基础之上的，理解课程特点，把握课程规律，是"理论课"教学形态展现的成功基础。课程作为现代制度教育的产物，体现制度教育的按年龄分年级、按班级授课等特点。关于课程的定义，学界仍存有争议。但其特点应有"理论课"自身的理解：其一，课堂作为课程教学形态的场所，构成了教学的基本氛围和基本秩序，学生对教师和教学秩序的尊重，是课堂所应有的默契，也是学生对自身角色体认的结果。因此，诸如无故不上课、上课玩手机、听音乐、说话等俗称为小动作的非课堂行为不具有正当性，这是教与学双方认可的教学秩序的基本所需。即教师作为课堂秩序的管理者，对学生非课堂行为的矫正和管理，是课程教学所赋予的教师权力，对其适度运用，是保证教学顺利进行的必要条件。反之，过度使用这一权力和放任学生非课堂行为，均不能确保课程教学顺利进行。其二，课程形态是一种一对多的无差别教学，这就决定了课堂的教与学之间的充分互动成为不可能，一对一式的问题解答成为课堂的奢侈品。只能更多地依赖教师在讲授过程中，以语速、语调的高低快慢的调整展开内容，以内容自身的逻辑吸引学生。这一特点，也就表明了教师的讲课水准是课程实效性的决定要素。其三，课程作为制度教育的产物，产生于科学主义思潮崛起的大背景之下，其科学主义的烙印持久年深。尽管之后的许多教育思想家，试图对课程便利于知识理论传授这一教学模式予以改造，但至今为止，课程见长于知识传授，仍是其最主要特征。但这一特征并不表明，课程的展开，对情感等非理性因素的屏蔽，相反，其仍为情感表达预留了相当的空间。譬如，理论旨趣的展现、学生兴趣的调动、教师激情随理论精彩展开而展现等。

"理论课"教学过程，既是教学技巧施展的过程，更是教师的教学智慧体现的过程。对课程特点的掌握，是为了更精准地掌控课程。首先，课堂秩序是必须的，没有这个"必须"的基础保障，课程无法正常展开。洞悉学生对非课堂行为的不正当性持基本否认心态，是教师树立教学管理者形象的基础，即教师应适当运用教师权力管理课堂，任何放纵，都是一种不负责任，也无法达成好的教学效果。其次，一对多的教学模式，虽不利于因材施教，但按年龄分层的班级授课制，却造就了这个"多"，具有较广泛的同质性，即他们所面临的共同的人生问题的困惑。这就给予教学者以"问题意识"为导向的教学展开方式提供了便利条件。最后，和其他"理论课"一样，"基础"课"问题意识"的问题，可以概括为两类，一种可称之"本体问题"，即"基础"课所要解决的学生树立正确世界观、人生观、道德观、价值观等的问题；一种可称之为"前提性问题"，即"基础"课何以成立的问题。"基础"课作为"理论课"，必须承担意识形态功能实现的基本任务，须有"守土有责"的担当。这一政治特性，以及宏观叙述的理论务虚特点，在一定意义上遮蔽了其作为经世致用"实学"的特性，往往被学生误认为是"无用"的虚学。之所以我将这个问题归为"前提性问题",是因为大学生种种对"理论课"不正确的认识,正是来源于这种误读。因此,"基础"课教师首先应当对这种误读予以订正,指出从功利观的角度上看,"基础"课确实因其不能直接解决实际问题,显得所谓"无用",但"基础"课更致力于人的意义世界的建构,致力于帮助学生确立一种精神生存方式,解决人生哲学的大问题,即人生智慧的获取之道。这种貌似"无用",其实隐含着大的功用,即"无用之用"。只有让学生明白了这个道理,才能最有效地消解其抵触情绪,也只有解决了这个前提性问题,"基础"课的教学方能顺利展开。

(四)"以趣导趣"——以情趣激发学生的兴趣,引导探寻理论旨趣

"前提性问题"的解决,是"基础"课的教学顺利展开的基础。这是因为理论课教学是个持续的过程,因此,理想的教学效果,一定是具有可持续的稳态发展。但对于持续近二十周的课程,长期保持好的教学效果确实难以做到,因为教学过程教与学双方的状态会有高低起伏的变化,教学效果也可能因此而变化。这就要求教师在通过不断地解决问题中,激发学生对理论的兴趣,才能牢牢地抓住学生的兴奋点。我认为关键要解决好以下几个步骤:

其一,"基础"课是从"人生的新阶段"为起点展开内容的,这个起点表明"基础"课一开始就以"问题"及问题的解决为导向。"新阶段"正好点到了入学新生的关切点,提出的问题是他们亟待解决的现实问题,这是个容易引起学生共鸣的开端。尽管以后各章随着理论的深入,由现实的问题延伸至未来的问题、形上的理论问题,但自始至终是围绕着大学生的成长所需的精神世界的建构来展开的,也就是说,"基础"课教材文本把问题意识贯穿始终。这就奠定了引发学生关注内容的基础。

其二,教师对学生成长问题的关切度的把握,成为提升"基础"课教学实效性的关键环节。真正的关切,源自于师长对学生成长的真情流露,关切即是真情。例行公事的宣讲,情不在里边,也就难以引发学生的共鸣。关切过度,以强势干预姿态出现,则真情过于泛滥,则近似

于伪情，学生的逆反心理会因此而生。关切之情必然随着教学过程的理论叙述引发自然流露，理论叙述而情动于衷，理论叙述就为情感叙述预留了空间。这样一来，理论叙述的情趣随之产生，即理论所具有的某种客观性，因与课程对象产生关联性，而转化为某种情感叙述。此时的理论叙述因关切而产生趣味，这个"趣"，也就是情趣，即由共鸣引发的兴趣。这就是所谓的"以情引趣"。

其三，"以情引趣"所引之"趣"，还只是对像集中于问题本身的兴趣。但有了这个兴趣，就必然开启对问题解决之道的好奇心和理论探索的兴趣。对于人生哲学而言，任何人生问题的解答，都不是提供简单的答案了事所能完成的，这种解答往往就是人生哲理的论述。在这里，教师必须将"理论课"的政治要求与学生成长需求的契合点展示出来，这个契合点就是，通过学生思想品德的培育，将"理论课"的意识形态诉求植入学生的人格水准提升的过程之中。这个过程既可以理解为"理论课"实现意识形态目的的过程，也可以理解为学生获得人生问题的解决之道，或者说是学生建构精神生存方式，获取人生智慧的过程。从"基础"课理论展开的角度讲，是将对象由情趣所引发的兴趣，转化为关注理论内涵的旨趣的过程。一旦学生产生了探索理论旨趣之趣，其内在的理论体系建构的心智活动就展开了，即由知转智的内化，开始形成。换言之，这种内化，即表现为理论知识体系建构的心智活动，又表现为认知经情绪激发，上升为某种内在的意志。所谓的思想品德，其实就是这种内在的意志确立的表现，因为这种内在的意志一经形成，即可转化为行为的内驱力。可以说，内在意志在内，表现为对人生目标的把握，信仰也就在这其中，对象的行为就具有一种稳定的平衡。从这个意义上说，如果这个目标得以实现，"理论课"的实效性也就得以实现。

（作者单位：西安科技大学思想政治教育研究所）

中国特色社会主义城乡关系变迁的历史演进与理论逻辑[*]

赵 洋

一 中国特色社会主义城乡关系理论的建构逻辑

城乡关系的历史分析。城市和乡村的关系是人类经济社会发展中最重要的关系之一，城乡关系处理的是否得当，这不仅关系到我国经济能否持续、健康、快速发展，也关系到全面建设小康社会和现代化目标的实现。处理城市与乡村的关系无论是在发达国家还是在发展中国家都是必须要直面的问题。纵观世界历史的发展，发展中国家在处理城乡关系时面临的问题更加突出。新中国成立60多年来，我国的城乡关系由于一系列的制度变迁而使其处于不同的发展阶段。新中国成立后的前30年，由于特殊的工业化战略、计划经济体制和城乡分割的二元社会制度，造成了典型的城乡二元结构。改革开放30多年来，中国经济创下了举世瞩目的高速增长奇迹，城市和农村实现了各自的经济增长。据国家统计局的统计数据显示，1978年城镇居民人均可支配收入为343.4元，农民人均纯收入为133.6元，二者收入之比为2.57∶1。从1982年起，由于连续5年中央一号文件的出台，到了1984年，城镇居民人均可支配收入与农村居民人均纯收入之比一度缩小为1.71∶1。而到了

---

[*] 本文系国家社科基金青年项目"马克思主义城乡关系理论及其在当代中国的发展与实践研究"（项目批准号：15CKS004）、教育部人文社会科学研究专项任务项目（马克思主义中国化时代化大众化）"马克思主义经典作家城乡关系思想及其时代价值研究"（项目批准号：13JD710050）的阶段性研究成果。

2011年，农村人均纯收入达到6977元，城镇居民人均可支配收入达到21810元，城镇居民人均可支配收入与农村居民人均纯收入之比扩大为3.13∶1，2014年仍为2.92∶1。[①] 这就形成了城市和农村在实现各自经济高速增长的同时城乡差距逐渐拉大的双重趋向，这种现象需要从经济运行的体制、机制，政策和制度层面加以深入的分析。

从"政府"与"市场"关系的视角看城乡关系。在考察新中国成立60多年来城乡关系变迁的时候，有一对范畴是无法回避的，那就是"政府"和"市场"在处理城乡关系时作用的发挥。党的十八大以来，习近平总书记反复强调"政府"与"市场"这对"看得见的手"和"看不见的手"都要用好，"使市场在资源配置中起决定性作用、更好发展政府作用。"[②] "政府"与"市场"同时作为经济学古老而又常新的话题，对新中国城乡关系的变迁产生了重要的影响。理解"政府"与"市场"的关系，是理解我国现阶段特定的二元经济体制及其结构中形成的城乡发展失衡和"三农"问题的关键所在。在一定程度上，中国城乡关系严重失衡的背后，根本的问题是政府和市场关系的严重扭曲。就是说我国的城乡发展差距问题，主要不是市场自发形成的，或主要不是市场过度发展的问题，而更多是政府"城乡差别"的制度安排、政府的"城乡分治、重城轻乡"的政府效应所致，是政府通过"超经济"的行政力量构建起的一种城乡之间不公平、不平等、不对等的社会经济关系的必然结果；同时也是市场化取向的改革开放在城乡间非均衡推进，即农村、农业的市场化改革严重滞后、发展不足、农民被改革边缘化所致。由于农业的天然弱势地位，市场化的改革虽然促进了农村社会生产力的发展，但更加带来了全面冲击。在这种状况下，任凭农村在市场经济的大潮中自生自灭显然是不行的，政府的力量必须重新召回。当然，这种召回不是要回到计划经济时期政府包办一切的状态，而是充分发挥政府宏观调控和社会保障的作用，规制和引导市场的作用。只有将政府与市场的作用配置到一个均衡的状态，城乡关系才能进入到一个和谐发展的快车道。

---

① 《全面小康热点面对面》，学习出版社、人民出版社2016年版，第44页。
② 《习近平谈治国理政》，外文出版社2014年版，第116页。

坚持马克思主义城乡关系理论中国化和化中国。城乡发展问题是人类社会发展的基本问题，历来受到马克思主义经典作家的高度重视，马克思主义经典作家关于处理城乡关系的思想是马克思主义理论整体不可或缺的重要内容。马克思主义是我们立党立国的根本指导思想，马克思主义经典作家的城乡关系思想是当代中国城乡发展理论的基石。新中国成立60多年来，党的历代中央领导集体，坚持马克思主义的"中国化"与"化中国"[①]，即："一是把马克思主义基本原理运用于中国具体实际，分析和解决中国实际问题；二是按照马克思主义的立场、观点和方法，总结中国社会的实际发展和中国共产党的实践经验，并将其上升为科学理论，形成具有中国特色的马克思主义新的内容和形式。"始终以马克思主义城乡关系理论为指导，结合中国城乡发展具体实际，在解决城乡发展问题的理论和实践层面不断取得突破，城乡关系理论在继承中发展，在发展中创新，推进了马克思主义城乡关系理论在当代中国的发展，形成了中国特色社会主义城乡关系理论。通过研究，我们发现在马克思主义经典著作中蕴含着丰富的关于处理城乡关系的思想，这些思想对于中国现阶段处理城乡关系仍然具有非常重要的理论价值和现实指导意义。

中国特色社会主义城乡关系理论的建构要立足于马克思主义城乡关系理论在当代中国的发展史和当代中国城乡关系的制度变迁史。要以马克思主义发展史为脉络，以政府与市场在处理城乡关系时的作用为视角，以马克思主义文献学和历史、理论与现实结合的方法研究马克思主义城乡关系理论在当代中国的发展与实践，以期形成具有中国特色的城乡关系理论，促进现阶段中国城乡关系持续健康发展。

建构中国特色社会主义城乡关系理论要遵循历史、理论与现实相统一的原则：

第一，植根于马克思主义经典作家的城乡关系思想。这里的马克思主义经典作家是"狭义"的，具体指马克思、恩格斯、列宁等。深入挖掘马克思、恩格斯城乡关系思想的产生背景、创立起点，以及《共

[①] 顾海良：《让世界分享马克思主义中国化理论成果》，《光明日报》2015年10月8日第16版。

产主义原理》、《共产党宣言》、《反杜林论》等经典著作中对于城乡关系思想的系统阐述。以及列宁关于城乡对立的根源、消除城乡差别的条件、农业合作制、处理工业与农业的关系及加强城乡之间交流的思想。第二，深入分析党的第一代领导集体对马克思主义城乡关系理论的认识，具体的说是指毛泽东、刘少奇、周恩来、陈云等对马克思主义经典作家城乡关系思想的认识与发展，对新中国处理城乡关系的探索与实践。同时，分析了党的第一代领导集体关于社会主义城乡关系的认识，总结了这段时期城乡关系呈现出的特点，即：国民经济恢复时期的"城乡交流"，一五计划时期的"城乡阻隔"和大跃进、国民经济调整以及文化大革命时期的"城乡隔离"。一五计划开始，由于中国特殊的工业化战略，逐步形成了城乡分割的二元经济结构。第三，厘清改革开放到党的十六大召开前这段历史时期党的第二代、第三代领导集体对中国特色社会主义城乡关系理论的探索与实践。分析了党的第二代领导集体对马克思主义城乡关系理论的继承与创新，党的第三代领导集体对马克思主义城乡关系理论的坚持与发展。同时，总结这段历史时期城乡关系显示出三个阶段性特征。一是1978年至1984年以家庭联产承包责任制为标志的农村改革启动，特别是1982年起连续五个中央一号文件的出台，极大地促进了农村生产力的发展，农业农村发展、农民增收。此时，农业和农村迎来了黄金发展时期。二是1985年至1992年农村改革带动城市改革，特别是乡镇企业的异军突起，显示出巨大的活力。三是1993年随着社会主义市场经济体制的建立，城乡差距逐渐拉大，直至形成城乡分割的二元经济结构。第四，强调党的十六大以来以"统筹城乡发展"、"城乡发展一体化"为改革主题的中国特色社会主义城乡关系理论的新发展。党的十六大以来，统筹城乡经济社会发展成为时代的最强音，"三农"政策调整，国家提出"多予、少取、放活"的方针，特别是2004年以来连续十三个中央一号文件的出台，坚持"工业反哺农业、城市反哺农村"，给"三农"注入了新的活力，城乡关系朝着良性方向发展。第五，总结新中国成立60多年来马克思主义城乡关系理论在当代中国发展与实践的启示，既体现党和国家成功处理城乡关系的经验总结，也要对因决策失误导致城乡关系遭遇挫折进行理论反思。

中国特色社会主义城乡关系理论的建构方法。第一，基于文献学的马克思主义经典作家城乡关系思想研究，特别对马克思、恩格斯、列宁等关于城乡关系思想的研究，并发掘经典作家思想之间的内在逻辑关系。第二，对党和国家有关城市和农村改革的相关文献进行系统考察，对中国共产党及其领导人关于城乡关系的思想进行系统梳理，试图建立中国特色社会主义城乡关系理论体系。第三，按照发展史的脉络，以政府和市场在处理城乡关系时的作用为视角，分阶段研究马克思主义城乡关系理论在当代中国的发展史和当代中国城乡关系的制度变迁史。第四，以文本、文献考察为基础，坚持历史、理论与现实相结合的研究方法，同时借助于中共党史、理论经济学、发展经济学、农业经济学等学科的知识，进一步拓展研究视野。

二 中国特色社会主义城乡关系理论的主题转换

"从区域经济的空间组织角度，可以把城市与乡村分解为两个互为关联的子系统：城市与乡村的分解是社会分工和商品经济发展的产物，是人类历史发展到一定阶段的产物。"① 城乡关系是人类社会最重要、最基本的关系之一，马克思在1847年为批判小资产阶级经济学家蒲鲁东撰写并发表的《哲学的贫困》中强调："城乡关系一改变，整个社会也跟着改变。"② 这足以显示处理好城乡关系在人类经济社会发展中的重要意义。

对于发展中国家来说，城乡关系是一对非常重要的范畴，涉及到产业结构、社会结构、政治结构和文化结构等。城乡关系处理得是否得当，关系到一个国家的现代化进程，也决定着一个国家的发展和文明程度。中国和其它发展中国家一样，面临着如何处理城乡关系的重大问题，或者说面临着如何构建新的城乡关系问题。中国也是个传统的农业大国，新中国成立后，在由计划经济向社会主义市场经济转型的过程

---

① 黄坤明：《城乡一体化路径演进研究——民本自发与政府自觉》，科学出版社2008年版，第18页。

② 《马克思恩格斯文集》第1卷，人民出版社2009年版，第618页。

中,"始终坚持马克思主义城乡发展理论中国化,始终坚持理论创新与城乡发展时代主题转换相结合,城乡发展主题顺应时代要求发生了三次主题转换,即:城市领导农村、城乡分治和城乡统筹。"①

新中国成立60多年来,如何处理好城市与农村的关系问题,一直是党和国家摆在头等位置处理的重大问题。60多年来中国的城乡关系大致经历了这样几个阶段。1949至1952年国民经济恢复时期,城市与农村之间生产要素交流频繁,城乡关系相对比较融洽;1953至1957年,1958至1978年城乡与农村的关系由松到紧,直到形成城乡二元结构的壁垒,城市与农村被完全的隔离。1978年随着党的十一届三中全会的召开和以市场化为取向的改革开放的不断深入,以家庭联产承包责任制的实施为标志的农村首先开启了改革的大幕。1982年随着五个中央一号文件的出台,城乡差距一度缩小。1985年起由农村改革带动城市改革,国有企业和城市经济改革正式开启。随着市场化改革的不断深入,城乡之间的差距也被逐步拉大。自党的十六大在科学发展观中提出"统筹城乡发展"的理论以来,意味着开启了当代中国的城乡关系从"分治"走向了"统筹"的新阶段,城乡发展的时代主题进行了重大转换。由于我国长期的"城乡二元"格局,农业基础比较薄弱,缩小城乡发展差距的任务还很重。可以说,以加强"三农"为根本立足点,以推进资源要素向农村配置为重要着力点,以城镇化和新农村建设协调推进为战略着眼点是促进"统筹城乡发展"的根本途径。2002年召开的党的十六大把如何处理新时期的城乡关系提到了历史的高度,2004年以来中央在时隔18年之后再次把农业、农村和农民问题作为中央一号文件下放,直到2016年连续发出十三个新世纪中央一号文件,十三个中央一号文件涉及生产、流通、分配、消费等各个环节,出台了一系列强农、惠农政策,旨在扭转城乡差距的扩大,破除城乡分治的二元结构。纵观新中国60多年的城乡关系变迁史,不仅城乡关系经历了反复与更迭,城乡差距也经历了过去式和进行时。

当代中国城乡关系问题是一个涉及以促进城乡之间生产要素的科学合理配置为抓手,以破解城乡二元结构、缩小城乡差距、促进城乡共同

---

① 参见赵洋《当代中国城乡关系的变迁》,《科学社会主义》2011年第6期,第120页。

发展为目标，以构建社会主义和谐社会为价值追求的重大理论与现实问题。马克思主义经典作家的城乡关系思想是当代中国城乡发展理论的立论基础。由于城乡关系在人类经济社会发展中具有至关重要的作用，因此国内外诸多专家学者对此提出了许多有益的见解。以刘易斯、缪尔达尔、赫希曼等为代表的西方学者在过去的半个多世纪中，从发展经济学视角对城乡发展理论进行了深入研究，学者们指出学术界对于城乡发展的协调性以及城乡公平等问题没有给予足够的关注，强调了劳动力转移和效率提高对城乡经济发展的重要性，得出了把一部分农业劳动力转移到工业部门，整个社会的生产力将会提高，城市工业发展将逐步带动农村地区的发展，最终实现城乡融合的结论。国内学者关于该问题的研究则以马克思主义经典作家的三农思想、中国共产党领导集体的三农思想、中国共产党"三农"思想政策史等进行了系统深入的研究。围绕农村金融体制改革、村民社会自治、农民权益保护、统筹城乡发展中的政府与市场关系为侧重点来进行展开。

三 "四个全面"战略布局解析当前城乡发展

党的十八大以来，以习近平同志为总书记的党中央坚持马克思主义基本原理和中国具体实际相结合，在中国特色社会主义建设和发展的重大问题上提出了一系列新思想和新论断，勾画出了清晰的治国理政思路。取得的主要理论成果主要有：一是提出了实现中华民族的伟大复兴的中国梦。中国梦的核心要义是"国家富强、民族振兴、人民幸福"，是凝聚中华各族儿女共识的最大公约数。中国梦是强国梦的延伸，也是无数仁人志士历经革命、建设和改革，建设富强、民主、文明、和谐的当代中国发展梦的续篇。二是从坚持和发展中国特色社会主义全局出发，提出了"全面建成小康社会、全面深化改革、全面依法治国、全面从严治党"，即"四个全面"的战略布局。"四个全面"的战略布局是新一代中央领导集体治国理政的总方略，绘制了实现"两个百年"奋斗目标的"路线图"、"时间表"和"任务书"。

"四个全面"的战略布局是马克思主义中国化的最新理论成果，统一于"两个百年"的奋斗目标，统一于中华民族伟大复兴的中国梦，统一于中国特色社会主义事业的伟大实践。全面、协调、可持续的推进"四个全面"的战略布局必须以破解城乡二元结构,促进工业与农业,城市与乡村协调发展、良性互动为价值标尺。必须以补齐短板,大力推进农业现代化,保证与新型城镇化、信息化、新型工业化"四化同步"发展为导向。

早在2005年,习近平同志在担任浙江省委书记期间就对"三农"工作有过系统的论述,"务必执政为民重三农,务必以人为本谋三农,务必统筹城乡兴三农,务必改革开放促三农,务必求真务实抓三农。"① 这"五个务必"是习近平同志"三农观"的重要体现。党的十八大以来,习近平总书记反复强调:"全面建成小康社会,最艰巨最繁重的任务在农村,没有农村的小康,特别是没有贫困地区的小康,就没有全面建成小康社会。"② "小康不小康、关键看老乡。"③ 要在2020年实现全面建成小康社会的宏伟目标,"一定要看到,农业还是'四化同步'的短腿,农村还是全面建成小康社会的短板。中国要强、农业必须强;中国要美,农村必须美;中国要富,农民必须富。"④ 对于统筹协调处理城市与农村发展问题上,要充分认识到城镇化就中国经济在未来发展的新引擎,"城镇化是现代化的必由之路,既是经济发展的结果,又是经济发展的动力。要坚持把'三农'工作作为全党工作重中之重,同时要更加重视做好城市工作。"⑤ 农村和城市有不同的发展规律,"做好城市工作,首先要认识、尊重、顺应城市发展规律,端正城市发展指导思想。"⑥ "要改革完善城市规划,准确把握城市规划定位,加强对规划实施情况的监督。"⑦

---

① 习近平:《之江新语》,浙江人民出版社2013年版,第100-107页。
② 《习近平总书记系列重要讲话读本》,学习出版社人民出版社2014年版,第68页。
③ 《习近平总书记系列重要讲话读本》,学习出版社人民出版社2014年版,第68页。
④ 《习近平总书记系列重要讲话读本》,学习出版社人民出版社2014年版,第68页。
⑤ 习近平:《中共中央政治局召开会议分析研究二〇一六年经济工作》,《人民日报》2015年12月15日第1版。
⑥ 习近平:《习近平主持召开中央财经领导小组第十一次会议强调:全面贯彻党的十八届五中全会精神 落实发展理念推进经济结构性改革》,《人民日报》2015年11月11日第1版。
⑦ 习近平:《中共中央政治局召开会议分析研究二〇一六年经济工作》,《人民日报》2015年12月15日第1版。

将习近平总书记关于处理城乡关系思想的内涵进一步延伸得出以下几点启示。一是要以马克思主义公平观统筹推进城市和农村的发展问题，把农村和城市作为一个整体来进行考量，这是破解城乡二元结构的前提。二是要统筹推进城乡经济、政治、文化、社会、生态协同发展，满足城乡不同群体的利益诉求。城镇化是现代化的必由之路，重点是推进以人为核心的城镇化。三是城市和农村有不同的发展路径。既要防止"大城市病"的发生，又要避免农村"空心化"；既要防止城市盲目"摊大饼"，又要高度重视城市群的建设。综上所述，习近平总书记统筹处理城乡关系的思想核心要义即城乡一体化，而不是城乡一样化。要通过统一城乡规划，打破城乡分割的体制和政策，促进城市基础设施建设向农村延伸、城市公共服务向农村覆盖、城市现代文明向农民辐射。促进城乡间生产要素流动，逐步缩小城乡差别。在城乡之间形成地位平等、开放互通、互补互促、共同富裕、共享文明的发展格局，实现城乡经济、社会、环境的和谐发展。在这一过程中，农村和城市所固有的特征和个性差异并未因此消失，依然"城市就是城市、农村就是农村"。农村主要以农业生产为主，农民也是有的，只不过农村已经成为现代化的社区，农业已成为现代化的农业，农民已成为现代化的农民。[①] 习近平总书记关于处理城乡关系问题的重要论述贯穿着科学的思想方法和工作方法，体现运用辩证唯物主义与历史唯物主义的科学的世界观和方法论。强调要用战略思维、历史思维、辩证思维、创新思维、底线思维统领城乡经济社会协调发展。

四 "五大发展理念"领航未来城乡发展

党的十八届五中全会通过的《中共中央关于制度国民经济和社会发展第十三个五年规划的建议》中首次提出"创新、协调、绿色、开放、共享"五大发展理念。"四个全面"战略布局和"五大发展理念"是相辅相成、内在统一的。"五大发展理念"是在"四个全面"战略布

[①] 冯晓英、魏书华、陈孟平：《由城乡分治走向统筹分治——中国城乡结合部管理制度创新研究：以北京为例》，中国农业出版社2007年版，第21—22页。

局中推进中国特色社会主义事业发展的客观内在要求。在"十三五"期间,统筹推进城乡经济社会协调发展必须贯彻"创新、协调、绿色、开放、共享"五大发展理念。不难看出,在"五大发展理念"中,"共享"着力于分配侧,"创新、协调、绿色和开放"着力于供给侧。所以,五大发展理念既兼顾分配,又兼顾供给,是一个完整的闭合链条。在未来统筹推进城乡经济社会发展过程中,将更加注重供给侧改革。

创新是引领城乡发展的第一动力。在城市改革方面,要着重在"大数据"、"互联网+"、"云计算"背景下进一步激发市场主体的科技创新能力,进一步引导企业在"市场"和"政府"的双重推动下建立现代企业制度。在"三农"改革领域,要以推进"农业现代化"为引领,通过创新来努力形成适应现代农业发展、契合市场经济要求的体制机制。要创新农业生产经营方式,创新农村产权制度,创新科技等现代要素支撑体系。

协调是统筹推进城乡协调发展。形成城乡一体化发展的新格局,既要把工业与农业,城市与农村作为一个整体统筹规划,又要引导城市资金、技术、信息、人才、管理等现代要素向农业农村流动,形成以工促农、以城带乡、工农互惠、城乡一体的新型工农城乡关系。

绿色是促进城乡资源保护和可持续利用。树立绿色发展的理念,就是要深刻认识绿色是永续城乡发展的必要条件。必须坚持节约资源和保护环境的基本国策,坚持可持续发展,坚持走生产发展、生活富裕、生态良好的文明发展道路。在城市改革方面,要以绿色经济发展促进城市经济发展与环境保护的协调发展,提升城市活力和竞争力。在农村改革方面,要大力发展低碳绿色循环经济,建立美丽乡村。

开放是利用城市和农村两个市场和资源。要促进城乡之间生产要素的双向流动,"朝着多功能、开放式、综合性方向发展立体农业。"[①] 同时顺应世界经济发展格局,使城乡经济社会发展融入国际国内两个市场,促进城市和农村之间形成深度融合的互利合作机制。

共享是使"三农"在城乡深化改革中受益。在全面深化改革的大背景下,要使城市和农村各个阶层共享改革成果。坚持马克思主义唯物

---

① 习近平:《摆脱贫困》,福建人民出版社 2014 年版,第 178 页。

史观，最大限度的激发和调动人民群众的积极性和创造性，是实现城乡经济社会发展不竭的动力。以调动人民群众的积极性为政策制定的出发点和落脚点，实现好、维护好、发展好人民群众的根本利益，促进人民群众享受公平发展机会和条件，这是马克思主义人本思想的重要体现。

（作者单位：西南科技大学马克思主义学院）

思想政治教育交往的实现：
对话、理解、生成与共享

邱俊燕

教育作为人类重要的社会活动，其本质就是人与人的交往活动。在教育交往中，教育者和受教育者围绕一定的目的，通过一定的媒介开展相互沟通、相互影响、相互渗透和相互改造，并在主体之间形成沟通、影响和改造的关系。这既体现了一般人际交往的关系，又在教育的情境中"生产"着教育，推动着教育的发展。思想政治教育本身是一种交往活动。近代以认识论哲学为立论基础的"主体—客体"模式，以知识教育作为思想政治教育的主要内容，以规训式教育作为保证教育实施的手段，使思想政治教育呈现出了交往的匮乏和交往的异变，造成思想政治教育交往中人的失落、生命的遮蔽和生活的疏离。由主体性向主体间性的转换是思想政治教育交往实现的必由之路。主体间性理论下的思想政治教育交往把教育者和受教育者放在共生共处的关系情境当中，通过教育者和受教育者的对话，实现相互理解，使彼此的道德观念不断悟解和提升，实现人的生成和共享。主体间的交往打破了线性关系，构建了交互性的新模式，为思想政治教育交往的实现提供了可能性。

一　对话

"对话"（dialogue）一词最初来自希腊语言"dialoge"。"dia"的意思是"通过"或"经由"（through）。在当代西方哲学中，对话是一个含义深刻、使用极其频繁的哲学范畴。伽达默尔认为:"对话就是对话双方在一起相互参与着以获得真理。"① 巴赫金认为对话是一种"在各种价值平等、意义平等的意识之间相互作用的特殊形式。"② 雅斯贝尔斯认为,对话是双方相互倾诉与倾听的过程,对话的过程是"真理的敞亮和思想本身的实现……在对话中,可以发现所思之物的逻辑及存在的意义"③。思想政治教育交往中的对话指的是教育者和受教育者通过一种开放的、双向的交流来完成思想政治教育交往的任务,达到思想政治教育交往目的的一种方式。对话具有形式和精神的双重属性。作为形式,对话指的是一种手段和方法,具有可表征性,它是有形的、外显的,对话的形式就表现在教育者和受教育者在交往中的言语交流。但是,仅仅言语的交流还不能阐释对话的本质。弗莱雷认为,有效地对话要满足一些基本的条件,那就是:平等地交流,蕴含爱的情感,谦虚的态度,对话双方的相互信任,互相抱有希望,还要进行批判性思维④。可见,真正的对话侧重的是情感的沟通和融通,是精神上的交锋和共振。在真正的对话当中,教育者和受教育者相互尊重、相互信任和相互理解,彼此心灵向对方的精神世界敞开,从而体现一种真正的意义上的精神的敞开和容纳。首先,从双方关系角度来讲,对话是去中心的,其价值在于主体"共在",对话所倡导的不是对象性的线性关系,而是主体间的交往合作关系。在对话过程中,对话双方坦诚表达自己的观点,公开的与对方进行交流。而交往双方都把对方视为共存共在的主体,在你中发现我,在我中发现你,因为有你,我才看到我的价值。其次,从介入方式来讲,在对话中,每个人在对话中的地位是平等的,而每个人又是差异中的每个人,这就要求出于对话中的每个人积极地接纳他人,宽容他人,与他人进行沟通、交流和视域的融合。最后,从认知态度来讲,对话的目的在于通过对话达成共识。这种共识,不是整齐划一,而是在平等沟通下通过交往主体的反复互动和讨论,使商谈的方向呈现出

---

① [德]伽达默尔:《赞美理论》,夏镇平译,上海三联书店1998年版,第69页。
② 董小英:《再登巴比伦塔——巴赫金与对话理论》,上海三联书店1994年版,第18页。
③ [德]雅斯贝尔斯:《什么是教育》,邹进译,上海三联书店1991年版,第10页。
④ 黄志成:《被压迫者的教育学》,人民教育出版社2003年版,第12页。

同一方向性的发展。所以，这种对话不是完全的等同，完全的相同，而是差异基础上的趋同。对话的结果是合而不同，是一种差异化的认同。在这种认同方式中，主体之间相互吸收，相互取长补短，在双方的共同发展中获取对话的价值。可见，对话作为交流方式与独白是截然不同的，作为一种单级单向的交流方式，独白忠于知识，体现教育权力，通过灌输实现教育目的；而对话更多的体现平等、情感以及双方的"教师式的学生"和"学生式的教师"的互相融通的关系。

在思想政治教育交往中对话的实施，依赖于教育者、受教育者话语观的转变和教育者与受教育者的"主动对话"。思想政治教育交往过程是教育者和受教育者话语场域的形成过程。因为思想政治教育活动蕴含着大量的语言，形成话语中的言说力量并作为一种能量影响教育的整体氛围，因而话语场域就成为话语资源和话语权力的争夺场所。借用社会学家罗杰·布朗提出的社会语言学的"权势量"和"共聚量"的概念。"权势量"指的是话语体之间的地位差别的大小；而"共聚量"强调的是话语主体间的一致性。罗杰·布朗认为，"权势量"大者往往能主导和控制话语过程，而"权势量"小者只能在话语交往中处于次要或从属角色。如果"权势量"远远大于"共聚量"，则交往无法有效实现。在传统的思想政治教育中，教育者话语权背后隐藏的是经由教育制度被国家、社会所赋予的、运用规范的权力。教育者是话语体系的操纵者和话语空间的主宰者，教学总是在教育者预设的话语空间中运行，"权势量"的过大使教育者话语权带有明显"他赋性"和强制性，发话者与听话者之间的关系明显表现为控制与被控制关系。由于知识占有量的差异和信息不对称所造成的实质的不平等，教育者以知识的裁判者和真理的化身出现，拥有对各种观念进行分析、检验和评价以及对知识进行标识和鉴别的权力，受教育者个人化的知识被排斥于教学活动之外。也容易形成教育者话语对思想政治教育过程的一种凌驾与支配。在教师话语强权下，学生的沉默和失语成为教育活动的基本图式。在思想政治教育过程中，教育者要避免对话语的完全支配，要从尊重受教育者的独立人格和发现他们独特的生命体验体悟入手，使受教育者从话语权的"假性赋予"中解放出来。改变其独享话语权的现状，与受教育者共享其话语权，让每一个受教育者都拥有完整的话语权，还他们以"言说的自由。要真正实现教育者话语霸权的消解，不仅有赖于教育者本身的"让权"，同样依靠于受教育者本身的"夺权"。受教育者认知其应当享有话语权，掌控话语权是其学习和发展必要的权利，是其自由表达自我，进行学习和交流的手段；教育者并不是话语的绝对权威，只是处于相对优势地位；受教育者拥有对教育者的话语进行批判接纳的权利。因此，真正实现消解教育者话语霸权的前提是受教育者主观上产生对话语权力的需求，并在行动上主动行使自己的话语权力。当然，对话是双向的过程。真正实现教育者和受教育者之间的对话，为思想政治教育交往的顺利进行打下基础，需要教育者和受教育者两者共同的努力。对教育者来说，要使受教育者乐于对话，教育者要创设积极的对话氛围，引导受教育者对话，还要当好"倾听者"，特别是当受教育者的话语与教育者的话语产生矛盾的时候，要有换位思考的能力，最大程度上理解受教育者，悦纳受教育者。对于受教育者来说，要有主体意识和平等意识，把教育交往看作是教育者和受教育者的话语和精神交流，从而能平和地去应对对话。还要有质疑的意识和话语意识，积极表达自己的观点，使教育者和受教育者在对话中共同升华。

二　理解

狄尔泰曾经说过："自然需要给与解释说明，对人则必须理解。"[1]鲁洁教授认为理解有两个方面的意义，一方面是对人而言，不是对物而言的。对于物和物性，我们运用"认知"，对于人与人性，我们用的是"理解"；另一方面这里的人，并非指人的物性方面，如生物学方面，而是指精神层面的存在，如人的动机、理想、期望等[2]。在一定程度上指出了理解的含义。为了更深的了解理解所蕴含的意义，可以从以下几个层面对理解进行释义：首先，从实践的角度来讲，理解是人类特有的实践的方式。人在实践中生存，而人的实践活动总是面向外在客体或对

---

[1] 殷鼎：《理解的命运——解释学初论》，上海三联书店1988年版，第237页。
[2] 鲁洁：《人对人的理解：道德教育的基础——道德教育当代转型的思考》，《教育研究》2000年第7期。

象，这种实践活动建立在对外在对象的认知的基础之上，而认知的前提就是要理解，没有理解，感性难以深入本质；没有理解，表象难以诠释真理，理解是人类实践的基础。其次，理解是处在社会关系中的人的一种原初认知世界的方式，是人所本来具有的一种心理的功能。德国哲学家施来伊马赫认为，理解的过程是来理解对象对"原意"的获取过程。在面对文本的原初意义时，理解者在语言和心理移情中从自我出发体验作者的心理和精神，这是一种基于意义的精神的重构过程。当然，这种主体主义的理解方式受到后来哲学家的批判。最后，理解是双向、互动的活动。自我理解是向他人开放、交流、自我反省再到重新交流的过程，是在自我与非我的辩证关系中进行的。单一的理解是不完全的理解，是一知半解、不能实现的理解。伽达默尔的用"视域融合"来表达理解的过程。视域是基于某个中心观点所能辐射到的知识域、价值域，某种程度上，甚至可以上升为信仰域。视域不是一成不变的，随着实践深度和广度的拓展，"视域"与"视域"不断地沟通和融合，达成某种共识，形成新的理解。可见，真正的理解是理解双方"视界的融合"和"意义的交流"，是透过表象符号实现的双达。

思想政治教育的主体是人，其活动指向和归宿也都是从事社会实践活动的、具体的人。要达到思想政治教育的目的，实现思想政治教育交往的有效性，必须在教育者和受教育者之间建立起一种思想的交流和互动，而这种交流和互动首先应源于思想政治教育主体双方内在的认同和理解。这种理解"是教育与被教育的结合途径，是教育者'晓之以理'和教育对象'受之以道'达到高度融洽的根本表现"[①]。教育者要充分理解受教育者的心理、需要、动机，适时地改变教育策略，充分理解、尊重受教育者的独立选择权；受教育者也要充分调动自己，积极选择扬弃教育内容，体验教育者的用心之良苦，尊重教育者的劳动成果。通过理解，了解了他人的情境与需求，以使新的意义得以创造和生成。但当下的思想政治教育交往在某种程度上忽视、忽略了"理解"的功能和作用，特别是没有意识到"主体间理解"的重要性，过分强调教育者的"主体话语"，造成被教育者的"失语"和"理解"的失位和空场，

---

① 梁德友：《主体间性德育：理论图景与价值启示》，《教育探索》2008 年第 8 期。

最终导致思想政治教育的成效不高且饱受世人质疑。因而，从人的主体存在出发重构思想政治教育交往的新模式，强调走入具体教育情境，关注个体的主体理解和主体的主体间的理解，成为思想政治教育的新模式。

在思想政治教育交往中的理解作为思想政治教育的一个过程进行阐述，理解所蕴含的意义就在于它不是单独的、对象化的理解，而是教育者和受教育者在对话中的理解。首先，对话中的理解是对话和理解的统一，是基于符号关照之上的意义的表达。思想政治教育交往中，教育者和受教育者在对话中的理解，不是对于对话中语言符号的理解，而是在对话中通过移情体验，在"你"中发现"我"，是一个有能力的言说者的言说，在言说过程中，教育者和受教育者在交流的观照中体验出自我，因此，理解过程不再是一个纯粹的过程，而是双方的情感、意识和人格的沟通。其次，对话中的理解是主体间的交流互动过程。基于对话的理解是建立在思想政治教育交往过程中教育者和受教育者的人格的平等基础上的。这是理解双方互动交流的前提。在平等的条件下，思想政治教育交往主体，特别是受教育者才能敞开心扉，畅所欲言，真诚平等的与受教育者进行广泛的交流，在交流的基础上产生新的理解。一方面，通过语言分析和移情来再现对方的意义成为教育者和受教育者相互的行为，在这一过程中，教育者和受教育者互相体验内心世界，达成双方的理解互识；另一方面，在互识的基础上，一方从自身的前理解出发，与另一方达成共识，并成为一个相互的过程。最后，基于活动中的理解是出于两个不同生命世界的主体的相互理解。在思想政治教育交往过程中，教育者和受教育者是出于两个不同世界的主体，他们年龄、身份等方面的巨大差异使得他们在对待一些问题时具有完全不同的理解方式，这种差异性，正是不同主体的生命历程、经验、体验、感悟等巨大差异。处于差异中的主体要达成共识，互相理解，必须互相走入对方的世界，从对方出发看待我，从我出发看待对方。一方面，教育者要放下身段，融入受教育者的生活中去，了解受教育者心理、生理的现实状况，采取适时适当的教育方式；另一方面，受教育者也要积极主动地去接近教育者，尊重教育者，理解教育者，更要关爱教育者。要认识到教育者的知识和经验的优势，还要理解同自己世界的差异性，主动接受教育者的引导和帮助。总之，理解的本体论意义能够把思想政治教育引向生活世界，引向意义世界，引向可能世界，这都是交往得以进行的动力之一。

三　生成与共享

"动物和它的生命活动是直接同一的。它没有自己和自己生命活动之间的区别，它就是这种生命活动。人则把自己的生命活动本身变成自己的意志和意识的对象，他的生命活动是有意识的。这不是人与人之间直接融为一体的那种规定性。有意识的生命活动直接把人跟动物的生命活动区别开来①"。在现实社会中，人不是孤立存在的，而是与自然、社会和他人进行接触和交往而确立自身的存在的。这就是主体意识的生成性。在狄尔泰看来，人不仅生活在一个物理世界之中，而且更生活在自己赋予了意义的精神世界之中。不能把人看作"物"，而必须深入到人的精神、文化、心理结构的纵深层面去理解和体验，可见，"生成"主要是相对于"预成"而言的，其意思是"成为某物"。思想政治教育交往的生成，指的是教育者和受教育者在对话、理解基础上的新的生命意义的赋予过程，这个过程源于思想政治教育交往主体之间的交往实践活动。正是由于交往活动的进行，以及由这种交往活动所形成的关系，才赋予主体存在性。

在思想政治教育交往过程中，教育者和受教育者平等互动，"双方中每一方都把另一方看作是与自己'交谈'的主体而不把对方看作是一个对象，而是看作与'我'讨论共同'话题'的'你'，在这个关系中，教育者和受教育者都是作为真实的完整的人在交谈、相遇，各自的情感与理性、直觉与感觉、思想与行动、经验和知识等都时刻展现在对方面前，都参与到彼此的互动中，双方在理解中获得了知识的共享与精神的建构，达成精神和实践世界的共识"②。这个过程不是一方的见解压倒另一方的见解，而是在双方的理解中达到视域融合的境界。在双

---

① 《马克思恩格斯全集》第23卷，人民出版社1972年版，第202页。
② 王娟：《论思想政治教育沟通的本质》，《湖北社会科学》2008年第6期。

方交流中，形成一个开放的动态的"思想场域"，突破原有价值规则的约束，主体的道德观念、知识智慧和价值立场有一个自由的活动场所。不仅能彼此了解，在了解对方中剖析自身，从对方的角度体验关系，了解自己，而且在接纳和学习对方中提升和优化自己。思想政治教育交往主体之间不断的彼此衔接，通过思想和价值的互相的启迪和引导，形成意义的"共同世界"。在这一过程中，新的交往主体得以生成。而生成过程和共享过程是统一的，生成过程蕴含着共享的过程，而共享恰恰就是在生成中的共享。在思想政治教育交往过程中，教育者和受教育者是平等的主体，由于人的主体性存在，每个个人的知识、经验、智慧、思想是各不相同的，与他人共享，给他人以启示，在分享别人的思想、情感、知识中拓宽自己的眼界。思想政治教育交往就是在彼此的共享中使自身进行精神的建构和完善，使思想政治教育处于开放、动态的建构氛围中，实现主体性的多样发展与异质融合。在思想政治教育交往中，教育者和受教育者是一个双赢过程。在交往中，获得发展的不仅仅在于受教育者，还在于教育者的发展。教育者从受教育者发展的喜悦中，获得自身思想境界和文化品位的提升和完善，与受教育者共享发展，真正是一种精神共享的过程。这个生成和共享统一的过程，不仅是获得新的意义的过程，还是一个创造的过程。思想政治教育交往已经远远超越了对知识技能的习得和占有，而与人的生活实践紧密相连，交往因此而变成一种对意义的寻求与探究。

（作者单位：西安科技大学马克思主义学院）

大众文化视域下当代中国马克思主义大众化实现路径研究[*]

樊瑞科

党的十八大指出："推进马克思主义中国化、时代化、大众化，坚持不懈用中国特色社会主义理论体系武装全党、教育人民。"这就要求我们应积极探索实现当代中国马克思主义大众化的路径问题。文化与意识形态的内在关联提醒我们，当代中国马克思主义具有借助文化形式实现大众化的可能性和可行性。当下，由大众语言、文化产业、公益文化、大众传媒构成的大众文化已然成为中国文化境遇中的一道亮丽景观，其能够为理论大众化提供新的实现形式和路径。

一 在运用大众语言中实现当代中国马克思主义大众化

在大众文化理论视域内，语言的本质就是系统的表意符号。当代中国马克思主义的语言多为权威、官方、理论的形态，而缺少生活化、通俗化、大众化的表达。"大众形态的马克思主义语言在马克思主义发展史中没有得到应有的地位，马克思主义在思想领域的指导地位岌岌可

---

[*] 该文系本人主持的国家社科基金青年项目"大数据时代我国社会主义意识形态建设研究"（项目编号 16CKS035）、河北省社科基金一般项目"大众文化视域下当代中国马克思主义大众化的实现路径研究"（项目编号 HB15MK052）、河北省高等学校人文社科研究青年项目"大数据时代高校思想政治教育研究"（项目编号 SQ161122）的阶段性成果，河北省生态和发展环境研究基地项目成果。

危。如何让马克思主义语言走近大众，唤起大众，成为马克思主义语言大众化的关键问题。"[①] 大众语言对于优化当代中国马克思主义大众化的话语形式具有重要作用。

（一）在利用红色语言中实现当代中国马克思主义大众化

所谓红色语言，是指形成于我国革命和建设时期，主要由经典作家提出的，反映主流意识形态的词汇、概念、表述等，是中国化马克思主义的表意系统。改善当代中国马克思主义的语言表达，首先应重视经典作家留下的语言遗产。一方面，实现红色语言的推陈出新。传统红色语言突出舍生取义的革命精神、舍弃自我的牺牲品质、爱党爱国的集体价值观、一心为公的奉献意识等。这就要求我们应将不符合时代发展趋势和人们接受习惯的红色语言剔除当代中国马克思主义话语体系，将过去人们习以为常的红色语言加以时代解读，创造出更多时代性、现实性的新语言；另一方面，丰富红色语言的具体载体。将红色语言与具体实物有机融合，赋予其符号价值和象征意义。如在红色旅游中，将红色语言附于纪念馆、博物馆、革命遗址、名人故居等实体，可使人们在参观游览中接受主流意识形态的无形熏陶。还可借助大众传媒、文艺活动、纪念仪式等大众文化形式实现红色符号的社会传播。

（二）在借助传统语言中实现当代中国马克思主义大众化

从文化融合视角看，如何让说"外国话"的马克思主义说"中国话"是实现马克思主义中国化、大众化的必要条件。因此，运用民族语言实现马克思主义的中国表达成为马克思主义大众化的基本前提。一方面，在利用通俗易懂的民间语言中实现当代中国马克思主义大众化。当代中国马克思主义应向人民群众学习语言，通过借助百姓喜闻乐见的诸如神话传说、民间故事、格言警句等民族语言彰显理论的大众本色；另一方面，在风格迥异的地方语言中实现当代中国马克思主义大众化。

---

① 刘光锋：《马克思主义语言大众化的理论透析及当代审视》，《马克思主义研究》2013年第5期。

当代中国马克思主义可在与地方语言的有机结合中提升不同地域群体的社会认同，包括借助风情万种的民族语言，赢得各少数民族的认知接纳。例如，"西南民族地区群众通过山歌的创作和传唱，将中国特色社会主义理论体系的表述方式，由书面语汇转换成口头语汇，由政论语体转换成艺术语体，由普通语境转换成日常语境，在话语创新中赋予当代中国马克思主义形象美、声音美、生活美，为促进马克思主义大众化作出的积极探索"。①

（三）在改造外国语言中实现当代中国马克思主义大众化

"要从外国语言中吸收我们所需要的成分……我们还要多多吸收外国的新鲜东西，不但要吸收他们的进步道理，而且要吸收他们的新鲜用语。"② 学习借鉴外国语言并赋予其中国气派、中国作风，展现当代中国马克思主义的时代风貌。运用外国语言改善当代中国马克思主义的语言表达，一方面，坚持"洋为中用、以我为主"的扬弃观。应积极引入承载人类社会普遍追求的价值理念的外来语言，并实现其本土化。例如，对西方世界的"民主""自由""法治""人权"等语言，必须结合中国情况赋予其特殊内涵，使其成为中国化马克思主义的话语表达；另一方面，坚持"海纳百川，有容乃大"的开放观。在应对世界强势语言的冲击下，我们应有"走出去"的理论自信，借助体现当代中国马克思主义理论内容的语言传播，例如对"和谐""中庸""大同"等传统语言的对外传播，积极向世界展示当代中国的国际形象，提升国家文化软实力。

（四）在使用流行语言中实现当代中国马克思主义大众化

流行语言作为社会运行态势的晴雨表和文化潮流的风向标，是当下社会意识形态的实然呈现。借用流行语言推动当代中国马克思主义大众化，可以彰显其时尚气息，特别是契合青年群体的语言习惯和接受心

---

① 靳书君：《马克思主义大众化在西南民族地区的话语创新》，《理论学刊》2014年第5期。

② 《毛泽东新闻工作文选》，新华出版社1983年版，第79页。

理。借助流行语言提升当代中国马克思主义大众化的时尚气息,重点在于:首先,网络语言。这就要求我们应及时跟进并辩证认识大众创造并使用的娱乐、新颖、诙谐、形象的网络语言,并将其不断转化为承载和宣传当代中国马克思主义的语言形式。其次,影视语言。在日常生活中,观看影视剧是普罗大众最主要的消遣方式。那些反映主旋律,具有较高艺术水准和审美取向的影视剧深受大众欢迎,其经典台词也具有成为流行语的潜质,这些语言与当代马克思主义的精神气质是一致的,应借鉴学习。最后,校园语言。从一定意义而言,流行语就是青少年创造并深爱的大众文化。流行语和青少年的内在关联启示我们,当代中国马克思主义应借助校园流行语以增强其在青少年群体中的吸引力、影响力和凝聚力。

二　在发展文化产业中实现当代中国马克思主义大众化

"在当今中国语境中,'文化产业'与'大众文化'关系密切。实质上,它们是一个事物的两面,对整个社会的文化体系而言是'文化产业',而对大众的日常休闲娱乐生活来说则表现为'大众文化'。"[①]作为一种特殊产业,文化产业的经济属性和意识形态属性都不应被忽视,其根本上是一致的。从一定意义而言,文化产业还是意识形态商业化的一种有效手段。

(一) 在引领文化产业导向中实现当代中国马克思主义大众化

当今时代,文化绝非看似平静的湖面,而已成为各种意识形态竞争博弈的战场。我国文化产业健康发展需要当代中国马克思主义的正确引领,当代中国马克思主义引领作用的发挥也是其大众化的实现。当代中国马克思主义引领文化产业发展,一方面,必须明确自身责任和定位。马克思主义是当代中国主流意识形态的核心内容,必须毫不动摇地坚持

---

① 李春媚:《文化产业·文化工业·大众文化——含义与功能的廓清》,《湖湘论坛》2009年第1期。

其对文化产业发展方向的引领和规范作用，其应主动回答在文化产业中引领什么、如何引领等前提问题，做到"该管的不缺位、不该管的不越位"，为其大众化提供前提；另一方面，力争实现经济效益和社会效益的双赢。这就要求我们应大力发展那些既体现主流意识形态导向又深受百姓欢迎的优秀文化产品，实现经济效益和社会效益的双丰收，从而推进当代中国马克思主义在文化产品中实现隐形转化，在规制文化产业发展中实现社会认同。

（二）在促进文化产业生产中实现当代中国马克思主义大众化

文化产业双重属性既决定了生产主体在追逐经济效益时，也要承担其社会责任。当代中国马克思主义应在文化产业生产环节中寻求实现路径。首先，健全文化产业政策。自十五届五中全会首次将"文化产业"写入党的文件以来，我国陆续出台一系列支持和促进文化产业发展的政策，这些政策为促进文化产业发展提供制度支撑，也是当代中国马克思主义在文化产业中的隐形体现。其次，开发利用文化资源。对文化资源的选择，关乎文化产品的审美水平和价值观念。当代中国马克思主义应在文化资源的挖掘、整合、开发、利用中寻求大众化的实现。再次，引导文化产业投资。当代中国马克思主义可在营造良好投资环境、优化投资格局、借鉴国外投资经验中实现大众化。最后，在文化生产具体过程中实现大众化。通过提升生产者的文化自觉意识、政治素养、职业道德实现理论大众化。

（三）在调控文化产业流通中实现当代中国马克思主义大众化

流通环节是沟通文化生产和文化消费的关键环节，是实现文化产业经济效益和社会效益的"惊险一跳"。为此，当代中国马克思主义可借助对文化产业的宏观调控实现大众化。这就要求，采用奖励手段鼓励文化产品生产者和供给者，积极传播承载和渗透当代中国马克思主义相关内容的文化产品和服务。通过健全反馈监督机制，实时监督和制止反马克思主义、非马克思主义的社会思潮借助传媒产业扩散传播。政府应对积极传播当代中国马克思主义的文化企业和文化工作者加大扶植和奖励力度，对"三俗"文化的病毒式传播加大打击清理力度，营造良好文化市场环境，引导和保证承载主流意识形态的文化产品畅销。国家还可通过政府采购的方式，购买那些展现主旋律的、深受百姓欢迎的大众文化产品，借助图书馆、博物馆、电影院等公共文化服务体系传播当代中国马克思主义，实现理论的社会认同。

（四）在倡导健康文化消费中实现当代中国马克思主义大众化

文化消费是实现文化产品所隐含的意识形态掌握群众的最后一环。健康向上的文化消费是当代中国马克思主义借助文化产业实现大众化的关键所在。首先，提升大众文化消费能力。当下，我国居民文化消费能力整体偏低，群众文化消费能力有限，这就要不断提高居民收入水平，进而提升群众文化消费能力。其次，培养健康文化消费理念。文化消费需要消费者具备较高的文化素养和知识储备，以马克思主义为指导纠正文化产品过于商业化、功利化、世俗化的不良倾向，积极引导群众形成健康向上的文化消费观，这一过程本身也是当代中国马克思主义的隐性传播。最后，强化大众文化市场监管。加强文化执法力度，严厉打击危害社会稳定、人民团结、社会秩序、精神世界的文化产品和服务，高度重视传媒尤其是网络空间的监管问题，为群众在文化消费中实现理论大众化创造良好文化环境。

三 在繁荣公益文化中实现当代中国马克思主义大众化

"公益文化既然以提供公共文化产品为主，当然是面向大众的文化。离开大众，就难以体现'公共性'；离开大众，公共文化产品也难以存在。"[①] 在当代中国语境，大众文化不仅包括以盈利为目的的文化产业，同时也包括以非营利性为特征，以追求社会效益为旨归的公益文化，而后者更彰显了文化共创共享的社会主义属性，体现了大众文化的"中国特色"。在大众文化视域下，当代中国马克思主义借助公益文化实现大众化便成为必然。

---

① 贺善侃：《发展公益文化与提高人民的文化自觉》，《红旗文稿》2010年第10期。

（一）在完善公益文化投入中实现当代中国马克思主义大众化

公益文化作为提供非营利性的文化类型，决定了其只能是"赔钱"买卖，这就要求国家发挥主导作用，加大投入力度。因此，完善公益文化投入格局成为当代中国马克思主义借助公益文化实现大众化的首要前提。一方面，强化政府主体责任。公益文化的"公共性"决定了政府作为投入主体的重要地位。政府应加大对公益文化的投入力度，健全公共文化服务体系建设资金和经费保障机制，提高文化支出在财政支出中的比例。当代中国马克思主义可在引导公益文化投入导向中实现潜移默化的影响；另一方面，拓展公益文化投入渠道。这就要支持和鼓励社会力量、社会资本参与公益文化建设，培育文化非营利组织。公益文化也要发挥主动性，可寻求与社会组织进行合作，争取资金支持，不断拓宽融资渠道，提升自身"造血"功能。拓宽和吸纳社会力量、社会资本的过程也是当代马克思主义不断大众化的过程。

（二）在提高公益文化供给中实现当代中国马克思主义大众化

提高公共文化产品和服务供给能力，是当代中国文化建设的必然要求。同时，提高公益文化供给能力也为当代中国马克思主义大众化提供有效文化载体。这就要求，一方面，坚持人民性的创作导向。"以人民为中心，就是要把满足人民精神文化需求作为文艺和文艺工作的出发点和落脚点，把人民作为文艺表现的主体，把人民作为文艺审美的鉴赏家和评判者，把为人民服务作为文艺工作者的天职。"[1] 人民导向既是公益文化的基本原则，也是当代中国马克思主义的价值取向；另一方面，推出更多优秀产品和服务。通过实施国家层面的文化精品战略，扶持一批彰显主流意识形态的文化工程，积极发展体现民族特色、时代特征的新文艺形式。加强公益文化设施建设也是重要内容，博物馆、展览馆、纪念馆、图书馆等构成了当代中国马克思主义的时空格局，大众在参观欣赏中也潜移默化地接受附着其中的主流意识形态的间接影响。

---

[1] 《坚持以人民为中心的创作导向，创作更多无愧时代的优秀作品》，《人民日报》2014年10月16日。

（三）在优化公益文化队伍中实现当代中国马克思主义大众化

"推动社会主义文化大发展大繁荣，队伍是基础，人才是关键。"①优化人才队伍为当代中国马克思主义借助公益文化实现大众化的主体条件。首先，加强思想政治工作。公益文化人才队伍作为主流意识形态表现形式的创作者、传播者更要自觉坚定马克思主义立场，积极学习中国化最新成果提升思想政治素质，彰显人民性的创作导向。其次，探索融合方式。从事公益文化的人才队伍要积极探索公益文化与当代中国马克思主义有机融合的方式方法，采取世俗化、时代化、民族化的表现形式，使马克思主义更通俗易懂、更接地气儿。最后，发挥个人魅力。公益文化队伍要想做到"以文化人，以文育人"，必须以"德艺双馨"的原则要求自己、用人格魅力和艺术造诣征服受众，进而使承载于其中的主流意识形态赢得社会认同。此外，健全奖惩机制，对于自觉宣传当代中国马克思主义的人才给予相应的精神鼓励和物质奖励，反之，则给予相应处罚，为公益文化创作者传播理论提供制度保障。

（四）在统筹公益文化发展中实现当代中国马克思主义大众化

公益性是公益文化的最大特征，公益文化建设应追求公益文化均等化。这有助于扩展公益文化覆盖范围和受益群体，提升当代中国马克思主义社会影响。首先，推进不同区域公益文化均等化。目前，公益文化发展在东西部之间存在明显非均等化现象。党和政府加强顶层设计，制定相关政策，在人财物的投入上有意识地向西部和欠发达地区倾斜，实现公益文化区域协调发展。其次，促进城乡公益文化协调发展。当前，农村公益文化发展滞后，面临文化公共产品供给不足，文化设施薄弱，优秀传统文化传承困难，低俗和消极文化泛滥等不利条件。党和政府应实施文化惠民工程建设，实现其机制化、常态化；加大投入力度，拓宽投资渠道，加强农村文化基础设施建设；重点建设好农村文化队伍，解决人才匮乏、素质偏低问题。最后，推进不同阶层公益文化和谐发展。

---

① 《中共中央关于深化文化体制改革推动社会主义文化大发展大繁荣若干重大问题的决定》，人民出版社2011年版，第37页。

党和政府应在相关法规制定、政策执行和资源分配上统筹考虑不同阶层的文化需要、审美情趣和欣赏品位，有针对性地为其提供公益文化产品和服务。

四 在借助大众传媒中实现当代中国马克思主义大众化

媒介化生存是信息时代的鲜明特征。"在现代社会中，绝大部分的文化必须借助大众传媒才能到达大众。大众传媒是大众文化的核心。"[①]大众传媒已成为大众文化主要的生产者和传播者。当下，大众传媒已成为影响人们日常生活、思维方式、价值观念的重要因素。

（一）在巩固主流阵地中实现当代中国马克思主义大众化

"党的新闻舆论工作坚持党性原则，最根本的是坚持党对新闻舆论工作的领导。党和政府主办的媒体是党和政府的宣传阵地，必须姓党。"[②] 推进当代中国马克思主义大众化必须充分利用大众媒体，用主流意识形态占领舆论阵地。首先，坚持"全党动手"。习近平强调，各级党委应负起政治责任和领导责任，加强对宣传思想领域重大问题的分析研判和重大战略任务的统筹指导，不断提高驾驭宣传思想工作的能力，做到"思想上高度重视，工作上精准有力"，积极为当代中国马克思主义大众化提供传播载体。其次，推进"媒介融合"。当代中国马克思主义应在推动媒介融合，特别是主动借助新媒体实现大众化。理论的大众化既需要报纸杂志、电影电视、广播电台等传播媒体，又要积极借助互联网、智能手机等新媒体。最后，实现"综合创新"。伴随形势不断发展，党和政府的媒体应在理论、方法、体裁、业态、机制等实现创新，增强媒体的针对性和实效性，提升其传播力和引导力，为当代中国马克思主义大众化提供舆论阵地。

---

① 蔡春影：《大众传媒的文化角色》，《当代传播》2001年第6期。
② 《坚持正确方向创新方法手段，提高新闻舆论传播力引导力》（http://politics.people.com.cn/n1/2016/0220/c1024 - 28136187.html）。

（二）在强化队伍建设中实现当代中国马克思主义大众化

"媒体竞争关键是人才竞争，媒体优势核心是人才优势。要加快培养造就一支政治坚定、业务精湛、作风优良、党和人民放心的新闻舆论工作队伍。"① 借助大众媒体实现当代中国马克思主义大众化，必须强化队伍建设。首先，提高媒体队伍政治素养。在媒体队伍建设中，要落实政治家办报意识，增强看齐意识，坚持正确舆论导向，在坚持党性和人民性的统一中实现理论的大众化。其次，强化媒体队伍职业素养。媒体队伍应提高业务能力，勤学习、多锻炼，努力成为全媒型、专家型人才。要转作风改文风，在努力推出有思想、有温度、有品质的作品中实现当代中国马克思主义的隐形传播。最后，规范媒体队伍体制机制。党和国家通过健全和完善媒体行业和从业者的相关法规，在借鉴国外经验中结合我国实际建立行业自律机制，规制传媒队伍的信息传播和舆情营造，为理论大众化提供制度保障。

（三）在树立意见领袖中实现当代中国马克思主义大众化

意见领袖的概念是最早由美国传播学者拉扎斯菲尔德提出，其指媒体信息不是直接为受众所接受，而是经过意见领袖这一"中间人"的解读才能实现信息的次级传播，其在很大程度能决定受众对信息的接受和态度。首先，党员干部自觉成为意见领袖。党员干部，特别是领导干部应主动适应信息时代的发展，增强与媒体打交道的能力，善于运用媒体宣讲党的路线方针政策，借助媒体引导社会舆情，在自觉充当意识领袖中实现理论大众化。其次，理论工作者应做到肩挑"两幅笔墨"。理论工作者，特别是理论权威不仅应在重视理论创新的同时，还应乐于并善于在媒体中发声，运用马克思主义观照社会，回应现实，引导网络舆论。最后，在新媒体环境中，"注意培养一批坚持正确导向、熟悉网络语言、了解网络传播技术和传播技巧的网络'意见领袖'，强化主流言

---

① 《习近平关于新闻舆论工作的论述》（http：//news.xinhuanet.com/video/sjxw/2016-03/03/c_128770946.htm）。

论，孤立非主流言论，以此来引导网络民意的方向。"①

(四) 在巧用大议程设置中实现当代中国马克思主义大众化

议程设置是麦库姆斯和肖首提的一个重要传播学概念。他们通过在美国总统选举中媒体议题和大众议题的契合度分析，得出这样一个结论，即在很大程度上媒体认为重要的事件通常也会成为公众所关注的事件。议程设置不关心受众"怎么想"，但会决定人们"想什么"，其在信息传播中具有重要作用。首先，主动设置议题。"当前马克思主义大众化传播要以解决大众关心的现实问题为突破口，让群众切实感觉到我们的理论是为大众服务的理论，坚持理论联系实际，眼睛向下，注意倾听和面对群众提出和关注的诸多热点、难点、焦点问题，用人民群众身边人、身边事真心诚意地解惑释疑，作出有说服力的回答。"② 其次，广纳公众议题。大众媒体要培养眼观六路，耳听八方的本领，主动从社会舆论中发现有利于实现理论大众化的相关问题并设置议题，对自发形成的社会议题积极跟进并及时反馈。最后，引领重大议题。面对事关当代中国马克思主义指导地位的原则问题，大众传媒必须旗帜鲜明地表明立场，给公众提供正确的理论引导。

（作者单位：石家庄铁道大学马克思主义学院）

---

① 黄原：《培养一批合格的网络"意见领袖"》，《光明日报》2011年1月20日。
② 张福平、杨骅骁：《新时期马克思主义大众化传播中的议程设置》，《社会科学战线》2009年第10期。

新时期推进新疆民族地区马克思主义大众化的思考*

梁红营

以发展的眼光和动态的观点看待世界是马克思主义的宝贵品质，马克思主义大众化过程同样要随时代发展进步和社会实践需要不断创新。"一切划时代的体系的真正的内容都是由于产生这些体系的那个时期的需要而形成起来的"①，是"对当代的斗争做出的当代的自我阐明"。②新时期推进民族地区马克思主义大众化正是由当前新疆民族地区社会发展实际和各族人民自身全面发展需要所决定的。改革开放以来，在经济全球化背景下，不同国家意识形态的冲突与互渗越发激烈，社会主义意识形态面临多样化社会思潮的冲击和挑战。在推进民族地区马克思主义大众化的过程中，既需要抵制外来的如新自由主义、民主社会主义、普世价值论对马克思主义的冲击，又需要批驳、抑制民族地区内部的如民族分裂主义、宗教极端主义等对马克思主义的腐蚀，还要遏制内外混合生长的如民族主义、拜金主义、极端个人主义等对马克思主义带来的损害。为应对来自多方面、多种类型的社会思潮，必须用马克思主义大众化来整合和引领新疆民族地区不同形态的文化资源，调动一切积极因素，进而形成强大合力，为确保新疆社会稳定和长治久安构建思想领域的统一战线。

---

* 本文系新疆高校人文社会科学重点研究基地新疆大学中亚地缘政治研究中心 2015 年重点招标项目"新时期新疆文化安全维护问题研究"（XJEDU010315B01）阶段性成果。
① 《马克思恩格斯全集》第 3 卷，人民出版社 1960 年版，第 544 页。
② 《马克思恩格斯全集》第 1 卷，人民出版社 1960 年版，第 418 页。

一 马克思主义大众化是继承和发展马克思主义的题中之义

"马克思主义作为理论思维成果、社会理想、革命学说,它源于实践、形成于实践、发展于实践。它的产生、演化是以社会实践为基础依托的"。① 生动而丰富的生活实践和社会实践,不仅孕育和形成了马克思主义,而且为继承和发展马克思主义提供了不竭动力。马克思主义中国化、大众化的历史进程与中国共产党的发展史相一致,从某种意义上说,中国共产党的党史就是一部把马克思主义的普遍原理与中国革命和建设的具体实际相结合的发展史。毛泽东思想、邓小平理论、"三个代表"重要思想和科学发展观等一系列马克思主义中国化的理论成果正是这一历史进程中对马克思主义的丰富和发展。

"大众化是马克思主义的应有之义和本质属性,没有马克思主义的大众化,就没有马克思主义的生存和发展,就丧失了马克思主义的存在价值和目的意义"。② 马克思主义大众化的过程,不是一个简单灌输的过程,而是一个逐步被人民群众所领会、掌握,并运用于生活实践和社会实践,在社会实践活动中解决社会发展中出现的各种实际问题的过程。正如毛泽东所说:"我们说的马克思主义,是要在群众生活、群众斗争里实际发生作用的活的马克思主义,不是口号上的马克思主义。"③ "马克思列宁主义来到中国之所以发生这样大的作用,是因为中国的社会条件有了这种需要,是因为同中国人民革命的实践发生了联系,是因为被中国人民所掌握了"。④

---

① 姜喜咏:《从马克思主义理论基本特点看马克思主义中国化》,《理论视野》2007年第12期。
② 李春江:《大众化是马克思主义的本然品质和必然要求》,《实事求是》2010年第6期。
③ 《毛泽东选集》第3卷,人民出版社1991年版,第858页。
④ 《毛泽东选集》第4卷,人民出版社1991年版,第1515页。

二 马克思主义大众化是维护新疆社会稳定和民族团结的内在要求

马克思指出:"理论在一个国家实现的程度,总是决定于理论满足这个国家需要的程度。"① 2014年5月,习近平总书记在第二次中央新疆工作座谈会上指出,要围绕社会稳定和长治久安这个总目标,以推进新疆治理体系和治理能力现代化为引领,以经济发展和民生改善为基础,以促进民族团结、遏制宗教极端思想蔓延为重点,坚持依法治国、团结稳疆、长期建疆的总战略。从实际调研中我们了解到,目前新疆民族地区的干部群众对马克思主义大众化问题缺乏统一性认识。主要表现在:普遍对马克思主义基本理论学习的自觉性不强、积极性不高,开展的各种思想政治教育活动流于形式;有人认为,马克思主义理论是一门高深的理论,距离实际生活太远,"大众化"不可能也没有必要;还有人认为,民族地区群众自身文化素质普遍较低,加之宗教氛围浓厚,马克思主义在民族地区大众化困难重重,甚至个别人在一些重大问题上还存在认识模糊或错误思想。

在这样的大背景下,如何改变新疆民族地区经济发展落后状况、维护社会稳定和长治久安,缩小民族地区与发达地区的差距,必须有科学的理论做指导。马克思在《关于费尔巴哈的提纲》提出:"哲学家们只是用不同的方式解释世界,而问题在于改造世界。""批判的武器当然不能代替武器的批判,物质的力量只能用物质的力量来摧毁;但是,理论一经群众掌握,会变成物质力量。"② 从当前新疆民族地区发展现实来看,改革开放30多年,新疆民族地区生产力水平有了较大幅度的提高,人民生活水平有了很大改善。但与东、中部地区相比,仍有较大差距,甚至在近年来与西部各省份也拉开了距离。正是由于经济一体化动力不足,加之农村人口压力日益沉重,城市化进程缓慢,经济发展陷入困境,导致新疆民族地区群众在心理上认为被"边缘化",对马克思主

---

① 《马克思恩格斯全集》第1卷,人民出版社1995年版,第11页。
② 《马克思恩格斯全集》第1卷,人民出版社1995年版,第9页。

义在我国意识形态领域的指导地位认同动力不足,反过来为宗教极端势力提供了土壤。这就需要新疆民族地区的大众,尤其是少数民族领导干部把马克思主义与新疆民族地区具体实际相结合,提高对新疆民族地区落实科学发展观的重大意义的认识和运用能力,以解决经济社会发展中各种矛盾和问题。而如何解决由于落差产生的认同危机和文化冲突,实现新疆"一体"和"多元"的平衡,则需要用马克思主义中国化的最新理论成果武装各族党员干部、武装各族人民群众,巩固马克思主义在民族地区意识形态领域的指导地位,对于干部群众中存在的思想问题及时进行批评、教育和引导,用一元化指导思想引领民族地区多样化的社会思潮。

三 历史与现实证明新疆民族地区马克思主义大众化完全可能

新疆与全国一样,在新中国成立以前就有马克思主义在这里传播。"这一时期,由于共产党人和进步人士的努力,马列主义已登上新疆学院的讲坛。1939年4月,张仲实、沈雁冰(矛盾)、沈志远等应邀到新疆学院讲课。在这段时期,新疆学院开设了《唯物史观》《史学思想史》《现代政治》《社会主义与社会运动》《社会主义的将来》等课程,直接向各族师生灌输马克思主义。马克思主义哲学、政治经济学、科学社会主义以及其他社会科学成为新疆学院学生的主要课程"。[①]

1955年,新疆维吾尔自治区成立。自治区党委政府围绕新疆多民族地区中国特色社会主义实践,始终坚持马克思主义意识形态指导地位,坚持民族区域自治制度,高举民族团结和祖国统一伟大旗帜,有针对性地开展"三个离不开""四个认同""五观""三史"教育和"热爱伟大祖国,建设美好家园"主题实践活动,确立了以现代文化为引领,走可持续发展道路的战略部署。尤其是近年来,在党中央的亲切关怀下和国家各部委、19个对口援疆省市的大力支援下,新疆国民经济

---

① 新疆社会科学院历史研究所编著:《新疆简史》第三册,新疆人民出版社1987年版,第282页。

步入增长快、质量好、效益高的历史阶段，多项经济指标增速均跃居全国前列，社会发展进入和谐稳定、民生改善的新时期。2010—2014 年，自治区生产总值五年年均增速达到 11.1%，比同期全国年均增速高 2.6 个百分点；人均地区生产总值由 2009 年的 19942 元增加到 2014 年的 40607 元，年均递增 15.3%。2014 年，新疆就业人员达到 1142 万人，创历史新高，比 2009 年新增就业 275.85 万人，年均新增就业 55.17 万人；城镇登记失业率由 2009 年的 3.8% 下降至 2014 年的 3.2%；城镇居民人均可支配收入23214元，年均增收超过2191元，年均增长 13.6%，比全国平均增速高 2.7 个百分点；农民人均纯收入 8724 元，是 2009 年的 1.2 倍，年均增收 968 元，年均增长 17.6%，比全国平均增速高 2.3 个百分点；新型农村社会养老保险和城镇居民养老保险参保率已达 98% 以上；中小学接受双语教育学生达 450.03 万人，占中小学少数民族在校学生的 68.66%。学前两年双语教育普及率达到 89.25%。目前，以内高班、内职班和协作计划等培养形式在内地发达省市就读的新疆籍少数民族学生人数已达 10 万余人，分布在中国内地 20 多个发达省市的近 600 所学校，形成了多层次、跨区域的办学体系。2010—2014 年，自治区财政用于民生的支出占公共财政总支出的比重达 70% 以上，位居全国前列，累计支出 9400 余亿元，自治区党委、自治区人民政府承诺的重点民生工程全部如期兑现。[①] 新疆民族地区群众出于对切身利益的关切，也看到了发展机遇，希望参与到经济发展的进程中去的愿望是非常明确的。这些都为新疆民族区推进马克思主义大众化奠定了良好的经济基础。

四　发挥民族地区理论宣传队伍在推进马克思主义大众化的主体作用

人民是历史的创造者，推动社会历史发展的主体力量是现实的个人。现实的个人的实践活动不仅能够创造出物质财富，而且可以创造出

[①] 阿布都热扎克·铁木尔、刘忠康、董兆武主编：《新疆经济社会形势分析与预测 (2014—2015)》，新疆人民出版社 2015 年版，第 163 页。

精神财富。在任何历史时期，特定文化和价值观的传播，都需要一定的知识分子群体，靠这一群体的积极活动，向民众传播一定的文化思想，先进的知识分子历来都是先进文化的传播者。早期马克思主义的中国化和大众化就是依靠如李大钊、陈独秀、李达、恽代英等一批知识精英的权威解读来实现的。正是"他们的出场和在场，成了中国马克思主义先驱者，创造了马克思主义在中国的前所未有新事实，并成为马克思主义在大众中传播的主体条件之一。对于未觉悟、未知者的中国大众，先驱者的知识优势转化为一种传播的权威……没有他们，中国本土阶级的成长和觉悟不会如此迅速"。① "他们的主观努力所造成的马克思主义在中国的'出场'，使得半殖民地半封建社会中备受奴役的中国的劳苦大众，在西方列强和封建遗毒的双重压迫下，逐渐认识到自身的社会属性，并以推动社会发展的主体身份在中国革命的历史舞台闪亮登场"。② 2013年，习近平在全国宣传思想工作会议上指出，"宣传工作重要目的就是巩固马克思主义在意识形态领域的指导地位，巩固全党全国人民团结奋斗的思想基础。党员、领导干部特别是高级领导干部要把系统掌握马克思主义基本理论作为看家本领，老老实实、原原本本地学习马克思列宁主义、毛泽东思想特别是邓小平理论、'三个代表'重要思想、科学发展观。党校、干部学院、社会科学院、高校、理论学习中心组等都要把马克思主义作为必修课，成为马克思主义学习、研究、宣传的重要阵地"。③

针对当前新疆处于"三期叠加"（暴力恐怖活动的活跃期、反分裂斗争的激烈期、干预治疗的阵痛期）特殊时期，民族地区群众自身文化素质相对较低、民族文化多元、宗教色彩浓厚等方面的实际，我们认为，要顺利推进新疆民族地区马克思主义大众化进程，必须尽快打造一支规模宏大的理论宣传队伍，尤其是少数民族理论宣传队伍建设。通过宣传马克思主义基本理论和马克思主义中国化的最新理论成果，通过与

---

① 任平：《马克思主义大众化：出场者的身份辨识与路径选择》，《江苏行政学院报》2011年第3期。

② 刘勇：《人民主体、人民生活、人民语言：马克思主义大众化的三维向度》，《学习论坛》2013年第10期。

③ 《习近平谈治国理政》，外文出版社2014年版，第154页。

各种形态的社会思潮进行交流、交锋、斗争，凭借自身较高的政治素养和业务素质，实现马克思主义在民族地区大众化，进而使马克思主义占领意识形态阵地，逐步减弱或消除"民族分裂""宗教极端"主义以及各种腐朽思想文化的影响，树立正确的世界观、人生观和价值观，增强各族群众贯彻党的路线方针政策的自觉性、坚定性，有效地发挥马克思主义大众化的作用。"马克思主义宣传队伍的整体素质，在很大程度上决定了马克思主义在中国传播形态、路径的选择及最终效果"。①

五　各民族传统文化是推进马克思主义大众化的重要载体

"马克思主义大众化，是指马克思主义的基本原理由抽象到具体，由深奥到通俗、与被少数人理解掌握到被广大群众理解掌握的过程"②，需要一定的手段、方式和载体来加以推进。各民族文化是在长期的发展中积淀而成，毫无疑问会对这个群体中的每个人的世界观、人生观、价值观产生潜移默化的影响，能够在个体人格养成方面起到重要作用、发挥独特优势。因此推进新疆民族地区马克思主义大众化过程中，要特别注重把马克思主义基本思想与各民族文化相结合。这种结合并非是对少数民族文化的消解，也不是异域文化的简单移植，而是在新疆各少数民族文化土壤中培育出马克思主义中国化的新文化形态。

"不忘本来才能开辟未来，善于继承才能更好创新。"③应当说，在民族地区，各民族文化中包含有丰富的思想文化资源，而且是多层次的，其中既有名胜古迹、文化景观、遗址文物等物质性资源，又有风俗习惯、礼仪制度等非物质性资源，当然更有处于最核心和深层的心理结构、价值观念等。为此，必须因地制宜地合理利用民族地区的古迹遗址、乡规民约、民间习俗、乡土艺术等多方面的文化资源，挖掘其中蕴

---

① 李红军:《高校社会主义核心价值体系教育和宣传普及队伍建设的思考》,《贵州师范大学学报》2012年第6期。

② 钟瑞添、张艺兵:《论中国传统文化与当代马克思主义大众化》,《科学社会主义》2012年第5期。

③ 《习近平谈治国理政》,外文出版社2014年版,第164页。

含的积极因素,将之与马克思主义中国化思想理论相一致的内容整理出来,充分利用现代移动互联新技术新媒体,借助少数民族群众对本民族本土文化的理解和接受,用各族群众喜闻乐见的方式,因势利导,就更有利于他们的思想意识转向对马克思主义的认同。这既是对不同民族的历史背景、文化渊源、思想内涵以及民俗习惯的认同,也是对少数民族地区多元文化的一种升华,十分有利于对民族文化的整合与重构,有助于少数民族群众更好地理解和自觉接受马克思主义,并将这一过程看成是理所当然的自我价值认同过程。

总之,在新的历史时期,我们要始终坚持"大力推进理论创新,不断赋予当代中国马克思主义鲜明的实践特色、民族特色、时代特色、开展中国特色社会主义理论体系宣传普及活动,推动当代中国马克思主义大众化"[1]的要求,充分厘清马克思主义大众化为了"谁",依靠"谁",谁来"化",去"化"谁,"化"什么,怎么"化"等问题。在相互尊重的前提下,充分利用民族文化这一载体,用各民族群众听得懂的语言、感兴趣的方式,把马克思主义融入课堂、融入社区、融入家庭,使其通俗化、生活化、大众化,真正"渗透到意识中去,渗透到他们的习惯中去,渗透到他们的生活常规中去"。[2]

(作者单位:新疆大学马克思主义学院)

---

[1] 胡锦涛:《高举中国特色社会主义伟大旗帜 为夺取全面建设小康社会新胜利而奋斗——在中国共产党第十七次全国代表大会上的报告》,人民出版社2007年版。
[2] 《列宁全集》第39卷,外文出版社1996年版,第100页。

后 记

受厦门大学哲学社会科学繁荣计划项目"中国发展道路的理论与实践研究"资助，2016年6月24—26日，全国高校马克思主义理论学科研究会、厦门大学马克思主义学院、福建省社会科学研究基地厦门大学中国特色社会主义研究中心、厦门大学马克思主义与中国发展研究所、《马克思主义理论学科研究》编辑部在厦门大学共同主办了"全国高校马克思主义理论学科研究会第24次学科论坛暨'21世纪中国马克思主义理论的创新与发展'学术研讨会"。来自北京大学、吉林大学、武汉大学、浙江大学、北京师范大学等近60所高校和科研单位的120多位专家学者与会。

这次会议的主旨在于深入学习贯彻习近平总书记在哲学社会科学工作座谈会上的重要讲话等系列重要讲话精神，全面落实习近平总书记关于"发展21世纪中国的马克思主义"的要求，进一步推进马克思主义理论学科的发展。会议期间，学者们围绕21世纪中国马克思主义的科学内涵和最新成果研究、21世纪中国马克思主义理论创新与实践创新的关系研究、发展21世纪中国马克思主义的方法论研究、"四个全面"战略布局的理论创新研究、"五大发展理念"研究、中国道路与马克思主义中国化研究、"真学、真懂、真信、真用"马克思主义研究等议题进行了深入的讨论与交流。

为了反映研讨会的丰硕成果，进一步加强学术交流，推进21世纪中国马克思主义理论的创新与发展问题的深入研究，现将会议论文择优结集出版。在此，感谢全国高校马克思主义理论学科研究会的领导和同志们，特别感谢副会长陈占安教授在会议组织和论文选编等方面的工作！厦门大学马克思主义学院张有奎教授、庞虎教授、原宗丽副教授、王筱辉老师、张冬映老师以及不少青年教师在会议筹备、接待、宣传方面做了大量工作，张有奎教授、张艳涛教授、苗瑞丹副教授、江春萍老师、郑炳辉老师以及部分研究生同学在本书的整理、校对等方面付出了不少心血，这里一并表示谢意！为了本书的出版，中国社会科学出版社的田文编辑付出了辛勤的劳动，我们表示衷心感谢！

由于选编难免有偏差和遗漏，敬请各位参会专家谅解！个别未经作者同意而修改的地方，责任完全由编者负责。

编者

2016年11月